新商科
MBA新形态特色教材

营销管理

樊帅　杜鹏◎主编

U0362188

清华大学出版社
北京

内 容 简 介

本书针对营销学科的特点,结合营销发展迄今的理论成果,联系新时代中国特色社会主义思想和中国鲜明的传统文化特色,深入浅出地阐述了营销学科的发展与应用,较为全面地介绍了营销实践中的基本理论与方法,具有较强的理论性和实践性。全书分为11章,以管理学知识作为理论基础和研究工具,融合了经济学、法学的特点,梳理了营销学科的脉络,系统性介绍了营销的基础内容,并以此为基础进行相应衍生。

本书从身边的营销学出发,介绍了营销的前世今生,围绕营销战略、消费者行为、市场细分与目标市场选择、市场定位、产品、价格、渠道策略和促销模式等内容进行详细的展开。全书主要采取了"理论+案例"的编写方式,以生动有趣的案例进行导入,辅以即测即练,使读者能够更加沉浸式地投入营销相关理论的学习之中。本书可作为营销管理本科生和研究生教材。

图书在版编目(CIP)数据

营销管理/樊帅,杜鹏主编. —北京:清华大学出版社,2023.1
新商科·MBA新形态特色教材
ISBN 978-7-302-60923-0

Ⅰ.①营… Ⅱ.①樊… ②杜… Ⅲ.①营销管理—教材 Ⅳ.①F713.50

中国版本图书馆 CIP 数据核字(2022)第 085693 号

责任编辑:张　伟
封面设计:汉风唐韵
责任校对:王荣静
责任印制:朱雨萌

出版发行:清华大学出版社
　　　　　网　　址:http://www.tup.com.cn,http://www.wqbook.com
　　　　　地　　址:北京清华大学学研大厦 A 座　　邮　　编:100084
　　　　　社 总 机:010-83470000　　邮　　购:010-62786544
　　　　　投稿与读者服务:010-62776969,c-service@tup.tsinghua.edu.cn
　　　　　质量反馈:010-62772015,zhiliang@tup.tsinghua.edu.cn
　　　　　课件下载:http://www.tup.com.cn,010-83470332
印 装 者:三河市天利华印刷装订有限公司
经　　销:全国新华书店
开　　本:185mm×260mm　　印　　张:20.25　　字　　数:462千字
版　　次:2023 年 1 月第 1 版　　印　　次:2023 年 1 月第 1 次印刷
定　　价:59.80 元

产品编号:094021-01

在企业竞争实践中，营销于我们，就似水于鱼一样不可分离。但营销的长处不仅仅表现在为企业服务这一方面，它更饱含着人生的深刻哲学与智慧。本书以契合中国本土企业营销管理为管理情景，以"创造顾客价值"为指导思想，以"超越竞争"为营销逻辑，以营销的经典理论为框架，系统性梳理了营销学的重要理论，主要分为五个板块。

第一个板块是导论，包括第1章和第2章。这一板块，从身边的营销学入手，明确什么是市场营销、如何学习市场营销以及营销要达成什么目的。从身边的营销学到营销的前世今生，能够帮读者把握住营销的脉搏，在不断变化的时代潮流中把握住营销的本质，真正学到有中国特色的营销学。

第二个板块即第3章，介绍营销的哲学，即战略思想。通过这一板块的学习，能知道什么是战略、如何分析战略以及战略如何指导战术。

第三个板块即第4章，介绍营销的环境，即认识消费者行为。在这一板块，会学习到消费者决策的机制以及在数字时代如何利用大数据（big data）去刻画消费者的特征，帮助企业把握消费者的需求。

第四个板块包含第5章和第6章。在这一板块，会学习到什么是市场细分、如何选择细分市场以及被誉为"对美国营销界影响最大的观念"的定位理论。

第五个板块将市场细分与选择、定位的战略构想转化为战术行动，包括第7~11章。

这五个板块构成了全书的整体内容，通过对这五个板块的学习，希望读者既能明白营销的思想内核和框架，又能知道营销的具体细节，做到既见树木，又见森林。

相较于市面上的教材，本书有如下特点。

（1）一章一"思政"。高校的根本在于立德树人。本书把中华民族优秀的传统文化、社会主义核心价值观以及做人做事的基本道理融入营销的教学，潜移默化地教育和引导学生，帮助学生树立正确的价值观和道德观，为社会培养德才兼备的营销管理人才。

（2）一章一"学术"。当今，科学研究已经成为国家的一种重要的战略资源，综合国力的竞争已经明显前移到了科学研究领域。为此，本书的每个章节都设立了与本书知识点有联系的科研论文,让读者既能学得到经典理论,又能领会到学术前沿的魅力所在。此外,本书选取的论文大多十分有趣,可帮助读者培养对于学术的兴趣。

(3)一章一"框架"。正如"庖丁解牛"的故事告诉我们的,在所有学科的学习中,把握框架十分重要。本书在每章开头都设置"本章概要"对本章内容进行梳理,并以思维导图的方式呈现,帮助读者更轻松地抓住营销理论的"骨骼"。

(4)一章一"案例"。"实践出真知",营销绝不能脱离实践,虽然我们没有办法在课堂学习的同时又深入企业去做研究,但可以通过案例来学到理论知识,并从案例中领悟出属于自己的"真知"。本书每章结尾都匹配了本土案例赏析,并有需要思考作答的问题,以此巩固学习成果。

本书是营销教学和实践的结晶,在编写过程中,广泛参阅了国内外其他的营销教材和有关论著,从教师和学生的双重视角撰写。本书由中南财经政法大学樊帅副教授、杜鹏副教授担任主编,具体分工如下:樊帅进行总体设计,编写了第1、2、3、4章;杜鹏编写了第5、6、7章;樊帅、杜鹏以及姚梦蓉、张婷婷合作编写了第8、9、10、11章;此外,姚梦蓉、张婷婷、苗亚歌、谢忠琴承担了本书的部分资料收集和整理工作。

读者如果需要完整的章末本土案例,可以找作者索取。本书吸纳诸多学者的研究成果,在此一并致谢。本书虽经几次修改,但由于编者能力所限,不足之处在所难免,敬请专家、读者批评指正。

编　者

2022 年 1 月于武汉

第 1 章

你身边的营销学

【本章学习目标】

1. 理解营销一词的含义,从不同的领域理解营销的内涵,并能灵活举出对应的案例。
2. 理解什么是市场营销。
3. 掌握顾客满意和顾客忠诚的含义,从而理解营销的目的。
4. 掌握如何让顾客让渡价值实现营销的目标。

【本章概要】

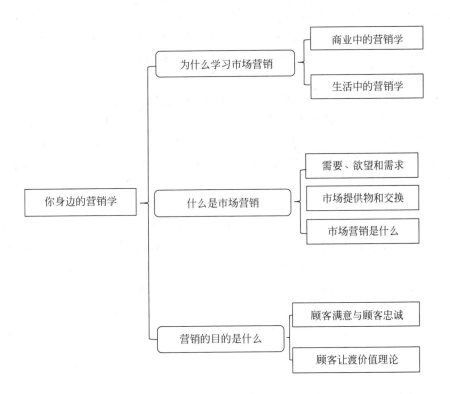

1.1　为什么学习市场营销

【引导案例】

名创优品的零售品帝国之路

目前零售行业发展遭遇瓶颈,关店数量只增不减,很多人对零售业失去了信心,在这样的背景之下,名创优品作为一家生活百货零售商店,脱胎于海外模式,于中国本土异军突起,在不到三年时间,其已开出近2 000家店,年销售规模近100亿元,在线下零售市场堪称奇迹。对于名创优品的评价也是褒贬不一:一些人认为,名创优品打破了实体渠道的陈旧与沉重,打破了品牌商对价格的贪婪控制,捅破了价格虚高的"最后一层纸";还有更多的人把名创优品定义为"价格的破坏者"。

案例1-1　名创优品为什么能爆卖100个亿

为什么名创优品能在无印良品、优衣库和屈臣氏这样的商业"老前辈"的"围剿"下杀出一条血路,实现爆发式的增长？ 靠的是什么秘诀？

第一,名创优品在品牌"硬实力"上做到极致:一是名创优品极致的产品设计。名创优品旨在最大程度上让利顾客,让消费者能以平价享受大牌产品。二是名创优品极高的性价比。名创优品认为,消费者应该回归理性,只买对的,不买贵的。三是名创优品极好的购物体验。名创优品十分注重顾客在环境中得到的购物体验,在店面装潢上下了血本,自然能俘获顾客的心。

第二,名创优品在盈利"发动机"上独辟蹊径:一是终端渠道多而密,争取大范围占领用户心智;二是独特的盈利模式,名创优品以超高性价比来吸引C端消费者流量,借此赚B端加盟商的钱,利用新媒体平台创收,抓住了时代红利;三是"加盟＋金融",实现产融结合之道,名创优品旗下的分利宝虽成立短短几年便被关停,但为名创优品带来了不少线下加盟商和巨额利润。

第三,名创优品在获客"筑基石"上颇下苦功:一是名创优品意识到"Z世代"更追求"兴价比",以价值和喜好为上,关注自我、体验和消费认同,在此基础上,名创优品丰富了自身品牌"调性";二是采取"三高三低"策略留住消费者,以"高颜值、高品质、高频率"保证让消费者以低价享受好物,以"低成本、低加价、低价格"保证消费者的消费快感;三是利用"短路经济"思路,积极与受年轻人欢迎的IP(知识产权)进行联名,增加曝光率和品牌黏性。

近年,名创优品在利用低价武器一路高歌猛进的同时,也面临了不少产品质量危机,繁花似锦,烈火烹油,名创优品是否能在下一个十年继续独占鳌头？ 将答案交给市场与消费者。

资料来源:《品牌案例｜名创优品为什么能爆卖100个亿?》,搜狐财经,2017;

《开到朝鲜的国产十元店,一年如何卖出190亿?》,豹变,2020;

《"疯狂"的名创优品不惧淘宝"1元店":7年开店4 200家、征服Z世代,靠的是什么?》,品牌管理,2020。

名创优品之所以能成功,是因为名创优品使用爆品战略,即刚需品战略,利用科学的规划,将企业的定位做到了极致——产品好、价格好、服务好、环境好。在"少即是多"的时代,爆品不需要太多。街上沿路派发的传单,超市里的免费试吃推广,服装店里的降价促销,写字楼外墙悬挂的海报,社交网站上轮换的广告……营销活动以各种难以想象的方式充斥在我们的生活中,无论是商家在竞争中获取有利地位还是个人在政治、职场中成功"推销"自己,甚至在日常购物中反商家"套路",都离不开营销学的指导。对于市场营销,大部分人的理解是:市场营销就是想办法把产品卖出去。所以相对应,关于市场营销的各种方法就变成了:如何吸引眼球? 如何促进交易? 如何引爆传播? 但广告和销售就是市场营销的全部吗? 这就是我们为什么要学习营销学,只有学懂学透,我们才能更好地将之应用到商业、政治、生活中。

1. 商业中的营销学

习近平总书记在十九大报告中指出:"必须坚持和完善我国社会主义基本经济制度和分配制度,毫不动摇巩固和发展公有制经济,毫不动摇鼓励、支持、引导非公有制经济发展,使市场在资源配置中起决定性作用。"市场营销的发展自然离不开"市场"这一关键要素。怎样进行符合当今时代的市场营销,是每个市场从业者都应该关心的问题。

1) 产品的差异化

企业在提供产品或服务时,通过各种方法引发顾客偏好的特殊性,使顾客能够很好地区别于其他同类商品,从而在市场中占据有利地位。这些产品或服务所具有的独特性对顾客是有价值的。因此,顾客愿意以较高的价格购买这些产品或服务。其基本逻辑就是企业致力于塑造能满足顾客需求的产品或服务,并通过独特性使顾客产生忠诚,从而获取竞争优势,赢得超额利润。差异化包括多种形式,其中最常用的是产品质量的差异化、产品可靠性的差异化、产品创新的差异化、产品特性的差异化、服务的差异化和形象的差异化。不同的事业部和不同的产品可以同时实现两种或两种以上的差异化。

2) 推广

营销推广指在以等价交换为特征的市场推销的交易活动中,工商业组织以各种手段向顾客宣传产品,以激发他们的购买欲望和行为,扩大产品销售量的一种经营活动。它是市场营销中的执行环节,是企业品牌和产品信息传达到用户的具体执

案例1-2 新锐个护品牌 BOBORE 如何吸引挑剔的 Z 世代

行方法。营销推广具体有以下特点:明确的执行目标、方式方法的多样性、与用户零距离接触、有效的市场数据反馈。好的商业营销必然会有一种或几种好的推广方式,这是成功的关键。

BOBORE 的案例可以清晰证明,目前市场已经完成了从工业时代到体验时代的转变(案例1-2)。工业时代产品以技术为主要指标,强调功能和功能体验;体验时代强调审美和情感体验,必须赋予产品心动感,学会利用情感附加值获得利润。营销的本质从竞争角度讲就是要凸显差异化。从上述案例可以看出:魅力产品=功能性利益×情感性利益。那么一个富有魅力的产品,应包含三个因素(图1-1)。

(1) 自然禀赋:产品独有的资源或者核心技术,诞生以来独有的 DNA(脱氧核糖核酸)。

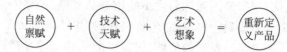

图 1-1　重新定义产品公式

案例 1-3　美国总统大选中的营销心法

（2）技术天赋：后天通过学习、购买、收购、并购等方式获得的竞争优势。

（3）艺术想象：提供原生性的情感性利益，包括文化、价值观、生活方式、情感、故事等软性因素。

2. 生活中的营销学

"增进民生福祉是发展的根本目的。"习近平总书记在十九大报告上如是指出。民生福祉和社会的发展息息相关，我们生活的质量便也决定了国民的幸福感。随着时代的发展，生活中处处可见营销。街上沿路派发的传单，超市里的免费试吃推广，服装店里的降价促销，写字楼外墙悬挂的海报，社交网站上轮换的广告……这些都在生活中触手可及。我们在生活中常常见到的营销手段有感官体验、情感体验、行动体验、关联体验、思考体验等，这些手段通过增加消费者对产品的体验感来刺激消费者的消费欲望，从而增加销售量。

体验营销是通过看、听、用、参与的手段，充分刺激和调动消费者的感官、情感、思考、行动、关联等感性因素和理性因素，重新定义、设计的一种思考方式和营销方法。这种思考方式突破传统上"理性消费者"的假设，认为消费者消费时是理性与感性兼具的，消费者在消费前、消费中和消费后的体验才是购买行为与品牌经营的关键。比如当一张床被当成"货物"贩卖时，卖 1 000～5 000 元，但当放在酒店中被作为商品时，一晚上就可以卖300～500 元。这其中唯一的区别就是酒店提供附加服务，而超出的部分支出就是为体验这一项服务而付出的价值。

在韩国的酒吧和餐馆里，喝烧酒的杯子都是特定规格的。用这样的杯子装酒，一瓶烧酒倒满 7 杯，不多也不少。这正是韩国商人煞费苦心之处，因为"7"是质数，在 1～10 之间它只能被 1 和 7 整除。也就是说，只有 1 个人独自喝酒或 7 个人一起喝酒时，才能恰好把一瓶酒分完，而在其他的情况下都需要继续拿酒。韩国商人正是利用这样的"心机"，隐形之中促进了烧酒的销售。

【中国智慧 1-1】

《孙子兵法》之势论

要了解《孙子兵法》势论所包含的思想，必须首先弄清"势"的确切含义。从《势篇》三次设喻讲"势"看，"势"的基本含义是力。"善战人之势，如转圆石于千仞之山者，势也"，这里的"势"指的是冲击力。《孙子兵法》势论是关于正确处理各种军事矛盾以使军队形成强大战斗力，并科学运用这种战斗力、用小力而获大功的理论。孙子对"势"的认识尽管是直观的、零散的、朴素的，但仍可看出，其势论由三部分组成，即知势、造势与任势。孙子关于知势、造势、任势的论述，抓住了决策规律的要旨，从而形成了重实际、讲辩证、强调发挥人的主观能动性的独树一帜的哲学思想。

政治是没有硝烟的战争。将《孙子兵法》中关乎"势"的理论类比到政治生活中，我们不难发现,"知势"即要有科学的认识,强调要对现实之势进行科学分析;"造势"是手段,目的是通过主观努力扩大主客矛盾双方力量的差异,造成于己有利的力量对比;"任势"是境界任势,即运用力量,因势施谋,借势成事。它不但包括正确运用自己的力量,也包括巧妙地利用客观现实来达成自己的目的。

1) 情感体验

情感体验营销诉求顾客内在的感情与情绪,目标是创造情感体验,其范围可以是一个温和、柔情的正面心情,到欢乐、自豪甚至是激情强烈的激动情绪。情感体验营销的运作需要真正了解什么刺激可以引起某种情绪,以及能使消费者自然地受到感染,并融入情境中。在情感消费时代,消费者购买商品所看重的已远远不是商品数量的多少、质量好坏以及价钱的高低,而是为了获得一种感情上的满足以及一种心理上的认同。

情感体验能营造更好的营销环境、提高消费者的品牌忠诚度、战胜竞争对手。倩碧(Clinique)在创牌 7 年之后所推出的一款名为"欢乐"的新香水,就是一个很好的情感营销的例子。销售点的录像广告中通过展示产品阳光健康的橙色包装以及模特跳跃的身影和欢快的微笑,进一步强化了产品名称所蕴含的意义。其电视广告把运动和音乐完美融合在一起。借"欢乐"营销之势,倩碧倡导了欢乐时尚的潮流。

案例 1-4 高端餐饮企业"御仙都"的涅槃重生——体验营销

2) 关联体验

关联体验营销包含感官、情感、思考与行动体验营销等层面。关联体验营销超越私人感情、人格、个性,加上"个人体验",而且与理想自我、他人或是文化产生关联。进入 4S 店购物时,汽车销售员会亲切问好并递上一杯饮品,安排客户坐在柔软的沙发上,在交谈过程中赠送小零食。在这之后,销售员会热情引导试驾,并且介绍产品。一般而言,在这样一套流程后,消费者会"理所当然"地买下车,还"鬼使神差"地一起买了汽车保险和一堆汽车内饰及其配件。销售员的这一系列举措,正是利用了消费者的"放纵心理"和"个人体验"后产生的虚幻的拥有感,最终促成了这单生意。

3) 思考体验

思考体验营销诉求的是智力,以创意的方式引起顾客的惊奇、兴趣,对问题集中或分散的思考,为顾客创造认知和解决问题的体验。企业以此吸引消费者的注意力,引发消费者对于产品和服务以及企业品牌的思考,促使其产生创造性思维。作为咖啡零售业的领军品牌,星巴克开了与微软合作、将无线网络宽带技术引入店内的先河。这一举动也将星巴克和代表"人类先进智慧结晶"的科技牢牢捆绑在了一起。现如今,星巴克的店面都拥有了"办公场所"这一附加属性,这正是引入高科技创意来引起顾客思考,进而驱动他们的选择,获得顾客黏性的实例。

4) 行动体验

行动体验营销强调企业为消费者提供亲身参与和行动的机会与平台,消费者与企业互动,进行生活方式的体验、行为模式的体验,改变消费者的生活形态,引导其进行思考和行动,增强消费者的产品体验,激发积极的购买行为,从而实现产品和服务的销售。

1.2　什么是市场营销

【引导案例】

网红故宫文创的成功之路

故宫,世界上规模最大、保存最完好的皇家宫殿建筑群,是中国古代宫廷建筑的精华。与庄重威严的刻板印象不同,近年来,故宫文创产品凭借其独具特色的创新理念备受广大消费者的青睐,其在几年内先后推出了8 700多种文创产品,官方微博粉丝1 016万,故宫淘宝店仅一天就可以销售1.6万单文创产品,年销售额超过10亿元,开创了全新的文化产品创新之路。

故宫文创不俗的市场表现之下又潜藏着哪些"独门秘籍"呢? 首先,故宫文创以用户为中心,在产品的设计、选款、推广上体现平民化特点。其次,故宫充分挖掘消费者所熟悉的历史故事,整合经典影视作品,迅速拉近与消费者之间的距离。最后,故宫文创的产品均是贴近大众生活的日常用品,完美而精准地满足了在当今时代背景下消费者的精神需求,最终走向了成功之路。

而故宫形象的转变,也发生在短短几年间。如今,故宫卖萌、搞笑的网络形象,很大程度是由"故宫淘宝"建立起来的。2014年8月1日,一篇名为"雍正:感觉自己萌萌哒"的

案例1-5　网红故宫文创的成功之路

文章出现,也成为"故宫淘宝"公众号第一篇阅读量10万的爆款文章;2015年3月5日,在《朕有个好爸爸》一文后,康熙帝也成了"网红";2016年1月7日,三集文物修复类纪录片《我在故宫修文物》迅速走红,广受年轻人喜爱。自此开始,故宫IP对应的受众更加趋于年轻化;2018年12月,故宫角楼咖啡正式营业,并推出彩妆系列产品,故宫年轻化、潮流化的步伐一发不可收。

除此之外,故宫每年都会预定一个热搜话题——故宫雪景,这件事不以人的意志为转移,只要北京下雪,故宫就会有一次免费的宣传机会,故宫博物院院长单霁翔还曾开过玩笑:"这两年不下雪我们都着急啊。"故宫雪景是被大众媒体塑造出来的、独属于故宫的一张名片,当然也是故宫有意引导的。这种"靠天吃饭"的营销方式值得很多文化景点学习,因为有着不确定性,更加让人期待,也许苏州园林的雨天和故宫的雪天一样美,但是就没有被打造成特殊的景点名片。

故宫的年轻化发展不免伴随着一些质疑的声音:这种戏谑的语言方式是否会有失历史的严肃性? 其实,在这一点上,"故宫淘宝"比众多新媒体要有底气得多,因为其背后是故宫专业的学者团队。他们的成文步骤是:研究者写出符合史实的文章,再由一支年轻团队"转译"成符合年轻人阅读习惯的轻松诙谐的语言。直至今日,"故宫博物院"官方微博都坚持简洁而文艺的文字风格,在保留古韵的同时,又能最大程度上吸引受众。

资料来源:《当文化创意遇上互联网? 故宫网红的"修炼秘籍"都在这里了》,壹案例,2017;
《可复制的故宫"网红"营销之路》,TopMarketing,2019。

故宫文创的成功秘诀是什么？伟大的无产阶级革命家毛泽东曾在《新民主主义论》中说过："……一定的文化(当作观念形态的文化)是一定社会的政治和经济的反映,又给予伟大影响和作用于一定社会的政治和经济。"故宫文创的成功绝非偶然,从这一成功案例中我们不难发现其对于市场动向的完美把控,以及对消费者心理和需求的精准剖析,归其根本是故宫文创团队对于市场营销核心的深刻了解。600岁故宫的耍帅卖萌是借助现代的、大众喜闻乐见的方式,实现了对于传统文化的另一种打开方式。在创意的指引下,让传统历史文化"飞入寻常百姓家",走进生活,走进人心。变化了的传播和体验形式,收获的不只是人气,本质上还是对于传统文化更好的传承。一个社会对于传统文化的接纳、理解、传承,及其最终所形塑的社会文化氛围,就是在这种普通人可触可感、可消费中,实现升华。当然,一切成功的营销案例都离不开市场营销在公司运营过程中的重要作用。上一小节我们知道了商业、政治和生活中的市场营销,那市场营销最核心的基本概念有哪些？市场营销的本质又是什么呢？

【中国智慧1-2】

变则通,通则久——赵武灵王"胡服骑射"

　　战国时期,各诸侯国纷纷通过变革实现国家的强盛,其中以秦国的商鞅变法最为显著,而赵武灵王的胡服骑射对后世军事上的影响也是相当显著的。

　　赵武灵王想要攻打中山国,但赵国士兵铠甲厚重,对作战大有阻碍,赵武灵王发现居住在赵国北面的胡人装束却十分简单轻便。他们大多穿着紧身短衣、长裤,行动起来十分方便,于是赵武灵王推广了"胡服令"。其间虽然受到了许多反对和阻碍,但这一政令依旧在其坚持下得以推行,并且在攻打中山国的过程中发挥了极大的作用,使赵国屡战屡胜,扩大了自身的版图,最终成为唯一能与秦国抗衡的大国。

　　俗话说,变则通,通则久,不懂得变通便永远没有进步。赵武灵王的胡服骑射不仅增强了赵国的国力,而且对后世军事也产生了举足轻重的影响。

1. 需要、欲望和需求

1) 需要

　　需要指人们某种不足或短缺的感觉。它是促使人们产生购买行为的原始动机,是市场营销活动的源泉。人的需要是丰富而复杂的,它不是由企业营销活动创造出来的,而是客观存在于人类本身的。

　　1943年,美国犹太裔人本主义心理学家亚伯拉罕·马斯洛在《人类激励理论》一书中提出的需求层次理论,将人类需求像阶梯一样从低到高按层次分为五种,分别是生理需求、安全需求、社交需求、尊重需求和自我实现需求,是行为科学理论之一(图1-2)。

 人物小传1-1　亚伯拉罕·马斯洛

　　该理论有两个基本出发点：一是人人都有需要,某层需要获得满足后,另一层需要才出现；二是在多种需要未获满足前,首先满足迫切需要；该需要满足后,后面的需要才显示出其激励作用。一般来说,某一层次的需要相对满足了,就会向高一层次发展,追求更高一层次的需要就成为驱使行为的动力。相应地,获得基本满足的需要就不再是一股激励力量。因此需要的被满足过程可以对人形成一种激励力量,而这种激励力量在一定程度上可以促进营销活动的进行。

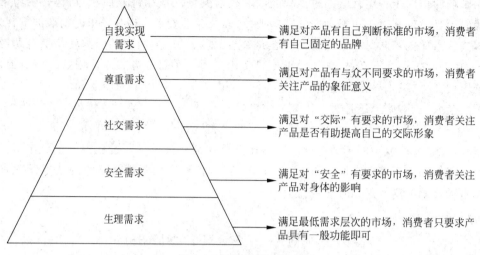

图 1-2　马斯洛需求层次

马斯洛需求层次理论遵循几个原则,如图 1-3 所示。

1 ● 五种需求像阶梯一样从低到高,按层次递升

2 ● 这样的次序不是完全固定的,可以变化,也有种种例外情况

3 ● 一般来说,某一层次的需要相对满足了,就会向高一层次发展,追求更高一层次的需要就成为驱使行为的动力。相应地,获得基本满足的需要就不再是一股激励力量

4 ● 同一时期,人会有几种需要并存,其中某一种需要占支配地位。在高层次需要发展之后,低层次需要仍然存在,但相对来说影响较小

图 1-3　马斯洛需求层次理论遵循的原则

在市场营销中,营销不能创造需要,只能通过某些途径和手段来形成刺激,进而唤起目标群体的某种潜在需要。

2)欲望

欲望是实现需要的具体满足物的愿望,是需要的表现形式。不同文化环境下实现需要的满足物不同,如感到饥饿时,美国人可能想吃汉堡,日本人可能想吃寿司,而韩国人可能想吃紫菜包饭,大家补充能量的需要是一样的,对于用来满足需求的食品的期望却不一样,最终表现为对不同食品的获取欲望。人的需要是有限的,而欲望是无限的。营销人员无法创造人的基本需要,但可以采取各种营销手段激发人们的欲望,开发并销售特定的服务或产品来满足这种欲望。当满足了某种需要后,就会

案例 1-6　Netflix—需要引发的灵感

案例 1-7　喜茶的营销突围之路

产生一种新的欲望,并渴求让这种欲望变成已经可以满足的需要。就如马斯洛需求层次理论所说,当人们可以满足基本的生理需求后,就开始产生想要安全、稳定、免遭痛苦的生活的欲望。欲望是产生需求的必要条件。

案例1-8 读懂消费者差异需求,健康饮料不止"三零"

3)需求

需求是有能力购买并且有意愿购买某个具体产品的欲望,是对欲望的理性归纳,该指标与消费者购买力有关。需求是唯一可以进行定量分析的指标。

(1)需求的八种类型。需求的八种类型见表1-1。

表1-1 需求的八种类型

类 型	内 容
负需求	指市场上众多顾客不喜欢某种产品或者服务。如前些年商业保险普遍不被人接受;消费者为了预防疾病拒绝食用高脂肪、高胆固醇类的甜点、熏制食物等
无需求	指目标市场顾客对某种产品从来不感兴趣或漠不关心。比如非洲许多国家的居民从不穿鞋子;海南人对于羽绒服的购买力很低。又如经典案例如何将梳子卖给和尚
潜在需求	指现有产品或服务不能满足许多消费者的强烈需求。如2017年锤子手机在其最新版的产品中增加视障人群的便捷使用模式
下降需求	指目标市场顾客对某些产品或服务的需求出现了下降趋势。如近年来中国传统的酒水市场受到外来产品的冲击,以及人们对健康生活的看重,市场上对于酒水类产品的需求出现了下降趋势
不规则需求	许多产品具有明显的时效性的特点,如具有季节性、周期性的产品,这类产品往往会因为季节、月份、周期等而产生需求的变化。如旅游市场
充分需求	指某种产品或服务目前的需求水平和时间等于期望的需求,但消费者需求会不断地变化,竞争日益加剧。如2017年,仅共享单车一项产品,市场上就出现了10余家企业
过度需求	指市场上顾客对某些产品的需求超过了企业的供应能力,产品供不应求。如在当下社会环境中,交通、能源以及住房等产品的供不应求
有害需求	指对消费者身心健康有害的产品或服务。如烟、酒、毒品、黄色书刊等产品

(2)需求的三层境界:被动满足、引导需求和创造需求。

第一层,被动满足。

市场需要什么,我们就提供什么;认真倾听客户的声音,根据客户的麻烦、抱怨、反馈来提供、改进产品和服务。

第二层,引导需求。

当市场对某种产品的需求不充分的时候,我们就要引导需求,把产品定位往消费者能够接受的方向靠近,然后在此基础上往前发展。

第三层,创造需求。

需求是需要我们去创造的,也许消费者根本没往这方面想,但是我们要对他们进行观察,开发新的市场。

案例1-9 拉面说:20元以上的方便面,在玩什么?

而今中国的经济水平发展迅速,稳健地实现了三个时期的过渡,习近平总书记在中共中央政治局第三十八次集体学习时的讲话中明确指出:"增强企业对市场需求变化的反应和调整能力,提高企业资源要素配置效率和竞争力。"未来市场的道路通向何方,还需要企业根据市场的需求充分调整自身状态，更好地应对挑战。

4）区别与联系

需要、欲望与需求是市场营销中的三个核心基本理念，这三者在一定程度上揭示了市场营销活动的本质和市场营销活动的产生原因。这三个核心理念在市场营销活动中具有重要的意义，那如何区分这三者，三者之间又有什么联系呢？如图1-4所示。

案例1-10 X-bed互联网酒店—开发新的市场

（1）需要是人本身就存在的一种不足或者短缺的感觉，是产生购买行为的原始动机，它不是由营销活动创造出来的，而是客观存在于人类本身的。满足需要是企业营销活动和生产的主要目的。

（2）欲望是需要的具体表现形式，是需要建立在不同社会经济、文化和个性等基础上的表现形式。欲望可以随着社会的进步而不断变化，欲望是无限的。而企业的营销活动虽然不可以创造需要，但是可以通过营销手段来激发人们的欲望，从而促进需要与欲望的结合。

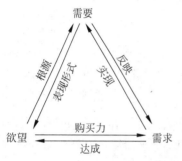

图1-4 需要、欲望、需求三者关系示意图

（3）需求是以购买力为基础的欲望，人类的欲望是无尽的，但并非所有的欲望都可以实现，购买力是决定性因素。

（4）需求是一定条件下的欲望，欲望是需求的具体化。企业既要通过调查去发现并设法满足需求，又要通过营销活动去创造和引导需求，变潜在需求为现实需求。

2. 市场提供物和交换

1）市场提供物

市场提供物即提供给市场以满足需要、欲望和需求的产品集合，它不仅包括实体产品，还包括抽象产品。一般而言，营销者主要经营以下十大类产品：有形的产品、服务、事件、体验、人物、场所、产权、组织、信息和想法。

在大部分国家和地区，有形的产品都是生产与营销的主要对象，如汽车、电脑、手机、书籍、雨伞、比萨等。而随着经济的发展，人们的需求越来越多样化，服务在地区经济中的比重逐渐增长，人们也越来越重视个人的体验。希尔顿酒店细致周到的服务享誉全球，迪士尼打造的童话王国让人流连忘返，星巴克的咖啡文化为顾客创造舒适的第三空间，这些企业为顾客提供了卓越的服务价值，因此在世界范围内都获得了成功。

案例1-11 世界上最好的工作

演唱会的宣传、旅游景点的推广、网红的炒作、公益知识的传播、文化理念的表达等，这些都是营销活动，是"通过创造、沟通、传播和交换产品，为顾客、客户、合作伙伴以及整个社会带来价值的一系列活动、过程和体系"（美国市场营销协会，2013）。例如澳大利亚昆士兰州旅游局2009年以一则大堡礁岛主全球招募广告引发全球热议，吸引了来自全世界游客的目光，成功让昆士兰州大堡礁成为澳大利亚旅游线路的必游之地。并且，营销活动不是企业专属的，而是每一个人都能够参与和经历的。营销无处不在，无论是有意识的，还是无意识的，任何组织和个人都在从事各种各样的营销活动。

2）交换

（1）交换的内涵。市场营销学的核心是"交换"，即通过提供他人所需所欲之物来换取自己所需所欲之物的过程。伴随着市场营销内涵的丰富和完善，交换的内涵也在发生变化，总的来说有以下几方面。

第一，交换以实现"多赢"为目的，强调互利互惠，掠夺等单方获利的行为不是营销。

第二，强调交换关系的建立。只有通过交换，发展企业与多方的关系，从而实现"多赢"，才是营销的目的。

第三，强调价值的交换，注重质量、服务和价格的组合。

（2）交换的条件。交换有五个条件，见表1-2。

表 1-2　交换的条件

	有两个或两个以上的买卖或交换者
	交换双方拥有对方想要的产品或服务
交换的条件	交换双方都有沟通及向对方运送货物或服务的能力
	交换双方拥有自由选择的权利
	交换双方都觉得对方值得交易

一旦满足五个交换条件，基本上就达成了交换协议，交易就产生了。交易是交换的基本组成单位，是交换双方之间的价值交换。交易通常有货币交易和非货币交易。

【中国智慧1-3】

完 璧 归 赵

战国时期，秦昭王得知赵惠文王得到了价值连城的和氏璧，假装愿意以15座城市来交换和氏璧。于是，赵王派蔺相如带着和氏璧去换城。相如到秦国献了璧，却发现秦王没有诚意，只想空手套白狼，不肯交出城池，于是就设法把和氏璧弄回了赵国。在这个故事里面，秦王就不想交换，只想掠夺。

（3）交换中的角色。在交换双方中，如果一方比另一方更主动、更积极地寻求交换，我们就将前者称为市场营销者，将后者称为潜在顾客。换句话说，所谓市场营销者，是指希望从别人那里取得资源并愿意以某种有价值的东西作为交换的人。市场营销者可以是卖方，也可以是买方。当买卖双方都表现积极时，那么双方都是市场营销者，这种情况称为相互市场营销。

（4）市场流程结构。现代交换经济中有四大主体：制造商、政府、中间商和消费者。他们通过与资源市场（包括原材料市场、劳动力市场和金融市场等）的交换过程连接成一个循环结构，构成现代交换经济中的市场流程结构（图1-5）。

案例 1-12　花西子如何走进线下终端、触达更广泛的线下群体？

制造商从资源市场上获得原材料、劳动力和信息，然后把它们加工成各种产品和服务，再把它们卖给中间商，中间商则把它们卖给消费者，消费者通过出售自己的劳动力得到货币收入，用于购买自己需要的产品和服务。政府为这些市场主体提供各种公共服务，并向他们征税，然后从制造商及中间商那里购买所需的产品。

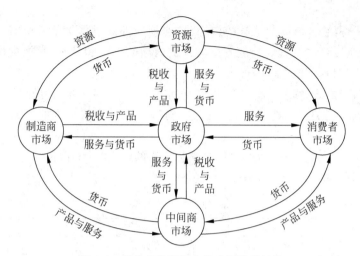

图 1-5　现代交换经济中的市场流程结构

（5）简化的营销交换系统。为了简化研究,我们可以把卖方的集合看作一个行业,如服装行业、零售行业、汽车行业等;而把买方的集合看作市场,如儿童市场、鞋类市场、劳动力市场等。那么营销中的交换流程就可以简化成如图 1-6 所示的一个系统。其中,内圈表示货币与产品、服务的交换,外圈表示信息的交换。

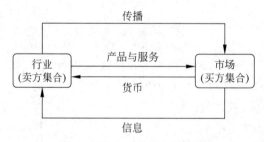

图 1-6　简化的营销交换系统

买方和卖方通过四个流程彼此连接在一起。行业把产品、服务和促销信息（例如电视广告、电子邮件等）传递给市场。与此同时,市场也把货币和买方信息（例如消费偏好、消费量变化等）反馈给行业。

3. 市场营销是什么

1）市场的定义

习近平总书记曾在《关于〈中共中央关于全面深化改革若干重大问题的决定〉的说明》中提出要处理好政府和市场的关系,使市场在资源配置中起决定性作用和更好发挥政府作用,现如今,习近平总书记在中共中央政治局第三十八次集体学习时进一步指出,"市场作用和政府作用是相辅相成、相互促进、互为补充的"。市场是商品经济的范畴,是一种以商品交换为核心的经济联系形式,是社会生产和社会分工的产物。在商品经济的不同时期,人们对市场的界定和理解有所不同,总的来说主要有以下几种定义。

（1）商品流通学视角:商品交易的场所。"市"就是买卖,"场"就是场所,"市场"即买者和卖者于一定的时间聚集在一起进行交换的场所。早期人类社会的生产力水平低下，人类的交换是物物交换，这样就要求交换的双方必须在约定的时间和地点进行交换。例如我国古代文献中记载"（神农氏）日中为市，致天下之民，聚天下之货，交易而退，各得其所"。后来发展到商品交换的阶段，有了货币作为媒介，人们的交易高效得多，有的交易场所就被固定下来，如菜市场、建材市场、花鸟市场等。

（2）经济学视角：商品交换关系的总和。随着社会生产力水平的提高，生产者的生产活动不再仅仅是满足自己的需要，同时也可以为他人的需求提供商品，从而出现了便于实现商品交换的商品流通。马克思指出："生产劳动的分工，使它们各自的产品互相变成商品，互相成为等价物，使它们互相成为市场。"此时的市场不是指具体的交易场所，而是指买者和卖者在一定时间、地点条件下实现商品让渡的交换关系的总和。经济学一般是在这种意义上使用"市场"这一概念的，它关注的是买卖双方在达成交换关系时互相博弈的过程。

伴随商品流通的范围不断扩大，人们发现，商品交换关系不仅存在于买卖双方之间，还存在于买方与买方、卖方与卖方、买方与中间商、卖方与中间商以及中间商与中间商之间，是商品在流通过程中各方进行交换时发生的关系。它还包括商品在流通过程中促进或发挥辅助作用的一切机构、部门（如银行、保险公司、物流公司、海关、消费者保护协会等）与商品的买卖双方之间的关系。

（3）市场营销学视角：需求的集合。市场营销学主要是从卖方角度来认识和理解市场的含义，研究的是如何采取有效的措施，来满足消费者需求，其中包括现实的需求和潜在需求。美国市场营销协会（AMA）1960年对市场提出的定义是"市场是指一种货物或劳务的潜在购买者的需求集合"，可以说，在市场营销学的范畴里，"市场"等同于"需求"。

营销学大师菲利普·科特勒把市场定义为"市场是对某种商品或劳务具有需求、支付能力和希望进行某种交易的人或组织"，并认为"市场的大小，取决于那些有某种需要，并拥有别人感兴趣的资源，同时愿意以这种资源来换取所需要的东西的人数"。他认为市场是一个由购买者、购买欲望和购买力等多因素构成的集合体，是一个动态变化的组合概念，用公式表达为

$$市场＝购买者＋购买欲望＋购买力$$

其中，购买者是构成市场的基本因素，购买者的多少决定了市场规模与容量的大小。购买欲望是消费者购买商品的动机、愿望和要求，购买欲望形成了人们的潜在需求。而购买力是指人们支付货币购买商品或劳务的能力，是消费者把潜在的购买意愿转化为实际购买行为的重要条件。这三个要素同时存在、缺一不可。

2）市场的类型

现代市场体系是一个多层次、多要素、全方位的有机系统，为了帮助大家更好地理解市场，我们从以下不同角度对市场进行了分类。

案例1-13 从大自然的搬运工到印钞机，农夫山泉做对了什么？

（1）按构成市场交易对象的商品形态分类。按这种标准，可以将市场分为商品市场、资金市场、技术市场、信息市场、房地产市场和服务市场（表1-3）。

表 1-3　市场按构成市场交易对象的商品形态分类

类　型	内　容
商品市场	生活消费品、生产资料等有形的物质产品市场
资金市场	货币资金的借贷,有价证券的发行和交易,以及外汇和黄金的买卖活动所形成的市场
技术市场	将技术成果商品进行交换的场所,是技术流通领域,也反映了技术商品化后的经济关系总和
信息市场	进行信息商品交换的场所,是促进信息产品在信息生产者、经营者和信息用户之间有偿交流的市场领域
房地产市场	进行房地产交易的场所。它由房地产市场和土地市场两部分组成
服务市场	利用一定的场所、设备和工具,为消费者提供"在服务形式上存在的消费品"的一种特殊商品市场

（2）按竞争程度分类。按这种标准,可以将市场分为完全竞争市场、不完全竞争市场、寡头垄断市场和完全垄断市场。

① 完全竞争市场,是指市场价格由众多买者和卖者共同决定,任何单个的买者或卖者都只能是价格的承受者的市场。例如石油市场就具有完全竞争的属性。第一,国际石油市场存在大量的石油生产者和消费者。第二,常规石油和非常规石油都是无差别的,具有完全的替代性。第三,世界上任何一个石油生产者（国）都可以自主地销售自己的资源,石油消费国也可以按最经济原则进口所需的原油。这就是说,国际石油贸易是充分流动的。第四,20 世纪 80 年代后期以来,随着石油现货和期货交易的兴起与不断流行,加之世界范围的信息革命,国际石油市场和交易基本处于透明状态。

② 不完全竞争市场,又称"垄断竞争市场",这样的市场拥有众多的彼此竞争的卖者,他们生产和销售的是同种产品,但这些产品又各自包含独特价值,对价格起着影响作用。例如汽车行业,高端品牌如宝马、路虎等,那么这些竞争品牌靠什么胜出呢?当然有自己的独到之处。宝马的底盘较低,受到的阻力小,适合在市区内驾驶;而路虎底盘较高,适合在野外行驶。

③ 寡头垄断市场,是指为数不多却占有相当大份额的卖者所构成的市场,这些卖者对市场价格有极大的影响力。例如中国通信行业的三大巨头:中国移动、中国联通、中国电信。这三大巨头形成的就是三寡头垄断市场,对通信市场起着绝对的支配作用。

④ 完全垄断市场,是指只有一个买者或卖者,因而这唯一的买者或卖者能完全控制价格的市场,所以这个垄断者又被称为"价格制定者"。

（3）按地理位置或空间范围分类（表 1-4）。

表 1-4　市场按地理位置或空间范围分类

地理位置		市场类型
世界范围内	按照洲别	亚洲市场、美洲市场、欧洲市场、澳大利亚市场、非洲市场等
	按照国别	中国市场、美国市场、英国市场、韩国市场等
国家范围内	按照国界	国内市场和国际市场
	按照地域	如我国华南市场、华中市场、华东市场、华北市场等

（4）按商品流通的交易形式分类。按这种标准，可以将市场分为现货市场和期货市场。

① 现货市场，是指买卖的商品、有价证券及外汇等实物均收取现金，并当即实现实物转移的交易市场。根据交易方式的不同，商品现货市场还可以进一步划分为批发市场和零售市场。

批发市场，是指以社会化大生产和商品大流通为基础，在商品流通过程中起着集散地的重要作用的交易市场，批发市场存在着综合批发商、专业批发商、代理批发商等多种形式。

零售市场，是指将货物和服务直接出售给最终消费者的交易市场，零售活动是直接面对消费者的、商品流通的最终环节。

② 期货市场，是指买卖商品或金融工具的期货或期权合约的场所，主要由交易和清算场所、交易活动当事人和交易对象三部分构成。

（5）按市场主体地位分类。这里说的主体主要是指买方和卖方。

① 买方市场，是指在商品供过于求的条件下，买方掌握着市场交易主动权的一种市场形态，此时买方处于支配地位，掌握交易价格主动权。

② 卖方市场，是指在商品供不应求的条件下，卖方掌握着市场交易主动权的一种市场形态，此时卖方处于支配地位，掌握交易价格主动权。

（6）按购买目的分类。按这种标准，可以将市场分为消费者市场和组织市场。

① 消费者市场，是指为满足自身需要而购买的一切个人和家庭构成的市场，又称最终消费者市场、消费品市场或生活资料市场。

② 组织市场，是指为了自身生产、转售或转租或者用于组织消费而采购的一切组织构成的市场，主要包括生产者市场、中间商市场和政府市场。生产者市场也叫产业市场，是指购买的目的是进行再生产而采购的组织形成的市场。中间商市场则是指为了转售而采购的组织形成的市场，主要包括批发商、零售商、代理商和经销商。政府市场是指因为政府采购而形成的市场。

【中国智慧 1-4】

邓小平与社会主义市场经济

20 世纪 90 年代初，面对错综复杂的国际国内环境和改革开放的严峻形势，邓小平发表了著名的南方谈话。在谈话中，邓小平以伟大政治家的高瞻远瞩和非凡胆略，坚定地肯定了十一届三中全会制定的基本路线，有力地回击了对改革开放和发展社会主义市场经济的质疑。他说："计划多一点还是市场多一点，不是社会主义与资本主义的本质区别。计划经济不等于社会主义，资本主义也有计划；市场经济不等于资本主义，社会主义也有市场。计划和市场都是经济手段。社会主义的本质，是解放生产力，发展生产力，消灭剥削，消除两极分化，最终达到共同富裕。"从此，中国开始实施社会主义市场经济模式。

改革开放之前，中国是一个比较落后的国家，仅仅 40 多年，中国已经成为世界第二大经济体，中国人民总体上过上了丰衣足食的小康生活。这是中国历史上任何一个盛世都不可比拟的。需要强调的是，1978 年邓小平领导改革开放的时候已经 74 岁了。从 74 岁到 93 岁,他用了 20 年的时间带领中国基本告别了短缺经济,改变了中国人的生活和命运。

3) 市场营销的定义

正如菲利普·科特勒所言,"营销学之父为经济学,其母为行为学;哲学和数学为其祖父、祖母"(美国市场营销协会成立 50 周年纪念大会上的讲话,1987 年)。20 世纪初,在经济学和行为科学蓬勃发展的背景下,市场营销学在美国创立。经过几十年的发展,中外学者从多个不同角度给出了市场营销的定义,被人广泛认可的是美国市场营销协会给出的定义。此外,营销管理学派的代表人物——美国西北大学教授菲利普·科特勒、欧洲关系营销学派的代表人物——格隆罗斯以及 4P 营销理论创始人——美国密歇根大学教授杰罗姆·麦卡锡(McCarthy)对市场营销所下的定义也被世界各国市场营销界广泛引用,将以上定义整理为表 1-5。

表 1-5　市场营销定义发展过程

时　间	提出者	定　义
1960 年	AMA	市场营销是引导货物和劳务从生产者流转到消费者过程中的一切企业活动
1960 年	麦卡锡	市场营销是企业经营活动的职责,它将产品及劳务从生产者直接引向消费者或使用者,以便满足顾客需求及实现公司利润
1985 年	AMA	市场营销是指通过对货物、劳务和计谋的构想、定价、分销、促销等方面的计划和实施,以实现个人和组织的预期目标的交换过程
1990 年	格隆罗斯	市场营销是在一种利益之下,通过相互交换和承诺,建立、维持、巩固与消费者及其他参与者的关系,实现各方的目的
2006 年	科特勒	市场营销是个人和集体通过创造产品和价值,并同别人自由交换产品和价值,以获得其所需所欲之物的一种社会过程
2007 年	AMA	市场营销是一种全组织范围内的活动,是一组制度的集合,同时也是为了顾客、客户、合作伙伴以及社会的整体利益而创造、传播、传递、交换价值的一系列过程
2013 年	AMA	市场营销是在创造、沟通、传播和交换产品中,为顾客、客户、合作伙伴以及整个社会带来价值的一系列活动、过程和体系

【中国智慧 1-5】

国内市场营销的发展趋势

市场营销学从 20 世纪 70 年代末至 80 年代初经由各种途径引入中国,最初仅局限于大学课堂和学术界交流,后来逐渐走向经济前台并扮演经济发展的主角。中国市场营销的历史实际上是中国经济由计划经济向市场经济转型的发展史。

学者艾尼瓦尔·艾麦尔和马宝君(2018)认为,要想做好市场营销,就必须总结国外营销的不足,紧紧地抓住国内市场发展趋势,做到理念更新的同时注重市场营销专业人员的培养和人才储备,同时紧抓互联网时代的新型营销模式,借由时代的力量完成国内营销的发展与转型。

上述定义的变化过程说明,市场营销是一门动态发展、与时俱进的学科。随着时代的发展进步,市场营销的内涵也在不断丰富、充实、完善。现代营销是以实现企业和利益相关者等各方的利益为目的,对顾客价值进行识别、创造、传递、传播和监督,并将客户关系的维系和管理融入各项工作之中的社会与管理过程。梳理这些定义可以从中了解市场营销概念的演进和营销内涵的扩展过程(表1-6)。

表1-6　市场营销概念的演进与营销内涵的扩展

定 义 序 号	主　体	客　体	过　程	工　具	目　标
美国全国营销与广告教师协会(1935)	企业	货物和劳务	流通	分销	促进流通
AMA(1960)	企业	货物和劳务	流通	销售	提高销量:主体利益
麦卡锡(1960)	企业	产品及劳务	流通	销售	满足需求,实现利润:双方受益
AMA(1985)	个人与组织	货物、劳务和计谋	交换实施+管理	4P	满足需求:主体利益
格隆罗斯(1990)	组织	关系	关系管理	交换和承诺	管理关系:公司及其相关者受益
AMA(2004)	组织	价值、关系	创造、沟通价值,管理顾客关系	全面营销	价值与关系:公司及其相关者受益
科特勒(2006)	个人和组织	产品和价值	选择、创造、传递价值;社会、管理过程	艺术和科学	主体利益及关系
AMA(2007)	组织	制度集合,价值	创造、传播、传递、交换价值的过程	全面营销	利益相关者受益及社会价值
AMA(2013)	组织	产品和价值	创造、沟通、传播和交换产品及价值	全面营销	利益相关者受益及社会价值

观察分析可知,主要有如表1-7所示几方面的变化。

表1-7　市场营销概念的变化

相关概念	具 体 变 化
营销主体	企业→一切面向市场的个人和组织
营销客体	货物和劳务→货物、劳务和计谋→价值和关系
营销对象	顾客→利益相关者
营销内容	销售→构想、定价、分销、促销→创造、沟通价值和管理顾客关系→社会和管理过程
营销目标	提高销量获得主体利益→满足需求获得主体利益→价值创造、沟通及顾客关系的管理获得利益
营销工具	销售→4P→全面营销

1.3　营销的目的是什么

【引导案例】

极致服务——海底捞

海底捞作为餐饮界营销的经典案例,吸引了众多媒体的关注,也引来了学术界的研究、企业界的学习,甚至是风投公司的青睐。是什么样的魅力让业界对海底捞如此痴迷?海底捞的过人之处何在?消费者从海底捞究竟捞到什么?海底捞处在火锅这样技术含量不高的行业,为什么能够创造出令人羡慕的高昂士气、充满激情的员工团队和出色的业绩?一切只是因为该公司关注了两个指标:追求顾客满意度和员工满意度,并努力提高它们。

1. 独特的企业文化

在不断宣传企业文化和价值观的过程中,海底捞提出了“创造公平公正的职场环境”“双手改变命运”“把海底捞带到全国各地”这三个目标。海底捞给予员工努力拼搏的机会,让他们用自己的双手创造期望的美好生活,海底捞不仅在员工与企业之间、老板与员工之间、企业与客户之间建立了信任关系,更赋予员工同样的归属感。

2. 周到的服务营销

产品是企业的根本,而服务和交流是海底捞的核心力量与招牌。与其他餐饮企业相比,在海底捞消费过的顾客都可以享受到舒适极致的服务体验,如在排队过程中,消费者可以在等候区享受零食、网络、免费美甲等贴心服务;在点餐过程中,如果选择的菜较多,服务员还会提醒消费者可以吃完之后再点,避免浪费;在就餐过程中,服务员随时随地地关注消费者的需求,及时提供相应的服务,如为女性消费者提供皮筋;饭后会提供薄荷糖,还会主动为消费者提供打包服务;等等。这体现了海底捞的差异化竞争策略,通过全面细致的服务和真诚的态度,缩短了彼此之间的情感距离,提高了消费者对海底捞的消费忠诚度和黏性。

案例1-14　极致服务——
海底捞

3. 优质的口碑营销

海底捞依靠产品质量和非常活跃的消费者服务经验来打动用户并形成口碑。在消费的方便性方面,海底捞是所有直销店的渠道布局中的典范,采取的是百分百直营模式,有助于产品、服务和经验的一致性。对于企业而言,产品和服务优秀才是王道,好口碑自然会传播。

4. 网络营销

店面提供极致服务的同时,海底捞也不忘网络渠道的建设,顺应时代潮流,在微博、微信、小红书等平台表现活跃,甚至于2017年建立了海底捞App平台,进一步增强了与顾客的联系。

资料来源:海文库,海底捞成功的营销方法,2019。

是什么让这样一个已经成立了数十年的资深品牌仍然可以具备如此高的关注度和火

爆人气？是极致的服务营销，还是极致的员工关怀，抑或是正确的管理体系呢？但究其根本，海底捞的这些正确的企业营销策略都源于其清楚营销活动的基本目的，即满足顾客的需求，实现双方共赢，并将这种满足做到极致，达成较高的顾客满意度。海底捞这一品牌频频登上各大门户平台的热搜榜，俨然已经成为新一代网红。

1. 顾客满意与顾客忠诚

1）顾客满意

顾客满意（customer satisfaction）是以购买者知觉到的产品实际状况和购买者的预期相比较来决定的，学者 Johnson 和 Fornell 认为顾客满意是顾客对特定的消费经历进行的整体评估。如果产品的实际状况不如顾客的预期，则购买者感到不满意；如果实际状况恰如预期，则购买者感到满意；如果实际状况超过预期，则购买者感到非常满意。顾客的预期是由过去的购买经验、朋友的意见以及营销人员和竞争者的信息与承诺来决定的。许多的研究表明，高水平的顾客满意可以带来更显著的顾客忠诚，进而带来更好的企业绩效。聪明的企业通过作出适当的承诺，但是提供高于承诺的产品和服务来取悦顾客，让顾客获得超出期望的结果，这样不仅可以促进顾客的重复消费，还会使其自愿变成企业的营销伙伴和宣传者，向他人传播他们的美好体验。

对于那些对取悦顾客感兴趣的企业来说，非凡的价值和服务成为其文化的一部分。例如知名酒店集团万豪。万豪集团每年都可以在酒店行业收获最佳的顾客满意度，这取决于万豪集团的企业文化——以人为本，照顾好员工，员工就会帮你用最佳的方式服务你的客人。在万豪酒店入住你会感受到令人叹服的服务，无论是温馨的小细节还是不论时隔多久再次光临时仍然可以准确记住你的姓名、喜好的工作人员，都在充分地塑造高度的顾客满意值。

然而，企业不一定非要提供夸张的服务才能让顾客感到欣喜。比如，为顾客提供百货店品质、大卖场价格产品的网易严选。尽管它的产品和网站主要经营小而美的小件精品，品类、风格单一，但它通过良好的产品品质和低廉的价格取悦顾客，使他们多次回购。因此，顾客满意不仅来自夸张的服务行为，也来自企业传递的基本价值主张和帮助顾客解决购物问题的能力。

案例 1-15　苹果如何留住"果粉"

由此可知，在成熟且长期的购买行为中，顾客对于企业的满意度有着至关重要的作用。企业想要进行长期的营业就必须拥有有效的顾客资源，而高份额的顾客满意度可以为企业留住顾客，培养高忠诚度的用户群。这就引出了一个新的概念：顾客忠诚。那何为顾客忠诚？顾客忠诚对于企业的营销活动的作用是什么？顾客忠诚与顾客满意度之间又有什么联系呢？

2）顾客忠诚

顾客忠诚是顾客对企业与品牌形成的信任、承诺、情感维系和情感依赖。在企业与顾客长期互惠的基础上，顾客长期、反复购买和使用企业的产品与服务。学者袁东文等人将顾客忠诚的驱动因素分为企业形象、服务质量和转换成本（当消费者变更产品或服务的提供者时所产生的成本）。忠诚的顾客会更多、更频繁地购买公司的产品，会更愿意试用新产品或购买更高档的产品，会更愿意接受与品牌相关的交叉购买，会乐于推荐新顾客并传播有利于企业与品牌的信息,且对价格的敏感度较低,愿意为高质量付出高价格。企业提高其目标客户对于企业的满意度,可以帮助提高顾客忠诚度,从而促进企业产品的售卖。

学者张俊杰等人认为,顾客对品牌的善意信任和信誉度信任可以促进品牌的推广,有利于促进企业市场竞争力的提升。近年来,越来越多的企业开始注意到顾客忠诚对于企业的重要性,顾客忠诚不仅可以帮助产品进行单一客户的多次销售,还可以帮助企业进行自身形象、品牌、产品等信息的传播扩散,达到高于广告等传统传播手段的宣传效果,形成粉丝效应,进行口碑营销。

苹果手机的成功除了因为其产品使顾客满意,更重要的是因为长期的顾客满意而产生的顾客忠诚,使其拥有了大批"果粉",这些"果粉"逐渐变成了该品牌所有产品的忠实顾客和绝对拥戴者。

3) 区别和联系

顾客满意和顾客忠诚是企业建立良好顾客关系的两个重要指标,那这两者之间有什么联系呢?它们之间又存在着怎样的区别呢?下面就让我们用函数关系表示,如图 1-7 所示。

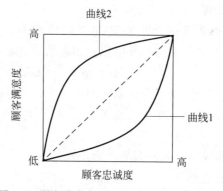

图 1-7　顾客满意和顾客忠诚函数关系曲线图

虚线左上方表示低度竞争区,虚线右下方表示高度竞争区,曲线 1 和曲线 2 分别表示高度竞争的行业和低度竞争的行业中顾客满意程度与顾客忠诚可能性的关系。

如曲线 1 所示,在高度竞争的行业中,完全满意的顾客远比满意的顾客忠诚。在曲线右端(顾客满意程度评分 5),只要顾客满意程度稍稍下降一点,顾客忠诚的可能性就会急剧下降。这表明,要培育顾客忠诚,企业必须尽力使顾客完全满意。在低度竞争的行业中,曲线 2 描述的情况似乎表明顾客满意程度对顾客忠诚度的影响较小。但这是一种假象,限制竞争的障碍消除之后,曲线 2 很快就会变得和曲线 1 一样。因为在低度竞争情况下,顾客的选择空间有限,即使不满意,他们往往也会出于无奈继续使用某企业的产品和服务,表现为一种虚假忠诚。随着专有知识的扩散、规模效应的缩小、分销渠道的分享、常客奖励的普及等,顾客的不忠诚就会通过顾客大量流失表现出来。因此,处于低度竞争情况下的企业应居安思危,努力提高顾客满意程度,否则一旦竞争加剧,顾客大量跳箱,企业就会陷入困境。上面的分析表明,顾客满意和顾客的行为忠诚之间并不总是强正相关关系。但有一点毋庸置疑,那就是无论是在高度竞争的行业还是在低度竞争的行业,顾客的高度满意都是形成顾客忠诚感的必要条件,而顾客忠诚感对顾客的行为无疑会起到巨大的影响作用。

【中国智慧1-6】

居 安 思 危

居安思危,意指在安乐的环境中,要想到可能有的危险,指要提高警惕,防止祸患。其出自《左传·襄公十一年》:"思则有备,有备无患。"春秋时期,宋、齐、晋、卫等十二国联合出兵攻打郑国。郑国连忙求和,晋国带头同意了。为表示感谢,郑国给晋国著名乐师3人,配齐甲兵的成套兵车共100辆、歌女16人,还有许多钟磬之类的乐器。晋国的国君晋悼公见了这么多的礼物,非常高兴,将8个歌女分赠给他的功臣魏绛,说:"你这几年为我出谋划策,事情办得都很顺利,我们好比奏乐一样的和谐合拍,真是太好了。现在让咱俩一同来享受吧!"可是,魏绛谢绝了晋悼公的分赠,并且劝告晋悼公说:"咱们国家的事情之所以办得顺利,首先应归功于您的才能,其次是靠同僚们齐心协力,我个人有什么贡献可言呢?但愿您在享受安乐的同时,能想到国家还有许多事情要办。《书经》上有句话说得好:'居安思危,思则有备,有备无患。'现谨以此话规劝主公!"魏绛这番有远见卓识而又语重心长的话,使晋悼公听了很受感动,高兴地接受了魏绛的意见,从此对他更加敬重。

4)甜蜜点营销——顾客满意与顾客价值的获取

结合马斯洛需求层次理论,笔者将现在的消费者需求水平分为生存、享受、发展三类。对应地,企业也应该跟消费者去一一匹配,毕竟"顾客就是上帝"的思想还是适用的。因此,企业应不断通过提供功能化、情感化、精神化的产品价值来满足消费者的需求。

当产品的某些价值刚好满足消费者的特定需求时,就认为品牌触及了消费者的"甜蜜点"。其中,能够满足消费者需求的全部产品价值特征,笔者将其命名为"甜蜜特征区",消费者渴望被满足的全部需求,则为"甜蜜接收区"。特征区与接收区中的"甜蜜点"不断匹配,就会形成"营销的甜蜜区域"。企业营销的目标就是将这个甜蜜区域尽可能地扩大,让消费者更持久地感受产品与品牌的魅力。营销的甜蜜点模型如图1-8所示。

不同层次的"甜蜜接收区"对应着不同消费者的"甜蜜特征区",其产生的"甜蜜区域"也不同。笔者将其具体分为三个层次:欣赏性甜蜜、体验性甜蜜和参与性甜蜜。

(1)欣赏性甜蜜。《心经》中讲到"色声香味触法,眼耳鼻舌身意"。为了让顾客向甜蜜区域挺进,企业的营销里需要加入人情味儿,需要"把感性摆在理性之前"。人们听到、看到、闻到、感觉到、尝到的东西都会被大脑解码,得到的答案是"对自己有益"或者"对自己有害",并以此为依据作出反应:认同或者否定、欢呼或者憎恶、享受或者恐惧。各种各样的评价分别在情感和认知两个层面展开,决定着消费者对我们产品的态度和行为。因此,我们的品牌不仅要满足消费者的生存需要,还要得到消费者情感层次上的欣赏。

(2)体验性甜蜜。毛泽东曾说:"实践是检验真理的唯一标准。"我们现在企业的营销需要为消费者打造体验性甜蜜。正如"你不能跟没有到过北方的海南人解释长白山的雪",体验感的塑造需要还原产品或者服务最真实的使用场景,或者创造虚拟的世界让我们的消费者产生体验感。体验可以创造情绪,让人们相互回应并"感觉"特别。一般而言,顾客在消费时经常会进行理性的选择,但也会有对狂想、感情、欢乐的追求。"遇见是开

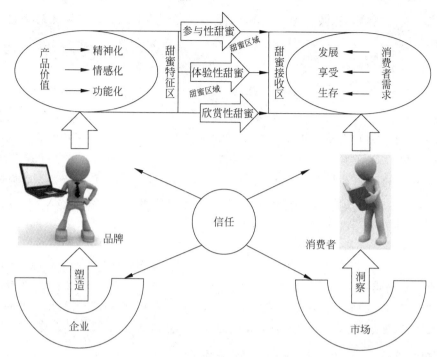

图 1-8　营销的甜蜜点模型

始"。咱们企业最好是用真实的场景,让用户直接体验产品,给消费者带来更多的信任感和对品牌的共情,帮助他们去解决问题,并引导消费行为。这样构建的商业模式,才是真正有生命力的模式,才能让我们的企业活过 3.9 年——中国企业的平均寿命。

(3) 参与性甜蜜。"情不语最真,爱不言最浓。"真的爱上一个品牌,体验出最真切的甜蜜,还是要顾客去参与。在参与中,透过消费者的互动参与,了解我们品牌的细心、周到与温暖。"多一点先干为敬的真诚,少一点世故圆滑的套路"。在品牌与消费者的互动营销中,我们企业万万不能再以服务为主要目的,而是应该通过倾听、回应和持续地跟进双方关注的内容,表现对客户的真切关怀。因为顾客已经不再"单纯",他们参与的核心点在于传递"有共鸣的内容""有价值的内容""能激发用户分享的内容"。所以,我们的品牌需要将自己的信息融入内容之中,借助内容受众"顺带"传播品牌的诉求信息。

未来,将是消费者与品牌共同创造产品,打造极致服务体验的时代,我们的企业必须让消费者参与品牌概念的打造,两方都各自努力,然后最高处见。

2. 顾客让渡价值理论

顾客让渡价值最早是由菲利普·科特勒在《营销管理》一书中提出的,指企业转移的、顾客感受到的实际价值。它一般表现为顾客总价值与顾客总成本之间的差额(图 1-9)。

顾客总价值是指顾客购买某一产品与服务所期望获得的一组利益,它包括产品价值、服务价值、人员价值和形象价值等。顾客总成本是指顾客为购买某一产品所耗费的时间、精神、体力以及所支付的货币资金等,因此,顾客总成本包括货币成本、时间成本、精神成本和体力成本等。

案例 1-16　小米为发烧而生

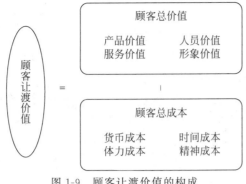

图 1-9　顾客让渡价值的构成

营销活动的本质目的就是获得顾客满意,只有顾客满意,企业才可以进行长久的营销活动。企业为达到顾客满意必然会想办法提高顾客让渡价值,而提高顾客让渡价值的方法无非两种:一是提高顾客总价值,二是降低顾客总成本。

1) 提高顾客总价值

(1) 提高产品价值。产品价值是指由产品的质量、功能、规格、式样等因素所产生的价值。在其余条件不变的情况下,提升产品价值可以帮助提高顾客让渡价值,满足顾客对于产品的高期待,从而达到顾客满意。

案例 1-17　"小蓝单车"退出市场

有需求才有产品存在的意义,在当今市场下有些企业在销售过程中为了提升消费者满意度,而盲目提高自身的产品价值,将产品打造得全能而完美,但其偏偏忽略了最重要的一点,为产品添加了不被消费者需要的附加项。

(2) 提高服务价值。服务价值是指伴随产品实体的出售,企业向顾客提供的各种附加服务,包括产品介绍、送货、安装、调试、维修、技术培训、产品保证等所产生的价值。服务是决定实体商品交换的前提和基础,实体商品流通所追求的利益最大化应首先服从顾客满意的程度,这正是服务价值的本质。

案例 1-18　茶颜悦色的服务设计做对了哪些事?

因此在产品的性质和效用等条件相同时,服务的价值提升可以促进产品的成交并更容易使顾客满意。优衣库的网上虚拟试衣间、洲际酒店的一对一管家服务、淘宝 7 天无理由退换货的赠送运费险都是在用其对客户的贴心服务关怀赢得顾客

案例 1-19　京东用诚意讲述真实"红故事"

满意。除了在销售过程中提供附加服务外,一些企业也另辟蹊径,对自己的产品进行服务拓展,超越顾客预期地给予了他们丰富的服务价值。比如 Uber 无所不能的呼叫服务、美团意想不到的跨界延伸。它们都使消费者惊奇地发现顾客的预期和天马行空的想象竟然都可以实现。

当今社会,我们需要的不再是盲目服从,而是恰到好处的服务。

(3) 提高人员价值。人员价值是指企业员工的经营思想、知识水平、业务能力、工作效率与质量、经营作风以及应变能力等所产生的价值。人才,是企业的核心竞争力之一。换言之,

案例 1-20　阿尔迪超市:平民超市的世界五百强之路

人才创造的价值,直接决定着企业为顾客提供的产品与服务的质量,进而决定了顾客总价值的大小。万豪集团的创始人老万豪先生曾经说过这样一句话:"照顾好你的员工,你的员工就会帮你照顾好你的顾客,你的顾客才会再次光临。"正是这样的经营理念使得万豪集团的员工离职率一直低于同行业的其他企业,并且员工也会尽心尽力地做好顾客的服务工作。

(4) 提高形象价值。形象价值是指企业及其产品在社会公众中形成的总体形象所产生的价值。当然,企业形象是一个抽象物,是人们对企业的总体印象。一个良好的企业形象可以帮助企业为顾客传递企业的精神文化,是企业状况的综合反映。最常见的宣传企业文化的方式在于企业对于代言人的选择,同时也衍生出粉丝经济。

某企业曾选择演员柯某作为其品牌代言人,并且将其拍摄的广告大范围投放,在柯某因吸毒被送进法庭后,该企业受到了很大的冲击,因为其拍摄的广告中有一句台词"吃了××,根本停不下来"。正是这一广告词被众多消费者翻出,并恶搞柯某吸毒"简直停不下来"。这一事件使企业的形象受损,降低了其形象价值,大大消耗了其前面培养的顾客满意度。

2) 降低顾客总成本

(1) 降低货币成本。货币成本是顾客在购买产品时所花费的费用。企业在与顾客进行营销活动的时候总想付出更少的成本,其中最直观的就是付出更少的货币。物美价廉永远是商家不变的制胜法宝。所以通过降低价格来获取顾客满意的例子数不胜数。淘宝等电商的直接经营模式,省去了众多的中间商,降低了货币成本;美团、大众点评、拼多多等平台通过团购、拼单等方式降低个人付出的货币成本。还有网易严选、名创优品等都是通过降低货币成本来使顾客满意。

(2) 降低时间成本。时间成本是顾客为想得到所期望的商品或服务而必须处于等待状态的时期和代价。时间成本是顾客满意和价值的减函数,在顾客价值和其他成本一定的情况下,时间成本越低,顾客总成本越小,从而顾客让渡价值越大,反之让渡价值越小。

【中国智慧 1-7】

薄利多销,无敢居贵

先秦大商理论家计然认为,贵上极则反贱,贱下极则反贵,主张贵出如粪土,贱取如珠玉。司马迁说"贪买三元,廉买五元",就是说贪图重利的商人只能获利 30%,而薄利多销的商人却可获利 50%。《郁离子》中记载:有三个商人在市场上一起经营同一种商品,其中一人降低价格销售,买者甚众,一年时间就发了财,另两人不肯降价销售,结果获利远不及前者。

(3) 降低精神成本。精神成本是客户在购买产品或服务时必须消耗精神的多少。在相同情况下,精神成本越少,客户总成本就越低,客户的感知价值就越高。

阿里集团开发第三方支付平台——支付宝,降低消费者的财产安全风险;社交等App 平台实名制认证,降低消费者的人身安全风险;苹果的极简操作系统,让消费者花费最少的精神成本去享受他们的产品;探探的"左滑喜欢、右滑不喜欢,相互喜欢才能聊天"的操作方式,降低心理风险的同时也降低了消费者使用的精神成本。

案例 1-21　不洗不染不烫　"10 元快剪店"缘何受热捧

(4) 降低体力成本。体力成本是指顾客在购买某一产品或服务时在体力方面的付出。在顾客总价值和其他成本一定的情况下,体力成本越小,顾客为购买产品或服务所付出的总成本就越低,顾客让渡价值就会越大。

在互联网经济飞速发展的现在,互联网的充分使用大大地降低了人们的体力成本。打车、外卖、网购、代购、跑腿等服务都大大降低了顾客的体力成本。除此之外,微信公众号等小程序的上线也使得很多的实体店进行了业务拓展,降低了体力成本。例如,各大餐饮店在用餐高峰期使用的排队等号小程序,将现场叫号同步到网络上,使顾客不用浪费等号的时间,可以在这段时间进行其他活动,节约了体力成本和时间成本。

 章末本土案例

1. 案例摘要

江小白:青春小酒的逆袭之路

随着"移动互联网+"的强力推进和白酒市场的长期固化,再加上国家反对铺张浪费的相关政策的推出,曾经火热的中高端白酒市场一落千丈,白酒行业遇到了前所未有的挑战。白酒行业中独树一帜的企业——重庆江小白酒业有限公司(以下简称"江小白")如何借助互联网的发展和独特的营销手段实现自身的逆袭,借助当今年轻人这一群体的空白市场,使自身实现质的发展和变化,成为当今白酒行业中的佼佼者,和顾客共同获得价值。在成长的过程中,江小白会面临何种问题与挑战?

2. 思考题

(1)江小白是如何进行品牌建设和定位的?

(2)与其他传统白酒企业相比,江小白发展优势在哪里?有何创新之处?

(3)在激烈的行业竞争和互联网冲击下,江小白应采取哪些战略?

(4)江小白是如何把功能性利益和情感性利益结合起来的?

(5)根据价值共创理论,分析江小白如何实现企业与顾客的共同利益。

3. 案例分析框架

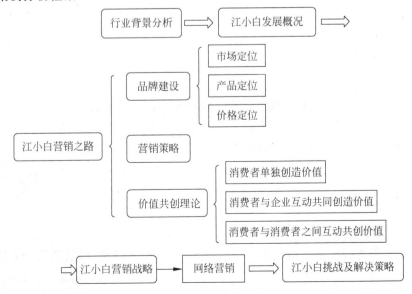

1．本章重难点

（1）从不同角度理解市场营销，市场营销的核心概念包括的内容。

（2）在市场营销学中，需要、需求和欲望之间的区别与联系。

（3）需求的八种类型。

（4）交换的条件以及市场流程结构。

（5）市场的类型及分类标准。

（6）顾客满意与顾客忠诚之间的区别和联系。

（7）顾客让渡价值的概念以及如何实现顾客让渡价值的最大化。

2．核心概念

（1）**需要**：指人们某种不足或短缺的感觉。它是促使人们产生购买行为的原始动机，是市场营销活动的源泉。

（2）**欲望**：是实现需要的具体满足物的愿望，是需要的表现形式，不同文化环境下实现需要的满足物不同。

（3）**市场提供物**：提供给市场以满足需要、欲望和需求的产品集合，它不仅包括实体产品，还包括抽象产品。

（4）**市场**：是商品经济的范畴，是一种以商品交换为核心的经济联系形式，是社会生产和社会分工的产物。

（5）**顾客满意**：是以购买者知觉到的产品实际状况和购买者的预期相比较来决定的。如果产品的实际状况不如顾客的预期，则购买者感到不满意；如果实际状况恰如预期，则购买者感到满意；如果实际状况超过预期，则购买者感到非常满意。

（6）**顾客忠诚**：是顾客对企业与品牌形成的信任、承诺、情感维系和情感依赖。在企业与顾客长期互惠的基础上，顾客长期、反复购买和使用企业的产品与服务。

（7）**顾客让渡价值**：指企业转移的、顾客感受到的实际价值。它一般表现为顾客总价值与顾客总成本之间的差额。

3．分析工具

1）为什么学习营销学

本章通过分析商业中的营销学、政治中的营销学和生活中的营销学来剖析我们为什么要学习营销学。商业中，分析了产品差异化和产品推广两个方面，总结出一个富有魅力的产品应该包含的三个因素：自然禀赋、技术天赋、艺术想象。政治中，从宏观、中观、微观三个层面进行分析。宏观层面运用的分析工具是 PEST 框架，中观层面即产业分析，微观层面即着眼于自身。生活中，分析了常见的几种手段：尾数定价、促发效应、感官刺激等。

2）市场营销

先从三个方面解释市场营销是什么。第一个方面是需要、需求和欲望；第二个方面是市场提供物和交换；第三个方面是市场营销学是什么。在了解了定义之后，接着分析市场营销的目的是什么,从两个方面着手:顾客满意和顾客忠诚、顾客让渡价值理论。

即 测 即 练

第 2 章

营销的前世今生

【本章学习目标】

1. 熟悉营销思想的演变进程。
2. 掌握 3C 营销战略分析模型、STP 营销战略、4Ps 营销战术。
3. 了解新时期营销管理框架的阶段性发展。
4. 认识内容营销、感官营销、游戏营销、神经营销四种前沿的营销战略。

【本章概要】

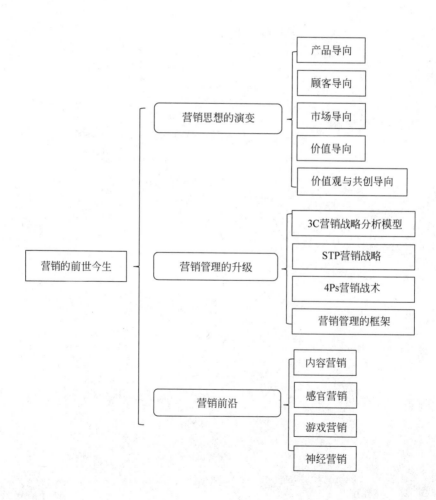

2.1 营销思想的演变

【引导案例】

飞速发展的营销市场，品牌如何追上消费者？

德鲁克曾说：企业有且只有两项最基本的职能——营销和创新。

数码拍照技术摧毁了胶卷巨头柯达，但同样以胶卷起家的富士不仅没有衰亡，反而迎来了事业的第二春，如今的富士已经悄然转型，成为医疗和影像领域的解决方案提供集团，也是领先全球的生物制药 CDMO 的外包研发生产服务商。2018 年，富士胶片被国际知名生命科学期刊 GEN 杂志评为全球顶级的 15 家生物工艺公司之一。

富士是怎么在时代洪流中完成了这番潇洒转型？原来，其敏锐地觉察到，胶卷的底层技术是化工技术，而化工技术和生物制药技术其实只有一墙之隔。所以，富士胶片从胶卷行业进入医疗行业，其实是实现了底层技术和市场营销策略的转型与创新。

案例 2-1 飞速发展的营销市场，品牌如何追上消费者？

随着信息化速度的加快，这样的转变发生在各行各业，各大公司无法再墨守成规、固守自己赖以起家的优势，否则只会被时代抛弃。2012 年，白酒行业的黄金十年落下帷幕，一个不可忽视的趋势是，新生代消费者正逐渐成为酒水市场的消费主力军。白酒年轻化看似成为行业共识，但传统酒企对年青一代消费者的傲慢态度，似乎并没有多少转变。"等年轻人到了一定年龄，自然会喝中国白酒"的观点，依然时不时被放到公共场合讨论。

在这样的背景之下，江小白做了"第一个吃螃蟹的人"，利用轻松活泼的标语、青春靓丽的包装、精心改良后的口味成功打入白酒年轻化的市场，成功在这个尚且空白的市场站稳脚跟、独占鳌头。

资料来源：《为什么数码相机摧毁了柯达，却灭不了富士？》，管理笔记，2020；
　　　　　《重新定义江小白》，子弹财经，2020。

富士和江小白的案例实际上反映了市场、技术和社会的发展倒逼企业进行从思想到行为的全方位转变，不同的营销行为体现着不同的营销观念。市场营销活动应树立什么样的观念？

屈原在《离骚》中写道："路漫漫其修远兮，吾将上下而求索。"市场营销是一门与企业实践紧密联系的学科。那么，在这一百多年间，它究竟经历了怎样的发展历程？它是如何一步一步发展演变成我们今天看到的样子呢？进入 21 世纪，企业该如何面对环境的快速变化？市场营销又有哪些新的发展方向呢？本节将一一为你解答这些问题，带你了解营销观念和思想的演变过程。

1. 产品导向

张裕集团一心致力于做好产品，提高产品品质，以为打响名号就自然会有消费者慕名而来，却遭到了市场的冷遇。后来转变营销观念，调整发展战略，终于找到了正确的发展方向,却因为对市场、竞争对手和政策反应速度迟缓,仍旧在市场上无法站稳脚跟。你认为张裕集团最初赢得了品质认可,却不受市场欢迎的原因是什么?它的做法有什么问题吗?你对此有什么建议呢?接下来,请带着你的疑问和思考阅读下面的内容,看看是否会有新的发现。

案例 2-2 张裕红酒路在何方?

以产品的生产或销售为中心,"以产定销"的产品导向营销观念主要包括生产观念、产品观念和推销观念。

1)生产观念

(1)时代背景。19 世纪末,工业革命使得以家庭为单位的手工作坊式生产方式开始向工厂机器批量生产转变,生产力水平大大提高,然而产品依然供不应求,形成卖方市场。根本无须考虑产品的花色、式样、品种及质量因素,只要生产出来,就不愁销路。此时,企业关注的重心在于内部的生产,注重生产效率的提高,通过增加产量、降低成本来获取利润,谋求生存,也就形成了生产观念。

知识锦囊 2-1 粮票制度

(2)基本内容。生产观念是以产品生产为中心,以提高效率、增加产量、降低成本为重点的营销观念。在商品经济不发达、产品供不应求的情况下,经营者往往以生产观念指导企业的营销活动。

持生产观念的营销者认为,市场需要我的产品,消费者喜爱那些随时可以买到的、价格低廉的产品。因此,生产观念是一种"以产定销"的观念,表现为重生产轻营销、重数量轻特色。其主要特点详见表 2-1。

表 2-1 生产观念的特点

体 现 角 度	主 要 表 现
对待产品	企业追求高效率、大批量、低成本的产品生产,但产品品种单一、生命周期长
对待顾客	缺乏对消费者的关心,将主要的注意力放在对市场上产品的有无和产品的多少上
销售技术	薄利多销。缺少营销手段,主要依靠产品本身吸引消费者购买
企业组织结构	企业管理中以生产部门作为主要部门

案例 2-3 海尔——从大铁锤砸冰箱到产品零缺陷

生产观念在以下两种情况下是合理、可行的:一是物资短缺条件下,市场商品供不应求时;二是产品成本过高而导致产品的市场价格高居不下时。因此,直到 20 世纪 30 年代前,不少企业一直以生产观念作为指导。我国改革开放初期,市场环境发生了剧烈的变化,初生的企业在摸索中不断成长,其中海尔砸冰箱的事件尤其让人印象深刻。

从这个故事中我们了解到,海尔初期的发展经历了从只管生产到注重品质的变化过程,这反映出随着市场环境的变化,我国企业关注顾客需求的意识在逐渐觉醒,同时也说明,以海尔为代表的一批企业开始从生产观念向产品观念过渡。

2)产品观念

(1)时代背景。随着社会生产水平的不断提高,产品供给持续增长,当生产同类产品的企业增多时,企业竞争逐渐激烈,在同等价格下消费者更倾向于选择质量好的产品,迫使企业的营销观念发生改变。产品观念认为，企业应当以产品为中心，在增加产量、降低成本的同时，还必须不断提高产品质量，而且企业管理的重点应放在后者。该观念比生产观念有一定的进步，不仅注重产品数量，还注重产品质量的提高，但是管理重心仍然停留在企业内部。

（2）基本内容。产品观念是以产品的改进为中心，以提高现有产品的质量和功能为重点的营销观念。当市场供求关系发生变化，供不应求局面得到缓解之时，一些企业转向产品观念。

持产品观念的营销者认为，消费者喜欢那些质量优良、功能齐全、具有特色的产品。因此，企业应致力于提高产品的质量、增加产品的功能，不断地改进产品。同时，其抱着"皇帝的女儿不愁嫁""酒香不怕巷子深"的想法，认为只要产品好，不愁没销路，只有那些质量差的产品才需要推销。

在产品观念指导下，企业两眼向内看，一手抓管理，提高人员的素质，制定各种规章制度，使各部门人员训练有素、各方面工作井井有条。一手抓质量，不断改进产品，提高和增加产品的功能，持续推出一批批高质量、多功能的产品。例如，"从四楼扔下去仍完好无损"的文件柜，"具有钢一般硬度的结实的"新型纤维，几代人都用不坏的板式家具等。

产品观念表现为：重产品生产，轻产品销售；重产品质量，轻顾客需求。其主要特点详见表2-2。

表 2-2　产品观念的特点

体 现 角 度	主 要 表 现
对待产品	企业把主要精力放在产品的改进和生产上，追求高质量、多功能的产品
对待顾客	缺乏对消费者的关心，将主要的注意力放在改进产品上
销售技术	轻视推销，单纯强调以产品本身来吸引顾客，一味排斥其他的促销手段
企业组织结构	企业管理中仍以生产部门为主要部门，但加强了生产过程中的质量控制

（3）概念辨析——产品观念与生产观念。产品观念相对生产观念来讲，有了一定的进步，在只抓产量不抓质量、大批劣质产品充斥市场的情况下，产品观念对于提高产品的质量、改善企业的形象起到了一定的作用。然而，不顾市场的实际需要，一味地提高产品的质量、增加产品的功能，无论是对消费者、对企业，还是对整个社会都是十分不利的。西方市场营销学家也纷纷对产品观念提出了批评。菲利普·科特勒指出，那些以产品观念为指导的组织"应当朝窗外看的时候，它们却老是朝镜子里面看"。美国哈佛大学的西奥多·莱维特（Theodore Levitt）教授指出，产品观念会导致"市场营销近视症"。

"市场营销近视症"的主要表现如下：一是企业经营目标的"狭隘性"。这些企业将自己所经营的任务看得过于狭隘，人为地把自己限制在一个特定的狭隘目标上，以致限制了自身的发展。二是企业经营观念上的目光短浅。这些企业把自己的注意力集中在现有产品上，用主要技术和资源进行现有产品的研究与生产。它们目光短浅，看不到市场需求的新特点，看不到新产品取代旧产品的趋势，看不到市场经营策略的新变化，

人物小传2-1　西奥多·莱维特

知识锦囊2-2　市场营销近视症

总以为本企业的产品是永远不会被淘汰的,只要有好的产品就不怕顾客不上门,这样的企业必然遭到失败。

西奥多·莱维特教授提出,预防和治疗"市场营销近视症"的"处方"为"企业逆向经营过程",即将传统的经营过程倒转过来:第一,了解消费者市场需求;第二,分析消费者需求,找出企业能够满足的部分;第三,确定满足需求的具体产品形式;第四,购进必需的原材料;第五,确定生产工艺;第六,生产产品;第七,将产品推向市场,满足消费者需求。

人物小传2-2 孟母三迁与"伤仲永"

案例2-4 卖点切割,越位成长——金羚感冒片营销策划纪实

3）推销观念

案例2-4中金羚感冒片通过创新的推销方式吸引了大量顾客,提高了销售量,凭借新卖点提高了知名度,说明推销方式对销售起到了巨大的推动作用。企业在实际经营中不仅要注重产品的研发和生产,更要关注产品的销售。当产品通过销售顺利变现时,企业才算是完成了整个的生产过程。这种鼓励销售、促进购买的营销观念就是推销观念。

（1）时代背景。20世纪30年代以后,西方资本主义经济发展很快,伴随着工业、科技的发展及科学管理方法的推广,市场上产品数量增加,花色、品种增多,并开始出现供过于求的局面,企业之间竞争加剧。在市场从卖方向买方过渡过程中,由于许多产品相对过剩,一些企业的产品不像过去那么好卖了,销售环节出现了问题。面对日益饱和的需求,企业需要通过推销来"引导"顾客增加购买,这时企业从关注内部生产转向关注商品的流通领域。企业在注重生产的同时,开始重视产品的推销,推销观念广泛地被西方企业所接受和运用。

而我国是在20世纪80年代以后才开始慢慢接受推销观念,随着"对外开放、对内搞活"的方针的不断落实、企业经营自主权的不断扩大,企业产品不再由商业部门统购包销,而必须自寻渠道、自找销路,企业纷纷开始组建推销队伍,研究和运用推销技术。

（2）基本内容。推销观念是以产品的生产和销售为中心,以激励销售、促进购买为重点的营销观念。在产品供过于求的情况下,企业将自觉或不自觉地运用推销观念指导企业营销活动。持推销观念的营销者认为,本企业的产品需要市场,而消费者在购买中往往表现出一定的惰性和消极性,没有一定的动力去促进,消费者通常不会足量地购买某一组织的产品。因此,企业必须积极地组织推销和促销,促使消费者大量购买,使本企业产品能占领市场。

在推销观念指导下,营销者的主要任务是在狠抓产品生产的同时,抽出部分精力用于产品的推销。一方面,积极引进先进技术和科学管理方法,不断提高生产效率,增加产品的品种和数量;另一方面,抽调一部分骨干力量,组成强有力的推销队伍,寻找潜在顾客,研究和运用各种方法说服潜在顾客购买本企业的产品,以提高本企业产品的销售量,扩大企业的市场占有率,获取较大的利润。

推销观念不仅注重产品的生产,而且注重产品的销售。推销观念在以下两种情况下是可行的:一是当产品供大于求,产品大量积压时,市场竞争激烈,企业积极组织产品的推销,以大量销售企业能够生产的产品、取得较大利润为近期目标,对于促进积压产品的销售有一定的积极作用,能在短期内取得较好的营销效果。二是对于一些"非渴求商品"

（即购买者一般不会想到要去购买的商品），通过推销可以引起消费者的兴趣，促进消费者购买。推销观念的主要特点详见表 2-3。

表 2-3　推销观念的特点

体 现 角 度	主 要 表 现
对待产品	产品不变。企业仍根据自己的条件决定生产方向及生产数量
对待顾客	开始关注顾客。主要是寻找潜在顾客，并研究吸引顾客的方法与手段
销售技术	加强了推销。注重产品的销售，研究和运用推销与促销方法及技巧
企业组织结构	开始设立销售部门。但销售部门仍处于从属的地位

然而，推销观念注重的仍然是产品和利润，不注重市场需求的研究和满足，不注重消费者的利益和社会利益。强行推销一方面会引起消费者的反感，从而影响营销效果；另一方面也将会使消费者在不自愿的情况下，购买不需要的商品，严重损害消费者的利益。

（3）概念辨析——推销与营销。推销工作只是市场营销中的一部分，而且不是最重要的部分。正如菲利普·科特勒所言："推销只不过是营销冰山的顶峰。推销要变得有效，必须以其他营销功能为前提。"管理学家德鲁克也指出："可以设想，某些推销工作总是需要的。然而，营销的目的就是要使推销成为多余。"营销的目的在于深刻地认识和了解顾客，从而使产品或服务完全适合他的需要而形成产品自我销售。推销作为市场营销活动的一种职能，无论是过去、现在或将来，都会被企业所采用，在企业的市场营销中发挥一定的作用。但是，推销观念作为企业营销的一种指导思想，已不适应社会发展的需要。因此，现代企业的市场营销，必须摒弃前营销观念，树立以消费者需求为导向的现代市场营销观念。

综上所述，整理产品导向的三种营销观念分析，详见表 2-4。

表 2-4　产品导向营销观

营销观念	主 要 观 点	营销重点	营销任务	适用条件
生产观念	消费者喜欢能买到的商品，企业能生产什么就销售什么	产品生产	提高效率降低成本	产品供不应求
产品观念	消费者喜欢质量高、功能强的商品，企业必须致力于产品的改进	产品生产和改进	提高质量增加功能	产品供求平衡
推销观念	消费者具有惰性，没有外力的推动不会足量购买，企业必须同时注重生产和销售	产品生产和销售	重视生产加强推销	产品供过于求

2. 顾客导向

西奥多·莱维特在 20 世纪 60 年代提出的"顾客导向"概念不仅是现代市场营销观的精辟概括，也是指导企业营销实践的行动指南。随着营销理论与实践的发展，顾客导向营销观的内涵也在不断发生变化。

1）单纯市场营销观念

海尔从用户的不同需求出发，针对他们的需求特点发明具

案例 2-5　方便面帝国的崛起与落寞

有不同功能的洗衣机。营销人员进行了充分的市场调研,研发人员及时地投入设计,创造了符合不同地区用户不同需求的产品,形成了独特竞争优势。海尔的成功说明营销要以顾客需求为出发点,为顾客利益考虑才能获得长足发展。

单纯市场营销观念是以顾客的市场需求为中心、以研究如何满足市场需求为重点的营销观念。单纯市场营销观念的确立,标志着企业在营销观念上发生了根本的、转折性的变革,由传统的封闭式的生产管理型企业,转变为现代开放式的经营开拓型企业,为成功营销奠定了基础。

(1) 时代背景。单纯市场营销观念产生于 20 世纪 50 年代的美国,那时,正是市场营销的"革命"时期。具体来说,随着第三次科学技术革命的开展,西方各国更加重视产品的研究和开发,社会生产力迅速发展,产品技术不断创新升级,新产品竞相上市。同时,大量军工企业转向民用企业,工业品和消费品供应量迅速增加,造成了生产相对过剩,企业之间的市场竞争进一步激化,市场由卖方主导转变为买方主导。

(2) 基本内容。单纯市场营销观念认为,实现企业营销目标的关键在于正确地掌握目标市场的需求,并从整体上去满足目标市场的需求。因此,企业必须生产、经营市场所需要的产品,通过满足市场需求去获取企业的长期利润。

单纯市场营销观念的基本内容,主要包括以下几个方面。

第一,注重顾客需求。不仅要将顾客的需求作为企业营销的出发点,而且要将满足顾客的需求贯穿于企业营销的全过程,渗透于企业营销的各部门。不仅要了解和满足顾客的现实需求,而且要了解和满足顾客的潜在需求。根据市场需求的变化趋势,来调整企业的营销战略,以适应市场的变化,求得企业的生存与发展。

第二,坚持整体营销。单纯市场营销观念要求企业在市场营销中,必须以企业营销的总体目标为基础,协调地运用产品、价格、渠道、促销等因素,从各个方面来满足顾客的整体需求。

第三,谋求长远利益。单纯市场营销观念要求企业不仅注重当前的利益,更重视企业的长远利益。

(3) 概念辨析——从推销到营销。从推销观念到现代市场营销观念的变化,是企业从"以产定销"的传统观念转变为"以需定产"的现代营销观念的一个重大的、带有转折性的变化。这在国际上称为与工业革命相提并论的"销售革命"。单纯市场营销观念在营销重点、营销目的、营销手段、营销程序等方面都不同于推销观念,具体见表 2-5。

表 2-5　单纯市场营销观念与推销观念的区别

项　　目	单纯市场营销观念	推 销 观 念
营销重点	以顾客需求作为营销的重点,以"生产、经营顾客所需要的产品"作为营销的格言	以产品作为营销的重点,以"生产、销售我能生产的产品"作为营销的格言
营销目的	以"通过满足顾客需求而获得长期利益"为目的,既注重近期利润,又注重长期利益,将两者有机地结合起来,以优质的产品、合理的价格、优良的服务建立企业的信誉,从而取得顾客的信赖,以长期占领市场,取得长远的发展	通过产品销售来获取利润。为了多销售产品、多获利,积极研究和运用推销技巧,有时甚至采取虚假广告等手段,急功近利,表现出"一锤子买卖"的短期行为

项　　目	单纯市场营销观念	推　销　观　念
营销手段	以整体营销为手段。在企业营销目标指导下,综合运用产品、定价、渠道、促销等企业可以控制的营销因素,从整体上来满足顾客的需要	以单一的推销和促销为手段
营销程序	从调查研究消费者需求入手,确定目标市场,研制目标顾客所需要的产品,提供目标顾客满意的价格、渠道、促销和服务,并反馈消费者的需求信息的全过程,即"消费者→生产者→消费者"不断循环上升的活动过程	"产品由生产者达到消费者的企业活动",即以生产者为起点,以消费者为终点的"生产者→消费者"的单向营销活动过程

持推销观念的企业的营销机构主要是由第一副总经理抓生产管理,由居于从属地位的销售副总经理直接领导若干个销售机构(或按地区划分,或按产品划分)和销售人员,其组织结构如图2-1所示。

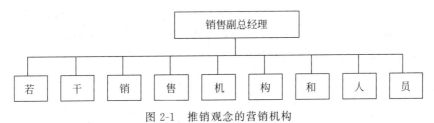

图 2-1　推销观念的营销机构

相应地,持单纯市场营销观念的企业,会把整体营销工作作为企业的主要工作,其营销机构由第一副总经理全面负责市场调研和市场销售工作,下设市场调研部、产品销售部、广告推广部、顾客服务部等,组织结构如图2-2所示。

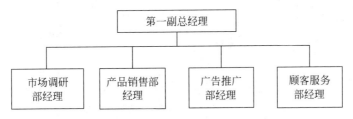

图 2-2　单纯市场营销观念的营销机构

对于单纯市场营销观念与推销观念的区别,莱维特做了精辟的概括:推销观念注重卖方需要,而营销观念则注重买方的需要;推销以卖方需要为出发点,考虑如何把产品变成现金,而营销则考虑如何通过产品以及与创制、传送产品和最终消费产品有关的所有事情,来满足顾客的需要。

2) 大市场营销观念

正确的营销观念的指导、恰当而有效的营销策略是企业市场营销活动成功的关键。可口可乐公司之所以能够在法国市场的这场"生死战"中取得胜利,与它成功地运用了公共关系

案例2-6　可口可乐背水一战

(public relations)策略和政治权力(political power)策略是密切相关的。经济活动总是受社会环境的影响,大市场营销观念充分考虑了政治影响和公众舆论,使企业化被动为主动。

(1) 时代背景。大市场营销观念是以市场需求为中心,以引导需求、创造需求为宗旨的营销哲学。20世纪80年代以来,世界经济的发展进入一个滞缓发展、缺乏生气的时期,世界各国和各个地区采取封锁政策,贸易保护主义抬头。企业在进入贸易保护主义严重的那些特定地区进行营销活动时,会面临各种政治壁垒和公众舆论方面的障碍。针对这种观象,菲利普·科特勒提出了大市场营销观念。

(2) 基本内容。所谓大市场营销,是指企业为了成功地进入特定市场,并在那里从事业务经营,在战略上协调使用经济的、心理的、政治的和公共关系等手段,以获得各有关方面的支持与合作的活动过程。大市场营销观念认为,由于贸易保护主义回潮、政府干预加强,企业营销中所面临的问题,已不仅仅是如何满足现有目标市场的需求。企业在市场营销中,首先是运用政治权力和公共关系,设法取得具有影响力的政府官员、立法部门、企业高层决策者等方面的合作与支持;启发和引导特定市场的需求,在该市场的消费者中树立良好的企业信誉和产品形象,以打开市场、进入市场。然后,运用传统的4Ps(产品、价格、渠道、促销)组合去满足该市场的需求,进一步巩固市场地位。

(3) 概念辨析——大市场营销与单纯市场营销。大市场营销观念与单纯市场营销观念的区别主要表现在四个方面(表2-6)。

表2-6　大市场营销观念与单纯市场营销观念的区别

项　目	大市场营销观念	单纯市场营销观念
对环境因素的态度	对于某些环境因素,企业可以通过某些途径,能动地去影响和改变它们,使它们成为企业营销的有利因素	将外部环境因素看作不可控制的因素,企业在营销中主要是被动地适应它,分析环境、抓住机遇、避开风险
企业营销目标	引导和改变目标顾客需求,打开和进入某一特定市场,进而满足市场需求	了解目标市场的需求,并设法去满足它
市场营销手段	以6Ps(增加了政治权力与公共关系)为手段,首先考虑如何通过引导需求去打开和进入市场,然后才有可能去满足市场需求	以企业可以控制的4Ps为手段,组成市场营销组合,去满足目标市场的需要
诱导方式	除了宣传、说服的方式之外,还可运用政治权力等方式来打开市场	采取积极的诱导方式,通过宣传,说服目标顾客接受企业及产品

3. 市场导向

顾客导向下的营销观念以顾客为中心,以满足消费者需求、提高顾客价值作为企业营销工作的重点,较之以产品为重点的营销观念而言,是观念上的一次飞跃,是一个全新的观念。然而,随着经济的发展、竞争的日趋激化,企业营销中仅仅考虑顾客是不够的,还必须从市场的角度考虑,树立市场导向营销观。随着市场概念的演变,市场导向营销观也表现出不同的内涵。

1) 社会营销观念

基于这样的定位,贝因美提出了"育婴工程"的概念,竭力完善这个概念的内涵和外延,并运用这个概念进行了有效的市场推广,从而在一个制高点上实现了社会利益和企业利益的统一,巧妙地避开了国外品牌以巨大资金为后盾的强大的广告攻势,在十几年的企业发展中不断在市场取得胜利。由此可以看出,对于企业而言,关注社会效益是谋求长期可持续发展的必需条件。

（1）时代背景。社会营销观念产生于 20 世纪 70 年代。随着全球环境破坏、资源短缺、人口爆炸、通货膨胀和忽视社会服务等问题日益严重,要求企业顾及消费者整体利益与长远利

案例 2-7 贝因美的"社会营销"

益的呼声越来越高。而单纯市场营销观念回避了消费者需求、消费者利益和长期社会福利之间隐含着冲突的现实,已经不适应时代发展。西方市场营销学界提出了一系列新的理论及观念,如人类观念、理智消费观念、生态准则观念等。其共同点是,企业生产经营不仅要考虑消费者需要,而且要考虑消费者和整个社会的长远利益。这类观念统称为社会营销观念。

（2）基本内容。社会营销观念认为,企业的营销活动不仅要满足消费者的欲望和需求,而且要符合消费者和全社会的最大长远利益,要变"以消费者为中心"为"以社会为中心"。因此,企业在市场营销中,一方面要满足市场需求,另一方面要发挥企业的优势;同时,还要注重社会利益:确保消费者的身心健康和安全,确保社会资源的合理、有效利用,防止环境污染、保持生态平衡。要将市场需求、企业优势与社会利益三者结合起来,来确定企业的经营方向。社会营销观念示意图如图 2-3 所示。

在社会营销观念指导下,图 2-3 中线条部分,即为企业的经营重点。因此,企业一方面要做好市场调查研究,不仅要调查了解市场的现实需求和潜在需求,而且要了解市场需求的满足情况,以避免重复引进、重复生产带来的社会资源的浪费;不仅要调查市场需求,而且要了解企业的营销效果。另一方面要注重企业和竞争对手的优劣势分析,发挥自身的优势来做好营销。同时注重企业营销的社会效益分析,从全局利益考虑,

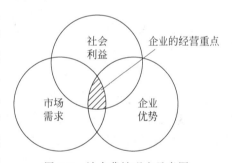

图 2-3 社会营销观念示意图

发展有利于社会效益和人民身心健康的业务,放弃那些高能耗、高污染,有损人民身心健康的业务,为促进经济社会的发展、造福子孙后代作出贡献。

（3）概念辨析——社会营销观念与市场营销观念。社会营销观念是对市场营销观念、生态营销观念的进一步修正和发展,它强调企业营销不仅要以消费者为中心,更重要的是要以社会为中心,注重社会利益;不仅要注重企业的微观效益,更要注重全社会的宏观效益。社会营销观念的提出,是企业营销观念的又一大进步。我国社会主义企业的营销活动,以谋求社会利益作为企业的根本宗旨,体现了企业利益与社会利益的一致性。2013 年,《经济日报》指出:"……平等、透明、强调互动参与和充分挖掘用户自身的创造性力量应成为企业开展社会化营销的重要着力点。同时,制定一个开展社会化营销的行为指南,明确在社会化营销基本原则下的行为框架,在此基础上大胆尝试应作为企业开展社会化营销的一个重要思路。"我国企业应自觉地以社会营销观念为指导,将市场需求、企

业优势与社会利益的有机结合点作为企业决策的依据,全方位地提高企业的营销效益,在获取企业营销利润的同时,实现企业的社会责任。

2)绿色营销观念

(1)时代背景。20世纪90年代以后,生态环境的变化,自然资源的短缺,严重影响人类的生存与发展,世界各国开始重视生态环境的保护,企业界也以保护地球生态环境、保证人类社会的可持续发展为宗旨提出了绿色营销。英国威尔士大学肯·毕提(Ken Peattie)教授在其所著的《绿色营销——化危机为商机的经营趋势》一书中指出:"绿色营销是一种能辨识、预期及符合消费的社会需求,并且可带来利润及永续经营的管理过程。"

(2)基本内容。绿色营销观念认为,企业在营销活动中,要顺应可持续发展战略的要求,注重地球生态环境保护,促进经济与生态协同发展,以实现企业利益、消费者利益、社会利益及生态环境利益的统一。首先,企业在营销中,要以可持续发展为目标,注重经济与生态的协同发展,注重可再生资源的开发利用、减少资源浪费、防止环境污染。其次,绿色营销强调消费者利益、企业利益、社会利益和生态环境利益四者的统一,在传统的社会营销观念强调消费者利益、企业利益与社会利益三者有机结合的基础上,进一步强调生态环境利益,将生态环境利益的保证看作是前三种利益持久地得以保证的关键所在。此外,绿色营销还强调营销中的"绿色"因素:注重绿色消费需求的调查与引导;注重在生产、消费及废弃物回收过程中降低公害、符合绿色标志的绿色产品的开发和经营;并在定价、

案例 2-8　Kiehl's 科颜氏 Made Better 绿色星球计划

渠道选择、促销、服务、企业形象树立等营销全过程中都要考虑以保护生态环境为主要内容的绿色因素。例如耐克发起"让旧鞋用起来"的活动,用最创新的方法和先进的技术把回收到的旧运动鞋进行粉碎、加工后,创建高质量的运动场地,到现在已发展成为耐克一项长期的环境保护社区项目。1993—2007年,耐克回收了超过2 000万双各种品牌的旧运动鞋,在全球捐赠了超过170个运动场地,包括250个社区的"让我玩"投资项目的运动场地,打造社区,促进积极的社会变化。富士施乐早在2008年就在中国投资建立首家整合资源再生工厂,将从全国回收的打印机、数码多功能机以及耗材等进行充分的拆解、分类、再利用及再生利用,以实现富士施乐"零废弃、零污染、零非法丢弃"的环保目标,目前其再资源化率已达到99.99%。

中国也步入绿色发展的时代。2016年1月5日,习近平总书记在重庆召开推动长江经济带发展座谈会,振聋发聩地提出"共抓大保护,不搞大开发"。2020年9月22日,习近平主席在第七十五届联合国大会一般性辩论上作出庄严承诺,向全世界释放出中国坚定走绿色发展之路的强烈信号。2021年5月21日,习近平总书记主持召开中央全面深化改革委员会第十九次会议,审议通过了《关于深化生态保护补偿制度改革的意见》。新任务赋予新使命,新征程展现新作为,充分体现了中国经济发展和环境保护两手抓的决心。

3)关系营销观念

拼多多竭力与顾客、供应商和合作伙伴建立良好的关系,通过各方协作实现价值共创,多方共赢。拼多多的成功说明了实施关系营销是一项系统工程,必须全面、正确理解

关系营销所包含的内容,那么,关系营销的内涵是什么？实施过程中遵循哪些原则？与传统的营销管理理念之间有什么区别呢？

(1) 时代背景。20 世纪 80 年代以后,以欧洲为代表的"关系营销学派"的兴起,标志着以关系为导向的新的营销观念的形成。旨在建立、巩固和发展与企业的利益相关人各种关系的"关系营销"成为最受瞩目的营销观念,被称为 20 世纪末及 21 世纪的营销观念。

案例 2-9　拼多多的关系营销套路

(2) 基本内容。

第一,概念演变。

最早提出这一理论的是北欧的学者,他们把企业的营销活动放在整个社会经济的大系统中来考察,认为企业作为社会经济系统中的一个子系统,其经营活动是与周围各种因素包括顾客、供应商、分销商、竞争者、银行、政府机构等相互作用的过程。与这些个人或组织建立起良好的关系是营销活动的核心,是营销成功的关键。企业与各方通过互利交换及共同履行承诺,实现各自目标。企业与顾客之间的长期关系是关系营销的核心,保持和发展这种关系是关系营销的重要内容。要实现关系营销的目标,企业必须在提供优质的产品、良好的服务和公平的价格的同时与各方加强经济、技术及社会等各方面的联系和交往。

不同学者在研究过程中不断给出关系营销的新内涵,所以关系营销的定义一直在不断完善和丰富中,关系营销定义的演变过程见表 2-7。现在来说,一般认为所谓关系营销,是把营销活动看成是一个企业与消费者、供应商、分销商、竞争者、政府机构及其他公众发生互动作用的过程,其核心是建立和发展与这些公众的良好关系。

表 2-7　关系营销定义的演变过程

主 要 人 物	年份	主 要 观 点
得克萨斯州 A&M 大学的伦纳德·L. 贝瑞(Leonard L. Berry)	1983	关系营销是吸引、维持和增强客户关系
	1996	关系营销是为了满足企业和相关利益者的目标而进行的识别、建立、维持、促进同消费者的关系并在必要时终止关系的过程,这只有通过交换和承诺才能实现
工业市场营销专家巴巴拉·B. 杰克逊(Barbara B. Jackson)	1985	从工业营销的角度将关系营销描述为"关系营销关注于吸引、发展和保留客户关系"
摩根和亨特(Morgan and Hunt)	1994	从经济交换与社会交换的差异角度来认识关系营销,认为关系营销是"旨在建立、发展和维持成功关系交换的营销活动"
顾曼森(Gummesson)	1990	从企业竞争网络化的角度来定义关系营销,认为"关系营销就是市场被看作关系、互动与网络"

第二,关系营销的实施原则。

一是主动沟通原则。在关系营销中,关系各方都应主动与其他关系方接触和联系,相互沟通消息,了解情况,形成制度或以合同形式定期或不定期碰头,相互交流各关系方需求和利益变化情况,主动为关系方服务,为关系方解决困难和问题,增强伙伴合作关系。从企业的角度来看,可通过销售活动、大众沟通活动(包括传统的广告、宣传手册、销售信件等不寻求直接回应的活动)、直接沟通(包括含有特殊提供物、信息和确认已经发生交互的个人化信件等)和公共关系等活动,来创造双向的或多维的沟通过程;还可以从以往交互中得到某种形式的反馈,以便得到更多的信息。

二是承诺信任原则。在关系营销中各关系方相互之间都应作出一系列书面或口头承诺,并以自己的行为履行诺言,才能赢得关系方的信任。关系营销管理者面临的挑战就是证实他们对于关系的承诺,反复灌输对其关系伙伴的信任。在服务营销环境中,这可能会更具挑战性,因为服务营销相对缺乏有形的展示,而且在被生产或消费之前服务不能够被检验。关系营销要求整个组织承诺提供可靠的、感情移入的和易起反应的高品质的服务。优质服务能够改善企业获利率。

三是互惠原则。在与关系方交往过程中必须做到相互满足关系方的经济利益,并通过在公平、公正、公开的条件下进行成熟、高质量的产品或价值交换使关系方都能得到实惠。

(3) 概念辨析。

第一,关系营销与营销管理。

近几年,国内关于关系营销的研究不乏其文,甚至有人提出应以关系营销的 4C(顾客的欲望与需求、成本、便利、沟通)取代营销管理的 4P。诚然,一方面,营销中对于利益攸关者的关注及其关系的处理是关系到企业生存与发展的重大问题,必须予以重视;另一方面,美国的营销管理理论(如产品生命周期理论、市场营销组合理论等)也确实存在众多问题。然而,无论是从理论上还是从实践上来看,"营销管理"都不可能由"单纯关系营销"来取代。4C 也不可能取代 4P,它们是"买方"和"卖方"两个不同主体的行为,4C 反映的是买方的期望,4P 反映的是卖方的行为。而营销就是要通过企业的努力,使企业提供的4P 符合买方所期望的 4C,以实现"满足需求—顾客满意"的目标。

因此,以交易为核心的"营销管理"与以关系为核心的"单纯关系营销"的结合,在相互交换和履行承诺的过程中,识别、建立、维持、巩固与消费者及其他参与者的关系,实现各方目的,才是以关系为导向的营销观的本质特征。

第二,关系营销与传统营销。

关系导向营销观是现代营销观念发展的一次历史性突破。它与传统营销观念相比,无论是范围、目的、重点,还是营销主体等方面,都有很大的差异。

一是营销范围的扩大。传统营销仅仅从交易的角度,把营销的视野局限在由现实或潜在购买者组成的目标市场(企业准备为其服务的顾客群)上,主要研究购买者市场(消费者市场、生产者市场、中间商市场、政府市场)的特征、行为及其营销对策。而以关系为导向的营销不仅要从交易的角度研究购买者市场,而且要从关系的角度研究与企业营销密切相关的各类利益攸关者,将他们作为企业的营销对象。

二是营销的利益导向的差异。传统营销以企业利润最大化作为企业营销的目标,虽然也强调与顾客利益的统一,强调通过满足顾客需求、实现顾客满意来获得企业的最大利润,然而,在实际操作中所考虑的却往往是企业的利益。而以关系为导向的营销,以"多赢"为宗旨,注重满足各方的利益、实现各方的目的,建立长期的关系。因此,在营销过程中,必须研究各方的利益和目的,作为制定营销战略与策略的依据。

三是营销的核心内容的差异。传统营销以"交换"作为核心内容,围绕着"交换"的实现(即达成交易)来开展营销活动,无论是目标市场的选择和研究,还是营销组合(4Ps)的实施,都是为了促进最终达成交易。而以关系为导向的营销,以"交换/关系"作为核心内容,通过与利益攸关者的相互交换和履行承诺,来建立长期的、良好的关系。交换活动与关系的建立是一个连续的、系统的、相互融合的过程。

四是营销主体的差异。传统营销将营销看作是营销部门的职能,营销的主体仅仅是从事营销工作的营销部门,研究营销就是要研究营销部门如何做好营销工作。而以关系为导向的营销,认为营销既是一种经营职能,又是一种经营哲学。从经营职能的角度,要研究营销者从事营销管理的全过程(包括通过交换达成交易的过程和建立、巩固关系的过程);从经营哲学的角度,要使以关系为导向的营销观成为公司各个层面、各个部门的指导思想,成为公司处理一切工作的根本宗旨。

4. 价值导向

1) 价值营销的内涵

价值营销(value marketing),也称基于价值的营销(value-based marketing),是相对于价格营销提出的。"价值营销"不同于"价格营销",它通过向顾客提供最有价值的产品与服务,创造出新的竞争优势取胜。价值营销其实是从"营销"的定义发展和延伸出来的,它并不是对营销定义的颠覆和重构,而是从价值管理的视角出发而形成的。目前还没有一个普适的关于"价值营销"的定义。从所掌握的文献看,可能是英国著名营销学教授多伊尔在 2000 年所著的 *Value-Based Marketing* 一书中最早给出价值营销的定义。价值营销观念将企业的营销过程看作是价值的探索、创造和传递过程,并强调运用全面营销的思维方式,从顾客、企业和协作者三方面去考虑营销问题。全面营销框架如图 2-4 所示。

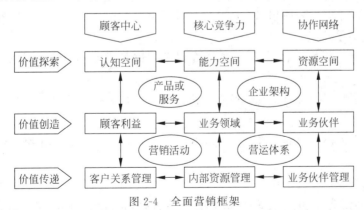

图 2-4　全面营销框架

资料来源:科特勒,等.营销管理[M].梅清豪,等译.12 版.上海:上海人民出版社,2006:41.

(1)价值探索过程。营销的起点是一个价值探索过程,在此过程中,通过对顾客的认知空间(顾客的现实和潜在需求的了解)、本企业的能力空间(企业的核心能力)和协作者的资源空间的了解与把握,探索如何发现新的价值机会。

(2)价值创造过程。首先,通过了解顾客的所想、所需、所忧,从顾客的角度重新认识顾客利益,并考虑如何去满足新的顾客利益。其次,根据顾客新的价值需求和自身的核心能力,进行业务重组:重新定义公司的业务领域、确定产品线、确定品牌定位,使核心能力得到最好发挥。最后,选择新的价值创造过程中所需要的业务伙伴,以整合利用协作网络中业务伙伴的资源,共同开发、创造新的价值。

(3)价值传递过程。通过客户关系管理、企业内部资源的整合协调管理和协作网络中的业务伙伴的关系管理,来更有效地传递价值。

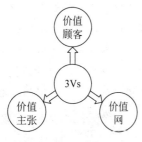

图 2-5　3Vs 营销模型

2)3Vs 营销模型

对于价值营销的实施,美国学者尼尔马利亚·库马尔(Nirmalya Kumar)提出了细分战略的概念,用于帮助企业发现和实现深度差异化。他提出了新的营销工具 3Vs,即价值顾客、价值主张和价值网的组合,来改变仅仅通过市场细分和营销组合创造的差异化(图 2-5)。

(1)第一个 V:价值顾客——为谁服务?这是目标市场的选择问题,它是“3Vs 营销模型”所确立的战略目标。在选择价值顾客时,要考虑三个条件:一是价值顾客要有一定规模或拓展潜力,二是竞争者没有完全控制这个顾客群,三是符合企业发展战略与资源能力。

(2)第二个 V:价值主张——提供什么?20 世纪 50 年代初,罗瑟·瑞夫斯提出 USP(unique selling proposition)理论,即企业的产品(服务)必须有自己“独特的销售主张”,既可以体现出独特(即与其他竞争者不一样),又应该保证其产品的可销售性。要不断问自己:顾客为什么要接受我的产品(服务)?这个问题的回答应该基于顾客利益而不是产品特性。企业能给价值顾客提供什么重要价值,而不是面面俱到的“完美产品(服务)”。在价值主张环节,企业应当从以下四个问题入手。

问题一:行业里有哪些想当然的属性应该被剔除?即企业所提供的每种属性是否都为重要顾客创造了价值。

问题二:哪些属性应该降到行业标准以下?即行业里是否设计了过多的产品和服务。

问题三:哪些属性应该提高到行业标准以上?即顾客被迫接受了当前行业里的哪些现状。

问题四:应该创造哪些行业从未提供过的新属性?即行业里存在哪些价值创造的新来源。

(3)第三个 V:价值网络——如何创造和传递?其有时也被称为价值链或商业系统,包括为顾客创造、产生和传递价值主张所必需的所有营销活动与非营销活动的系统性安排。如果一个公司为两种细分市场服务,那么价值网的大部分可以共享,但如果一个公司想为两个不同的细分战略服务,则必须开发出两个独特的价值网,因为价值网能够有效地为选定的细分市场服务所必需的活动提供跨职能协调,包含基于 4Ps 的差异化,但它不只包括营销,还包括对其他职能(如 R&D、运营和服务)进行差异化。

3) 企业 3Vs 的应用

许多公司的竞争优势都存在于独特的价值网中,企业可以为独特的细分市场探索出不同的价值网方案,基于价值网来实现深度差异化。企业可以通过思考以下三个问题,用 3Vs 促进发现行业内的营销创新机会。

问题一:是否存在这样的顾客——要么对行业提供的所有服务都不满意,要么根本没有得到服务?通过提出这个问题,企业可以发现巨大的可利用机会。

问题二:我们能否提供一个相对业内其他公司来说,具有较大的利益或较低的价格的价值主张?该问题迫使公司考虑自己的价值主张是否实现了真正的差异化以及在哪些方面实现了真正的差异化。

问题三:我们能否用低得多的成本从根本上为行业重新定义价值网?

通过回答这三个问题且充分理解公司的 3Vs 模型,就可以画出公司的战略成长图。首先,了解顾客在哪些方面未得到服务有助于公司确定应该进入哪些市场和行业或"为谁服务"。其次,清晰的制胜模式和经济逻辑能够提供创造出独树一帜的价值主张的潜力,并有助于确定"提供什么"。最后,价值网络——如何创造和传递——详细阐述了时机(何时进入哪些市场)和方式(如何创造),这有助于促进公司在行业转型时的创新和成长。

在构建 3Vs 营销模型时,三个 V 应相互联系、有机互动,最终形成整合效应、放大效应。如若相互矛盾,则效果必遭损害。并且,实施 3Vs 营销模型必须以人本文化为根本保障,模型的每个环节都由员工具体实施完成,如果员工不积极参与、不相互配合,再好的营销战略都是纸上谈兵。

用 3Vs 提供创新机会说明了创新并不只是技术研发和产品开发人员的工作,营销人员和战略家也可以通过发现未得到充分服务或对服务不满意的细分市场,提供新的价值曲线以及重新建立行业价值网而对创新作出贡献。

5. 价值观与共创导向

1) 战略营销导向的转变

营销理论把市场营销的导向分为生产阶段、产品阶段、推销阶段、销售阶段、营销阶段和社会营销阶段。从战略性的营销导向,菲利普·科特勒将其分为产品导向、客户导向、品牌导向、价值导向以及价值观与共创导向。战略营销导向的变化如图 2-6 所示。

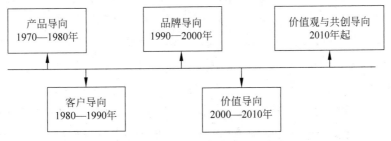

图 2-6　战略营销导向的变化

资料来源:菲利普·科特勒 2015 年在世界营销峰会上的演讲,东京。

由于移动互联网的兴起,大家纷纷谈论"产品时代不需要营销,只需要产品",这是目前流行的错误意识。产品必须以客户为基础,才有可能获得市场的成功,营销是贯穿价值识别、价值选择、价值沟通和价值再续的整体过程,而不是一些短期战术。自 2010 年起,菲利普·科特勒认为营销战略已经进入价值观与共创导向阶段,的确我们也看到,以价值观为引导的、实现客户共创的企业成为新时代的先锋,星巴克、小米、GE(通用电气公司)都在营销实践中贯彻了这一点。

案例 2-10 用 3V 模型分析九牧王的营销战略

2) 营销 4.0——共创导向的营销

营销 4.0 是菲利普·科特勒提出的观点的进一步升级。在丰饶的社会中,马斯洛需求中的生理、安全、社交、尊重的四层需求相对容易被满足,但是客户对于处于最高层级的自我实现形成了一个很大的诉求,营销 4.0 正是要解决这一问题。随着移动互联网以及新的传播技术的出现,客户能够更加容易地接触到所需要的产品和服务,也更容易和那些与自己有相同需求的人进行交流,于是出现了社交媒体,出现了客户社群。企业将营销的中心转移到如何与消费者积极互动、尊重消费者作为"主体"的价值观,让消费者更多地参与到营销价值的创造中来。而在客户与客户、客户与企业不断交流的过程中,由于移动互联网、物联网所造成的"连接红利",大量的消费者行为、轨迹都有痕迹,产生了大量的行为数据,我们将其称为"消费者比特化"。这些行为数据的背后实际上代表着无数与客户接触的连接点。如何观察与满足这些连接点所代表的需求,帮助客户实现自我价值,是营销 4.0 所需要面对和解决的问题,它是以价值观、连接、大数据、社群、新一代分析技术等为基础进行的。表 2-8 对营销 1.0 到营销 4.0 进行了综合对比。

表 2-8 营销 1.0 到营销 4.0 的对比

项　　目	1.0 时代 产品中心营销	2.0 时代 消费者定位营销	3.0 时代 价值驱动营销	4.0 时代 共创导向的营销
目标	销售产品	满足并维护消费者	让世界变得更好	自我价值的实现
推动力	工业革命	信息技术	新浪潮科技	价值观、连接、大数据、社群、新一代分析技术
企业看待市场方式	具有生理需要的大众买方	有思想和选择能力的聪明消费者	具有独立思想、心灵和精神的完整个体	消费者和客户是企业参与的主体
主要营销概念	产品开发	差异化	价值	社群、大数据
企业营销方针	产品细化	企业和产品定位	企业使命、远景和价值观	全面的数字技术+社群构建能力
价值主张	功能性	功能性和情感化	功能性、情感化和精神化	共创、自我价值实现
与消费者互动情况	一对多交易	一对一关系	多对多合作	网络性参与和整合

资料来源:KMG 研究,菲利普·科特勒在西北大学凯洛格商学院的讲义。

【中国智慧 2-1】

培育爱国价值观，让红色旅游"红起来"

2021 年正值建党百年之际，"亲身体验红色之旅，感受红色文化带来的精神洗礼"成为当前旅游的新时尚。各地应以"红色旅游＋"为主路线，打造红色旅游 IP 生态。

红色旅游的收入占国内旅游营业额总数的比例节节攀升，这要求相关从业者根据营销的潮流，和消费者一起因时而变、因势而变。进一步规范推动红色旅游研学产品的开发，尤其对革命文物复制、陈列、标注、讲解等细节上，要把好关。应大力推动红色旅游商品的设计研发，鼓励红色动漫、红色演艺、红色文创的发展，组织红色旅游商品展。如台儿庄古城在传统的皮影戏、扬琴戏、柳琴戏、运河大鼓等非遗表演中融入台儿庄大战的故事，还创造性地推出了《台儿庄大捷》表演等。

同时，应举办"回望革命历史，诵读抗战家书"、"追忆峥嵘岁月，聆听英雄故事"、"放飞白鸽，祈愿和平"、红色快闪、红歌对唱等活动，丰富景区的红色文化内涵，提升红色旅游的体验度。应建立健全红色旅游品牌营销机制，发挥"云"优势，建设"云"平台，打造"红色云游"。运用新媒体工具和技术平台等，加大红色旅游的品牌营销力度。

3）产品生死恋——品牌与消费者共生共荣

第 1 章中我们探讨了营销中产品的甜蜜点，那么不妨将如今的品牌与消费者的关系看作一场"生死恋"。也许这么说略显夸张，但是消费者与品牌接触的过程，不正与年轻男女们的恋爱是一样的吗？相识（acquaintance）、感兴趣（interest）、对其产生欲望（desire），最后付诸行为（action），这一系列举措正是营销中经典的 AIDA 传播模型，在经历了这些之后，消费者就会和品牌在精神上高度匹配，他会去信任、去理解品牌，这才算是真正意义上的有保障的感情。

以上是品牌吸引消费者的部分，面对消费者对品牌的反哺，我们将提出一个问题：iPhone 已经毫无新意，"果粉"为什么还死心塌地钟情于它？相信不同的人对此会有不同的回答。

松下幸之助曾说："企业管理过去是沟通，现在是沟通，未来还是沟通。"沟通，是管理的浓缩，也是营销的秘诀。它可以让企业维系和消费者的感情，不断交换观点，减少分歧。谈及沟通，不得不提及江小白，为何它能在 5 年内从 0 元做到 10 亿元，跻身白酒品牌的十强？就是因为江小白懂产品、懂用户及懂沟通。

除了要和消费者沟通、打造情怀以外，还要和消费者共同成长、进步，做到"同频共振"。品牌今年所对应的消费者在明年可能就有了新的想法和需求，品牌需要实时关注消费者，对于目标消费者的每一个变化都做到了如指掌、明察秋毫。真正对品牌忠诚的消费者是不由自主的，想购买一类产品时，不需要货比三家，不需要考虑价格和质量，却可以毫无顾虑地作出选择。而这种选择就是品牌所一直渴望并且追求的"爱情"！

2.2　营销管理的升级

【引导案例】

这只一年800多万人次光顾的鸭，终于卖不动了！

"不到长城非好汉，不吃烤鸭真遗憾"！老北京顺口溜中的烤鸭只有一只：全聚德。

全聚德创建于1864年，凭借独特的烹饪手法慢慢成为"天下第一吃"。2007年，全聚德成功登陆A股，成为首家A股上市的餐饮老字号企业。往者不可谏，百年老字号全聚德走向转折的那一天还是如约而至。

自2017年以来，全聚德营收、净利已连续3年出现下滑。其中，2019年全聚德营收同比下降11.87％，归母净利润同比下降38.9％。实际上，这已经是全聚德业绩停滞不前的第8年，也是其自2007年上市以来净利润最低的一年。

案例2 11　这只一年800多万人次光顾的鸭，终于卖不动了！

对于业绩下滑的原因，全聚德表示，是因为受餐饮行业，尤其是中式正餐竞争加剧影响，公司年度接待人次同比减少而导致公司全年营业收入和利润水平同比出现下滑。

事实上，相比业绩下滑，全聚德在价格、服务、口味等方面也饱受外界议论。作为一个经历了150多年的老品牌，在变化的时代面前，全力突围的全聚德感觉到转型之痛，那么造成全聚德困境的，有哪些原因？

其一，吃的都不是回头客。北京本地人基本不吃全聚德，与此同时，全聚德人均消费和上座率分别下滑了2％和3％，隐忧已现。

其二，菜品创新不足。全聚德的名气虽然大，但烤鸭口味的创新有所不足，在体验上也不太接地气。

其三，价格偏高，降低了消费者到店的频次。对消费者而言，一只烤鸭要200多元，一个套餐动辄数百元，怎么看都像是超前消费。

其四，和健康饮食的趋势相违背。烤鸭食品较为肥腻，虽有全聚德的品牌背书，但是不得不说，吃全鸭和现在追求的"大健康"趋势相违背，其业绩不佳也是可以预料得到的。

其五，糟糕的服务水平使口碑毁誉参半，停滞不前的员工培训使顾客体验感不佳，在追求服务享受水平的现下，全聚德如果不改变，没落的命运在所难免。

资料来源：电商报，2018；

《全聚德前三季度亏损超两亿，净利连续三年下滑，老字号不灵了？》，AI财经社，2020。

全聚德烤鸭作为老北京独具特色的饮食名片，一直是全世界各地游客到北京游玩时必吃的一道名菜。但是什么让这样一个百年品牌也迎来了危机呢？通过上述案例，我们不难发现，全聚德的危机来自其故步自封，没有顺应时代的发展和市场、顾客的变化。在快速发展的时代背景下，全聚德没有及时更新企业的营销手段和策略，仍然保留着落后的消费手段，使其完全靠着150多年来的名气和口碑在支撑，销售额的下降也就不足为奇了。本节主要向大家介绍营销学中的 3C 营销战略分析模型、STP 营销战略以及 4Ps 营销战术,三者共同组成营销学中的核心公式,同时也是基本营销管理框架——3C＋STP＋4Ps。

1. 3C 营销战略分析模型

1) 基本内容

3C 营销战略分析模型又叫 3C 战略三角模型。该模型是由日本战略研究的领军人物大前研一(Kenichi Ohmae)提出的,他强调成功战略有三个关键因素,在制定任何经营战略时,都必须考虑这三个因素,即公司(corporation)、顾客(customer)、竞争者(competition)。只有将公司、顾客与竞争者整合在同一个战略内,可持续的竞争优势才有存在的可能。大前研一将这三个关键因素称作 3C 或战略三角。

人物小传 2-3　大前研一

2) 企业战略

企业战略旨在最大化企业的竞争优势,尤其是与企业成功息息相关的功能性领域的竞争优势。

(1) 企业在确定优势时需要有选择性和程序化。企业没有必要在各个功能领域都占据领先优势,企业要能够在某一核心功能上取得决定性优势,那么,它的其他功能领域即便平庸,最终也将因此核心功能优势而获得提升。

(2) 企业要提高成本效益。企业可以通过如下三种基本方式来实现成本效益提高:第一,较之竞争对手,更为高效地减少成本费用。第二,在选择经营业务和产品时要尽量简单化以优化选择,这种方法我们称为“摘樱桃”。通过这样的筛选和精简,企业一些经营业务、生产功能被削减之后,运营成本下降的速度比营业收入增加的速度还要快。第三,将企业某项业务的关键功能与其他业务共享,甚至与其他公司共享。经验表明,很多情况下,在一个或多个次级营销功能领域进行资源共享是有利的。

3) 顾客战略

大前研一认为,顾客是所有战略的基础。毫无疑问,公司的首要考虑应该是顾客的利益,而不是股东或者其他群体的利益。从长远来看,只有那些真正为顾客着想的公司对于投资者才有吸引力。

大前研一提出了按照消费者目的、顾客覆盖面、顾客市场细分这三种标准合理划分顾客群体,并指出随着时间的推移和消费者组合的变化,市场力量通过影响人口结构、销售渠道、顾客规模等,不断改变消费者组合的分布状态,因此,市场划分也要因时制宜。这种变化意味着公司必须重新配置其企业资源。

4) 竞争者战略

大前研一主张,企业的竞争者战略,可以通过寻找有效之法,追求在采购、设计、制造、销售及服务等功能领域的差异化来实现,具体思路如下。

(1) 品牌形象差异化。索尼和本田的销售量比它们的竞争对手要高出许多,是因为它们在公关和广告上投入得更多。而且,比起竞争对手来,它们的广告战组织得更加谨慎、细致。当产品功能、分销模式趋同的时候,品牌形象也许就是差异化的唯一源泉。

（2）利润和成本结构差异化。首先，在新产品的销售和附加服务上，追求最大可能的利润。其次，在固定成本与变动成本的配置比率上做文章。当市场低迷的时候，固定成本较低的公司能够轻而易举地调低价格。由此，通过低价策略，公司极易扩大市场份额。这一策略对于那些固定成本较高的企业有很大的杀伤力。市场价格过低的时候，它们往往寸步难行。

（3）轻量级拳击战术。如果公司打算在传媒上大做广告，或者加大研发力度，那么公司收入将会有很大一部分消耗在这些附加的固定成本上面。中小企业跟市场巨擘在这样一些领域交战，孰胜孰负不言自明。然而，企业可以将其市场激励计划建立在一个渐进比例上，而不是一个绝对数值上。这样一种可变的激励计划，同时能够保证经销商为了获取额外回报，加大企业产品的销售力度。很显然，市场巨头们不可能为其经销商提供这样的额外回报，如此，它们的收益将很快遭受到中小公司的侵蚀。

案例 2-12　从 3C 战略看李宁品牌重塑

知识锦囊 2-3　大前研一的三种顾客群体划分方法

（4）Hito-Kane-Mono。Hito-Kane-Mono 是日本企划师们津津乐道的三个字，即人、财、物（固定资产）。他们相信，只有此三者达成平衡，无一冗余或浪费，才能实现流线型的企业管理。人、财、物三种资源中，应该最后配置资金。公司首先应该依据现有的"物"（厂房车间、机器设备、技术工艺、流程业务及功能强项）对"人"（管理类型的人才资源）进行针对性的配置。一旦"人"的创造性被开发了出来，产生了远见卓识的商业构想，"物"和"财"就应该按需求配置到这些具体的商业构想和生产项目上去。

2. STP 营销战略

1）时代背景

市场细分（segmentation）的概念是美国营销学家温德尔·史密斯（Wended Smith）在 1956 年最早提出的。此后，菲利普·科特勒进一步发展和完善了温德尔·史密斯的理论并最终形成了成熟的 STP 理论，其主要内容包括市场细分、目标市场（targeting）和市场定位（positioning），它是战略营销的核心内容。STP 理论是指企业在一定的市场细分的基础上，确定自己的目标市场，最后把产品或服务定位在目标市场中的确定位置上。

2）主要内容

（1）市场细分。市场细分是指营销者通过市场调研，依据消费者的需要和欲望、购买行为和购买习惯等方面的差异，把某一产品的市场整体划分为若干消费者群的市场分类过程。每一个消费者群就是一个细分市场，每一个细分市场都是具有类似需求倾向的消费者构成的群体。

细分市场不是根据产品品种、产品系列来进行划分的，而是从消费者（指最终消费者和工业生产者）的角度进行划分的，是根据市场细分的理论基础，即消费者的需求、动机、购买行为的多元性和差异性来划分的。有效的市场细分有利于选择目标市场和制定市场营销策略，有利于发掘市场机会、开拓新市场，有利于集中人力、物力投入目标市场，有利于企业提高经济效益。

（2）目标市场。著名的市场营销学者杰罗姆·麦卡锡提出，应当把消费者看作一个特定的群体,称为目标市场。市场细分,有利于明确目标市场;市场营销策略的应用,有利于满足目标市场的需要。目标市场就是通过市场细分后,企业准备以相应的产品和服务满足其需要的一个或几个子市场。企业在选择目标市场时,通常采取无差别性市场策略、差别性市场策略和集中性市场策略三种策略。

(3)市场定位。市场定位是 20 世纪 70 年代由美国学者阿尔·赖斯提出的一个重要营销学概念。所谓市场定位,就是企业根据目标市场上同类产品竞争状况,针对顾客对该类产品某些特征或属性的重视程度,为本企业产品塑造强有力的、与众不同的鲜明个性,并将其形象生动地传递给顾客,求得顾客认同。市场定位的实质是使本企业与其他企业严格区分开来,使顾客明显感觉和认识到这种差别,从而在顾客心目中占有特殊的位置。

案例 2-13　真功夫的 STP 战略分析

传统的观念认为,市场定位就是在每一个细分市场上生产不同的产品,实行产品差异化。事实上,市场定位与产品差异化尽管关系密切,但有着本质的区别。市场定位是通过为自己的产品创立鲜明的个性,从而塑造出独特的市场形象来实现的。一项产品是多个因素的综合反映,包括性能、构造、成分、包装、形状、质量等,市场定位就是要强化或放大某些产品因素,从而形成与众不同的独特形象。产品差异化是实现市场定位的手段,但并不是市场定位的全部内容。市场定位不是从生产者角度出发单纯追求产品变异,而是在对市场分析和细分化的基础上,寻求建立某种产品特色,因而它是现代市场营销观念的体现。

3. 4Ps 营销战术

1) 时代背景

4Ps 理论产生于 20 世纪 60 年代的美国,是随着营销组合理论的提出而出现的。1953 年,尼尔·博登(Neil Borden)在美国市场营销学会的就职演说中创了"市场营销组合"(marketing mix)这一术语,其意是指市场需求或多或少地在某种程度上受到所谓"营销变量"或"营销要素"的影响。为了寻求一定的市场反应,企业要对这些要素进行有效的组合,从而满足市场需求,获得最大利润。营销组合实际上有几十个要素(博登提出的市场营销组合原本就包括 12 个要素),杰罗姆·麦卡锡于 1960 年在其《基础营销》(*Basic Marketing*)一书中将这些要素一般地概括为四类:产品(product)、价格(price)、渠道(place)、促销(promotion),即著名的 4Ps。1967 年,菲利普·科特勒在其畅销书《营销管理:分析、规划与控制》第一版进一步确认了以 4Ps 为核心的营销组合方法。

2) 主要内容

产品的组合:企业提供给目标市场的货物、服务的集合,包括产品的效用、质量、外观、式样、品牌、包装和规格,还包括服务和保证等因素。

价格的组合:根据不同的市场定位,制定不同的价格策略,产品的定价依据是企业的品牌战略,注重品牌的含金量。它主要包括基本价格、折扣价格、付款时间、借贷条件等。

分销的组合:企业并不直接面对消费者,而是注重经销商的培育和销售网络的建立,企业与消费者的联系是通过分销商来进行的。地点通常称为分销的组合，它主要包括分销渠道、储存设施、运输设施、存货控制，它代表企业为使其产品进入和达到目标市场所组织、实施的各种活动，包括途径、环节、场所、仓储和运输等。

促销的组合：企业利用各种信息载体与目标市场进行沟通的传播活动，包括广告、人员推销、营业推广与公共关系等。

随着时代的发展，科特勒也根据时代的变化对 4Ps 理论提出了一定的改进。科特勒在西北大学凯洛格商学院进行演讲时，将 4Ps 修改为产品、价格、沟通、渠道。由此，4Ps 成为创造价值、捕捉价值、沟通价值和传递价值的过程。其具体包括：产品策略，决定开发哪些新产品，如何开发，产品线应该如何调整，在数字时代如何做出一款"感染性"的产品，实现市场引爆；价格策略，包括价格制定方针、如何针对市场需求动态调整定价；沟通策略，指的是沟通目标、渠道、媒介的组合，以及如何建立品牌形象、品牌认知和忠诚，进一步建立品牌资产；渠道策略，包括渠道设计、渠道管理，以及相应的营销策略。

4Ps 是市场营销过程中可以控制的因素，也是企业进行市场营销活动的主要手段。企业营销活动的实质是一个利用内部可控因素适应外部环境的过程，即通过对产品、价格、分销、促销的计划和实施，对外部不可控因素作出积极动态的反应，从而促成交易的实现和满足个人与组织的目标，用科特勒的话说就是"如果公司生产出适当的产品，定出适当的价格，利用适当的分销渠道，并辅之以适当的促销活动，那么该公司就会获得成功"。所以市场营销活动的核心就在于制定并实施有效的市场营销组合，也正因为这样，4Ps 理论逐渐成为营销策略的基础。

4. 营销管理的框架

经过上述的分析和阐述，我们已经了解了营销学中几个重要的理论和模型，这三个理论组合在一起便是营销中的核心公式：3C＋STP＋4Ps。根据这三个理论，科特勒系统构建了营销管理框架，并且经过 50 多年的思想发展与 500 强企业的实践，将现代营销管理分为两个阶段，如图 2-7 所示。

第一阶段是分析与策略，即我们所熟知的"3C＋STP"阶段，"3C"是战略分析的基础，在制定战略时企业应充分利用其相对竞争优势，更好地满足顾客需求，努力与竞争对手形成绝对的差异化。一个好的战略必使公司自身、公司的顾客和竞争对手三者之间的相互关系匹配，并动态地把握它们的演化趋势。只有这样，企业才有机会赢得这场利益战争。

知识锦囊 2-4　消费者旅程

STP 是营销学中营销战略的三要素之一。

第二阶段是计划与执行，称为营销 4Ps，具体内容在上文中已经有所体现。

"3C＋STP＋4Ps"是营销管理的框架，是 50 多年来经过实践检验的理论成果，虽然有人提出 4C、4V 等理论，但从本质上讲只是从其他的角度进行阐释，并没有升级传统营销战略与管理的框架。

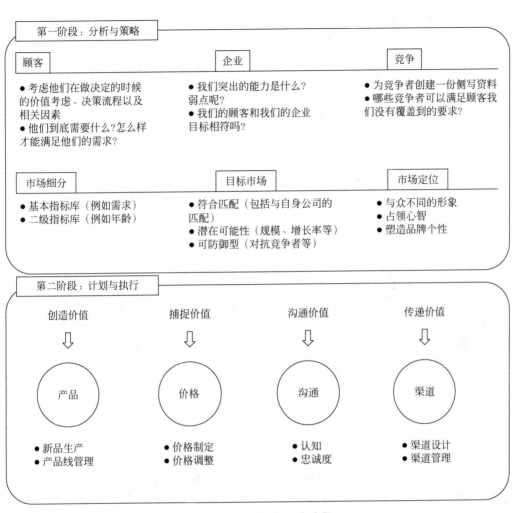

图 2-7　营销管理的两个阶段

资料来源:《数字时代的营销战略》。

2.3　营销前沿

【引导案例】

知道者,知乎也——知乎的内容营销之道

作为中国互联网第一大知识型问答社区,知乎自成立之初,就针对高学历、精英型用户确立了认真、专业、友善的品牌形象,并靠用户生产和消费来驱动内容营销。

商业化提速的知乎,已经让品牌主们看到了不同于传统营销的更多可能。时代已经变了,营销模式在变化,知乎也在变化。知乎积极与各类用户群体对话,如知乎 CEO(首席执行官)周源就通过这一平台积极与用户互动,如图 2-8 所示。

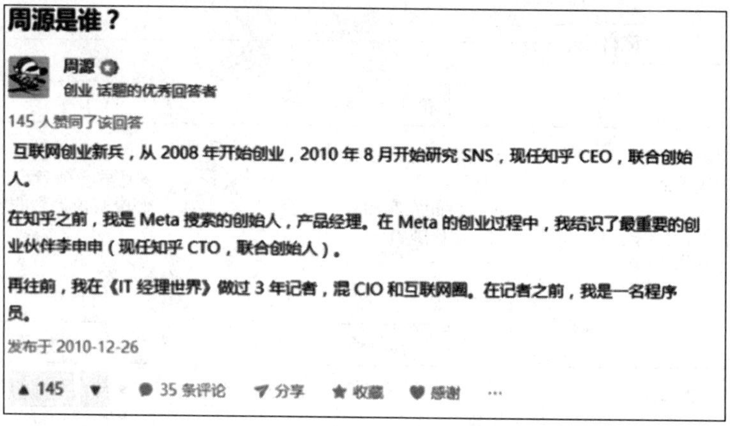

图 2-8 周源对问题"周源是谁?"的回答

案例 2-14 知道者,知乎也——知乎的内容营销之道

周源运用内容营销的 4P 理论,首先规划(plan)了知乎内容营销的特点——"慢"节奏,沟通沉淀内容价值;接着,知乎开始内容营销的制作(produce),从线上到线下推出了一系列产品;然后,知乎与学生群体对话,上线♯同学别慌♯开学季专题营销,贴近用户,对话了解需求,实现了内容的推广(promote)和完善(perfect)。

此外,根据内容营销的三维度,知乎也从对话、讲故事、顾客互动参与三方面进行内容营销,从而实现了品牌价值的提升。

1. 对话

知乎从 2014 年推出盐系列品牌时,就一直在跟用户对话,实现其内容的营销推广。其覆盖群体包括以学生为代表的年轻人。知乎对话的内容传达给用户的是一种文艺的、专业的、友善的生活态度,在用户心中自然地树立起了知乎认真的品牌定位,起到了营销的作用,也更广泛地传播了知乎的品牌价值。

2. 讲故事

知乎通过讲故事,在商业化的广告中,将品牌主的故事娓娓道来,显得既有趣又认真,发挥了其独特的价值。此外,知乎还通过邀请大咖分享他们的创业、人生故事,以"知 talk"这一演讲方式,向平凡的大众传递人生哲学,创新沟通方式。

3. 用户互动参与

知乎与用户的互动参与体现在线上、线下两个方面。

线上:流量互动;知识共享;专栏解惑;事件讨论。

线下:线下沙龙;创意体验馆;线下发布会。

知乎从创业到现在,似乎一路都走得比较顺畅。知乎靠它的高质量内容吸引住了用户,那它是如何借助社区用户持续生产内容、开展内容营销的呢?随着营销的观念和思想的不断进化,我们所使用的营销策略也在不断地进步更新。这些营销方式往往都更符合社会的发展和消费者行为习惯的变化,同时这些手段更贴近社会的发展,顺应营销观念和思想的进化方向。接下来,我们将介绍四种营销前沿的营销策略。

1. 内容营销

《周易·家人》中出现了"言之有物"一词,意思是指文章或讲话内容具体而充实。内容营销是指以图片、文字、动画等介质向客户传递有关企业的信息、促进销售,就是通过合理的内容创建、发布及传播,向用户传递有价值的信息,从而实现网络营销的目的。它们所依附的载体可以是企业的 Logo、宣传图册、官方网站、广告,甚至是 T 恤、纸杯、手提袋等,不同的载体传递的介质各有不同,但是核心内容必须一致。

案例 2-15　奇葩说的内容营销

内容营销包括三个基本要素和三个方向,见表 2-9。

表 2-9　内容营销的基本要素和方向

项　　目	内　　容
基本要素	适用于所有的媒介渠道和平台
	要转化为为用户提供一种有价值的服务;能吸引用户、打动用户、影响用户建立品牌、产品之间的正面关系
	要有可衡量的成果,最终能产生盈利行为
方向	企业生产的内容:以企业为主体,依据企业的核心文化而产生
	专业生产的内容:企业借助代理或专业的第三方内容机构的外部内容,为消费者提供品牌信息
	用户生产的内容:以品牌粉丝为核心,他们原生的口碑内容

2. 感官营销

【中国智慧 2-2】

草 船 借 箭

草船借箭,历史上或确有其事,但主要人物并非诸葛亮,而是孙权。

据《三国志·吴主传》裴松之引注《吴历》,孙权屡屡向曹操军挑战,曹操坚守不出。孙权就亲自乘了一艘轻船,从濡须口进入曹操军水寨前。曹操一看,就知道孙权来了,是孙权要亲自来看看曹军的阵势(欲身见吾军部伍也),下令军队严加戒备,箭弩不得妄发。孙权在曹操面前走了五六里路,才返回,走的时候还向曹军击鼓奏乐。

在营销人看来,这当是一场精彩绝伦的感官营销,轻身向水寨,乃视觉上的冲击;击鼓奏乐,乃听觉上的共鸣;而孤身入敌营的勇气,则是情感上的震撼。所有这些都被曹操看在眼里,并叹息说:"生子当如孙仲谋。"

感官营销,是指企业经营者在市场营销中,利用人体感觉的视觉、听觉、触觉、味觉与嗅觉,开展以"色"悦人、以"声"动人、以"味"诱人、以"情"感人的体验式情景销售。克里希纳(Krishna)2012 年在一篇综述文章中提出了整合的"感官营销概念模型"(图 2-9)。

案例 2-16　宜家的感官营销

在感官营销中,视觉、听觉、触觉、味觉、嗅觉这五种感觉具体是如何运用的呢?见表 2-10。

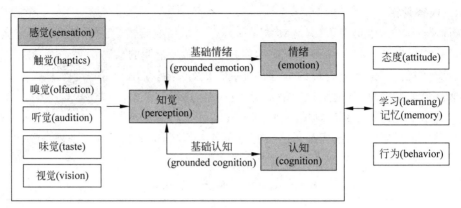

图 2-9 感官营销概念模型

表 2-10 感官营销构成要素

构成要素	举 例
视觉营销	• 农夫山泉的运动瓶盖和"收腰"瓶身彰显了它的运动个性 • 提及"麦当劳""肯德基""悉尼歌剧院",就会想到金黄色的"M"形门、和蔼可亲的老爷爷标识和似白色风帆的外形
听觉营销	• 肯德基店里的悠扬音乐显示了它不同于麦当劳的品牌文化 • 咖啡店里低沉的音乐与内部灯光等的配合为消费者提供了聊天、享受生活的场合
触觉营销	• 希尔顿连锁酒店在浴室内放置一只造型极可爱、手感舒服的小鸭子,小鸭子给人的手感上的舒适和希尔顿给顾客带来的住上的舒适正好呼应
味觉营销	• 韩国 LG 有"巧克力"之称的手机散发出巧克力香味 • 三星则在店内散布清甜的蜜瓜香味
嗅觉营销	• 新加坡航空公司把美国仙爱尔(Scentair)公司特别调制的"热毛巾上的香水味"作为其专利香味,广泛喷洒在机舱和乘客用品上
跨感官交互	• 卖场的拥挤程度(触觉)与气味(嗅觉)不一致的正面效应

3. 游戏营销

案例 2-17 跨界品牌的游戏营销

为了提高营销绩效,特别是营销传播绩效,国内外营销实践者将游戏设计元素纳入市场营销活动,让用户产生类游戏体验,从而鼓励用户参与、增强用户黏性、强化品牌体验,低成本地实现营销目标,这种营销手段被称为"游戏营销"。Gatautis 还在他的研究中提出了游戏化对在线消费者行为产生影响的概念模型(图 2-10)。

除了肯德基以外还有很多品牌在 2017 年也进行了游戏营销,如与《全职高手》合作的麦当劳、与《梦幻西游》合作的易间咖啡、与《终结者 2》合作的京东等。由此可见,未来,游戏与品牌的跨界合作将会越来越多,形式也会越来越新颖,技术层面的运用也将会越来越深入。

4. 神经营销

案例 2-18 百事的神经营销

神经营销,是指运用神经科学方法来研究消费者行为,探求消费者决策的神经层面活动机理,找到消费者行为背后真正的推动力,从而产生恰当的营销策略。由于人脑控制了人

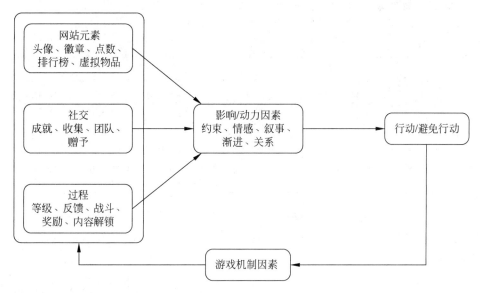

图 2-10　游戏化对在线消费者行为产生影响的概念模型

类行为的所有方面,理解人脑的工作原理不仅能够帮助解释人类行为,更能够帮助营销人员掌控消费者的行为规律。

 章末本土案例

1. 案例摘要

天然工坊:传统文化遇上社交电商

案例描述了以社交电商发展为背景,以时间和事件线为顺序,结合创业过程模型、赋能、价值共创与社交货币,探索天然工坊在传统文化与社交电商之间如何实现"以道驭术"的良好局面。一方面,随着社交媒介蓬勃发展,社交门槛降低了,社交需求被充分挖掘,使得社交电商快速发展;另一方面,随着物质不断丰富,快乐与健康却没有同步增加,人们渴望从传统文化中寻找幸福的源泉。传统文化强调"君子喻于义",社交电商强调"社交让购物更有价值"。天然工坊将传统文化与社交电商相结合,创始团队带头践行传统文化,在竞争激烈的市场中创造出惊人的业绩:2015 年 12 月 16 日上线,2016 年销售额实现 4.6 亿元,2017 年销售额达 5.7 亿元,会员突破 2 000 万,购买会员 400 万,会员复购率 70% 以上。

2. 思考题

(1)天然工坊如何与用户共创价值?

(2)天然工坊如何借助传统文化为社交电商插上腾飞翅膀?

(3)结合本章内容,你认为天然工坊在转型前后的战略模式属于哪个导向?请具体分析。

3. 案例分析框架

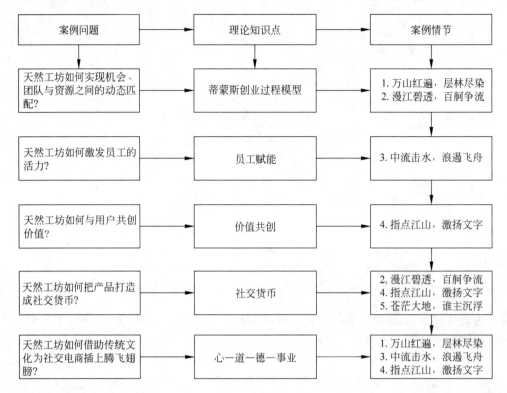

![提炼总结]

1. 本章重难点

（1）市场营销五种导向的认识与区分。

（2）区分大市场营销观念和单纯市场营销观念。

（3）掌握3C营销战略分析模型、STP营销战略、4Ps营销战术的用法。

（4）了解前沿的市场营销战略。

2. 核心概念

（1）**生产观念**：以产品生产为中心，以提高效率、增加产量、降低成本为重点的营销观念。

（2）**产品观念**：以产品的改进为中心，以提高现有产品的质量和功能为重点的营销观念。

（3）**推销观念**：以产品的生产和销售为中心，以激励销售、促进购买为重点的营销观念。

（4）**单纯市场营销观念**：以顾客的市场需求为中心，以研究如何满足市场为重点的营销观念。

（5）**大市场营销观念**：以市场需求为中心，以引导需求、创造需求为宗旨的营销哲学。

（6）**社会营销观念**：社会营销观念认为，企业的营销活动不仅要满足消费者的欲望和需求，而且要符合消费者和全社会的最大长远利益，要变"以消费者为中心"为"以社会为中心"。

（7）**绿色营销观念**：绿色营销观念认为，企业在营销活动中，要顺应可持续发展战略的要求，注重地球生态环境保护，促进经济与生态协同发展，以实现企业利益、消费者利益、社会利益及生态环境利益的统一。

（8）**关系营销观念**：旨在建立、巩固和发展与企业的利益相关人各种关系的"关系营销"成为最受瞩目的营销观念。

（9）**价值营销的概念**：也称基于价值的营销，是相对于价格营销提出的。

（10）**3Vs营销模型**：第一个 V：价值顾客。第二个 V：价值主张。第三个 V：价值网络。

（11）**3C营销战略分析模型**：又叫 3C 战略三角模型。它强调成功战略有三个关键因素，在制定任何经营战略时，都必须考虑这三个因素，即企业、顾客、竞争者。

（12）**公司战略**：旨在最大化企业的竞争优势，尤其是与企业成功息息相关的功能性领域的竞争优势。

（13）**顾客战略**：顾客是所有战略的基础，公司的首要考虑应该是顾客的利益，而不是股东或者其他群体的利益。

（14）**竞争者战略**：企业的竞争者战略，可以通过寻找有效之法，追求在采购、设计、制造、销售及服务等功能领域的差异化来实现。

（15）**STP营销战略**：其主要内容包括市场细分、目标市场和市场定位，它是战略营销的核心内容。

（16）**4Ps营销战术**：一般地概括为四类：产品、价格、渠道、促销。

（17）**内容营销**：以图片、文字、动画等介质向客户传递有关企业的信息、促进销售，就是通过合理的内容创建、发布及传播，向用户传递有价值的信息，从而实现网络营销的目的。

（18）**感官营销**：企业经营者在市场营销中，利用人体感觉的视觉、听觉、触觉、味觉与嗅觉，开展以"色"悦人、以"声"动人、以"味"诱人、以"情"感人的体验式情景销售。

（19）**游戏营销**：为了提高营销绩效，特别是营销传播绩效，国内外营销实践者将游戏设计元素纳入市场营销活动，让用户产生类游戏体验，从而鼓励用户参与、增强用户黏性、强化品牌体验，低成本地实现营销目标。

（20）**神经营销**：运用神经科学方法来研究消费者行为，探求消费者决策的神经层面活动机理，找到消费者行为背后真正的推动力，从而产生恰当的营销策略。

3．分析工具

1）区分单纯市场营销观念与推销观念

从推销观念到现代市场营销观念的变化，是企业从"以产定销"的传统观念转变为"以需定产"的现代营销观念的一个重大的、带有转折性的变化。这在国际上称为与工业革命相提并论的"销售革命"。单纯市场营销观念在营销重点、营销目的、营销手段、营销程序等方面都不同于推销观念,具体见表 2-5。

 2) 区分大市场营销观念与单纯市场营销观念

 大市场营销观念与单纯市场营销观念的区别主要表现在四个方面,见表 2-6。

即 测 即 练

第 3 章

营销战略

【本章学习目标】

1. 了解营销战略的目标、层次和相关的分类。
2. 熟练掌握营销内外部环境的分析工具。

【本章概要】

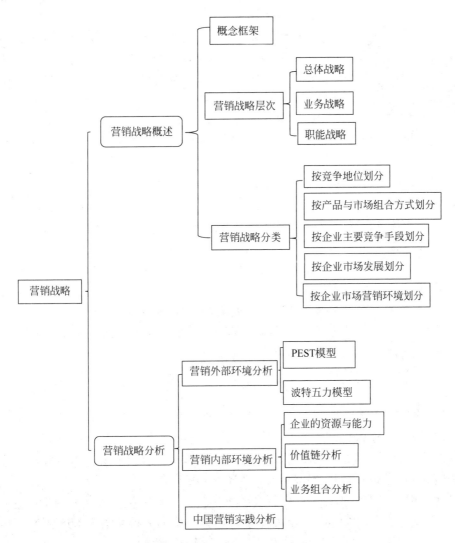

3.1　营销战略概述

【引导案例】

从营销手段到商业模式,拼多多是如何完成逆袭的?

从 2013 年开始,"电商＋社交"这种模式开始进行探索,各类产品层出不穷。但唯有拼多多迅速引起人们的关注。如果说微信电商、小红书是"社交＋电商"的代表,那么拼多多将是"电商＋社交"的代表。

案例 3-1　从营销手段到商业模式,拼多多是如何完成逆袭的?

1. 关于拼多多

拼多多(图 3-1)成立于 2015 年 9 月,是一家专注于 C2B(消费者对企业)拼团的第三方社交电商平台。用户通过发起和朋友、家人、邻居等的拼团,可以以更低的价格,拼团购买优质商品。

2. 拼团的历史

C2B 电商到目前为止诞生了两种比较成功的模式:众筹和团购。众筹更多的是解决了金融问题,而拼团更多的是解决了买家的优惠问题以及卖家的流量问题。目前的美团等平台发展到最后成了本地生活服务平台,而拼多多成了真正意义的团购。

图 3-1　拼多多的 Logo

3. 拼多多解决的行业问题

(1) 拼多多解决了用户的什么问题? 价格便宜、购买支付便捷、放心购买。

- 拼多多的参与感,让廉价变得合理。
- 购买与支付方式的便捷性。四、五、六线城市以及广大农村地区的很多用户,因为经常在群里抢红包,所以微信支付必然更为普及,抢到的钱都可以在拼多多上面购买商品。
- 交易的信任转变,从信任平台到信任亲友。有了亲友的背书,用户变得更加放心购买。

(2) 拼多多解决了商家的什么问题? 电商流量与销量问题。

目前淘宝、天猫、京东等平台的获客成本越来越高,订单开始逐步往头部集中,因而需要新的平台来满足新的商家的电商获客需求。

4. 拼多多未来盈利模式

1) 抽成＋账期

曾经的 O2O(线上到线下)创业风口几乎所有产品的盈利模式都是"佣金＋账期"。

2) 广告(CPC、CPM 等)

阿里妈妈、淘宝直通车、搜索排名、首页广告位展示等都是电商的盈利模式。通过免费将商家或者用户吸引进来,然后通过广告等形式来变现。

3) 品牌曝光广告

与品牌商合作进行"一元夺宝"类活动,参与者需要完成拼团才能够进行抽奖,在这个过程中品牌得到了大量曝光。

4）商家保证金

特殊类店铺比如像海淘馆、母婴馆等店铺缴纳商家保证金也将成为未来盈利模式之一。

5）农业"最初一公里"

2021年，黄峥让贤、拼多多换帅，但未停下探索的脚步，而是将目光投向了农业领域。在与政府共同扶持农业一途上，拼多多要做的不是追赶旧传统，而是建立新体系。

从以上分析中可看出，拼多多充分渗入下沉市场，发掘其中大量用户的潜力，借助政策积极开拓农业市场。新任 CEO 陈磊说，"拼多多希望做正确的事情，为世界带来有意义的变化"。当然，意义和回报并不冲突，拼多多大有可为。

拼多多经过几年的营销积淀从最不起眼的电商平台一路逆袭，既不靠低廉的价格，也不靠巨大的财力和商誉支持，靠的是受人欢迎的营销模式和营销战略。那么在激烈的市场竞争中我们该选择什么合适的营销战略才能让我们的产品脱颖而出呢？《孟子·离娄上》中提出："得天下有道，得其民，斯得天下矣。得其民有道，得其心，斯得民矣。得其心有道，所欲与之聚之，所恶勿施尔也。"我们都知道成功并不是偶然的，企业开始为发展选择最正确的营销思想、营销观念甚至是营销策略时，企业与企业之间的差距也就越来越小，企业之间的竞争也就越来越激烈。面对这样的情况，企业需要在其他方面突出自己的优点，增加自己在同类型企业中的竞争优势，实行有规划的、有目的的发展计划。而这，就是本章要了解的企业的营销战略与战略营销。

1. 概念框架

战略，是一种从全局考虑谋划实现全局目标的规划，战术只为实现战略的手段之一。实现战略胜利，往往有时候要牺牲部分利益。战略是一种长远的规划，是远大的目标，往往规划战略、制定战略、实现战略目标的时间是比较长的。

案例 3-2　海马体——证件照新纪元

知识锦囊 3-1　利基战略

在企业管理的文献中，战略主要描述企业打算怎样实现自己的目标和使命。因此，企业战略一般具有四个特征（表 3-1）。

表 3-1　战略的特征

特　　征	具　体　内　容
全局性	以大局为对象，根据整体发展的需要来制定，规定的是整体的行动，追求的是全局的效果
长远性	战略是谋求长远发展的表现，也是对未来长时间内企业怎样生存和发展的通盘考虑
抗争性	它是竞争中如何与对手抗衡的纲领，也是针对各种冲击、压力、威胁和困难的基本安排
纲领性	战略规定了长远目标、方向和营销重点，以及拟采用的基本方针、重大措施和主要步骤

特别要注意的一点是，在战略思想方面，西方人和东方人有很大出入。东方人讲究的是用战略智慧击垮对手，运用了我们传统东方人的战略理念，不战而屈人之兵，用非军事非战争手段，赢得战争的胜利，可谓"以智克力"。西方人则是"以力克力"，强调实力之间的对抗。近代以来，西方通过发动对外战争，抢夺资源和财富，获得了广阔的利益，形成了这种战争思维。

随着企业的日渐壮大，我们的企业必定要拥有全球思维。华为公司总裁任正非曾经用"屡战屡败、屡败屡战、败多胜少、逐渐有胜"来形容华为的国际化之路。

2. 营销战略层次

安索夫认为，战略管理过程可以用于战略开发的各个层面。在此基础上，斯琴德尔（Schendel）和霍佛（Hofer）开发了战略管理四层面法，从职能层面、业务层面、公司层面和企业层面研究战略开发。公司层面战略和企业层面战略比较相似，通常合并称之为总体战略，这样可以从总体战略、业务战略和职能战略三个层面理解战略管理的层次结构。其中，营销战略是一种重要的职能战略。

案例3-3 商汤科技——坚持原创，让AI引领人类进步

1）总体战略

《礼记·中庸》中提出："凡事豫（预）则立，不豫（预）则废。"意思是：做任何事情，事前有准备就可以成功，没有准备就会失败。2020年8月24日，习近平总书记在经济社会领域专业座谈会上提出："我们要着眼长远、把握大势、开门问策、集思广益，研究新情况、作出新规划。"总体战略又称公司战略，是企业最高层次的战略，是企业整体的战略总纲。在存在多个经营单位或多种经营业务的情况下，企业总体战略主要是指集团母公司或者公司总部的战略。总体战略以企业整体为对象，是企业的战略总纲，也是企业最高层领导指导和控制企业的行动纲领。它的目标是确定企业未来一段时间的总体发展方向，协调企业下属的各个业务单位和职能部门之间的关系，合理配置企业资源，培育企业核心能力，实现企业总体目标。

案例3-4 慈牡营养配餐公司聚焦战略：破除"投资不过山海关"的魔咒？

一般来说，总体战略主要关注两个方面的问题：一是"企业应该做什么业务"，即从公司全局出发，根据外部环境的变化及企业的内部条件，确定企业的使命与任务、产品与市场领域，涉及如何确定企业的性质和宗旨，选择企业的活动范围和重点。二是"怎样发展和管理这些业务"，即在企业不同的战略事业单位之间如何分配资源以及确定何种成长方向等，以实现公司整体的战略意图，主要的关注点在于如何决定各个战略单位的设立及其目标和资源配置。

2）业务战略

业务战略又称经营单位战略。现代大型企业一般都从事多种经营业务，或者生产多种不同的产品，有若干个相对独立的产品或市场部门，这些部门即事业部或战略经营单位。由于各个业务部门的差异性，在参与经营过程中所采取的战略也不尽相同，各经营单位有必要制定指导本部门产品或服务经营活动的战略，即业务战略。

业务战略是企业战略业务单元在公司战略的指导下，经营管理某一特定的战略业务单元的战略计划，是企业的一种局部战略，也是公司战略的子战略，它处于战略结构体系中的第二层次。业务战略主要回答在确定的经营业务领域内，企业如何展开经营活动；在一个具体的、可识别的市场上，企业如何构建持续优势等问题。

【中国智慧3-1】

见端知末，预测生财

春秋时期的越王勾践，为雪亡国之耻，终日卧薪尝胆，励精图治，当得知吴国大旱，遂

大量收购吴国粮食。第二年，吴国粮食奇缺，民不聊生，饥民食不果腹，怨声载道，越国趁机起兵灭了吴国。苦心人，天不负。越王终成霸业，跻身春秋五霸之列。这里越王勾践做的是一桩大买卖，他发的财不是金银财宝，而是一个国家和称雄天下的霸业。

《夷坚志》载，宋朝年间，有一次临安城失火，殃及池鱼，一位姓裴的商人的店铺也随之起火，但是他没有去救火，而是带上银两，网罗人力出城采购竹木砖瓦、芦苇等建筑材料。火灾过后，百废待兴，市场上建房材料热销缺货。此时，裴氏商人趁机大发其财，赚的钱数十倍于店铺所值之钱，同时也满足了市场和百姓的需要。

管中窥豹，可见一斑，敏锐的观察力和准确的判断力是经商者财富永不干涸的源泉，也是经商者必备的能力之一。

这两则故事告诉我们，我们要有敏锐的观察力和准确的判断力，要及时分析市场上的环境，进而了解市场上的稀缺业务领域和在未来能够迅速获得市场份额的业务领域，在此基础上，迅速抓住市场机会，根据消费者的需求制定战略、提供差异化产品，占据市场份额。

案例 3-5 "一带一路"背景下江苏永鼎"走出去"的财务战略

3）职能战略

职能战略是为贯彻、实施和支持公司战略与业务战略而在企业特定的职能管理领域制定的战略。陆游在《冬夜读书示子聿》中写道："纸上得来终觉浅，绝知此事要躬行。"职能战略主要回答某职能的相关部门如何卓有成效地开展工作的问题，重点是提高企业资源的利用效率，使企业资源的利用效率最大化，通常包括营销战略、人事战略、财务战略、生产战略、研发战略等方面。

公司战略倾向于总体价值取向，以抽象概念为基础，主要由企业高层管理者制定；业务战略主要就本业务部门的某一具体业务进行战略规划，主要由业务部门领导层负责；职能战略主要涉及具体执行和操作问题。

案例 3-6 Nowwa 挪瓦咖啡的市场布局

【中国智慧 3-2】

抗美援朝中的深谋远虑

2021 年，电影《长津湖》上映，这部讲述抗美援朝战争的电影好评如潮。重新回顾和纪念这场战争，70 年前，在美国武力干涉朝鲜内战、严重威胁我国国家安全的情况下，党中央作出派志愿军出国作战的重大决策，是从新中国根本利益和长远利益出发，把维护国家和民族利益作为战略决策根本基点的重要体现。这一战，对中国未来的发展影响深远，也是以毛泽东为核心的党的第一代中央领导集体的非凡战略眼光与气魄的体现。

3. 营销战略分类

1）按竞争地位划分

营销战略按竞争地位划分，可分为市场领先者战略、市场挑战者战略、市场追随者战略和市场补缺者战略（表 3-2）。

表 3-2　营销战略按竞争地位划分

类　别	主　要　形　式	
市场领先者战略	扩大市场总需求	保持现有市场份额
	提高市场份额	
市场挑战者战略	确定主要竞争对手	攻击市场领导者的弱点
	攻击缺乏创新、财力不足的规模相仿的企业	攻击地区性小企业
市场追随者战略	紧密跟随	距离跟随
	选择跟随	
市场补缺者战略	最终用户专业化	垂直专业化
	顾客规模专业化	特殊顾客专业化
	地理市场专业化	产品或产品线专业化
	产品特征专业化	加工专业化
	服务专业化	销售渠道专业化

(1) 市场领先者战略。几乎每个行业都有数个被公认的市场领导者,如美国汽车市场的通用,碳酸饮料行业的可口可乐、手机领域的苹果、日化行业的宝洁和联合利华等。该类企业在相关产品的目标市场中占有最大的市场份额,在价格变化、新产品开发、渠道构建和促销强度等方面对其他企业起领导作用。为了扩大市场总需求,保持企业优势地位,市场领先型企业总是在不断开发新产品、寻找新用户和增加用户使用量。

(2) 市场挑战者战略。市场挑战者是指市场占有率仅次于领先者,并有实力向领先者发动全面攻击的厂商。它们的基本战略是扩大市场占有率,从而增加盈利率。处于次要地位的企业如果选择"挑战"战略,向市场领先者进行挑战,首先必须确定自己的策略目标和挑战对象,然后选择适当的进攻策略。

(3) 市场追随者战略。市场追随者是指安于次要地位、不热衷于挑战的企业。因为率先发起挑战对企业来说是非常冒险的,需要满足充足的企业资源和适当的市场环境等多种条件。

(4) 市场补缺者战略。市场补缺者是指选择某一特定较小之区隔市场为目标,提供专业化的服务,并以此为经营战略的企业。由于这些中小企业集中力量来专心致力于市场中被大企业忽略的某些细分市场,在这些小市场上专业化经营,因而获取了最大限度的收益。这些可以为中小企业带来利润的有利市场位置称为"利基"(niche),因而市场补缺者又被称为市场利基者。

2) 按产品与市场组合方式划分

营销战略按产品与市场组合方式划分,可分为市场渗透战略、产品开发战略、市场开拓战略和市场多角化战略(表 3-3)。市场渗透战略是想方设法、更加积极主动地在现有市场上扩大现有产品的市场占有率的战略;产品开发战略是向现有市场提供新产品或改进的产品,目的是满足现有市场的不同需求的战略;市场开拓战略是将现有产品推向新市场的战略;市场多角化战略是如果经营单位在原来市场营销系统的框架之内已经无法发展,或市场营销系统之外有更好的机会,便可考虑的战略。

表 3-3　营销战略按产品与市场组合方式划分

类　　别	主　要　形　式
市场渗透战略	促使现有顾客增加购买
	争取竞争者的顾客转向本企业
	吸引新顾客
产品开发战略	改变产品外观、造型，或赋予新的特色、内容
	推出档次不同的产品
	发展新的规格、式样
市场开拓战略	在现有销售区域内寻找新的分市场
	发展新的销售区域
市场多角化战略	同心多角化
	水平多角化
	综合多角化

3）按企业主要竞争手段划分

营销战略按企业主要竞争手段划分，可分为总成本领先战略、差异化战略、聚焦战略（表 3-4）。总成本领先战略是企业努力减少生产及分销成本，使价格低于竞争者的产品价格，以提高市场占有率的战略；差异化战略是企业努力发展差异性大的产品线和营销项目，以成为行业中的领先者的战略；聚焦战略是企业把经营的重点目标放在某一特定购买者集团，或某种特殊用途的产品，或某一特定地区上的战略，企业集中力量于几个细分市场，为某一特定目标服务，而不是将力量均匀地投入整个市场。

案例 3-7　真心食品——成功的市场追随者

案例 3-8　维珍集团

表 3-4　营销战略按企业主要竞争手段划分

类　　型	举　　例
总成本领先战略	被称为"三、四线杀手"的以房地产为主业的碧桂园，一直走的是亲民路线，为顾客打造住得起的五星级家园，物美价廉
差异化战略	国际商业机器公司（IBM）就是因采用这一战略而成为计算机行业中的领先者
聚焦战略	案例 3-4 的慈牡营养配餐公司就是利用这一战略占据市场

4）按企业市场发展划分

营销战略按企业市场发展划分，可分为发展现有业务战略、一体化成长战略、多元化成长战略（表 3-5）。发展现有业务战略是为保持企业的稳定持续发展，使企业现有业务的销售额、利润额或市场占有率，以比过去更快的速度增长而采用的战略；一体化成长战略指企业通过集团化的形式，融供应、生产、销售于一体来实现企业发展的战略；多元化成长战略又叫多角化成长战略，指朝多个方面发展新产品和开发多个市场并据以实现企业发展的战略。

表 3-5　营销战略按企业市场发展划分

类　型	主要形式	举　例
发展现有业务战略	对现有业务进行评估调整,不断拓展新业务领域	华为在把自己打造成全球领先的信息与通信技术(ICT)解决方案供应商之后,继续开发新的领域——手机市场
一体化成长战略	向后一体化	生产方便面的企业可建立自己的面粉加工厂、调味油厂、调料厂、包装袋厂等,或兼并收购上述类型的中小企业
	向前一体化	许多大中企业在各大城市都设立了自己产品的专卖店或连锁店
	水平一体化	大的汽车制造商收购或兼并小的汽车生产公司
多元化成长战略	同心多角化	拖拉机厂生产小货车,电视机厂生产各种家用电器
	水平多角化	一家原来生产农用拖拉机的企业,现在又准备生产农药、化肥
	综合多角化	汽车厂同时从事金融、房地产、旅馆等业务

5) 按企业市场营销环境划分

营销战略按企业市场营销环境划分,可分为剧增战略、扩充战略、连续增长战略、零发展战略、巩固战略、收缩战略(表 3-6)。

表 3-6　营销战略按企业市场营销环境划分

类　型	适 用 情 况
剧增战略	想短时期内大幅度地改变企业的竞争地位
扩充战略	要有良好的计划能力和敢于承担风险的能力
连续增长战略	为了维持企业的竞争地位——新投资
零发展战略	有意放弃现有的竞争地位
巩固战略	能在较短的时期内保持灵活性、适应性,以及具有一定的创造性
收缩战略	某种产品或市场处于衰退阶段时

3.2　营销战略分析

【引导案例】

便利店提供"便利"的新零售时代,7-11 如何打造自身优势?

随着电子商务爆发式的增长,电商巨头不断取得惊人业绩,并挤占实体商业份额,已经成为不争的事实。一些实体店要么变为电商的线下体验店,要么关门大吉,而 7-11 却依然可以做得风生水起。在零售业利润整体走低的大环境下,它为什么能创造如此之好的经营业绩呢?

1. 精准到极致的单品管理

7-11 对单品的管理极为精细,在做商品分析时,也是按照各类单品进行分析管理,通过单品管理掌握商品每一时刻的动态变化,实现备货的精准化;与其他便利店企业的商品长年累月一成不变不同,7-11力争在所有商品上实现一定程度的差别化;此外,7-11还坚持开发自有商品,独一无二的自有产品是它差异化竞争的重要砝码。

2. 完善高效的物流配送

极致的单品管理对物流配送要求极高,新鲜、及时、便利和不缺货是7-11配送管理的最大特点,它自建的物流配送体系,还成功削减了相当于商品原价10%的物流费用。

案例3-9 便利店提供
"便利"的新零售时代,
7-11如何打造自身优势?

7-11不打算做纯电商,但这并不等于它不与电商合作。为了进一步解决"最后100米"的问题,7-11从几年前就开始和亚马逊合作,在自己店内放置货柜,让快递公司将商品存在柜中。现在,7-11用此业务和更多电商展开了合作。

3. 对顾客怎么溺爱都不为过

难道进入互联网社会,顾客就会从实体店流向虚拟店铺了吗?把"便利"几乎做到极致、提供360度无死角生活服务的7-11,在互联网时代也进行了华丽转身。

在日本和我国台湾地区,每家7-11店都为所在社区或者邻近地区提供多元化的定制产品和服务。它们除了提供食品外,还利用自己遍布的连锁网络和24小时营业的优势,提供代收干洗衣物、代订鲜花、各种机票火车票等票务服务;还设立了ATM(自动取款机),有的甚至可以进行小额贷款服务。在日本某些地区,7-11还提供人性化的免费服务,跟当地政府和警方合作,共同致力于维护社区安全,警方通过便利店公布交通情况、晚间未归以及走失的老人和小孩等信息,甚至借助便利店抓捕逃犯。

让顾客"便利",这就是7-11所以能够在今天依然独孤不败的根本原因所在。

因为老龄化社会问题加剧及疫情的影响,7-11在2019年后在日本经历了一些艰难时刻,但放眼全球其业绩仍旧稳步上升,布局依旧稳中有序,即使在稍显乏力的日本本土,其也已经完成了深度社区化,很多日本家庭已经习惯了在便利店购买一周的生活所需,由此可以看出,其未来在各国的深入发展,仍然大有可为。

资料来源:36氪,《便利店提供"便利"的新零售时代,7-11如何打造自身优势?》。

在新的市场环境下,以7-11为代表的社区便利店蓬勃发展,诸如全时、罗森、Today等连锁品牌更是遍地开花,互联网巨头也纷纷试水新零售。但是7-11丝毫不受影响且越做越好,就是源于它对市场环境的精准把控。早在20世纪八九十年代,7-11就已经开始提供以顾客价值为中心的全套服务,并随着消费者需求的变化不断完善。而7-11为顾客提供的这些便利正好迎合了目前家庭规模变小、单身人口增长、城市化进程加快的发展趋势,以方便快捷、服务周到和精准营销赢得了城市年轻人的喜好。

行事不能无战略,现在很多企业也捧起了《毛泽东选集》,将其作为行事指导。其中《论持久战》运用唯物辩证法,系统分析了当时国际国内经济、政治、军事形势,确定了我们党在抗日战争中的战略总方针,是战略思维的典范。营销战略分析是为了企业的长期生存发展而进行的思考和布局,对未来的发展进行管理。分析营销战略,首先得着手对营销环境的分析。营销战略的制定、营销工具的确定都必须以营销环境要素的状态、变化趋势为依据;企业市场营销活动的绩效在很大程度上取决于企业对各种营销环境要素的分析和把握。下面我们就对营销的内外部环境进行分析。

1. 营销外部环境分析

《易经》中谈到借势，提出需要懂得辨别势的顺逆，专注自身内在力量的培养，保持循序渐进的节奏，做到"借势""乘势"。这对企业观察营销的内外部环境有同样的启示。企业的外部环境会对企业的营销以及市场营销活动直接产生影响，这些外部环境会给企业带来市场机会，同时有可能对企业营销活动产生威胁。下面，我们运用 PEST 模型、波特五力模型，来分析企业营销的外部环境。

1）PEST 模型

PEST 模型是从政治、经济、社会和技术这四个方面分析企业的外部环境。

（1）政治因素。孟子曰："不以规矩，不成方圆。"毛泽东始终坚持民主立法，注重党的建设要与政治路线紧密相连；如今，习近平总书记更是提出法律是"治国之重器"的引领性观点，强调"政治三力"。可见，如何处理与法律政治环境的关系是企业在运行过程中必须面对的问题。

第一，政治环境。

案例 3-10　泰国政治动荡营销投资者决定

政治环境主要是指企业所在国的政权、政局，政府的有关政策以及对营销活动有直接影响的各种政治因素，主要包括政治形势和经济政策。政治形势是指目标市场所在国的政权结构、政局的稳定性等因素，而经济政策可以分为基本经济政策和具体经济政策。基本经济政策是指一定时期内政府经济工作的大政方针和指导原则，它规定着国民经济运行的基本方向，具有战略性的意义，如国家在经济发展新常态下提出供给侧改革，通过简政放权、放松管制、金融改革等政策手段促进产业结构调整，加速淘汰落后产能，优化劳动力配置。具体经济政策是针对某个特定领域、某种具体问题或某一特定时期的经济状况所采用的政策，它是为实现基本经济政策而采取的重要措施，是基本经济政策的具体化，如税收政策、就业政策、补贴政策等。一国政府首先是以集团消费者的身份影响市场需求、参与经济活动，其次是以管理者身份直接干预经济。企业在从事市场营销活动时，应了解所在国政府在经济发展中的基本作用。

第二，法律环境。

案例 3-11　网约车合法化

法律环境是指企业所在国国家和地方制定的各种法令、法规。法律是企业经营活动的"游戏规则"。随着我国法制建设日益完善，企业营销人员会发现，他们置身于一个异常复杂的法律环境之中，国家与地方政府制定的各种法律法规令人目不暇接。企业营销人员必须充分认识到了解法律环境的重要性。

目前我国颁布的与企业国内营销有关的法令主要有：有利于可持续发展的《中国21世纪议程》《中华人民共和国环境保护法》等；有利于保护消费者利益的《中华人民共和国消费者权益保护法》；有利于维护市场竞争秩序的《中华人民共和国价格法》《中华人民共和国广告法》《中华人民共和国专利法》《中华人民共和国计量法》《中华人民共和国反不正当竞争法》等。

在企业国际营销方面，我国政府的有关法律规定有出口控制、外汇管理、反倾销法。出口控制主要有出口国控制、出口产品控制和出口价格控制。

（2）经济因素。众所周知,科学社会主义的两大理论基石是唯物史观和剩余价值学说,从人类社会形成的那天起,经济的种子就开始萌芽。市场营销所指的市场是有购买意愿和购买能力的人群的集合,一定量的人口是进行市场营销活动的基础,而没有购买能力则不能形成需求。因此,经济因素主要包含这两方面内容:一方面关注一个国家的人口数量及其增长趋势,国民收入、国民生产总值及其变化情况以及这些指标能够反映的国民经济发展水平和发展速度。另一方面,它也包含企业所在地区或所服务地区的消费者的收入水平、消费偏好、储蓄情况、就业程度等因素。这些因素直接决定着企业目前及未来的市场大小。

第一,人口因素。

人口因素包括人口规模、人口结构、人口迁移、人口增长等细分要素(表3-7)。

表3-7　人口因素细分

细分变量	具体类型	表现方式
人口规模		
人口结构	年龄结构	审美差异
		购买心理差异
		消费兴趣差异
	性别结构	
	家庭结构	家庭成员数量
		家庭成员结构
		家庭决策方式
人口迁移	发展中国家的人口(特别是高级人才)向发达国家迁移	
	城乡互流	
人口增长		

人口规模即人口总量,是指一个国家或地区人口的总数。10多年来,世界人口年平均增长率均高于1.5%。世界人口继续增长,意味着世界市场继续发展,市场需求总量将进一步扩大。所不同的是,发展中国家人口增长快,经济收入低;而发达国家人口增长缓慢,商品供应丰富,经济收入高。人口增长带来需求扩大的同时,也会带来资源短缺、污染加剧、环境恶化等问题。

人口结构往往决定市场产品结构、消费结构和产品需求类型。目前,世界人口年龄结构正出现两个明显的趋势:世界人口老龄化趋势;世界范围内出生率下降,但婴幼儿的绝对数量仍在显著增加。男女性别差异,不仅给市场需求带来差别,而且两性的购买动机和购买行为也有所不同。根据埃森哲数据,中国将近有4亿年龄在20～60岁的女性消费者,她们每年掌控着高达10万亿人民币的消费支出。而且20～40岁女性人口规模大于同年龄段的男性人口,主要构成了消费需求旺盛的居民群体,女性消费红利凸显,女性消费群体将逐渐成为国内消费增长的主要驱动力。一般地,电子产品、体育娱乐用品占男性群体消费结构比例较大;服装鞋帽、化妆品则成为女性群体的主要消费品类。家庭结构特点对某些以家庭为购买和消费单位的产品有直接影响。我国目前的家庭结构明显趋向小型化,使得家庭生活用品趋向小型化。例如宜家的小尺寸组合家具、海尔推出的多款小型单人洗衣机等。同时家庭的消费结构也会产生较大的变化,恩格尔系数显著降低,如在外吃饭的频率提高,方便食品和罐头食品的消费量会增加,一定程度上这种小型家庭结构也推动了近年来共享经济、外卖服务和社区零售的发展。

第二,收入因素。

经济因素是实现需求的重要因素。没有一定量的人口不会形成市场,同样,没有购买能力不能形成需求。经济因素在市场营销方面集中表现为购买能力,而购买能力决定于收入状况、储蓄与信贷等,具体见表3-8。

表3-8　收入因素细分

细分要素	衡量指标	具体解释
消费者收入	国民收入	人均国民收入:反映了一个国家的经济发展水平,同时也是反映购买力水平的重要指标
	个人收入	反映购买力水平的高低
	可支配个人收入	个人收入扣除消费者个人缴纳的各种税款和交给政府的非商业性开支后剩余的部分
	可随意支配个人收入	可支配个人收入减掉消费者用于购买生活必需品(如食品)的支出和各种必需的固定支出(如房租、水电费)所剩余的那部分个人收入
消费者储蓄	储蓄额	直接制约市场消费量购买的大小
	储蓄率	
	储蓄增长率	
消费者信贷		消费者预先支出未来的收入提前消费

案例 3-12　蚂蚁花呗——拉动消费

国际货币基金组织公布的一组关于世界各国储蓄率的数据显示:中国在收入储蓄排行榜上位居第三,仅次于卡塔尔、科威特这两个富得流油的海湾石油国。2015年,中国的居民新增储蓄的存款就超过了4万亿元人民币,而自2008年以来,中国的居民储蓄累计增加了35万亿元。中国储蓄率高主要有两个原因:一是社会保障体系不完善,民众缺乏安全感;二是民间投资渠道不畅通。近年来,余额宝等风险相对较低的货币基金型理财产品的问世拓宽了普通公众的投资渠道,更多的中国人将钱从储蓄账户中拿出来投向理财产品,这极大地促进了互联网金融型产品的发展。此外,中国社会保障制度经过40多年的不断改革,日趋完善。以社会救助、社会保险、社会福利为基础,以养老保险、医疗保险、最低生活保障等为骨架的新型社会保障体系框架基本成形。居民对未来的不安全感大大降低,转而将钱用于当前的消费,可以促进消费品行业的发展。

最近几年,在我国的消费信贷产业中,以电商的互联网信贷消费发展最为耀眼。电商平台依靠大数据思维,分析用户的消费数据,评判用户的信用级别,然后授予用户消费额度。

(3) 社会因素。

第一,文化与亚文化群体。

文化是人类需要和欲望的最基本的决定因素,影响消费者行为最广泛的环境因素是文化。文化有广义和狭义之分,广义的"文化"是指人类创造的一切物质财富和精神财富的总和;狭义的"文化"是指人类精神活动所创造的成果,如哲学、宗教、科学、艺术、道德等。而亚文化是在主文化或综合文化的背景下,属于某一区域或某个集体所特有的观念和生活方式。美国著名学者大卫·雷斯曼(David Riesman)在 1950 年提出了对于"亚文化"一词的解释,将亚文化认为是具有颠覆精神的文化。大众是"消极地接受了商业所给予的风格和价值"的人,而接受亚文化的则是"积极地寻求一种小众的风格"的人。

案例 3-13 "嘻哈文化第一股"普普文化登陆纳斯达克,小众市场的广阔前景

人物小传 3-1 大卫·雷斯曼

第二,宗教信仰。

宗教信仰是人们洞察文化行为或精神行为的文化层。宗教信仰影响人们的风俗、人生观、购买行为和消费方式。例如一家地毯厂为了打入穆斯林市场,根据穆斯林祈祷的特点,别出心裁地将扁平的指南针嵌入供教徒祈祷用的地毯上,并把指南针指的正南正北调到麦加城的方向,无论怎么移动地毯,指南针始终指向麦加城。于是这种地毯一经上市就受到阿拉伯国家的热烈欢迎,转眼销售一空。

第三,消费习俗。

消费习俗是指消费者受共同的审美心理支配,一个地区或一个民族的消费者共同参加的人类群体消费行为。它主要包括人们的饮食、婚丧、节日、服饰、娱乐消遣等物质与精神产品的消费。香港迪士尼于 2005 年 9 月开园,占地 126 公顷(1 公顷=10 000 平方米),耗资 35 亿美元,是迪士尼在全球的第五个乐园。它在开园前因为经济、土地等问题争议不断,开园后

案例 3-14 网络平台企业"杀熟"

案例 3-15 无人机引发新战局

又因种种不公平条款遭到游客反对,更在 2006 年春节期间因为人满为患而关门拒客,令品牌形象大打折扣。因此,香港迪士尼开园初期的 4 年均未实现客流目标,亏损严重。后来香港迪士尼通过本土化措施积极融入中国消费环境才走出困境。

第四,审美情趣。

审美情趣是指对音乐、艺术、戏剧、舞蹈、形状、色彩等的欣赏和偏好。西方国家认为白色象征圣洁,而东方文化则认为白色代表不幸。在中国,绿色代表生命;在马来西亚,绿色象征疾病。

第五,道德规范。

道德规范是指导和衡量人们行为的准则与标准,是一个社会健康发展的精神支柱。我国的道德规范体系大体可分为三种层次:一是一般的社会公德,如艰苦朴素、讲究信誉等;二是国民道德,如爱国主义、集体主义;三是共产主义理想道德。

(4) 技术因素。科学技术广泛而深刻地影响着社会经济生活、企业经营管理和消费者的购买行为及生活方式。市场营销人员特别是营销战略的设计者,要密切关注科学技术的发展和变革。科学技术的发展给企业创造了许多市场机会,也使企业面临许多潜在的威胁。同时,科学技术改变营销活动各个环节和营销活动的方式。

2) 波特五力模型

在介绍波特五力模型之前,先介绍产业经济学领域的"结构-行为-绩效"市场分析模

型(图 3-2)。按照这种模型的理论,产业结构是参与市场竞争的企业经营活动的决定性因素,也是市场发展趋势的决定性因素。

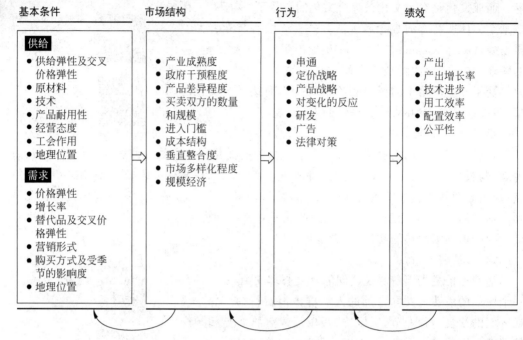

图 3-2 产业经济学领域的"结构-行为-绩效"市场分析模型

"你只要告诉我你在哪一个行业经营,我就能知道你赚了多少钱。"这句话恰如其分地说明了战略参考框架背后的潜台词。20 世纪 90 年代初,钢铁行业需求不旺,产能过剩,所以投资回报很低。后来,印度和中国的市场需求突然旺盛起来,这一行业的投资回报才回头攀升。同样的道理,国际原油企业因为是寡头垄断,所以几十年来回报率一直很高。因为这一行业的初始投资非常高,参与竞争的门槛就显得很高。

人物小传 3-2 迈克尔·波特

按照"结构-行为-绩效"市场分析模型,迈克尔·波特提出了自己的五力模型。他阐明了面对特定的市场机遇和风险,企业应该如何为自己定位,制定怎样的战略。波特认为竞争的激烈程度影响着企业的经营,所以他把竞争归入影响市场和环境的五种力量中。行业中的竞争越激烈,企业的获利空间就越小。

波特五力模型的"五力"分别是:现存竞争者之间的竞争;卖方议价能力;买方议价能力;进入壁垒;替代品威胁。通过对这五种力量的分析,企业可以对自己的价值链进行建构,并分析外部环境和潜在的市场。图 3-3 显示的是波特对五力模型的一般阐述。

管理者将这种对影响因素逐个定性分析的形式表达为一系列的"……越……,……越……"的句式。例如:

行业发展得越成熟,竞争的激烈程度就越高。

对资本的需求越少,市场进入的机遇就越多,竞争也就越激烈。

供货渠道越集中,对供货商的依赖程度就越高,竞争就越激烈。

进入壁垒
- 规模经济
- 企业自身产品的差异性
- 品牌认知度
- 转换成本
- 对资本的需求
- 对配送渠道的利用
- 绝对的成本优势
- 企业的内部学习曲线
- 能否得到必要的投入
- 公司自身的低成本产品设计能力
- 政府的产业政策
- 对方反击及可能性

竞争态势
- 行业的成长趋势
- 固定成本（仓储成本）/增加值
- 产能过剩产品差异性
- 品牌认知度
- 转换成本
- 整合与平衡
- 信息的复杂程度
- 各类竞争者
- 企业的战略意义
- 退出门槛

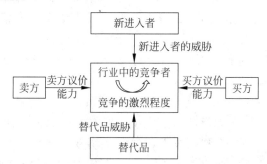

卖方议价能力
- 投入的差异化水平
- 卖方及企业的转换成本
- 替代性投入
- 卖方联手的可能性
- 订单规模对卖方的意义
- 与行业内总销售量相关的成本
- 投入对成本及差异化的影响
- 行业内前向整合与后向整合可能带来的影响

替代品威胁
- 替代品的相对货币价值
- 转换成本
- 买方购买替代品的可能性

买方议价能力
- 买方整合或企业整合
- 买方人数
- 买方的转换成本与企业的转换成本比较
- 买方获得信息的能力
- 后向整合的可能性
- 替代产品
- 买方的耐久力

价格敏感度
- 价格/总销量
- 产品差异化程度
- 品牌认知度
- 价格对质量/绩效的影响度
- 卖方的利益
- 决策者的动机

图 3-3　波特的五力模型

客户人数越多，对客户的依赖程度就越低，竞争也就越不激烈。

转换成本越高，替代品的威胁就越小，竞争就越不激烈。

管理者应该使用这样的方法尽可能多地分析和评价各种要素。经过分析和评价以后，企业就能得出结论：哪一个领域或是哪一股力量使得竞争趋向激烈，潜在的获利空间在哪里。

了解了这些信息，如果企业决定持续在某一个行业经营，或是跨入某一个新的行业经营，那么就可以利用一些影响因素，确定需要形成怎样的竞争优势。波特将这一步骤称作制定竞争战略，并提出了两种模式：一种是保守型的，一种是进攻型的。如果是保守型的，企业可以利用既有的竞争优势在已有的市场上立足，尽量保证自己不在竞争中出局。如果是进攻型的，那么企业就设法打破现有的市场平衡，或者利用竞争环境中的变动因素创造新的竞争优势，在行业里站稳脚跟。

为了帮助企业成功地提升五种竞争力，制定出一种竞争战略，波特针对上述两种模式提出了三种战略形态,那就是利用成本优势、差异化优势和细分市场优势,使自己在市场中立足。

2. 营销内部环境分析

华为在其 30 多年的发展中,经历了从产品走向解决方案、从国内市场走向全球、从运营商走向终端消费者的三次转型。而这些具有前瞻性的战略转型,使得华为成为当之无愧的行业"预言家",给华为提前铺设了一个远大前程。从中可以看出一个成功的企业战略规划可以帮助企业在进行营销活动之前,有一个合理的情况预估,帮助企业形成竞争优势。习近平总书记曾多次提出"治大国如烹小鲜"的观点,这里我们将其意义进行延伸,不管是治大国还是治理企业,其中都有共通的精华值得我们推敲。

案例 3-16　实施特色营销服务小微企业——曹县中银富登村镇银行案例研究

华为是以什么为基础进行战略规划的呢?在这之前我们需要做什么准备活动呢?当然是少不了要对营销的内部环境进行分析,下面我们从三个方面来分析营销的内部环境。

1) 企业的资源与能力

(1) 企业的资源。企业拥有的资源是企业所控制或拥有的要素的总和,包括有形资源和无形资源。企业所拥有的资源是企业区别于其他企业、使自身难以被模仿的优势所在。努力创建企业的优势资源,是企业成功的关键。有形资源指的是能够被企业直接计量的资源,主要包括技术资源、财力资源和人力资源等。无形资源

案例 3-17　华为公司的营销战略管理

是指企业日积月累的,没有实体存在形式以及不能用货币直接计量的资源,通常指品牌资源、企业文化资源、信息化资源等。

(2) 企业的能力。企业的能力是指企业在日常经营活动中满足企业生存、成长和发展的系统方法和综合过程的表现水平,可以表现在生产、研发、营销、文化等多个领域,包括创新能力、垂直整合能力、组织能力、生产能力和营销能力等。Ethiraj(2005)认为,能力是对资源的配置,能力难以复制且难以在要素市场获得,能力的演化不仅反映了通过"干中学"努力的结果,而且反映了在企业层次学习和取得进步方面主动投资的结果。

案例 3-18　比亚迪:民企转型的一匹"黑马"

2) 价值链分析

通常企业价值链可以分为两个范畴:一是企业的内部价值链,即一个由内部物流、外部物流、生产制造、销售、服务等基本活动构成的增值流程。它能有效地把企业所需的信息流、物流和资金流融为一体。二是由供应商、企业本身、分销商、顾客等所构成的外部价值链,它通过企业与供应商、分销商、顾客以及竞争对手建立新型的工作关系,形成一个紧密联系的"增值共同体",从而创造企业在运作活动过程中的竞争优势。企业的价值链系统如图 3-4 所示。

3) 业务组合分析

战略规划的过程需要企业对各个业务单位进行评估、分类,以确认它们的前景和潜力。这里我们用三种模型帮助公司进行业务组合分析:波士顿咨询公司(BCG)模型、通用电气公司模型和霍佛模型。

(1) 波士顿咨询公司模型。波士顿矩阵(BCG matrix),又称市场增长率-相对市场份

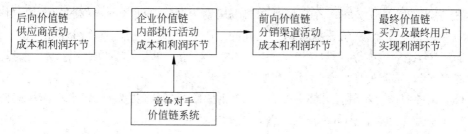

图 3-4　企业的价值链系统

额矩阵、波士顿咨询集团法、四象限分析法、产品系列结构管理法等,具体如图 3-5 所示。波士顿矩阵由美国著名的管理学家、波士顿咨询公司创始人布鲁斯·亨德森于 1970 年首创,其研究的关键在于规划企业产品或业务组合,即通过分析企业的产品品种及其结构市场需求的变化来调整企业产品策略,进而获得最佳的企业效益。

图 3-5　波士顿矩阵

下面用一个表格来展示每种业务对应的战略,见表 3-9。

表 3-9　各业务对应的战略

种　　类	含　　义	发　展　战　略
明星(stars)	高市场增长率、高市场占有率	加强竞争地位的发展战略
奶牛(cows)	低市场增长率、高市场占有率	事业部制进行管理
问题(questions)	高市场增长率、低市场占有率	选择性投资战略
瘦狗(dogs)	低市场增长率、低市场占有率	撤退战略

（2）通用电气公司模型。如图 3-6 所示,从矩阵中九个象限的分布来看,右上方的三个象限处于最佳区域,对于该区域内的战略业务单位,应采取增长与发展战略,即追加投

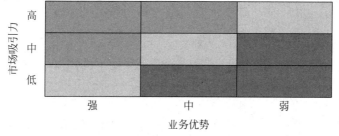

图 3-6　市场吸引力/业务优势矩阵

资,促进其发展。左下方的三个象限处于市场吸引力和分类业务优势都弱的区域,对于该区域内的战略业务单位,应采取收割或放弃的战略,不再追加投资或收回现有投资。对角线上的三个象限,是中等区域,对于该区域内的战略业务单位,应采取维持或有选择地发展的战略,保证原有的发展规模,同时调整其发展方向。

（3）霍佛模型。霍佛设计出一个具有 15 个象限的矩阵,称为产品/市场演变矩阵,用以分析企业业务组合。图 3-7 标出了公司的七项业务,圆圈的大小表示市场规模,圆圈中的阴影部分代表公司业务的绝对市场份额。

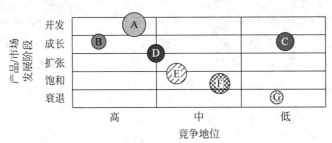

图 3-7　产品/市场演变矩阵

下面用一个表格展示每个业务对应的战略,见表 3-10。

表 3-10　各业务对应的战略

业务类型	特　　点	战　　略
业务 A	产品/市场的开发阶段 市场份额大,具有很强的竞争能力	大量投资、加快发展的战略
业务 B	产品/市场的成长阶段 市场份额小,竞争能力强	增加投资以求发展的战略
业务 C	产品/市场的成长阶段 行业规模较小,市场份额也低,缺乏竞争能力	撤退战略
业务 D	产品/市场的扩张阶段 市场份额高,具有较有利的竞争地位	维持战略
业务 E、F	产品/市场的饱和阶段 较大的市场份额,行业规模大	维持战略
业务 G	产品/市场的衰退阶段 行业规模小,市场份额低	清算和放弃战略

3. 中国营销实践分析

在充分地分析了内外部环境之后,本节我们将挑选具有中国特色的营销实践——"游击战"进行分析。

谈及"游击战",你会想到什么?我猜那一定是毛泽东的游击战十六字方针。你还记得吗?敌进我退,敌驻我扰,敌疲我打,敌退我追。实际上,游击战最早是作为辅助战略的角色出现的。

【中国智慧 3-3】

《史记》记载:"彭越将兵居梁地,往来苦楚兵,绝其粮食。"盗贼出身的彭越,常带兵南下突击楚军粮道,让项羽非常头痛。但彭越经验老到,制造金处疑军,让薛公不得不分队防备之。彭越随即再正确抓到薛公的主力军所在,集结数倍军力一举而击破之,结果薛公战死,项声则侥幸逃出以奔告项羽。

其实,我们光从这段历史就能得出一条基本的"游击战"结论:避实击虚,到敌人力量薄弱甚至空白的地方去。在浙江,有很多民营企业往往设立在偏远荒僻的小镇,其原因在于它们的力量还不够强大。世界商业巨头沃尔玛在创业之时适逢大城市零售业比较成熟,市场竞争激烈,沃尔玛采用避实击虚策略,主攻中小城镇零售业市场,渐渐地由蚕食变成了鲸吞,成为零售业中的大鳄。

1)"游击战"特点

在企业足够"小"的情况之下,选择进行游击战的企业一定要具备两个特点:敏捷迅速,敢于放弃。

(1)敏捷迅速。我们先来看看一个大公司是怎样运转的吧。最典型的是,一般有一半以上的雇员是用来为另一些雇员提供服务的,公司只有一小部分的力量是直接对外的。只有真正了解市场的才是真正地与其竞争对手作战的。而有些雇员在公司干了多年,却从来没有会过一个顾客,没有见到过一个竞争对手的人员,这些人就是企业中的"厨师"和"理发师",是抗战时期的后援"百姓",对于商战只是搭把手而已。

一个开展"游击战"的公司应该消除这一弱点,使其在"火线"上的人员所占的比例尽可能地高一些。

另外,一个开展游击战的公司还可以在决策的迅速制定上,因其规模较小而获得优势。这一点在它与一个大的全国性的公司(它的迅速决策即意味着用6个星期的工作来取代平时6个月的工作)展开竞争时,可望成为一笔宝贵的财富。近年崛起的拼多多就是凭借这个敏捷迅速的优势,才有机会去挖淘宝的"墙脚"。

(2)敢于放弃。如果战斗转为不利于你,那么就要毫不犹豫地放弃一个阵地或某一产品。一个开展游击战的公司不应将资源浪费在一场失败的战争中,它应该迅速地放弃它,转移到其他地方去。这就是机动灵活性的优势所在,是一个简单的组织结构真正得到报偿的地方:一个开展游击战的公司无须经受大公司所常遇到的那种内部摩擦或压力,就可以开辟一些新的战场。

营销"游击战"的两个特点如图3-8所示。

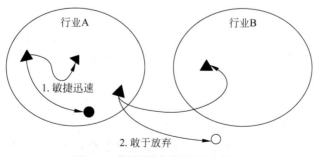

图3-8 营销"游击战"的两个特点

2)"游击战"招式

早在2018年前,拼多多给人的感觉还是"五环外"的"小镇青年"和"大叔大妈"常用的

App,东西虽然很便宜,但质量不敢恭维,可谓"非主流人群"的"非主流选择"。但如今,很多一、二线城市的中青年也会在拼多多上购买最新的电子产品,它开始变为主流人群的主流选择。

所以,你是否也开始好奇到底是什么让一个默默无闻的"五环外"企业,逐步具备了和行业大佬抗衡的勇气与力量?市场如此饱和,阿里巴巴为什么没有意识到这样一个威胁者,并适时采取抗击措施?其中,拼多多究竟使用了哪些游击战招式,一步步威胁淘宝的呢?我们现在以拼多多为例,分析"游击战"的三招式。

(1)错位竞争:你打你的,我打我的。市场上最安全的地方是什么?是别人曾经占有,但是扔掉的地方。这是避免被大佬、在位企业吃掉的有效的方法。因为他们瞧不上那样一个市场空间。

在拼多多诞生之前,圈内人大多判定电商格局已定,阿里、京东争霸,其他小弟喝汤,腾讯退居幕后做投资。这时候的主战场都是城市。因为投资回报快、效率高、成本可控。虽然各家都有农村战略,但实际上,农产品电商在这个阶段都属于备胎,尽管很多地方花钱搞培训、做物流园区,号召农户学电商、开网店,但是绝大多数人"入网"之后发现,根本没有人购买自己的农产品,核心原因就是这些口号和方案都停留在一、二线城市消费的思维,无法在下沉市场引发参与感和扩散效应。

在这样的背景下,拼多多推出了"最初一公里"战略。它聚焦于生产端的改造,并以此构建了体系化、系统化的助农解决方案。

从这里就可以看出,拼多多的出发点就与众不同,面对竞争激烈的城市战场,它从一开始就主攻农产品。而且和其他电商以农村为市场、让工业品下行也不一样,拼多多的路线图是先让农产品上行,解决农民的生计问题。这种"明修栈道,暗度陈仓"的手段虽然一开始很苦,在很多人看来出力不讨好,但是在农民端却建立了信任感和依赖感。

(2)迂回地均衡:围魏救赵,攻其必救。当我们没有足够的实力和对手抗衡时,最忌讳的就是正面还击他的正面进攻。这里说的迂回地均衡讲的是如何防守。打仗不是目的,和平才是目的。

2018年,拼多多展开了"新品牌计划",为工厂提供数据、产品开发以及定价建议,并建立直达消费者的供需模型,加上微信流量红利和"下沉＋社交"的打法,拼多多迅速打开了局面。

随着拼多多迅速崛起,2018年11月,淘宝网的天天特价宣布升级为天天特卖,同时重提C2M(用户对工厂),表示要对中小工厂进行数字化改造。而天天特价原本是淘宝网在2010年推出的一款特卖产品,主打9.9元低价包邮。

2019年,阿里聚划算推出"厂销通"系统,淘宝事业群成立了C2M事业部。淘宝特价版主打C2M的提法,也被指是要和拼多多正面对决。

努力的拼多多,在作为下沉市场先行者上的贡献是值得尊重的。如果说"竞争对手的重视是最大的赞美",那么拼多多毫无疑问已经收获了行业最大的关注和重视。但拼多多能够快速发展,背后绝不仅仅依靠出其不意。拼多多的横空出世,迫使电商巨头们在一个坏的选择和一个更坏的选择中进行权衡:到底是自己向上拓展的收益多,还是拼多多抢走的下沉市场收益更多。这无疑有效地给巨头们的策略选择造成了混乱。

拼多多作为一家新锐企业，成立的时间不长，人才储备、数字化能力、协同生态方面都无法与电商巨头们"掰手腕"。但拼多多的优势在于，它刚好具备了游击战的条件"小"，敏捷迅速，其所拥有的创新灵活跟反应速度都强于市场上的有力竞争者。

（3）比附定位：重新定义，借力打力。通过游戏规则的重新设定，拼多多把淘宝的优势变成核心劣势，至少是让它的核心优势发挥不出来，甚至成为负担。

2019年，平台发布百亿补贴计划，补贴的主体并不是其赖以起家的无品牌工厂货，而是"大牌低价"。2020年第三季度，拼多多的补贴与推广费用约100.72亿元，同比增长46%。这说明拼多多"百亿补贴"是真金白银的投入，对外宣称的"让消费者每天都是618，每晚都过双11"并非噱头。

陈磊出任CEO后，便进一步加大了对于新电商生态体系尤其是农产品价值链的战略投资，如拼多多上线了包括"多多买菜"在内的农产品上行领域的创新业务。

拼多多还在运营上有所创新，尝试农产品直播等新玩法。截至2020年9月15日，拼多多市县长助农直播已超205场，超过375位市、县、区各级主要负责人进入助农直播间推介本地农产品。这意味着，平均1.2天，拼多多平台就会有一场官方的助农直播，平均每天都至少有一位地方市县长进入拼多多的直播间，帮助本地农户向平台用户推介农产品。

拼多多的野心真的只是下沉市场吗？并不是。它一早就转变了思路，将目标市场定位至"并不是没有钱，而是身上有一种挥之不去的节俭天性的人"身上，他们不仅在四、五线城市，也在一、二线城市有广泛分布。为了节约货比三家的时间成本，很容易对新的App产生依恋。拼多多采用一套以性价比为追求的新电商模式，已经超越了传统电商的特价大促思维，将性价比融入消费者日常中去，而不是通过几次营销活动特价大促来进行流量批发。

从拼多多的案例中，我们很容易总结出以下观点："实而备之，强而避之。"敌我力量强弱明显，我不宜以硬碰硬，"小敌之坚，大敌之擒"。敌人强大，我就积极准备，避其锋芒，待敌疲劳、士气低落、没有战心时出击。

肥的拖瘦，瘦的拖死，就是我们所说的"游击战"的方法，也是中国智慧的积淀。

 章末本土案例

1. 案例摘要

西贝华北央厨的标准化之路

本案例叙述了西贝华北中央厨房（以下简称"西贝华北央厨"或"央厨"）面对近年中式餐饮倒闭、洗牌的困境以及规模化、连锁化、标准化的行业风向，在负责人李永亮的带领下，重新选址央厨园区，明确中餐标准化的发展目标，构建源自西北的高品质供应链，研发以手工制作为特色的标准风味菜品，打造生产品控、仓储物流、后勤保障与门店前端销售密切相连的标准化新格局,迎来了中餐发展的新纪元;寻找"对标"企业,以"好吃战略"为前提,探索中餐标准化的央厨运作模式,让精益管理落地,以打造全新供应链系统,规划国际化蓝图的发展历程。重点描述了西贝华北央厨打造中餐标准化的过程中,如何通过分析央厨内外部发展环境和价值链,从而制定出适合企业发展的营销策略。

2. 思考题

(1) 请结合波特五力模型对西贝华北央厨进行战略分析,具体说明西贝华北央厨目前处于怎样的行业竞争环境及竞争地位。此外,央厨在建设新园区的过程中又实施了何种不同于同业竞争者的差异化战略?

(2) 为什么说央厨是西贝的"心脏"? 西贝华北央厨的标准化运作由哪些基本性活动和支持性活动构成? 请从内部价值链的角度分析,西贝华北央厨的内部业务之间有何联系? 产生了哪些效果?

(3) 请剖析西贝华北央厨的外部价值链,其外部纵向价值链与横向价值链的各个连接点有哪些优势和不足?

(4) 如果西贝华北央厨进军海外餐饮市场,其价值链战略中的竞争优势是否可以继续保持? 如果你是央厨的负责人,你将会如何实现在国际化"蓝图"中的价值创造? 是否有必要在产业层面对央厨的价值链进行进一步的整合与延伸?

3. 案例分析框架

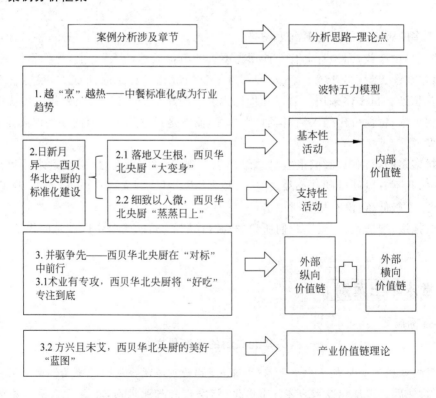

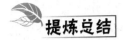

提炼总结

1. 本章重难点

（1）营销战略的层次和类型。

（2）营销内外部环境的分析工具。

2. 核心概念

（1）**总体战略**：又称公司战略，是企业最高层次的战略，是企业整体的战略总纲。在存在多个经营单位或多种经营业务的情况下，企业总体战略主要是指集团母公司或者公司总部的战略。

（2）**业务战略**：又称经营单位战略，是企业战略业务单元在公司战略的指导下，经营管理某一特定的战略业务单元的战略计划，具体指导和管理经营单位的重大决策与行动方案，是企业的一种局部战略，也是公司战略的子战略，它处于战略结构体系中的第二层次。

（3）**职能战略**：是为贯彻、实施和支持公司战略与业务战略而在企业特定的职能管理领域制定的战略。职能战略主要回答某职能的相关部门如何卓有成效地开展工作的问题，重点是提高企业资源的利用效率，使企业资源的利用效率最大化。

（4）**PEST 模型**：是从政治、经济、社会和技术这四个方面分析企业的外部环境。

（5）**波特五力模型**："五力"分别是：现存竞争者之间的竞争；卖方议价能力；买方议价能力；进入壁垒；替代品威胁。

3. 分析工具

1）营销战略概述

本章从一开始通过描述战略的定义和其特征来让读者对营销战略有一个初步的认识。接着从宏观层面上描述分析了战略管理的层次结构：总体战略、业务战略、职能战略，进而表明营销战略是一种重要的职能战略。在了解了营销战略是什么之后，本章从五个角度对营销战略进行分类：按竞争地位划分、按产品与市场组合方式划分、按企业主要竞争手段划分、按企业市场发展划分、按企业市场营销环境划分，让读者对营销战略的分类有了一个微观上的了解。

2）营销外部环境分析

这部分主要用两个常用的分析工具来分析营销的外部环境：PEST 模型和波特五力模型。PEST 模型就是从政治、经济、社会和技术这四个方面分析企业的外部环境，并分别对每个方面都列举了详细的例子来帮助读者理解各自的作用。波特五力模型是在产业经济学领域的"结构-行为-绩效"模型的基础上进化而来的。该模型从现存竞争者之间的竞争、卖方议价能力、买方议价能力、进入壁垒、替代品威胁这五种力量入手进行分析，进而指出哪一个领域或是哪一股力量使得竞争趋向激烈，潜在的获利空间在哪里。

3）营销内部环境分析

这部分从三个方面来分析企业营销的内部环境：企业的资源与能力、价值链分析、业务组合分析。企业的资源与能力是从比亚迪这个例子入手进行分析,分析这个企业的资源与能力分别体现在什么地方,有什么作用。业务组合分析则用到三个分析工具:波士顿咨询公司模型、通用电气公司模型和霍佛模型。通过这三个分析工具具体分析企业的每一种业务组合,从而突出对应的发展战略。

即 测 即 练

第 4 章

消费者行为

【本章学习目标】

1. 掌握影响消费者购买行为的传统因素，以及互联网时代新的影响因素。
2. 明晰传统的消费者购买行为模型和数字时代的购买行为模型。
3. 明确消费者的购买决策过程，包括经典的决策过程和数字时代的变化。
4. 了解消费者数字化画像的概念、维度以及生成过程。

【本章概要】

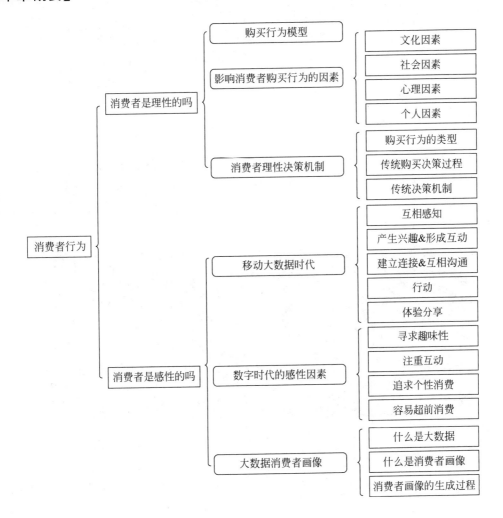

4.1　消费者是理性的吗

【引导案例】

百雀羚之文化营销

　　提起百雀羚，没有人会不知道那个蓝边黄底白字铁罐包装的面霜，这几乎是几代人的共同记忆。从民国到千禧，经历了创立、兴盛再到如今百花齐放的国妆赛道，百雀羚这个老字号正试图让自己从"百年前辈"重新变回"年轻人"，国潮的兴起，送来了东风。2020年，权威评估机构 Brand Finance 发布了 2020 年全球最有价值的 50 个化妆品和个人护理品牌（COSMETIC 50 2020）榜单，百雀羚作为中国品牌首次跻身前 20 名。纵观百雀羚品牌的崛起之路，其成功的营销活动都离不开中国的东方元素。

案例 4-1　百雀羚之文化营销

　　第一，百雀羚的东方新美学。在百雀羚 2017 年 10 月发布的宣传视频《认真，让东方更美》中，设计师钟华重塑发簪，将东方美学与西方当代设计理念结合。"让历史变得时尚，让经典变得年轻"，贯彻了百雀羚一直以来想要传达东方新美学的品牌理念。这次的视频打出赋予传统文化新生命的情怀牌，唤起了消费者的共鸣。

　　此前，百雀羚也曾经与京剧大师王珮瑜合作推出视频《认真你就赢了》，同时推出中国风视频聚焦刺绣、皮影、京剧。一次次聚焦中国传统元素，一次次反复传达它对东方美的坚持，百雀羚也一次次在强调和输出自己的品牌形象。形象立住了，对于消费者来说就有了记忆点。

　　第二，复古东方美。从品牌创立之初，文艺气质就是百雀羚吸引用户的关键。在包装创意上，百雀羚携手青年插画师，针对每一个产品系列推出一个海派女孩形象，以海派文化融合海派摩登的清新文艺风插画，女子与花草植物元素紧紧围绕，令画风更现代、时尚，更具辨识度，如图 4-1 所示。

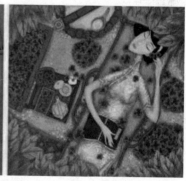

图 4-1　百雀羚的宣传片

　　第三，以花养肤。电影《三生三世十里桃花》上映期间，百雀羚紧扣电影核心主题，本着"以花酿呵护肌肤，以文艺滋养心灵"的基调进行创意发散，打造了一条文艺与脑洞齐飞的创意长图。在女性消费群体中引发广泛共鸣,同时也让人感受到愉悦的充满生气活力的品牌形象。

资料来源:胖鲸头条,《百雀羚:怎么在讲述东方美的同时做到品牌年轻化》,2021。

百雀羚作为国货,怎么才能迅速崛起呢?百雀羚的崛起并不是因为重大科技创新促使产品有了质的飞跃,而是因为其充分抓住了文化要素对消费者购买行为的积极影响,运用品牌的文化底蕴,借助近年来由故宫文创等产品掀起的东方文化浪潮,将自身具有东方美的形象灌输给消费者,从而引起消费者尤其是我国消费者的文化共鸣,激发大家的爱国情怀,同时运用东方的文化韵味来更多地获得消费者在信念、价值观等方面的认同。

归根结底,我们似乎都不那么纠结于产品本身的使用价值,因为在成熟的市场中,产品在功能上的差异其实是越来越小的,所以我们更多是从情感价值的层面去考虑。就像谁还会专门买个价格不菲的手表来看时间呢?不过是出于"这块表很符合我成功人士的气质""这块表能够彰显我令人羡慕的社会地位"这些内在原因。还有,我们是否购买,取决于这个产品能否实现我们追求品质生活的愿望,取决于这个产品能否满足我们的价值需求,让我们获得精神上的满足。比如,"柴米油盐酱醋茶"与"琴棋书画诗酒茶",虽然都有一个"茶"字,但却代表着完全不同的意境与价值,前者更多的是烟火气,也更强调使用价值;而后者更多是陶冶情操,更看重情感价值,这也是我们所说的"悦己式消费"。

传统经济学认为人们都是理性的"经济人",但在现实生活中,人们总是作出各种令人匪夷所思的"非理性"决策。从百雀羚崛起的案例中我们能够看出,影响消费者进行购买决策的因素有很多种,不仅仅是价格、功效这些理性因素,很多女孩子会仅仅因为它包装的美感从而产生购买的冲动,那么除了经济等外部刺激因素之外,影响消费者进行购买行为的因素还有哪些呢?消费者是理性的吗?消费者的购买行为与决策机制究竟是怎样的呢?

1. 购买行为模型

人类行为的一般模式是 S-O-R 模式,即"刺激—个体生理、心理—反应"。该模式表明消费者的购买行为是由刺激所引起的,这种刺激来自消费者身体内部的生理、心理因素和外部的环境。消费者在各种因素的刺激下,产生动机,在动机的驱使下,作出购买商品的决策,实施购买行为,购后还会对购买的商品及其相关渠道和厂家作出评价,这样就完成了一次完整的购买决策过程。顾客购买决策的一般模式如图 4-2 所示。

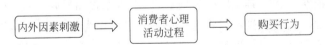

图 4-2 顾客购买决策的一般模式

菲利普·科特勒在此基础上提出一个强调营销刺激和外部刺激两方面的消费行为的简单模式(图 4-3)。该模式说明消费者购买行为的反应不仅要受到营销的影响,也要受到外部因素影响。而不同特征的消费者会产生不同的心理活动的过程,通过决策过程,作出购买判断,最终形成了消费者对产品、品牌、经销商、购买时机、购买数量的选择。

其中,环境刺激由营销的宏观环境和微观环境中的各种因素组成,这些刺激因素被消费者接收到,在消费者的个人特征作用下,经过不同的信息加工处理,形成各自对营销刺

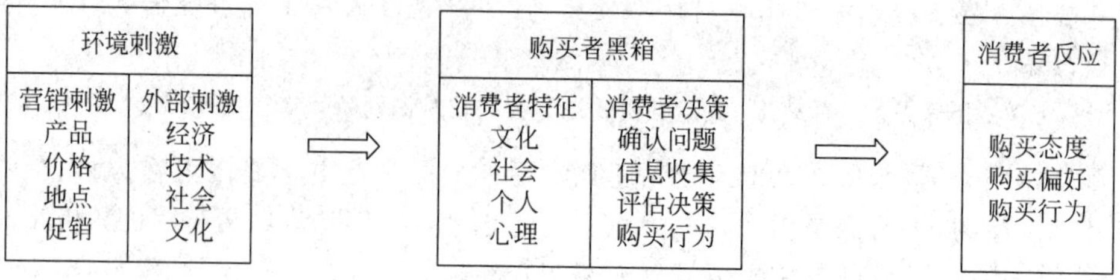

环境刺激		购买者黑箱		消费者反应
营销刺激	外部刺激	消费者特征	消费者决策	购买态度
产品	经济	文化	确认问题	购买偏好
价格	技术	社会	信息收集	购买行为
地点	社会	个人	评估决策	
促销	文化	心理	购买行为	

图 4-3　科特勒行为选择模式

激的差异理解,进而影响其购买行为决策,转化为一系列可观察的选择行为:买什么品类,选择哪个品牌,在哪里买,买多少等。

外部刺激因素往往是不受企业控制的,所以营销人员只能从营销刺激入手,探究和观察如何从产品、价格、地点、促销等方面为消费提供有效的刺激,顺利经过消费者心理黑箱的差异化处理,被不同的消费者广泛接受,转化成反应。这在我们的消费者行为研究中体现为两个大的主题:一个是什么样的营销刺激能够影响消费者的认知和行为,如新产品开发、尾数定价、密集分销等营销策略的开发与应用;另一个是消费者的特征如何影响他们对营销信息的认知和反应。我们在前面的章节介绍的是外部刺激的部分,在这一章将一起学习消费者心理活动过程以及消费者的购买行为是怎样的。

2. 影响消费者购买行为的因素

消费者行为是复杂的行为,会受到许多因素的影响,一般分为外部因素和内部因素两大类。外部因素主要包括文化因素、社会因素,内部因素主要指心理因素和个人因素。

1) 文化因素

(1) 文化因素类别。文化因素包括对消费者行为起到影响作用的文化及亚文化因素,是各因素中对消费者的作用最为广泛深远的因素。

我们先来了解什么是文化。在消费者行为研究中,主要关心文化对消费者行为的影响,因此将文化定义为一定社会经过学习获得的用以指导消费者行为的信念、价值观和习惯的总和。了解特定社会环境中各种文化因素状况及其对消费者行为的影响,有利于营销人员提高对消费者购买决策的分析水平和促销活动的消费者适应性。

群体指每种文化中较小的具有共同的价值观、相似的生活体验和环境的群体,包括:民族群,如我国有汉族,还有其他少数民族。相似的还有种族群和地理区域群等,这些不同亚文化群体的消费者各有其不同的风俗习惯、生活方式和爱好等,这些都会影响消费者的购买决策和行为。营销人员可以将这种亚文化群体作为细分标准来细分市场。

Z世代指的是 2000 年后、2010 年前出生的人群。大多数 Z 世代年轻人不再追求大众趋同,而是将注意力逐渐转向小众自我。随着经济的开放,社会的包容性越来越强,我国社会目前存在着多种多样的亚文化群体,比如二次元亚文化,二次元的一般表现为对动漫的热爱以及进行扮装游戏等。bilibili 网站的建立就是为了满足二次元亚文化人群的需求,为二次元亚文化人群创造一个交流讨论的空间,在日常生活中,二次元爱好者可能是少数人,但是在 bilibili 上二次元爱好者就是主流用户,同时二次元文化也从亚文化成为 bilibili 上的主流文化,bilibili 就是抓住了二次元亚文化这个细分市场才取得了今天的成绩。目前在我国流行的还有街头亚文化,它包括街舞和说唱等街头文化形式,近些年的说唱节目如《中国有嘻哈》和街舞节目《这就是街舞》等,让街头亚文化风靡全国,甚至在网易云音乐的热歌排行榜上一度排在前几名的都是说唱歌曲,使街头亚文化逐渐变得主流化。在互联网时代,亚文化变得更加大众化、主流化。

社会阶层是指拥有相似的物质资源和具有类似的身份感知的社会成员群体。由此可知,社会阶层既是客观层面的社会事实,也是主观层面的心理事实。

社会阶层表现为人们在社会地位上存在差异。社会地位是人们在社会关系中的位置以及围绕这一位置所形成的权利义务关系。社会成员通过各种途径,如出生、继承、社会化、就业、创造性活动等占据不同的社会地位。在奴隶社会和封建社会,社会地位主要靠世袭、继承和等级制的安排所决定。在现代社会,个体的社会地位更多地取决于社会化、职业、个人对社会的贡献大小等方面,但家庭和社会制度方面的因素对个体的社会地位仍具有重要影响。

社会成员形成高低有序的层次,既有积极作用,也有消极作用。从积极层面看,社会分层和社会差别的存在,形成了社会发展所必需的竞争机制,同时还促使一部分社会精英将全部精力投入社会创造性活动中去,从而推动社会进步。从消极层面看,它限制了非特权阶层的机遇,阻碍了社会智力大规模的开发和利用,会加剧社会不平等,容易引发不同阶层的冲突。企业营销活动中最普遍的做法是把社会阶层作为细分市场的依据。

文化因素对于消费者购买行为的影响是十分深远的,文化对于我们每个人来说都是流淌在血液中的、挥之不去的一种天性。因此,企业在进行营销活动、针对自己的消费者分析时,要重点关注其所处文化对消费者造成的影响。

（2）中国特色的文化因素。

首先,"中庸"文化对我们产生了很多影响。

儒家文化的核心,就是中庸、忍让、谦和,在消费行为中的反映就是:市场上以大众的商品居多。《理性的非理性》一书中曾写道:当人们在不确定的情况下做选择时,往往更喜欢中间选项,因为中间的选项让我们感到安全,不至于犯下严重的决策错误。换句话说,人们在进行产品选择时也倾向于奉行中庸之道。人们一般会以群体中多数人一致认同的消费观念来指导自己的消费行为,反映了"中庸"文化影响大众的"社会取向"和"他人取向"。聪明的企业会善于运用中庸之道来引导消费者选择更高价位的产品,从而提升自己的收入。比如,某些高档餐厅的菜单上,前几页往往是动辄上千元的大菜,如澳洲龙虾、鲍鱼等;你继续往下翻,会在菜单中间看到 100 元左右的菜;再翻到最后会发现最低有十几元的菜。这个时候大多数人会选择点几个中间百元价位的菜,因为它们既不太贵,又不会太寒酸。事实上,前面几页动辄上千元的菜,店里很有可能根本就没有货,放在菜单上只是为了将百元菜放在"中庸"的位置,提高客人们点百元菜的概率。

其次,"人情"文化也会对消费心理有影响。

中国人的社会是人情社会,这与中国的"家天下""血缘关系"密不可分。在中国,规矩看似无懈可击,但碰上人情,很有可能会在某一个环节中悄悄瓦解。中国人的人情不是单纯的债务关系,因为债务并没有情感的成分在里面,结清了便两不相欠。人情关系是非常微妙的,它本质上确实是利益关系,但你要把账算清楚了反倒淡了人情,因为算清楚就是默认之前对方的施人情是有目的的,而不是基于感情的。但你要不还,或地位相平随意加减筹码也不合适。只有在可持续地被人情包装的利益往来，而非一锤子买卖中，才可以建立稳固的"自己人"的圈子。这个圈子本身是一种有益的社会资本，带着这个资本又可以建立新的圈子，形成庞大的关系网络，这便是你的社会资本总和。

人情消费是在日常生活中人与人之间人情往来的费用支出，它具有加深情感和促进交往的功能。随着人们的交往范围的扩大，需要维系的亲情、友情、乡情、同事情等范围也在扩大，人情消费作为礼尚往来的必要支出，在当今中国社会已是一种普遍现象。但本是为了维持人与人之间感情的消费却在社会中演变成了"畸形"的人情"债"，很多人为了面子而出现每年的一大笔人情费支出，心里"痛"着，表面却"幸福"着。

案例 4-2　蓝月亮借势"孝文化"

最后，面子文化对消费心理的影响。

面子文化会使消费者特别讲究自己在他人心目中的形象。为了面子，很多人"打肿脸充胖子"，甚至是"死要面子活受罪""如何用最少的钱拥有一个名牌包？方法就是一个高仿包＋一张购物小票＋一个名牌包纸袋"。眼下，一些人买不起名牌产品，就购买一个名牌产品的纸袋，用来装东西满足其虚荣心；名牌产品的购物小票、说明书、吊牌等，在网上也明码标价，销量不错……《中国青年报》的一项调查显示，中国"面子消费"现象普遍，一些青年喜欢面子消费、超前消费，想找出一种最简洁的方式，让别人尊重他。现在社会的评价标准太单一，给青年的一个误导是，要彰显自己，只能依靠物质。他们就通过消费的方式，如买名牌，来感受体面和得到别人认可，同时填补空虚。商家的炒作也起到了推波助澜的作用，他们利用人性的弱点大发其财。

2）社会因素

知识锦囊 4-1　你知道怎样挑选礼物吗？

案例 4-3　"有种、有趣、有料"的罗辑思维

前面我们介绍了文化因素对消费者购买决策的影响，事实上，除了文化因素，社会因素这一大外在因素也时时刻刻影响着我们消费者的购买决策。接下来我们一起看看罗辑思维是如何借助社会因素来实现快速增长的。

罗辑思维的成功经验正是为我们验证了社会因素对于消费者购买行为的影响。罗辑思维的目标客户群体是一群渴望获得更多的知识、接受更多新鲜的资讯，但是时间成本尤为宝贵的人。这部分人对于时间的敏感程度较高，他们往往都有一份十分忙碌的工作，但同时，他们却十分需要多渠道获得知识和最新的时事来提升自己，获取自我的增值，成为渴望群体的一分子。而罗辑思维正是明确了这样的消费者群体特征，采取碎片化的时间传输方式，同时采用较多的有效的增值服务来为这一群体提供服务，获取利润。罗辑思维的案例，很好地为我们展现了一个良好的社会要素分析的重要性。

社会因素，是指在消费者购买过程中对消费者产生影响的因素，如参照群体、家庭、社会角色等。

（1）参照群体。参照群体，又称相关群体或者参考群体，是指个人在形成购买或消费决策时用以作为参照、比较的个人或群体。根据心理学的观点，一个人的爱好、习惯及思想行为准则等不是天生就有的，而是在后天的社会生活中，受到外界的影响逐渐形成的。在这种影响作用中，参照群体的因素不可忽视，因为人们不会与那些异于自己的人相比

较,进而评估自己。事实上,就一定范围内的人来说,他们将会选择那些与自己相似的个体作为参照群体。而这里的参照群体,不仅包括与个体有着直接联系并频繁接触的家人、同事、同学、朋友等,而且包括那些没有直接联系、没有成员资格的渴望群体。

根据个体的成员资格和群体对个体态度、行为的正面或负面影响,可以将参照群体区分为成员群体、渴望群体、拒绝群体和回避群体(图4-4)。

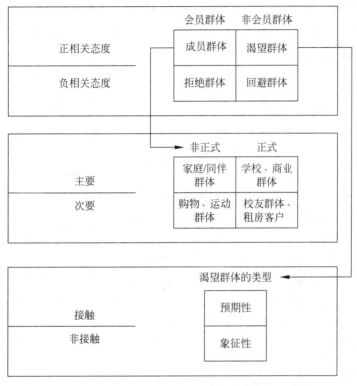

图 4-4　参照群体类型

首先我们来看成员群体。

成员群体是指个体已经享有成员资格的群体,即个体是该群体中的一员。成员群体的成本一般对群体影响持肯定的态度。

根据成员群体的互动作用和接触的频繁程度可将参照群体分为主要群体和次要群体,根据群体的组织程度可将参照群体分为正式群体和非正式群体。一些研究表明,频繁接触的群体(主要群体)成员购买相同品牌的可能性更大;另一些研究表明,非正式群体比正式群体在消费生活中所起的作用更大。这就是说,非正式群体对其成员品牌选择一致性的影响更大,影响大小取决于群体的凝聚力。

主要的非正式群体是指家庭、朋友圈子等这些经常接触的,并且以亲切感来影响消费行为的群体。主要的正式群体是其成员之间有规律地接触,同时他们的地位、作用和权限明确的群体,如同班同学、工作单位的同事等,就属于这种群体。次要的非正式群体是指没有正式的结构,成员之间也不互相往来的群体,如偶尔在一起购物的群体或运动群体,这种群体虽然没有强烈的凝聚力,但是能直接影响购买行为。一些研究表明,当一个消费者与其他消费者一起购物时,一般比原来打算的要购买得更多。次要的正式群体有正式的结构,但成员之间不经常接触,如同学会、校友会、学会、俱乐部等。这种群体对消费行为的影响最低,因而也得不到营销人员的重视。

其次是渴望群体。

渴望群体是指个体并不属于某群体,但是热切希望加入,并追求心理上认同的群体。渴望群体根据接触程度可分为预期性的渴望群体和象征性的渴望群体。预期性的渴望群体是个体希望加入,并且经常接触的群体。如对一些普通员工来说,公司经理层就是一种预期性的渴望群体。象征性的渴望群体是个体并没有成为其成员的可能性,但接受它的价值观念、态度和行为的群体。

再次是拒绝群体。

拒绝群体是这样一个群体,人们隶属于它,并且经常面对面地接触,但并不能认同和接受它的价值观念、态度和行为。如有些人虽然工作与生活在某个社会圈子内,如因作为公司职员而隶属于某个群体,但他们可能根本就不认同该群体的一些重要价值观念、准则和行为方式(如某种公司文化),从而在言谈举止上表现出一定的"另类",甚至与周围的人显得有些格格不入。同时,他们又可能出于某种原因(如谋生的需要)不能或无法离开这个群体,与其他群体成员继续保持一定的接触和联系。

最后是回避群体。

回避群体是指人们不愿意与之发生联系,并且没有面对面接触的群体。对于有些群体,人们可能会竭力避开它。为做到这两点,人们会在自己身上"点缀"些能够与之划清界限的标志,如穿戴某种服饰、驾驶某种汽车、参加某个俱乐部、在某种饭店就餐等。又如,大部分消费者一般在肯定的动机下更容易产生信念或态度,所以企业做广告时就更多地利用肯定的参照群体(如受欢迎的正面人物),而较少让回避群体(如反面人物)在广告中单独出现。

(2)家庭。家庭是以婚姻和血统关系为基础的社会单位,包括父母、子女和其他共同生活的亲属在内。在消费品市场中,消费者的购买活动 80% 以上是以家庭为中心开展的,家庭对消费者的购买行为和购买习惯的形成,有着不可低估的影响。商品流通企业必须重视家庭这一基本消费单位的研究。

根据家庭消费特点和购买决策中心点,家庭形态可分为以下几种。

复杂型家庭。它即由老少三代或多代人组成的家庭。这类家庭人口较多,经济收入主要是第二代取得,对一般日用消费品的需求量较大,购买频率较高,购买范围较广。

简单型家庭。它即由有子女的中青年夫妇或再婚夫妇组成的二代家庭。这类家庭人口不多,每个职工负担的家庭成员数量较少,因而家庭消费水平较高,特别是独生子女家庭,其消费能力更强,是某些较为先进与时髦消费品的采购者。

低龄区单纯型家庭。它包括无子女的青年夫妇家庭和单身青年。这类家庭经济较为宽裕,消费潜力较大,是时尚商品的有力购买者。

高龄区单纯型家庭。它包括老年夫妇家庭和鳏寡老年人家庭。这类家庭由于年龄较大,退休后收入下降,生理发生变化和消费观念相对老化等,商品的消费量较少,购买的商品大多属于生活必需品,以及老年人所特需的商品和服务。购买方式和购买风格受传统文化影响大。

不同的家庭生命周期阶段,各年龄的消费者的欲望、兴趣不同,购买消费品的种类和式样等也会不同。食品、衣着、家具、娱乐、教育等方面的购买和消费都有明显的年龄特征。儿童消费者偏爱消费糖果和玩具等商品,保健品的消费者中,中老年人居多。不同年龄消费者的购买方式也有不同,青年人比较愿意接受广告促销,老年人更注重自己的经验。消费者的消费需求和购买行为也明显受到家庭生命周期的影响,而且不同的家庭生命周期阶段,家庭成员的作用也不一样,各个阶段的购买决策者也不完全相同。一般来说,家庭生命周期可分为以下几个阶段。

单身阶段。此阶段,消费者单身,刚参加工作不久,收入不高,但可随意支配的收入较多,因此具有一定的购买能力。这一阶段的消费者求新意识强,消费观念时尚,追求自我价值,是新潮服装、电子通信产品、度假休闲等的购买者。这个阶段,家庭消费的决策者就是个人。

新婚阶段。此阶段,新婚夫妻一般有双份收入,有因建立家庭而产生的很强的购买欲望,购买观念时尚,是家庭耐用消费品、家具、娱乐、保险等的主要购买者。在新婚阶段,夫妻二人就是主要的购买决策者,偶尔会听取家里老年人的意见,但是大部分决策都是由二人作出的。

满巢阶段Ⅰ。此阶段,家庭中最小的孩子不到 6 岁。由于孩子的出生,家庭生活方式和消费方式发生很大变化,家庭收入可能因照顾孩子而减少,支出费用增加,购买倾向于理性,购买的商品以保证孩子健康成长的婴幼儿用品和学前教育服务产品为主。在这个阶段,父母还是主要的购买决策者,但是孩子可能会成为购买决策的主要影响者,因为大部分的商品都是为孩子购买的,孩子为消费者。

满巢阶段Ⅱ。此阶段,子女都已经上学,消费者收入因家长全职工作而较前一阶段有所增加,购买取向仍以孩子为中心,除了孩子成长需要的衣食住行各种产品和服务外,教育服务产品购买的比重加大。家庭购买决策的结构和满巢阶段Ⅰ一样。

满巢阶段Ⅲ。此阶段,子女成年尚未独立。由于有的子女已经工作,经济负担减轻,会考虑更新住宅、耐用消费品和家具,购买的商品以住宅、家庭高档耐用品、旅游餐饮服务为主。这个阶段,夫妻仍为主要的购买决策者,偶尔会听取子女的意见。

空巢阶段。此阶段,年长的夫妇无子女同住,仍在工作或退休。经济收入较以前减少,但收入支配显得宽裕,也有了更多的闲暇时间,比较关注健康、健身和娱乐,成为医疗用品、保健产品、旅游休闲、家政服务等的主要购买者。夫妻二人支配自己的收入,为主要购买决策者。

鳏寡阶段。此阶段,年长的夫妇一方已经离世,家庭进入解体阶段,消费者退休或仍在工作,经济收入相对减少,对医疗、保健、社会服务需求较大。鳏寡阶段,年岁已大,因身体不便等,大部分购买决策由子女作出。

(3) 社会角色。一个人在一生中会参加许多群体并担任很多角色。例如,一个男性成年人,在家庭里担任父亲、丈夫的角色,在公司里担任经理的角色等。角色是一个人所期望的活动内容,每个角色则伴随着一种地位,它反映出社会对一个人的总体评价。角色可以分为三种类型。

期望角色。期望角色是指社会期望某个人在他所处的社会位置上能够表现出来的一系列行为模式。

领悟角色。领悟角色是指个人根据自身的理解和知觉,主观上认为扮演某个角色及应有的一种行为模式。

实践角色。实践角色是指担任某一角色的人,在现实生活中表现出的实际行为模式。

消费者在作出购买选择时,往往会考虑自己的角色。每一种角色都有与之相对应的商品需求。例如,经济收入较高的公司总经理,会购买豪华轿车、穿高档西服等。一个人的角色发生变化,会引起需求的变化。例如,当一个普通员工被提升为经理后,可能会因工作的需要,购买便携式电脑、较高档的套装等。

3) 心理因素

小米手机的成功是因它掌握了影响其消费者购买行为的心理因素。小米手机的消费者大多是第一批 90 后,他们手里面掌握着少量的可自己支配的资金,相比其竞争对手的目标消费者,小米的消费者对于时间的敏感度低,并且追求潮流,渴望被认同。基于这样的心理因素,小米手机对自己的产品进行了全方面的改进,并且制造了一种潮流,一些年轻人以拥有一部小米手机为荣。小米手机正是牢牢地抓住了消费者的心理,才能使其在短短几年成就了上亿元的市值。

案例 4-4　小米手机如何为消费者植入"极致性价比"的信念

心理因素的影响涉及消费者购买活动的各个方面和全过程。这里主要分析影响消费者购买行为的动机、感知觉、学习、信念与态度等心理因素。

(1) 动机。动机这一概念是由伍德沃斯(R. Woodworth)于 1918 年率先引入心理学的。他把动机视为决定行为的内在动力。一般认为,动机是"引起个体活动,维持已引起的活动,并促使活动朝向某一目标进行的内在作用"。动机是一种升华到足够强度的需要,它能够及时引导人们去探求满足需要的目标。动机是产生行为的直接原因,它促使一个人采取某种行为,指明行动的方向。研究人的行为必须研究其动机。关于人类的需要和动机,马斯洛的需求层次理论(图 4-5)给出了答案,解释了人是如何一步一步实现更大的需要的。

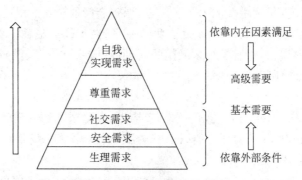

图 4-5　需求层次理论示意图

(2) 感知觉。消费者对外部世界的认识从感觉开始,消费者通过感觉器官感觉到外部刺激物如商品的颜色、大小、形状、声响、气味等,使消费者感觉到这个刺激物的个别特性。随着感觉的深入,各种感觉到的信息在头脑中被联系起来进行分析综合,使人形成对刺激物或情境的整体反应,就是知觉。消费者对事物知觉不知觉、知觉内容和方向不但取决于刺激物的特征,而且依赖于刺激物同周围环境的关系以及个人所处的状况。知觉具有选择性特性,表现如下。

 知识锦囊4-2 马斯洛需求层次论

选择性注意。一个人不可能对所有信息都加以注意,其中多半被筛选掉,而只有少数信息脱颖而出,被消费者注意到。也就是说,消费者只注意那些与自己主观需要有关系的事物和期望的事物。

选择性理解。消费者虽然注意到刺激物,但不一定都能如实反映客观事物,总是按照自己的偏见或先入之见来曲解客观事物。

选择性记忆。人们具有遗忘功能,因而不可能记住所有他们注意到的信息,并且他们会倾向于在记忆过程中,记住那些符合和能够支持其态度与信念的信息。

(3)学习。学习是指人们在社会实践中不断积累经验,获得知识和技能的过程。消费者在购买和使用商品的实践中逐步获得知识,积累经验,并根据经验调整购买行为的过程。一个人的学习是通过驱策力、刺激物、诱因、反应和强化的相互影响、相互作用而进行的。驱策力是一种内在的心理动力,是一种驱使人们行动的强烈内在刺激。例如,某大学生希望近期提高外语听说能力,这种提高外语听说能力的欲望就是一种驱策力。当这种驱策力被引向一种可以减弱它的刺激物,比方说外语培训班时,就形成一种动机。在动机的支配下,消费者将作出参加外语培训班的反应。他何时反应、在何处反应和如何反应,常常取决于周围的一些较小的或较次要的刺激,即诱因,如同学的推荐、亲属的鼓励、广播广告等。他参加了某个品牌的外语培训班后,如果感到满意,就会强化对它的反应。以后遇到同样的情况,他会作出相同的反应或推广它的反应。如果感到失望,他以后就不会作出相同的反应,而且会避免这种反应。强化可以是积极的,也可以是消极的。没有积极或消极的强化,一个人就没有重复或避免某种行为模式的动机。因而,营销人员需要了解本企业的品牌的消费者学习情况,分别就正向的、负向的以及中性的感觉采取相应的营销措施。

(4)信念与态度。信念是指一个人对某些事物所持有的描述性思想。如某消费者相信某种知名品牌的冰箱比其他的冰箱省电。营销人员应关注人们头脑中对其产品或服务所持有的信念,即本企业产品和品牌的形象。一些信念建立在科学的基础上,能够验证其科学性,如认为冰箱耗电还是省电的信念就可以通过测试证实。还有一些信念可能建立在偏见之上。人们往往根据自己的信念做出行动,如果一些信念是错误的,并妨碍了购买行为,营销人员就要运用促销活动去纠正这些错误信念。态度是指一个人对某些事物或观念长期持有的认识上的评价、情感上的感受和行动倾向。态度能使人们对相似的事物产生相当一致的行为。人们几乎对所有事物都持有态度,如对某种信仰、某个事件、某种观点、某首歌、某种食物等。态度会使人们对相似的事物产生相当一致的行为,人们没有必要对每一事物都以新的方式作出解释和反应。消费者一旦形成对某种产品或品牌的态度,以后就倾向于根据态度作出重复的购买决策,不愿再费心去比较、判断。消费者的态度会影响他信息的接收以及购买决策的作出。

4)个人因素

网易的"微标签"的营销方法,就充分地考虑了消费者每个人的独立性和他们所拥有的不同的个性与特点,通过自己对于多元素的拼接,还原一个最真实的自己。网易也正是通过这种方式一次次地刷屏我们的朋友圈,赢得大家的一致好评。俗话说众口难调,对于企业来说,照顾到每一个消费者的个性和感受是非常不容易的事情,但网易的这个案例,就借助互联网,照顾了每一个消费者的个人因素,并且达到了非常好的效果。

购买者的决策也会受到个人外在特征的影响,特别是受个性特征、生活方式以及自我观念的影响。

案例4-5　网易,给消费者一个微标签

(1)个性特征。个性特征是促使一个人对其客观环境作出一贯、持久反应的明显心理特征。个性结构是多层次、多侧面的,是由复杂的心理特征的独特结合构成的整体。这些层次有:第一,完成某种活动的潜在可能性的特征,即能力;第二,心理活动的动力特征,即气质;第三,完成活动任务的态度和行为方式的特征,即性格;第四,活动倾向方面的特征,如动机、兴趣、理想和信念等。

人的个性是经常性的、本质的、比较稳定的心理特征的总和,是在先天生理基础上,通过一定的社会环境作用和自身发展的共同作用形成的。所以,个性具有生理和社会两方面的属性。生理属性主要以人的生理特点为基础,主要表现在基本神经反应特点和气质等方面。兴奋和抑制这个基本神经过程的反应强度、平衡强度和转化灵活度,都会直接左右主体对社会实践和社会影响的接受能力、吸收能力和反应能力。社会影响和实践体验正是通过神经系统而发挥作用的。社会属性是以生理属性为基础,通过后天的发展而形成的,具体表现在人的兴趣、爱好、性格、能力和行为方式等方面。个人所处的家庭、社会环境,经历的人生阶段等都会影响个性的形成、发展和转变等一系列过程。正是内部和外部两方面的原因造就了个性的两方面属性,也使消费者的个性千差万别。

一般来说,气质影响着消费者行为活动的方式,性格决定着消费者行为活动的方式,能力标志着消费者行为活动的水平。营销人员通过对顾客的购买态度、购买情绪、购买方式进行观察、分析和判断,"对症下药",投其所好,使营销策略具有针对性。

(2)生活方式。生活方式本身具有复杂性,人们对其定义也没有一个统一的认识。我们可以简单地将其理解为人们在日常生活中工作、休闲以及待人处世等物质生活和价值观、道德观等精神生活的总和。不同的个体选择自己所认可的态度生活,就形成了各自的生活习惯,生活方式就是所有规律性的生活习惯的总和。如有的人将高效作为自己的信条,在工作和学习中十分看重效率。这类人在生活方式方面具体表现有:在行走时速度较快,做事有严格的计划来进行控制和考量,并严格执行计划中的每一环节来保证高效;即便是在休闲娱乐的时候,也希望能够让身心得到最大化的放松。有的人会选择享乐的生活方式,在学习工作中就会得过且过,很少会选择加班,只求完成任务就好。

由于影响生活方式的因素比较多,不同文化程度、不同职业的人可能会具有完全不同的生活方式。除了这些外部因素外,人们的生活方式也在很大程度上受到个性的影响。如性格保守的人,在生活方式的选择上就不太可能接受滑翔、跳伞等极限运动。个性对生活方式的影响又不是绝对的,有的人可能个性张扬,却并不影响他选择归隐、参禅等生活方式。个性更多地从消费者内部来反映其思维、情感等,很难通过直接观察得到;生活方式则更关心人们如何来生活、休闲等外显行为,是我们能够直接观察到的。

对生活方式的分类,会因所选取的角度不同而不同,具体有如下几种划分方法。

首先,按主体的不同分类。

按主体的不同,生活方式可分为社会、群体和个人三大类型。社会生活方式是相应社会全体成员生活模式的总体特征。例如,在早期的原始社会,人们习惯日出而作、日落而息,受环境和物质的限制,娱乐活动并不丰富。而在当今现代社会,在高压下人们都习惯于快节奏的生活方式,渴望脱离城市生活的压力,所以他们经常选择外出旅游以获得身心的放松。群体生活方式主要包括各地区、各民族等生活模式的汇总。亚文化群体的出现也催生了很多新的群体性的生活方式。如在年轻人中流行的扮装游戏,很多喜欢动漫的年轻人就会在学习、工作之余聚集在一起,走上街头,穿上各种动漫人物的服饰来彰显他们的爱好。个人生活方式主要以个体的特性为切入点,阐述了个人对生活的态度,其中包括内向型生活方式和外向型生活方式、奋发型生活方式和颓废型生活方式、自立型生活方式和依附型生活方式、进步的生活方式和守旧的生活方式等。

总而言之,社会、群体和个人三种类型的生活方式是彼此交融的。社会生活方式具有很强的包容性,能够使各种群体和个人在其中共存。但是,个人和群体又不能过于特殊,如果偏离了社会生活方式的主旋律,便得不到认可。

其次,按不同领域分类。

按所处的领域,生活方式可分为劳动生活方式、消费生活方式、闲暇生活方式和交往生活方式等。

最后,按不同地区分类。

按地区的不同,生活方式可分为城市生活方式和农村生活方式两大类。在城市里,虽然交通便利、配套设施比较完善,但是每天朝九晚五的上班让人们生活得枯燥而单调,并时刻想着与上涨的物价做斗争。为了让子女上好一点的小学,接受更好的教育,家长通宵排队的新闻屡见不鲜。在农村生活的人们,虽然能够享受清新的空气,也不用肩负那么重的生活压力,但是,医疗、教育等公共设施的不足,同样给他们的生活带来了诸多不便。

生活方式是个人行为、兴趣、思想方面所表现出的生活模式,简单地说就是人如何生活。相对个性而言,用生活方式作为细分变量更易于操作和衡量,这一特点使得生活方式广泛用于各行业进行市场细分和目标消费者选择。市场营销者应找出其产品和各种生活方式群体之间的关系,努力使本企业的产品适应消费者各种不同生活方式的需要。

(3) 自我观念。自我观念也称自我感觉,是消费者个体对自身一切的知觉、了解和感受的总和。自我观念简单地说即自己认为自己是怎样的一个人。自我观念可能发生变化,但是这种变化通常是很缓慢的。人们通过自我观念形成他们的身份认识,反过来他们的身份认识又产生了一系列习惯行为。消费者总是购买那些能与其自我观念相一致的产品,避免选择与他们自我观念相抵触的产品。

3. 消费者理性决策机制

1) 购买行为的类型

(1) 按消费者的购买频率划分。

第一种是经常性购买。

经常性购买行为是购买行为中最为简单的一类,指购买人们日常生活所需、消耗快、购买频繁、价格低廉的商品,如油盐酱醋茶、洗衣粉、味精、牙膏、肥皂等。购买者一般对商品比较熟悉,加上价格低廉,人们往往不必花很多时间和精力去收集资料与进行商品的选择。

第二种是选择性购买。

这一类消费品单价比日用消费品高,多在几十元至几百元之间;购买后使用时间较长,消费者购买频率不高,不同的品种、规格、款式、品牌之间差异较大,消费者购买时往往愿意花较多的时间进行比较选择,如服装、鞋帽、小家电产品、手表、自行车等。

第三种是考察性购买。

消费者购买价格昂贵、使用期长的高档商品多属于这种类型,如购买轿车、商品房、成套高档家具、钢琴、电脑、高档家用电器等。消费者购买该类商品时十分慎重,会花很多时间去调查、比较、选择。消费者往往很看重商品的商标品牌,大多是认牌购买;已购消费者对商品的评价对未购消费者的购买决策影响较大;消费者一般在大的购物商场或网上购物平台购买这类商品。

(2) 按消费者购买行为的复杂程度和所购产品的差异程度划分。消费者的购买行为会因其购买产品或品牌的不同而存在很大差异,如牙膏与电脑的购买行为是有很大不同的。消费者在购物时因先前经验、兴趣、风险的知觉、情境和自信心不同,参与程度也存在差异。

按欲购买的产品的不同和消费者在购物时的参与程度的不同,消费者购买行为可以分为四种类型,如图 4-6 所示。

复杂的购买行为是指消费者在购买价格高昂、购买频率低、不熟悉的产品时,会投入很大精力和时间,如电脑、汽车、商品房等。一般来说,如果消费者不知道产品类型,不了解产品性能,也不知晓各品牌之间的差异,缺少购买、鉴别和使用这类产品的经验和知识,则需要花费大量的时间收集信息,学习相关知识,作出认真的比较、鉴别和挑选等购买努力。

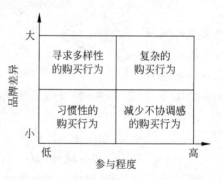

图 4-6　消费者购买行为类型

习惯性的购买行为是指在购买价格低廉、品牌间差异性小的商品时,消费者的介入程度会很低,并且会形成购买习惯,如酱油、啤酒等。对于类似的低度介入的产品,消费者没有对品牌信息进行广泛研究,也没有对品牌特点进行评价,对决定购买什么品牌也不重视;相反,他们只是在看电视或阅读印刷品广告时被动地接收信息。消费者不会真正形成对某一品牌的态度,他之所以选择这一品牌,仅仅因为它是熟悉的。产品购买之后,由于消费者对这类产品无所谓,也就不会对它进行购后评价。

减少不协调感的购买行为指消费者在购买产品时的介入程度高,但在购买后容易产生后悔、遗憾,并会设法消除这种不协调感。比如有些产品价格高但是各品牌之间并不存在显著差异,消费者在购买时会广泛收集产品信息,投入很大精力去挑选品牌,但是在购买以后容易认为自己所买产品具有某些缺陷或觉得其他同类产品有更多的优点而产生不协调感,怀疑原先购买决策的正确性。地毯、房内装饰材料、服装、首饰、家具和某些家用电器等商品的购买大多属于减少不协调感的购买行为。

寻求多样性的购买行为是指消费者在购买某些价格不高但各品牌间差异显著的商品时,容易有很大的随意性,频繁更换品牌。比如饼干这样的产品,品种繁多、各品牌间差异大、价格便宜,消费者在购买前不做充分评价,就决定购买,待到入口时再做评价。但是在下次购买时又转换其他品牌。转换的原因是厌倦原口味或想试试新口味,是寻求产品的多样性而不一定有不满意之处。

2) 传统购买决策过程

(1) 线下购买决策过程。复杂的购买行为一般会经历消费者决策全过程,包括五个步骤:确认问题,收集信息,评估可行方案,购买决策,购后行为(图4-7)。这五个步骤代表了消费者从产生购买需求到最后完成购买的总过程。很明显,购买过程在实际购买发生之前就已经开始了,并且购买之后很久还会有持续影响。

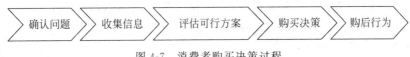

图 4-7　消费者购买决策过程

第一,确认问题。

确认问题即确认需求,是购买行为的起点。当消费者感觉到需要,并且准备购买某种商品以满足这种需要时,购买决策过程就开始了。这种需要可能是人体内在的生理活动引起的,如饥饿、寒冷等,也可能是受外界某种刺激所引起的,如精美的产品包装设计、面包的香味、电视上做的广告等,称作触发诱因。需求确认实际上是由于消费者意识到了未实现的需要,消费者以不同的方式认识到未实现的需要。

两种最常见的情况是现有产品不完全适用或消费者缺少应该常备的东西。如果消费者听到或见到比当前产品优越的产品,消费者也可能认识到未实现的需要。这些需要通常由广告或其他促销活动创造出来。企业营销人员要注意两点:一是必须了解那些与本企业的产品有关联的驱策力;二是消费者对某种商品需要强度会随着时间的推移而变化,并且被一些诱因触发。企业在营销过程中应不失时机地采取措施,安排诱因,唤起和强化消费者的需要。

第二,收集信息。

消费者产生了某种需要并引发购买某种商品的动机后,如果对这种商品不熟悉,往往就要先收集或寻找有关信息。消费者信息来源可分为四类:一是个人来源,即从家庭、朋友、邻居、同事和其他熟人处得到的信息;二是商业性来源,即从广告、售货员介绍、商品展览、包装、经销商等得到的信息;三是公众来源,即从大众传播媒体、消费者评审组织等处得到的信息;四是经验来源,即通过现场试用、实际使用等得来的信息。一般而言,消费者有关产品的信息,大部分来自商业性来源,亦即营销者所能控制的来源,其次是公众来源和个人来源,经验来源的信息相对要少。然而,在消费者购买决策中,商业性来源的信息更多地扮演传达和告知的角色。个人来源与经验来源却发挥权衡和鉴定作用。所以消费者对经验来源和个人来源的信息最为相信,然后是公众来源,最后才是商业性来源。

因此,营销者要善于了解消费者从何处以及如何收集信息,各种信息来源对消费者购买决策有何影响。

第三,评估可行方案。

消费者收集到各种信息资料后,就要对商品进行分析、对比、评价,最后作出选择。不同的消费者有着不同的评价标准和方法,因而对商品选择也不同。一般来说消费者考虑的是:决定产品的重要属性,消费者会根据自己的兴趣、偏好在产品的众多属性中选择自己认为比较重要的属性;给出产品属性的重要权数,消费者可以根据自己的偏好,给出产品属性的重要权数;形成品牌信念,消费者对某品牌优劣程度形成总的看法;对产品与消费者的期望值进行衡量;对不同品牌进行评价和选择。

第四,购买决策。

消费者经过判断和评估后,如果对某种产品形成一定的偏爱,便会作出购买决定。但购买决定并不等于购买。从购买意向到购买,还要考虑两个因素,即他人态度和意外情况。他人态度是指购买者之外的他人的影响;意外情况如消费者的收入或产品价格的变动,或营销人员态度的变化,或购买条件的改变等,这些都可能影响购买的实现。评估可行方案到购买决策阶段如图 4-8 所示。

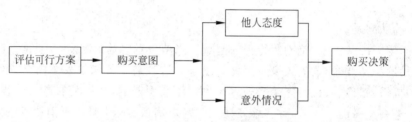

图 4-8　评估可行方案到购买决策阶段

第五,购后行为。

对于企业而言,产品卖出了并不意味着营销活动的终结,企业更应重视消费者的购买后行为。具体而言,企业应重视分析产品购买后使用和垃圾处理、购买后评价、使用后再购买这三种购买后的行为。

购买后使用和垃圾处理是指消费者在购买产品后,产品的具体使用方法以及产品使用后的垃圾处理情况。企业在产品销售出去后还应重视购买者是怎样使用该产品的。如果消费者将产品搁置一边几乎不用,那意味着消费者对产品不是很满意,消费者对产品的口头传播也就不会强烈。如果他们将该产品出售或交换,那就会妨碍公司产品的销售。如果消费者发现了产品的一种新用途,营销者就应该在广告中宣传这种新用途。由于消费者的环境保护意识正在日益加强,所以企业还应该关心消费者是如何处理产品的废弃物的,特别是一些可能会造成环境污染的产品,如饮料容器和一次性尿布等。

购买后评价是指消费者在购买和使用某种产品后,基于购买前的产品期望和购买后的使用情况的比较,形成某种满意度。购买者的满意度是其产品期望和该产品实际使用情况的函数。如果产品符合期望,顾客就会满意;如果超过期望,顾客就会非常满意;如果不符合期望,顾客就会不满意。购买者的满意度会在很大程度上决定他们是否会再次购买产品,并且他们会把对该产品的感觉告诉其他人。如果他们对产品满意的话,则在下一次购买中,他们将极可能继续购买该产品。而且具有满意感的消费者会向其他消费者说该产品的好话,所以满意的顾客就是企业最好的广告。

(2)线上购买决策过程。前文中介绍了五阶段模式的决策过程,在网络线上环境中,消费者购买决策过程仍然遵循上述五阶段模式,只是五阶段的具体内容增加了新的内容,赋予了新的内涵。表 4-1 是关于线上购买和线下购买的对比分析。

表 4-1　线上购买与线下购买的比较

阶　　　段	线 上 购 买	线 下 购 买
确认问题	主要发生在网络环境中,主要受到网络媒体、社交平台以及网上企业促销活动的影响	主要受到外界实体生活的刺激,包括身边人的示范,线下促销、营销活动等
收集信息	网络消费者信息搜索更多在网络上进行,消费者可以通过搜索引擎优化、社交网络的交流以及竞价排名等,快速而全面地获得商品服务信息	消费者有关产品的信息,大部分来自线下商业广告和其他人的介绍
评估可行方案	线上购物的评估过程更多地受到其他消费者的评价、社交网络评价以及相关论坛评价的影响	消费者对产品信息的评估更多基于个人主观判断
购买决策	在网络的特定购物环境下,消费者能够更全面、更快速地获得商品性能、质量、价格、外观以及售后的信息,可以在一定程度上减少冲动型消费	收集的信息较少,很难作出客观的购买决策。在他人的影响下容易导致冲动型消费
购后行为	借助网络环境,消费者围绕产品的反馈与评价能够影响大量的潜在消费者,对其他消费者购买行为产生影响	消费者购买后的评价不如线上消费便捷,对其他消费者影响较小

3)传统决策机制——AIDMA 模型

AIDA 模型由欧洲著名推销专家海因茨·戈德曼提出,四个字母分别代表 attention(注意)、interest(兴趣)、desire(欲望)、action(行动)。到了 20 世纪四五十年代,部分学者在此基础上补充了 M——memory(记忆),认为"促成记忆"对消费者购买行为也起到重要作用。美国经济学家戴沃于 1956 年正式提出了 AIDMA 模型(图 4-9)。

该模型可以从广告学和消费者行为学两方面来解读:从广告学上来说,该模型揭示了一个成功广告应该从哪几个方面来影响消费者;就消费者行为学的角度而言,该模型解释了消费者达成购买行为必然会经历的五个阶段。

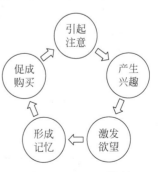

图 4-9　AIDMA 模型

(1)attention——引起注意。在心理学上,注意是指人们对于特定事物具有指向性和集中性的心理活动。这种心理活动根据是否被人们自我感知到,可分为有意注意和无意注意两种基本状态。一般情况下,普通消费者只会注意那些与自己有联系的事物,或者自己本身有着强烈兴趣的事物。作为营销人员,一方面要在同类产品中凸显自己,来吸引消费者的眼球;另一方面需要通过广告媒体的图片、文字、声音等综合手段来吸引消费者,建立某种联系,从而引起原本没有购买意愿的消费者对产品的注意。

如何吸引消费者对产品的注意呢? 首先,可以结合消费者的心理需求,通过制造悬念来激发其好奇心;其次,可以采用一些刺激心理的方法,如增强广告和产品包装上产品信息的强度、对比度、新颖度和重复度等形成足够强烈的刺激,来吸引人们的注意;最后,还可以在广告等营销活动中,从空间、时间、字体、色彩和形象等多方面来吸引消费者无意识的注意。

(2) interest——产生兴趣。广告中关于产品的某个或者某些诉求点打动了消费者(如小米手机以"快"为诉求点),当消费者被某一产品成功地吸引之后,便会在大脑皮层引起兴奋,这种兴奋从大脑皮层扩散,产生一种愉快的体验,有助于消费者对相关信息产生兴趣,并主动获取产品信息,了解产品细节。

如何让消费者对产品产生兴趣呢? 可以从内容和形式两方面入手,内容上要满足消费者"利、奇、知、实、新"的外显要求,形式上则要满足消费者"情感活动"的内在需求。例如味全"拼字瓶"、可口可乐"昵称瓶"、农夫山泉"歌词瓶",江小白"语录瓶"等自带社交属性,既有新奇有趣的外表,又能通过包装上精彩的文案内容切中消费者的内在情感需求,引发共鸣,让消费者产生兴趣。

(3) desire——激发欲望。欲望是消费者针对某种产品或者服务产生购买意图的一种心理状态,具有强烈且明确的指向性。广告等营销手段的任务就是促销,而促销的前提就是激发消费者欲望,使其产生购买冲动。因而广告必须有明确的主题,同时要凸显产品的主要特性,强调该产品或服务能给消费者带来某种利益。广告的某些内容满足了消费者的某项需求或者刺激了消费者的潜在需求,促使消费者对该商品形成购买欲望,营销手段的重点是要抓住消费者的现有需求和潜在需求。

如何激发消费者对产品的欲望呢? 主要是在广告的宣传形式上进行产品诉求点的传达,可以采用正面诉求、反向诉求、障碍清除诉求等比较常见的手法,还可以运用直觉诉求、情感诉求和理性诉求等多种方法。

(4) memory——形成记忆。记忆是我们大脑的重要机能之一,主要是指能记住经历过的事情,并能在一定条件下在脑海中重现,记忆包括认知、保持、回忆和再认。形成记忆并通过后续营销手段和服务来强化记忆是提高与扩大知名度的重要手段,也是促进消费者购买的一个重要条件。人们只会对自己感兴趣的事物进行重复认知和记忆,因而记忆是对注意和兴趣的深化。

如何增强消费者对广告的记忆效果呢? 通常采用的方法有加强记忆的紧张性,不断重复刺激,运用比喻、夸张的手法在广告内容的场景中加入一定的情感因素等。通过广告等营销手段对产品独特卖点进行强力渲染,利用各种传播形式的反复作用强化记忆,形成消费者对该商品的深度认知,甚至是条件反射直接联想,如"怕上火,喝王老吉"。

(5) action——促成购买。广告营销的最终目的就是促进消费者的购买行为。消费者在购买欲望的推动下,经过比较最终决定是否采取购买行动。实际运作中,营销人员在广告中常常会采取一些辅助手段。如加强"示范效应"提高人际传播的影响力,通过宣传品牌商标 Logo 方便消费者进行产品认购,启动相应的现场促销活动配置广告、渲染气氛（如超市常有的促销活动,随处可见的播放广告的大液晶屏）等。消费者在广告等营销手段的影响下,经过各种选择权衡,最终没有选择其他品牌的同类产品,而是作出了购买该产品的决策,表明促成了购买行动。

2021 年天猫"双 11"销售额为 4 982 亿元,"双 11"的销售额逐年上升,这个被阿里创造出来的节日显然已经成为全民的狂欢,网购爱好者一边喊着即将吃土,一边乐此不疲地清空购物车。身边的人都是在"剁手"中寻求快乐,然而大多数的情况是,为了凑满减、使用购物津贴,买回了很多闲置不用的东西。如果我们用上述消费者的理性决策机制是无法对"剁手党"的行为进行解读的,为什么号称理性的消费者在"双 11"面前就丧失了理性呢？为什么在网络上会频繁出现冲动性消费呢？在互联网时代,消费者的购买行为到底是理性的还是感性的呢？

4.2　消费者是感性的吗

【引导案例】

鸿星尔克的一夜爆红

鸿星尔克,在喜欢运动的人眼里,属于那种第一反应"哦,听说过",但第二反应是"它和我有什么关系"的品牌。以前走进它的网店,会看到其售卖的鞋子多是 100 多元价位的,甚至几十元的也有,买的人不算多。但现在走进它的网店,几乎所有的货品上都打上"售罄"的标签。几乎是一夜之间,这个牌子火了。

鸿星尔克火了的原因,是它虽然亏损,但还是为 2021 年河南洪水灾区捐了 5 000 万元的物资。网友发现,"出手大方"的鸿星尔克,是营收远远落在同行后面的企业。2020 年鸿星尔克的营收为 28 亿元,净利润为 -2.2 亿元,2021 年一季度净利润为 -6 000 多万元。

案例 4-6　鸿星尔克的一夜爆红

"感觉你要倒闭了,还捐了这么多"。自己家底不厚,却向灾区捐赠大笔物资,并且低调得在宣传上都舍不得花钱,官方微博连会员都没有买。这种强烈的"反差",感动了无数网友。一传十,十传百,网友自发支持的力量不断汇聚,效应层层叠加,最终造就了鸿星尔克的意外出圈和爆红。

几乎是一夜之间,无数网友和人群涌入它的网店和门店进行扫货,这种扫货的行为甚至变成段子在网上流传:在直播间里,无数网友无视主播一再呼吁请大家理性购物的声音,纷纷表示"我不听我就要买""叫你们老板不要多管闲事""鞋不合脚没关系,那是我脚长歪了",以极其夸张的回馈把这个国产服装品牌推上当时的网络顶流。鸿星尔克连续几日占据微博热搜,直播间涌进大量网友,数百万人"野性消费"参与扫货。线下门店也是挤满顾客,有的实体店销售额暴增 10 多倍,鸿星尔克库存告急,以至于直播间的主播都被网友们催促"快去踩缝纫机,把产品都赶工出来让大家买"。

"为众人抱薪者,不可使其冻毙于风雪",这是中国人朴素而可贵的价值观,也是几千年流传下来的崇德向善文化的重要内涵。对于一家保持社会责任感的良心企业,网友纷纷表示,"我们不允许你没有盈利"。风卷残云式的扫货,是对鸿星尔克真诚善良的回馈。

资料来源:创业邦,《鸿星尔克出圈的 48 小时》,2021.7。

对于很多的消费者而言,并不熟悉的鸿星尔克怎么就突然火了呢?正是因为其为受灾的河南慷慨解囊,捐款后还一直默默无闻,让众多网友破防,感到心酸,由此让鸿星尔克频频冲上热搜,一夜爆火。这种情况在以前的市场中是很难想象的,而随着当今时代的发展,尤其是互联网时代的到来,消费者的购买行为也发生了很大的改变,更多地受到感性因素的影响。对于我们新一代消费者来说,产品本身价值已经趋同,我们更看重产品带给我们的情感和自我表达、身份认同等附加值。就像我们去星巴克并不是为咖啡买单,而是为生活的品位与态度买单一样,我们去海底捞并非馋它的火锅口味,而是馋它无微不至把你伺候得舒舒服服的服务。海底捞成立之初,创始人张勇就深知在竞争白热化的火锅界,靠口味胜出的可能性微乎其微,所以在保证菜品质量不拖后腿的前提下,海底捞在附加价值上下功夫,聚焦于取悦式服务,并将其发挥到极致,使消费者获得精神层面的巨大愉悦来提升顾客体验与价值。事实证明,这种依靠打造独特的附加价值来与竞争对手形成差异,培养自身竞争优势的做法是完全能够经受住市场的考验的,海底捞的发展壮大之路也被称作是"不可复制的成功"。

相较于以前买东西要提前规划,为了省点钱还要斤斤计较,你现在可能只需思考两秒,身体就会快于脑子,刷刷地把钱付了,也许是因为甜品店里的香味你很喜欢,也许是因为品牌宣扬的态度跟你很契合,又也许是因为今天天气很好,你路过花店时看到花儿沐浴在阳光下,突然感到岁月静好的欢愉。罗振宇曾说,现在的人会为一切能让自己以及生命中的某个瞬间突然变得美好的东西付钱。我们会因为情感付费,会因为认同感付费,也会因为体验感付费。我们并不是随意又冲动,而是因为,在某个瞬间,产品的某个点,给我们带来了触动,带来了愉悦,让我们觉得如果我的世界有了它,就能够变得更美好一点。

在互联网时代,消费者似乎变得更加感性了,在一些人看来这些购买行为似乎不够理性,似乎全凭当下的心情,但实际上就算是感性的消费也会有规律可循。在了解了消费者购买行为的影响因素和消费者购买行为的各种类型后,我们来看一下在全新的时代背景下,消费者的行为又会有怎样的变化。

1. 移动大数据时代——SICAS 模型

互联网改变了整个时代,让一切都变得和原来有所不同,尤其是消费方面,传统的 AIDMA 模型已经不再适用于互联网时代的用户消费行为。2011 年,中国互联网监测研究权威机构 DCCI 互联网数据中心发布了更加符合 2.0 移动互联时代的用户行为消费模型 SICAS(图 4-10),与传统的 AIDMA 模型有所不同,其揭示了移动大数据时代消费者是如何作出决策的。

SICAS 模型是全景模型,消费行为、消费轨迹在这样一个生态里是多维互动的,而非单向递进的。SICAS 模型经历 S(互相感知,sense)、I(产生兴趣 & 形成互动,interest & interactive)、C(建立连接 & 互相沟通,connect & communicate)、A(行动,action)、S(体验分享,share)五个阶段。这五个阶段既不是相互独立的,也不是两两联系的单一式结构,而是一个多维的全真形态,即每一阶段都与其余四个阶段互相关联,这是

图 4-10　SICAS 模型

资料来源：中国互联网蓝皮书系列 DCCI 互联网数据中心

这个模型的关键。

1）互相感知

在 SICAS 模型中，通过分布式、多触点的社会化营销平台，在品牌商家和消费者之间建立动态感知网络是非常重要的基础。社会化营销平台的触点具备了交流无阻碍、随时随地进行的优势。广告网络、智能语义技术、社交网络、移动互联网 LBS（基于位置的服务）等是互动感知网络的基础。对品牌商家而言，实时全网的感知能力变成第一要义，如何建立遍布全网的敏感触点，及时感知需求、理解取向、发现去向以及充分有效地动态响应，成为品牌商家进行品牌营销管理布局的重要环节。其中，对消费需求的感知是品牌商家对消费者的关注，而能够被消费者感知到，既是消费者对品牌的关注，也是品牌商家成功营销的成效，这两点是品牌商家建立感知网络的两个关键，同等重要。对消费者来说，关注、分享、定制、推送、自动匹配、位置服务等，都是有效感知的重要途径。品牌商家所需要做的，就是将自身产品的特性品牌优势以恰当、容易接受的方式，通过这些渠道被消费者感知到。当然，不同渠道的效率、特性也是下一步需要研究的。

2）产生兴趣 & 形成互动

品牌与消费者的互动不仅仅在于触点的频次，更在于互动的方式、话题、内容等与客户体验相关的实质性部分。这方面，曝光、印象的效率在降低，而理解、跟随、响应消费者的兴趣和需求成为关键，这也是社会化网络越来越成为最具消费影响力的风尚、源头的原因。此阶段的消费者，正在产生或者已经形成了一定程度的心理耦合、兴趣共振。站在消费行为、消费路径角度观察,企业明晰、优化 SICAS 环境下的营销布局,需要从以下三个指标入手。

(1)兴趣互动成本效率指标。它包括互动行动量、单位互动成本、二跳率、点击率、转化率、播放完成率等。

(2)兴趣互动内容特性指标。它包括关系、话题、声量、关注点、好评度、好评点等。

(3)兴趣互动品牌服务指标。它包括品牌气质、产品功能、价格评价、使用体验等。

3)建立连接 & 互相沟通

连接与沟通意味着基于广告、内容、关系的数据库和业务网络,基于开放平台(open API)、互联网、分享、链接,将移动互联网和 PC(个人计算机)互联网结合,将企业运营商务平台和 Web、App 打通,建立与消费者之间由弱到强的连接,而非简单的连接。不同广告系统打通,广告系统与内容、服务系统打通,以及基于社会化平台的客户关系管理等,成为其中的关键。站在消费行为、消费路径角度观察,以下是企业建立有效的连接架构的七个层面。

(1)社会化平台连接。它是指企业是否建立了与主要社会化网络的品牌对话、互动连接通路。

(2)广告连接。它是指企业自身或者通过广告代理是否实现了广告系统的数据互联、业务协同。

(3)App 连接。它是指企业是否通过自有 App 及第三方 App 建立与消费者的互动连接渠道。

(4)LBS 连接。它是指企业是否具有通过定位服务为消费者匹配产品服务的能力。

(5)电子商务平台连接。它是指企业是否将上述渠道与电子商务打通,使消费者可以直达、购买。

(6)CRM(客户关系管理系统)连接。它是指企业是否实现了原有客户关系管理、社会化客户关系管理系统互联互通,甚至彻底打通为一体,以及具备将感知网络数据流汇聚到 CRM 中进行动态实时管理、响应、对话的能力。

(7)供应链连接。它是指企业是否已经将后端物流供应链与前段电子商务客户关系管理打通。

4)行动

在移动互联网时代,移动支付成了深受消费者喜爱的新兴支付方式。在此情况下,消费行为不仅发生在电子商务网站之中,O2O、App、社交网络平台等都可能成为购买行为的发起点、交流点和完成点。站在消费行为、消费路径角度观察,在行动阶段,企业优化销售、电子商务布局等方面的关键指标对销售转化具有重要价值,可以从以下六项指标进行评估。

(1)电商率。它是指线上销售以及通过 O2O 带来的销售额在总销售额中的比率。

(2)分布率。它是指企业电子商务是一站之内的自主电子商务,还是分布式的电子商务,以及所占比率。

(3)接通率。它是指企业线下销售网店、线上电子商务与感知网络的接通量、打通率。

(4)个性率。它是指企业是否具备对消费者个性化需求的采集、响应、定制、服务能力以及所占比率。

（5）移动率。它是指企业电子商务在移动终端的部署量、交易达成量以及在总量中的比率。

（6）社会化率。它是指企业社会化网络来源的流量、声量、购买量在企业商务总量中的比率。

5）体验分享

体验分享的基础是社会化网络，但在实际过程中，互联网的开放分享会实现对消费者体验分享碎片的自动分发和动态聚合，远非口碑营销那么简单。体验分享并非消费的末尾，很大程度上正在成为消费的源头，且体验分享的关键信息的发现能力，不仅是满足个性化需求的关键，也会成为消费生产力的重要来源。在体验分享阶段进行互动、引导，营销价值甚至大过广告制造最初的吸引注意。这是一个消费者主体、消费者主权的时代。站在消费行为、消费路径角度观察，在分享阶段，以下指标可以用来评估分享质量。

（1）体验分享内容指标。它包括话题、关注点、好评度、好评点、传播圈、关键节点等。

（2）体验分享互动指标。它包括参与者量、声量、话题数等。

（3）体验分享对话指标。它包括企业与进行体验分享活动的消费者之间的对话量、响应度等。

（4）体验分享转化指标。它包括从消费者体验分享环境转化到企业品牌社区、官网、电商网站等营销环境的消费者的比率。

数字时代，Web 2.0、移动互联网创造了传统媒体乃至传统互联网媒体无法比拟的全新传播、营销生态——基于消费者关系网络，基于位置服务，消费者与好友、消费者与企业相互连接的实时对话——消费者不仅可以通过社会化关系网络主动获取信息，还可以与更多的好友共同体验产品、分享信息。企业也可以通过技术手段在全网范围内感知消费者、响应需求。消费信息的获得甚至不再是一个主动搜索的过程，而是关系匹配—兴趣耦合—应需而来的过程。传播的含义甚至也在发生改变，不是广而告之想要告诉别人信息，而是在响应、点燃那些人们已经蕴含在内心、表达在口头、体现在指尖的需要，SICAS模型正是与新的消费模式相适应而产生的。

SICAS阶段商务营销活动的核心驱动是基于连接的对话，并非广播式的广告营销。对话、微众、利基市场、耦合、应需关系、感知网络是营销的关键词。如何在快速移动的碎片化环境中动态且实时感知、发现、跟随、响应一个个"人"，能够理解他们，并且与他们对话，成为提高品牌商家营销成本效率的关键。基于位置的服务随时随地地感知响应能力、基于社会化网络的沟通能力、基于互联网的覆盖—感知—交互—链接能力、基于开放平台商务协同数据建立交互链接的能力、基于实时数据流的需求实时响应能力、基于各路数据汇聚的开放CRM的运营能力、基于分布式电子商务与营销过程无缝对接的能力，以及企业领导者基于数字化过程的快速实时的理解力、洞察力、决策力，成为品牌商家必须具备的八个核心能力。

2. 数字时代的感性因素

随着互联网的飞速发展，"互联网＋"模式在企业中逐渐普及，企业的销售环境在发生着重大的改变，越来越多借助互联网和新媒体的营销方式应运而生。从回归市场营销的本质,即满足消费者的购买需求,从而使顾客满意来说,企业营销方式的改变正是顺应了新时代背景下,消费者的行为和需求变迁。只有掌握了消费者的行为变迁,企业才可以及时处理自己的营销方式,从而赢得消费者的喜爱,更好地进行营销活动。

在互联网的时代背景下,消费者的购买行为不再只是受传统的因素影响,在消费者的购买行为中,我们能够看到更多的感性因素,主要包含以下几个方面。

1) 寻求趣味性

在互联网时代,消费者的思维方式和行为方式都已经发生了一些改变,面对互联网带来的海量信息,消费者会主动或被动地同时做多件事情。在以手机为代表的移动终端,这种变化主要体现在:消费者对信息的关联性和趣味性要求大大提高,如果无法让他们感受到乐趣,他们的注意力就不会被吸引过来。企业锁定目标客户的能力越来越弱,这样就对企业营销提出了更高的要求:满足在互联网时代新型消费者需求的研究成为必需。

有一款软件,它打造了众多的网红,不论是名人还是各种店铺,都因为上传了这一App 而一夜之间爆红,它就是抖音。抖音的走红很大一方面是因为它的内容具有很高的趣味性,抖音通过打造有趣味性的、操作简单的视频模板,来吸引更多的消费者使用这款软件。另一方面,其所涵盖的视频拍摄形式比较简单,并且容易上手,许多消费者可以轻松使用,并且在固定的模板内进行自己独特的、有趣的设计。同时,抖音也捧红了很多小店,如土耳其冰激凌,小哥用有趣、开玩笑的互动吸引消费者。此外,答案茶靠其有趣的回答和一份新奇的未知吸引消费者。还有靠其独特的城市风貌和新奇有趣的交通道路,吸引更多游客的重庆。这些都是在新的互联网时代背景下,遵循消费者的行为变化,靠消费者所青睐的拥有趣味性的营销方式进行销售,从而取得良好效果的案例。

2) 注重互动

在大众媒体兴起的时代,企业的营销手段以广告宣传、促销活动为主,消费路径大致遵循"引起注意→产生兴趣→购买欲望→形成记忆→购买行动"的过程。企业在营销的过程中注重广告的覆盖度、到达率等关键指标,试图在这五个环节对消费者施加影响,目的是让品牌和产品信息尽可能被消费者知晓与记住,以便消费者在展开购买行动时可以联想到这一品牌。这一阶段的消费路径是由企业所主导的,消费者在企业施加的影响下,扮演着信息被动接收者的角色。

然而随着互联网和搜索引擎技术的不断发展,消费路径会自然而然地进入第二个阶段。在这一阶段,消费者行为模式是:"引起注意→产生兴趣→主动搜索→购买行动→分享"。它有别于过去消费路径的一大显著变化是,消费者开始进行主动搜索,会努力形成关于产品的完整图像;更为重要的是,在线社区、即时通信工具的出现,更为消费者分享产品体验提供了便利;更加真实的口碑信息,为其他消费者的购买行动提供了决策依据。

目前,互联网高速发展,我们已经步入"互联网+"的时代,网络已经是每个消费者生活中不可或缺的一部分,在这一时期,口碑的传播范围与影响力都在逐渐扩大,由此消费路径也就进入第三个阶段,即"感知→兴趣和互动→连接与沟通→购买行动→信息分享"。这时候,消费者会进入一个全新的营销生态系统,不同来源的信息会呈现碎片化趋势,通过各种渠道,消费者能够轻而易举地感知到产品信息的存在,主动地与企业对话、深入了解产品细节,进而实施购买行动。同时,社会化网络还为消费者提供了一个分享产品信息、购物体验的平台,这些口碑信息也就成了其他消费者"感知"的开端。

这样的消费路径的变化,也就使得现在的营销活动不再是单向的,更多的消费者主动地与企业进行互动,同时在互动中增加自己的存在感。而这种互动也往往是多个方向的互动,它不仅仅存在于企业与消费者之间,更多地存在于消费者与消费者之间。互联网的存在缩短了各个消费者之间的距离,口碑的传播也就不仅仅停留在面对面的口口相传中了,借助互联网消费者可以多重形式、多种角度地来进行产品信息的交换。

海底捞的又一次大火,靠的就是当前时代下消费者之间的互动。消费者将其认为好吃的海底捞攻略,通过互联网手段进行发布,从而吸引其他消费者,引起其他消费者的购买欲望。并且在切实体验海底捞后,消费者往往会被其极致的服务所感动,从而主动与其他的消费者进行互动并传播,通过这样的互动来帮助海底捞进一步加强它的口碑效应,从而赢得更多消费者的认可。

3) 追求个性消费

互联网时代消费者更加追求个性消费,喜好新鲜事物,标新立异,希望自己能够脱颖而出。

工业化时代,消费由生产者驱动,以成本为核心的经营理念更强调大规模生产、低价格供应,造成千人一面、千机一样的局面。在互联网时代,供过于求,随着人均可自由支配收入增加和财富的积累,消费者开始追求个性化、差异化,希望在芸芸众生中体现出自己的不同。每一个消费者都是一个细小的消费市场,个性化消费成为消费的主流。所以,要想在互联网时代取得成功,企业就必须从产品的构思、设计、制造,到产品的包装、运输、营销,认真思考这些差异性,并针对不同消费者的特点,采取相应的措施和方法。

正是因为消费者越来越追求个性化的消费模式,所以近年来定制化的营销模式,越来越受到大家的喜爱,无论是定制化的家居服务,还是各大打车软件推出的定制化专车,或是餐馆中定制化的套餐搭配,都是满足消费者个性的销售策略。最近比较火的答案茶、盲盒茶也正是迎合了消费者追求个性的心理,通过消费者提前写好问题,并将问题答案隐藏在奶茶上的方式,给予不同消费者以不同的答案,满足消费者的好奇心,同时也用这种定制化、个性化的方式,赢得更多消费者的青睐。

4) 容易超前消费

网络加大了消费者的购买量。网上货架的无限性使得更多长尾产品有机会露出,商家可以通过大数据对客户购买行为分析后进行精准的交叉推荐,更容易刺激新的购买需求。比如消费者除了要购买数码相机,可能还会买存储卡和与摄影相关的书籍,这样更容易产生更多销售额。

由于摆脱了距离、交通、营业时间等各方面的限制,配合上发达的物流体系,地点与区域已不再成为人们的限制;电子支付和现金支付比起来不容易刺激人们的自我克制,也加大了每一次的购买随意性,所以有了"剁手党";导购网站和社交网络的诱导与炫耀性刺激也促发了更多的购买。

正是这样的消费者行为变化,使得花呗、京东白条、分期付款等功能迎来了广阔的市场。也正是这些可以帮助消费者进行提前、超额消费的应用,更进一步地促进了消费者的过度消费。

3. 大数据消费者画像

虽然在互联网时代,消费者会受到更多的感性因素的影响,但是个人消费者的购买行为还是具有一定的规律性。在数字时代,我们可以利用大数据来对单个消费者建立数据库,也就是每个消费者的用户画像,这样就可以根据个人购买行为的规律去进行精准的营销。

知识锦囊4-3　解释世界
与改变世界

1) 什么是大数据

大数据或称巨量资料,是指所涉及的资料量规模巨大到无法通过目前主流软件工具,在合理时间内达到撷取、管理、处理并整理的数据集合。大数据的利用对现代消费行为研究产生了非凡的影响,大数据的信息基础改变了整个消费市场,企业营销可以基于数据平台,形成整合的消费者解决方案平台,通过消费者解决方案平台提取营销的关键,对消费者进行数字洞察,为品牌搭建实时和消费者对话的机会,了解个体消费者的消费倾向。

如今的消费者已经成为不间断购物的顾客(non-stop consumer),他们通过使用移动网络、出入门店、"线上+线下"的方式获取企业品牌、产品、口碑的信息,并通过微博、微信等社交网络保持联系,积极分享与朋友互动。想要吸引这些顾客,并且在瞬息万变的环境中取得成功,企业与品牌商必须不断变革,经历数字化转型。如今,我们已经进入一个信息更加透明、流动更快的互联网时代。之前买家购买商品没有主动权,大多是被卖家加工过的信息包围后的"被动行为"。在互联网时代,消费者有更多的方法可以找到真实信息,卖家想要捂住负面信息是不可能的。信息在手的消费者已经变得越来越主动,可以用比价工具娴熟地对比价格。在互联网时代,消费者的话语权也越来越大,产品做得好不好、体验如何,成了绝对的关键。大数据时代给了消费者更多的选择和体验。

2) 什么是消费者画像

(1) 概念起源。消费者画像起源于用户画像,是用户画像在大数据时代发展的产物。用户画像的概念最早在20世纪80年代由"交互设计之父"艾伦·库珀(Alan Cooper)提出。用户画像是从真实的用户行为中提炼出来的一些特征属性并形成用户模型,它们代表了不同的用户类型及其所具有的相似态度或行为,这些画像是虚拟的用户形象。用户画像将人们划分成不同的群体,每个群体具有共同的价值观与偏好,所以他们对待某一品牌、产品或服务时也会体现出类似的态度。因此,用户画像所描述的是不同的客户群体之间的差异化特点。最初,用户画像只是建立在少量用户的行为数据基础之上,随着数字技术的发展,作为调研对象的用户数量不断增加。如今,用户画像技术被广泛地应用于线上线下的市场营销和广告领域。

用户画像可简单可复杂,这主要基于客户使用画像的具体目的而定。无论是简单还是复杂,用户画像最核心的功用在于帮助企业明断是什么因素驱使不同的用户群体购买或使用该企业的产品与服务。在营销中,用户画像经常与市场细分的概念合用,代表着某一个细分市场的典型客户,它帮助企业或政府更好地理解用户及用户诉求,与其进行有效沟通。用户画像所包含的基本方面,有人口统计层面的,有个人兴趣爱好、行为习惯、相关的需求与目标等,通常也会借用一个真实人物的形象来代表该类典型形象。图4-11所示为"小白"的用户画像,用一些具体的行为和事例将这个人物呈现出来。

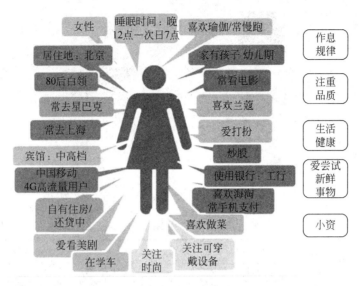

图 4-11　用户画像

（2）概念进化：从"为什么"到"是什么"。消费者画像虽然与用户画像常被视为同一事物，但随着大数据技术的发展，消费者画像又衍生出与普通的用户画像所不同的功效，我们也称其为大数据消费者画像。

在前数字化时代，没有大数据、云计算等互联网技术的助力，企业对消费者的研究大多只能通过样本推测与定性的整体分析来提炼出消费者的特征属性，是基于"为什么"这个层面的考量。所谓消费者画像，即在已知事实或数据之上，整理出的每一个消费者的相对完整的档案。既然是档案，那么消费者画像会含有大量的数字、百分比、平均值、标准偏差、统计比较等。由于每一个抽象出来的用户特征会用一个相应的标签来表示，因此，消费者画像也常被看作关于用户信息的标签化的结果或各种标签的集合。

而现在，随着数据技术的发展，企业可以通过大数据追踪消费者的网络行为，就像图 4-11 所体现的那样，你用什么软件浏览了什么内容信息、用什么购物网站买了什么东西、在什么社交平台和谁进行了沟通交流等，通通逃不过企业的法眼。企业可以通过GPS（全球定位系统）数据对行动路线实现追踪，通过支付数据对购物偏好实现追踪等，而这些行为追踪的打通可以形成大数据的消费者画像，即帮助企业构建起一个真实的、定量的、动态的，用户抽象后的全貌。就是说，不管你有多个性化、多碎片化，企业都能够通过大数据等技术完完全全地把你剖析出来，让你无处可逃。比如，你在微博发了一句"好想吃火锅啊"，当你打开淘宝时就会发现火锅底料赫然出现在你的推荐列表中。大数据消费者画像不是一个具象的人物类型，而是关于所研究对象的不同类型的数据所呈现的总体特征的集合。图 4-12 正是对这个概念的一个图形化的表示。

消费者画像可以看成是普通的用户画像的升级。既然消费者画像是用户画像升级的产物，那么二者必然存在共同之处，比如二者的初衷都是更好地去描述和理解消费者的行为等。大数据消费者画像相对于普通用户画像而言所具备的优势见表 4-2。

图 4-12　大数据消费者画像

表 4-2　普通用户画像与大数据消费者画像的比较

项　　目	普通用户画像	大数据消费者画像
画像性质	是抽象后的典型特征描述	是真实客户的全貌展现
数据量	随机采样，数据量有限	全样本，且是各方面的数据
数据来源	市场调研数据	传统数据来源＋用户的网络行为数据＋第三方大数据
采集方式	需要与客户直接接触，以抽样调研为主	可以不与客户直接接触
重点展示内容	主要描述客户行为动机（为什么）	能展现客户行为本身（是什么）
画像形态	二维静态	三维动态
功用侧重点	设计沟通内容，提升用户体验	确定目标群体，预测营销结果

（3）消费者画像的维度。画像数据维度的划分方法根据企业的使用目的而不同，但一个典型的消费者画像通常会采用以下这些维度，根据不同的划分角度，这些维度会有重叠的部分。

人口学特征，如性别、年龄范围、收入、家庭状况、所属行业等。

生活方式特征，如消费特征，包括消费状况、购买力、消费地点偏好等，还包括美食偏好特征、教育选择、设备使用偏好等。

线上行为特征，如上网行为特征，包括网站浏览行为特征、邮件使用、搜索行为等，还包括 App 的类型选择和使用特征。

线下行为特征，可以是地理位置移动信息如出行规律、商圈级别、差旅习惯等。

休闲行为特征，如旅行的目的地、酒店选择偏好等。

社交行为特征，社交人群、社交习惯（包括线上线下的习惯）等。

3）消费者画像的生成过程

虽然现在有许多公司在开发不同的消费者画像技术，但消费者画像生成的基本过程大致可分为数据采集、数据挖掘、规则挖掘/数据建模、验证模型和形成画像五个阶段。

（1）数据采集。要结合企业的战略需求和业务目标，找到合适的数据源，如 CRM 数据、商业数据或第三方数据，并进行数据采集。

（2）数据挖掘。

首先，进行数据清洗，去掉不完整的或重复的信息。

其次,用户识别,即确认用户的唯一性。用以识别身份的数据类型包括三类：人口统计身份识别、设备身份识别、数字身份识别(图 4-13)。一个用户拥有多个现实中的身份标识,如身份证号、手机号、车牌号等,一个用户一般也会使用多台设备,因此会具有多个设备身份,如 PC 端的 IP(互联网协议)地址、移动端的 UDID/IDFA(iOS)和 Device ID/AdID(Android),同时,这个用户还会在网络上为获取各种产品与服务而建立不同的账号,如新浪微博用户名、QQ/微信号、论坛用户名、电子邮箱账号等。因此,需要辨识出不同身份背后是不是同一个用户,将多个身份进行"归户"。用户识别是非常基础而重要的步骤,完成这个步骤,才能实现基于个人、基于场景的个性化营销。

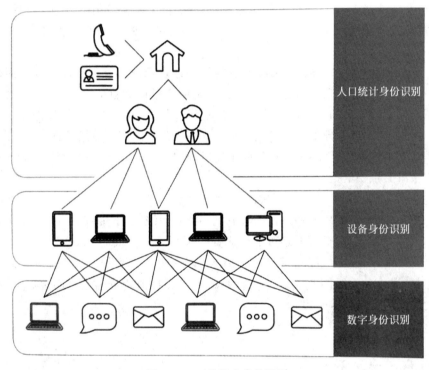

图 4-13　三类用户身份识别

再次,对有效数据进行分类,这是对数据的第一层分类,目前通常分为静态数据(或事实性数据)与动态数据(或行为数据)。静态数据展现的是消费者的人口属性、兴趣偏好等,如消费者甲喜欢吃某个品牌的零食。动态数据展现的是消费者的行为动作,如消费者乙在哪个时间段浏览了什么网页并购买了什么商品。

最后,建立标签和权重体系。打标签其实就是对人、物、事或场景的显著特征的分类提炼、总结的过程。标签化是精准营销或个性化营销的必要前提,有助于我们更好地洞察与理解消费者需求与行为。有了标签体系,之前繁杂的海量数据才能转化为可落地的数字营销方案,标签化主要是通过信息技术让计算机自动识别、提炼各种对象的特征来实现。权重是对程度或概率的一种量化,表示用户发生某种行为的概率或需求、偏好的程度,同一个动作发生在不同地点、不同的时间,产生的权重可能不一样,而客户针对同一商品或事件的不同行为反应,也会产生不同的权重。

（3）规则挖掘/数据建模。采用聚类和关联规则、逻辑回归等方法，对各种数据进行分析，发现数据间的相关性，如通过分析发现消费者 A 经常在某个网站购买牛奶，或者说该消费者如果要购买牛奶，90%的时候会在某个网站购买。一个用户的数据可能会产生多个乃至几十个相关性规则，因此对大数据分析后可能会发现成千上万的相关性规则。

这一步骤也可以是数据建模，即根据客户的行为特征构建相应的数据模型。以电商用户为例，通过建模可以知道哪个用户在哪个时间、哪个网站采取了什么样的网络行为。

（4）验证模型。对所挖掘到的相关性规律或数据模型进行验证，以保证所得到的模型或相关性分析准确抓住用户的特征，因为只有经过验证的模型才能正确预测营销结果。例如，分析发现消费者 A 每到周末就会去较贵的餐厅用餐，假设在过去三年的周末外出用餐中，消费者 A 有七成是在较贵的餐厅用餐，那么，我们必须验证这样一个发现不是偶然的。

（5）形成画像。经过验证，将那些偶然的相关性发现或不能准确反映现实的数据模型剔除掉之后，用剩下的模型组成消费者画像，企业便可以为目标客户打上各种标签，了解具有某类标签的客户的渠道使用偏好、商品购买偏好等，并应用到营销决策中。

由此可见，消费者画像的形成过程就是将这些碎片化的海量数据进行整合，还原给我们一个最为真实的客户，而不是根据经验预判所理解的客户。所以说，消费者画像是我们进行营销决策的重要依据。

案例 4-7　抖音，运用大数据让你上瘾

互联网时代增添了许多对消费者产生影响的感性因素，这些感性因素有的时候甚至超过了传统的社会、文化和心理等因素对于消费者购买行为的影响，作为营销学者要时刻关注最新的营销变化，洞察消费者变化。大数据为我们提供了这样的工具，通过大数据技术建立消费者画像，可以寻找消费行为之间的规律，了解到消费者感性中的理性决策行为，从而作出营销决策。

 章末本土案例

1. 案例摘要

"江小白"借 O2O"绑架"用户

在塑化剂风波、限制"三公"消费等一系列负面因素冲击之下，此前风光无限的白酒企业经营受阻、传统渠道受困。随着 Web 2.0 时代的到来，社交媒体如火如荼，业界一直在呼吁传统行业转型。社交媒体时代能否给传统白酒行业带来春天呢？本案例以互联网时代下用户行为消费模型（SICAS 模型）为蓝本，通过信息传播理论、"沉默螺旋"现象等理论分析并总结了传统白酒行业中的新星江小白巧妙设计吸引消费者注意（sense）的信息传播点，使消费者产生兴趣（interactive），并利用社交媒体布局坚固的连接桥梁（connect），促成线上线下封闭式 O2O 营销闭环，激发其行动的完整的 O2O 营销过程中的各环节关键要素，最终生动地将以上关键点以故事的形式通过创始人陶石泉完整的创业之路展现出来，期待能清晰地为传统白酒企业转型提供创新的 O2O 营销思路。

2. 思考题

(1) 陶石泉是如何利用新时代下用户行为消费模型 SICAS 开始其创业之路的？

(2) 为达到集企业线上线下营销、销售于一体的 O2O 营销闭环，江小白是怎样巧妙地进行整体布局的？

(3) 在瞬息万变的互联网时代，消费者注意力分散，缺乏耐心，江小白是如何设法强化与用户之间的连接的？你又有什么新的建议？

(4) 完全依赖社交媒体势必会出现问题，请结合案例分析并提出解决方案。

(5) 传统行业在互联网冲击下亟待转型，对于 O2O 模式你有什么好的建议？

3. 案例分析框架

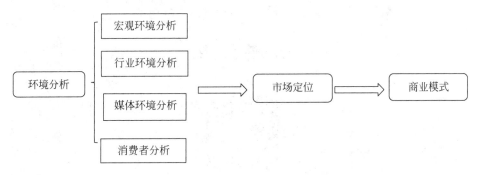

1. 本章重难点

(1) 影响消费者购买行为的因素。

(2) 消费者购买行为类型。

(3) 消费者购买决策过程。

(4) 互联网时代的感性因素。

(5) 大数据消费者画像。

(6) 移动大数据时代的消费者决策模型。

2. 核心概念

(1) **亚文化群体**：指每种文化中的较小的具有共同的价值观、相似的生活体验和环境的群体。

(2) **参照群体**：指个人在形成购买或消费决策时用以作为参照、比较的个人或群体。

(3) **动机**：是引起个体活动，维持已引起的活动，并促使活动朝向某一目标进行的内在作用。

(4) **学习**：指人们在社会实践中不断积累经验，获得知识和技能的过程。消费者在购买和使用商品的实践中逐步获得知识，积累经验，并根据经验调整购买行为的过程。

(5) **信念**：指一个人对某些事物所持有的描述性思想。

(6) **态度**：指一个人对某些事物或观念长期持有的认识上的评价、情感上的感受和行动倾向。

（7）**大数据**：指所涉及的资料量规模巨大到无法通过目前主流软件工具，在合理时间内达到撷取、管理、处理并整理的数据集合。

（8）**消费者画像**：消费者画像起源于用户画像，是用户画像在大数据时代发展的产物。

3. 分析工具

（1）消费者购买行为类型二维图。

（2）消费者购买行为模型。

（3）传统购买决策过程。

（4）移动大数据时代消费者行为模型——SICAS 模型。

即 测 即 练

第 5 章

市场细分与目标市场选择

【本章学习目标】

1. 了解市场细分、目标市场选择的概念和含义。
2. 掌握各个细分变量的含义及其分类方法。
3. 基本了解市场细分、目标市场选择的程序和方法。
4. 掌握目标市场选择的模式及策略。

【本章概要】

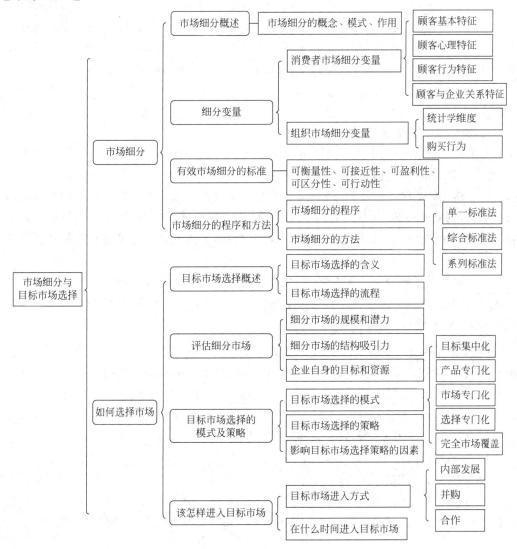

5.1 市 场 细 分

【引导案例】

得到 App 的市场细分与选择

得到 App 是一款旨在为用户提供"省时间的高效知识服务"的产品,提倡碎片化学习方式,让用户短时间内获得有效的知识。得到 App 诞生于 2016 年,这一年,网红、自媒体爆炸式地出现在人们视野中,但红了一时就销声匿迹。消费者注意力稀缺,互联网内容繁杂且同质性越来越高,是什么让得到 App 有勇气在此时成立,又是什么让它取得这样优秀的成绩的呢?

1. 得到 App 的诞生"蓄谋已久"

案例 5-1　得到 App 的市场细分与选择

得到 App 并不是横空出世,它的诞生经过了很长一段时间的铺垫,其目标市场和目标客户群体也在这一铺垫期有了雏形。首先是罗振宇创办的知识分享型脱口秀节目《罗辑思维》,帮助人们"有种有料有趣在知识中寻找见识"。之后,罗振宇首创"知识跨年"新范式,开创了"跨年演讲"这一原创文化产品类型,同样也收获了大批粉丝。罗振宇做的这两档节目为他后续发力培养了目标客群。

2. 得到 App 的探索之路

在新产品开拓之前,罗振宇首先对两个产品累积下来的粉丝进行了分析,以他们为基础,将罗辑思维后期发展所面对的目标市场进行细化和选择。罗辑思维将用户分为三种人:第一种是想学习但没太多的时间,愿意花钱买效率的上班族;第二种是对某一领域感兴趣,需要短频快获取知识,是"鲶鱼效应"的重点推动者;第三种是热衷于获取广泛的知识以增长见识和谈资的普通用户。基于以上分析,罗振宇将目标市场基本确定为上班族、博学者和大众市场。之后,得到 App 开始了产品的打磨。

现在它针对不同的消费者人群,量身打造了商学院、人文学院、社科学院、科学学院、视野学院、能力学院六大学院。正是由于得到 App 对 App 于市场的精准理解,它才取得了 2 400 万用户的好成绩。

得到 App 为什么能成为互联网产品的佼佼者?罗振宇之所以能让得到 App 于"乱世"之中突出重围,离不开他对市场变化的敏锐嗅觉,以及他对市场透彻的分析和精准的细分,厚积而薄发,才能有这一款造福大众的产品。到现在大家都还是"看热闹"的状态,究竟如何进行市场细分,怎样的市场细分才是最适合一个企业的呢?不要着急,经过本节的学习,相信大家能够从"看热闹"过渡到"看门道",真正了解市场细分。

1. 市场细分概述

1) 市场细分的概念

市场细分这个概念是 20 世纪 50 年代中期由美国著名的市场营销专家温德尔·史密斯在总结一些企业的营销实践经验后提出来的。市场细分就是按照某种或者某些特定的标准将市场上的消费者划分为若干群体的过程,不同的细分市场之间,消费者的需求、特征或者行为方式都存在着明显的差异。

2) 市场细分的模式

按照消费者对产品不同属性的重视程度划分,会形成三种模式的细分市场,如图5-1所示。

图 5-1　市场细分模式
(a) 同质偏好;(b) 分散偏好;(c) 集群偏好

(1) 同质偏好。同质偏好即消费者具备大致相同的偏好,如图5-1(a)所示。这种市场不存在自然形成的细分市场,消费者对产品不同属性的重视程度大致相同,现有产品品牌基本相似,且集中在偏好的中央。例如消费者对于日常使用的纸巾的需求,尽管目前市场上存在众多的纸巾品牌,如维达、洁柔等,但由于纸巾这类商品附加值低,消费者对于它的要求和偏好基本相同,各个品牌生产的纸巾类产品也大同小异。

知识锦囊 5-1　鲇鱼效应

知识锦囊 5-2　市场细分理论延伸

(2) 分散偏好。分散偏好是同质偏好的极端形式,即所有消费者的偏好差别极大,各不相同,分散在整个空间内,如图5-1(b)所示。

消费者对于产品需求的分散偏好特质促进了定制产品的发展。例如现如今人们对于沙发、桌椅、衣柜等家具的需求,在市场发展的初期,消费者的要求停留在"它是个家具"上,能用,质量好,各个厂家生产的家具产品差异不大。但随着消费者需求差异逐渐扩大,消费者都强调个性和身份的凸显,原有的家具类别不能满足消费者对于多样化的需求,所以市场上越来越多的家具公司开启了家具定制的市场,典型的公司有欧派、全友家居、索菲亚等。

(3) 集群偏好。集群偏好即不同的消费群体有不同的消费偏好,但同一群体的消费偏好大体相同,如图5-1(c)所示。这种市场也称为自然细分市场,是最普遍的细分模式。

雅诗兰黛是全球最大的护肤品、化妆品和香水公司之一,面对化妆品这一集群偏好明显的市场,它采取的战略便是针对不同消费水平设立不同档次的子品牌。其旗下有顶级品牌海蓝之谜(LA MER),一线品牌雅诗兰黛,二线品牌倩碧(Clinique)、悦木之源(Origins),三线品牌丝获拉(Stila)等,全面覆盖各个消费水平层级,满足不同人群对于护肤品的需求。

3) 市场细分的作用

成为行业第一,它们分别用了多少年?可口可乐用了 134 年,而元气森林只用了 5 年;雀巢用了 153 年,三顿半只用了 5 年;哈根达斯用了 99 年,钟薛高却仅用了 2 年……

对于初创品牌而言,找准合适的入局赛道至关重要。毕竟,选择一个大赛道难以避免与巨头直接竞争,如饮料品类已有可口可乐、统一、康师傅、娃哈哈等品牌,速溶咖啡有雀巢、星巴克等品牌,雪糕也有哈根达斯、梦龙等巨头。想要撼动巨头们已经占据的市场并不容易,但如果换个思路,选择"无糖汽水""冷萃咖啡""新式瓦片雪糕"这些新的细分品类入局,很可能获得一批精准的消费者。元气森林、三顿半、钟薛高,都是在饮料、咖啡、冰激凌这些大市场中,找到了适合自己的"细分品类",并闯出了一片天。

首先,细分化是我国市场发展的必然趋势。我国作为发展中国家,近年来经济持续增长,人民平均消费水平也在逐年提升,人均消费水平的提高必然带来新的消费需求。其次,小众产品的需求通过网络聚集,形成一定规模的"蓝海"市场。如落饮的低度茶果酒、钟薛高的均价近 20 元的高档雪糕,原先都属于小众需求。但在互联网时代下,原本小众的食品陈列在线下店所产生的高昂成本,也可以迅速通过线上转化为零陈列成本。这些传统食品企业尚未踏足的小众细分市场,给小品牌与新兴品牌找到了同质化竞争的突破口,带来了新的机遇。①

由上述案例不难总结出,市场细分对于企业而言具有以下重要作用:市场细分是目标市场营销的重要一步,有效市场细分有利于企业发现新的机会,在巨头林立的市场上打开一片"蓝海"。此外,市场细分还能提高企业竞争力,其企业经济效益也自然得到提升。

2. 细分变量

市场细分变量是指那些反映需求内在差异,同时能作为市场细分依据的可变因素。我们主要从消费者和组织两个市场维度进行细分,消费者市场细分变量为地理变量、人口统计变量、心理变量、购买行为和客户关系五个;组织市场细分变量主要为地理位置、所属行业、用户规模及购买行为四个。

1) 消费者市场细分变量

消费者市场细分变量见表 5-1。

表 5-1　消费者市场细分变量

细分维度	细分变量	具体因素		
顾客基本特征	地理变量	国别	区域	地形
		气候	城乡	城市规模
		人口密度	交通条件	其他
	人口统计变量	国籍	种族	民族
		宗教	职业	教育
		性别	年龄	收入
		家庭规模	家庭生命周期	其他
顾客心理特征	心理变量	社会阶层	生活方式	其他
		购买动机	性格	
顾客行为特征	购买行为	追求利益	使用者地位	对渠道的信赖度
		使用频率	购买频率	其他
		对价格、广告、服务的敏感度		
顾客与企业关系特征	客户关系	顾客终身价值	品牌忠诚度	其他

---

① 资料来源:《打开万亿食品细分市场大门,未来将有更多"元气森林"和"钟薛高"?》,FBIF 食品饮料创新,2020。

（1）顾客基本特征。顾客基本特征包括地理变量和人口统计变量两个方面，是消费者市场细分基础的维度。

第一，按照地理变量细分。地理变量细分是按照消费者所处的地理位置、自然环境等方面，将一个市场分为不同的地理单位，一般依据不同的市场范围选取合适的细分市场。例如，根据国家地区、城市规模、地形地貌等方面的差异将整体市场分为不同的小市场。

麦当劳创始于 20 世纪 50 年代中期的美国，如今已在 100 多个国家和地区开设了上万家连锁店。麦当劳之所以能在各个国家和地区的快餐行业中占据重要地位，离不开它在市场细分上下的功夫，尤其是根据地理要素进行的市场细分。

麦当劳每年都花大量的资金进行严格的市场调研，研究各个国家和地区的饮食习惯等，再不断地对各个地方的产品进行改进和优化。例如，麦当劳刚进入中国市场时还一味秉承美国的饮食文化和理念，投入中国市场的产品也与美国的大同小异，以牛肉汉堡为主打产品。但这样的销售效果并不理想，经过市场调研后，麦当劳发现中国人更爱吃鸡，鸡肉更能被大多数人接受，于是麦当劳当机立断，对中国市场的产品进行了调整，从此在全世界只卖牛肉产品的麦当劳开始生产和销售鸡肉类产品。

第二，按照人口统计变量细分。人口统计变量一般是指年龄、性别、收入、职业、家庭规模、家庭生命周期、民族、受教育程度、宗教、种族等方面，具体见表 5-2。

表 5-2　人口统计变量

变　　量	种　　类
年龄	婴幼儿、儿童、少年、青年、中年、老年
性别	男性、女性
收入	高、中、低
职业	工人、农民、军人、教师、医生、学生等
家庭规模	1～2 人、3～4 人、5 人以上
家庭生命周期	单身未婚者、新婚夫妇、已婚有 6 岁以下子女的(满巢阶段Ⅰ)、已婚且子女上学的(满巢阶段Ⅱ)、子女成年尚未独立的(满巢阶段Ⅲ)、年老且无子女同住(空巢阶段)、孤居等
民族	汉、蒙古、回、满等
受教育程度	文盲、小学、中学、大学
宗教	佛教、道教、伊斯兰教、基督教等
种族	白种人、黄种人、黑种人

以年龄这一细分变量为例，我国的伊利、蒙牛集团，根据年龄阶段对消费者市场进行分类，有针对性地为不同年龄阶段的消费者提供牛奶、奶粉等产品，如针对婴幼儿、青少年、老年人均推出了不同功能的奶粉，在获取更多利益的同时也树立了品牌更加专业化、多样化的形象。

（2）顾客心理特征。顾客心理特征是内在的、非显性的生理和情感反应，主要包括生活方式、社会阶层、个性特征、社会风格等方面,具体见表5-3。

表5-3 心理细分因素

变 量	种 类
生活方式	朴素型、追求时髦型、大众型
社会阶层	下层、中层、上层
个性特征	保守或激进、内向或外向、独立或依赖
社会风格	剖析型、驱动型、和蔼型、告诉型

第一,按照生活方式划分。生活方式是一个人所表现出的活动、兴趣和看法的集中体现,对消费需求有着深刻的影响,不仅决定了其参加什么样的活动,而且决定了其购买什么样的品牌和服务。

生活方式会影响消费者的产品选择及品牌偏好。虽然生活方式是一个很好用的细分标准,但它也有很多局限性和不足。例如,根据生活形态细分出来的市场规模难以正确地预测和评估,企业可能无法以合理成本经由一般分销体系或促销计划对该市场进行细分。

案例5-2 烟草公司的市场细分

第二,按照社会阶层划分。社会阶层是指具有相似社会经济地位、价值观念和生活方式的人组成的群体。社会阶层是在一个社会中具有相对的同质性和持久性的群体,他们是按照等级排列的,每一阶层成员具有类似的价值观、兴趣爱好和行为方式。

第三,按照个性特征划分。个性是一个人所具有的心理特征,它使一个人对他所处的环境具有相对一致和持续不断的反应。按照消费者的个性特征,对市场进行不同的细分,大致可以将消费者分为六种类型,见表5-4。

表5-4 按照个性特征划分的六类消费者

消费者类型	特 征 表 现
习惯型	品牌忠诚度高,消费习惯及偏好稳定
理智型	购买决策谨慎、深思熟虑
冲动型	没有固定偏好,易受产品外观及促销等方面的影响
情感型	重视产品或服务的象征意义,联想力强
经济型	注重产品或服务的价格,力求物美价廉、物超所值
年轻型	没有形成固定的偏好及消费行为模式,购买行为尚不稳定,易于接受新事物

花西子"以花为姓,以西子为名",是一个诞生于杭州西子湖畔的东方彩妆品牌。2020年,花西子正式树立其品牌愿景为"扬东方之美,铸百年国妆"——致力于弘扬"东方美",并且目标是成长为一个能够跨越百年的国民彩妆品牌。以复兴东方文化为始,以创造极致产品为终。纵观国货彩妆品牌花西子近年来推出的产品,无一不带有"东方彩妆"这个鲜明的特征,如"苗族印象"空气蜜粉,取荷叶凝露之形,以镂雕作画,呈现了一幅"蝴蝶锦

绣"画卷；花露养唇同心锁口红，复刻了东方微浮雕工艺，在膏体上刻画苗族图腾，用一把象征爱情的"小银锁"，展现东方式优雅；鎏银镶玉蚕丝化妆刷套装，则创新地采用鎏银镶玉刷，以鎏银为饰，镶嵌东方水玉，同时采用蚕菁丝刷毛，带来丝般柔滑……

花西子将中国传统美学与彩妆相结合，以文化吸引年轻人的注意力，强势打入年轻消费者市场，将"东方美"塑造成为一种新的风尚、新的潮流，从而吸引有个性、喜爱传统美学的年轻人。

第四，按照社会风格划分。社会风格主要影响人们对工作上或工作之外的刺激作出反应，主要表现为自信和反应性。基于这两个维度，可以将消费者分为剖析、驱动、和蔼和告诉四种类型，如图 5-2 所示。

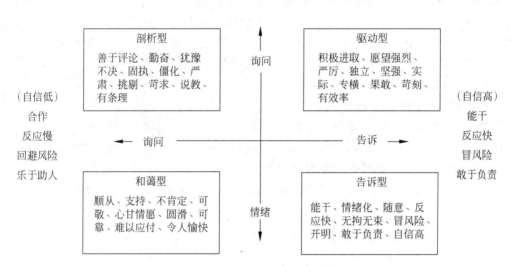

图 5-2　消费者的四种类型

（3）顾客行为特征。购买行为变量是指和消费者购买行为相关的一些因素，包括购买者对产品的了解程度、态度、利益诉求、购买时机、使用状况等。

知识锦囊 5-3　帕累托法则

第一，根据消费者追求的利益划分。产品提供的利益（注：此处的利益等同于效用）往往不是单一的，而是多方面的，消费者对这些利益的追求有所侧重，如购买手表，有的是追求经济实惠、价格低廉，有的是追求耐用可靠，有的偏向于显示社会地位等。

第二，根据使用数量及频率划分。一个市场可以按产品或服务被使用的频率细分为大量使用者、中度使用者和少量使用者三个子市场。例如美瞳这一产品，针对使用频率的不同，分为日抛、月抛、季抛、半年抛和年抛等产品，满足不同用户的需求。

第三，根据购买时机划分。根据购买者产生需要、购买或使用产品或服务的时间，可以将整个市场划分为若干不同需求特点的市场。例如，在春节、中秋节等传统节假日前后，人们消费需求旺盛，每个公司都会发现许多有较大市场容量及购买力的新市场机会。除了寻找产品所适用的特定时间外，公司也可以针对一些个人生活的特定事件，为不同客户提供个性化的服务。

2022 年北京冬奥会上，谷爱凌在大跳台赛场上的惊险一跳，让她拿到了自己在本届冬奥会上的首金，也让"谷爱凌"这个名字迅速冲上热搜，引发全网热议。和♯谷爱凌♯相关的话题在微博平台上连续多日霸屏，♯谷爱凌夺冠全场沸腾♯、♯谷爱凌 1620♯、♯谷爱凌太牛了♯、♯你永远可以相信谷爱凌♯……都成为网友们津津乐道的话题，就连央视新闻也连发多条微博，大赞"青蛙公主太棒了！"在谷爱凌爆火前，美的便邀请谷爱凌成为美的电磁灶的代言人。谷爱凌爆火之后，美的将中国人发红包的传统与代言人相结合，在官微推文向全网派送美的电磁灶 X 谷爱凌的限量红包封面，强化品牌和代言人的绑定。之后，美的电磁灶推出了"如果我不是谷爱凌"的 TVC（电视广告影片），并在多个平台进行了全维度的推广落地，回应了大众关于"谷爱凌为何广受欢迎"的关注点。美的利用特定事件、人物进行营销，为品牌赢得了巨大流量。

（4）顾客与企业关系特征。

第一，根据客户终身价值划分。客户终身价值也称为客户寿命价值，它等于一个客户所期望的终身收益减去该客户的终身成本（包括获得该客户的成本、维持成本以及服务成本）。当前价值和客户增值潜力是客户价值细分的两个维度。由此可将客户分为四组，细分的结果用一个矩阵表示，称为客户价值矩阵（customer value matrix），如图 5-3 所示。

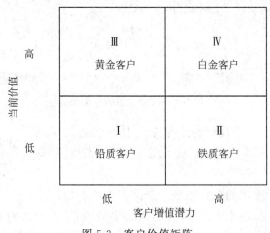

图 5-3　客户价值矩阵

上述四类客户中，"白金客户"对公司最有价值，为公司创造利润最多，"黄金客户"为公司创造利润次之，这也是符合帕累托法则的。"铁质客户"是最有潜力的客户，未来很有可能向"白金客户"和"黄金客户"转化，"铅质客户"对公司价值最小，是公司微利或无利客户。对于不同的客户类型及细分，应该采取相对应的策略，具体见表 5-5。

表 5-5　四类客户的资源配置和保持策略

客户类型	客户对公司的价值	资源配置策略	客户保持策略
铅质客户	当前价值低,增值潜力低	不投入	关系解除
铁质客户	当前价值低,增值潜力高	适当投入	关系再造
黄金客户	当前价值高,增值潜力低	重点投入	全力维持高水平的客户关系
白金客户	当前价值高,增值潜力高	重中之重投入	不遗余力保持、增强客户关系

第二,根据客户忠诚度划分。

根据消费者对某些品牌产品的忠诚程度,可以把消费者分为四个群体:坚定的忠诚者、中度忠诚者、转移型忠诚者以及多变者(表 5-6)。

表 5-6　按照客户忠诚度划分市场

客户忠诚类型	特征表现
坚定的忠诚者	始终不渝地购买某一品牌,在任何时机、任何场合都绝对地忠诚于某一品牌
中度忠诚者	忠于某两种或多种品牌,很少或不会购买其他品牌的产品或服务
转移型忠诚者	从偏爱一种品牌转换到偏爱另一种品牌,形成新的绝对忠诚,而不再偏爱原有的品牌
多变者	没有明显的品牌偏好,选择品牌的产品或服务时有很大的随意性

2) 组织市场细分变量

本书将从统计学维度和购买行为两个方面进行组织市场细分,具体标准见表 5-7。

表 5-7　组织市场细分一般变量

细分维度	细分变量	具体标准		
统计学维度	地理位置	国别	区域	自然环境
		气候	地形	交通条件
		城乡	城市规模	其他
	所属行业	冶金	煤炭	军工
		机械	服装	食品
		纺织	船舶	其他
	用户规模	大型规模用户	中型规模用户	小型规模用户
		其他		
购买行为		采购方式	购买情景	购买周期
		使用者地位	追求利益	品牌忠诚度
		价格、服务敏感度	使用频率	其他

(1) 统计学维度。统计学维度主要包括地理位置、所属行业、用户规模等方面。

第一,根据地理位置划分。地理位置包括地理区域、资源、城市规模、交通条件、城乡区域、生产力布局等。产业用户的地理分布往往受一个国家的资源分布、地形气候和经济布局的影响制约。

例如,我国钢铁行业主要集中在东北钢铁工业区、上海钢铁工业区等;轻工业区主要分布在东南沿海地区,如长江三角洲、珠江三角洲等。这些不同的产业地区对不同的生产资料有相对集中的需求。

第二,根据所属行业划分。所属行业包括冶金、煤炭、军工、机械、服装等,在产业市场上,不同的终端用户追求的利益不同,对同一种产品的属性看重不同的方面。

案例 5-3　中国移动基于顾客终身价值的客户细分及管理

案例 5-4　欧冶云商的钢铁营销

例如,飞机制造商对轮胎的安全性要求比农用拖拉机制造商要高得多;同样是汽车生产商,比赛用车和标准用车的轮胎等级要求也有所不同。最终,用户的每一种需求就可以是企业的一个细分市场,企业为满足最终用户的不同需求,应相应地运用不同的营销组合。

第三,根据用户规模划分。组织市场中,有的用户需求规模较大,有的就相对较小,可根据销售量、员工人数、生产设备数等来预测组织客户的需求规模。对于大客户,宜于直接联系、直接供应,在价格、渠道、信用等方面给予更多优惠;而对众多的小客户,则宜于由批发商或零售商去组织供应。

例如,办公家具制造商将其用户分为两类:像银行、学校这样的大客户由公司的全国性用户经理与地区经理共同管理,其他较小的用户则通过地区推销渠道管理。

(2)购买行为。组织购买行为同消费者一样,与使用频率、购买周期等方面相关,但是由于组织购买的数量较多,因此采购行为及情境变量相对来说更加重要。

第一,根据采购行为划分。采购行为细分变量包括采购类型、采购标准、采购流程及采购方式等。

采购类型:一般而言,根据三种采购类型,即新产品采购、修正重复采购和直接重复采购可对组织市场进行细分。

采购标准:不同的组织重视的标准要求有所侧重,一般而言,除了质量、价格和交货时间,供应商的技术能力、产品合格率也是考虑的重要方面。

采购流程:产品可以是租赁、融资或直接采购获得,报价也可能是简单的书面报价、议价或密封投标报价。

例如,政府采购通常是密封投标的方式,即潜在卖方根据采购单位欲购买物的详细规格单进行密封投标,故企业需要丰富的行业知识来正确预测其他厂商的投标价格。

采购方式:组织购买者的主要类型如前所述包括直接重购、修正重购及新产品购买。不同的购买方式的采购程序、决策过程等不相同,因而可将整体市场细分为不同的小市场。另外,顾客是分散采购还是集中采购,顾客公司内部各部门的权力大小,顾客与现有供应商的合作关系的紧密程度等都会影响采购决策,因而都可以成为细分市场的依据。

第二,根据情境变量划分。情境变量包括订单的紧迫程度、产品的使用环境、订单的大小、产品的最终用途等。

订单的紧迫程度:对于常规备件或建设新厂所需的产品,以及用于紧急更换在用零部件的产品,有必要区别对待。

例如,有一家钢管配件供应商把紧急备件当作主要市场,它的客户常常愿意为它提供的应急工程服务、灵活的制造能力以及安装能力支付溢价。

产品的使用环境:产品的使用环境也会对供应商的选择产生重大影响。例如,汽车发动机在热带地区和寒冷地区的性能要求必然是不同的。

案例 5-5　海尔的市场细分

订单的大小:一般而言,组织市场的订单规模大于消费者市场,由于组织购买频率较低,因此,对不同订单规模配置不同的资源是企业需要重视的。

产品的最终用途:组织市场的用户购买产品除了正常使用之外,有些是作为再加工的原材料使用,因此,对所购的产品通常有特定的要求。企业可根据用户要求,将要求大体相同的用户集合成群,并据此设计出不同的营销组合策略。

3. 有效市场细分的标准

有效的市场细分能够使企业准确地实施目标市场营销,然而并非所有的市场细分都是有效的。一般来说,有效的市场细分应满足以下条件。

1) 可衡量性

有效的市场细分要求各种变量,如市场的规模、购买潜力和轮廓等可以数据化测量,大数据时代的到来使数据对于细分市场的测量越来越容易,也更加精确。

案例 5-6　拼多多的错位竞争

2) 可接近性

可接近性指企业能够进入某细分市场并能为之服务,如果一个细分市场的各方面条件都很好,但是企业无法进入该细分市场,那么这个细分就是没有意义的,即无效的市场细分。

3) 可盈利性

企业的经营目标始终是盈利,无论采取什么样的方式,都是为了盈利,这就要求细分市场的规模足够大,有足够企业盈利的空间,如果市场规模太小,那么细分出来的市场对于企业的营销意义就不大。

4) 可区分性

可区分性指的是各细分市场之间具有差异性,在概念上可清楚地加以区分,对于不同的营销方案具有不同的反应,如果已婚女性和未婚女性对于香水销售的反应基本相同,那么该市场就不应该被细分。

5) 可行动性

可行动性指的是企业能够为细分市场制订出切实可行的营销组合计划,进入该细分市场的营销计划在企业的资源和能力范围之内。

【中国智慧 5-1】

宋朝餐饮行业的市场细分

常言道,民以食为天。在经济繁荣的两宋时期,"处处拥门,各有茶坊酒店,勾肆饮食。市井经纪之家,往往只于市店旋买饮食,不置家蔬"。人们的市井生活丰富多彩,许多人已经不在家烹煮食物,这更促进了宋朝餐饮行业的发展。

和现在一样,有需求就有市场,有市场就有竞争,想要赢得竞争,就要进行分析,在合适的市场赚更多的钱。宋朝时期的餐饮行业已经有了粗略的细分,那时的饭店主要分为"正店""脚店"和"分荣"。"正店"属高端饭店,就像现在的豪华大酒楼,人均消费高,服务质量佳,主要为收入高、消费能力强的人群服务,还可承办大型的宴会酒席;"脚店"属中端饭店,"卖贵细下酒,迎接中贵饮食",主要为"小康人群"服务,消费水平中等,装潢较为精致,给人以愉悦的用餐体验;"分荣"则类似于如今街边的大排档,消费水平亲民,店铺装潢没有过多讲究但也各具特色,服务热情而贴心,充满了"人间烟火气",是感受当地生活气息的绝佳去处。每个人都可以根据自己的需求和经济实力选择合适的饭馆,而经商者也可以在经过详细的分析和周密的计划之后开一家属于自己的"正店""脚店"抑或是"分荣"。

案例 5-7　百雀羚的市场细分

4. 市场细分的程序和方法

1)市场细分的程序

海尔的市场细分主要经过了四个程序:第一,正确选择市场范围,企业当量力而行;第二,决定细分依据,尽量全面而精细;第三,进行具体细分;第四,评估细分结果,最重要的是与企业资源和实力相匹配。这四个程序适用于绝大部分企业。

2)市场细分的方法

市场细分的方法有很多,目前比较通行的方法主要是以下三种。

(1)单一标准法。单一标准法,是指根据市场营销调研结果,把影响消费者或用户需求的最主要因素作为细分变量,从而达到市场细分的目的。

例如,玩具市场需求量的主要影响因素是年龄,可以针对不同年龄段的儿童设计适合不同需要的玩具,这早就为玩具商所重视。除此之外,性别也常作为市场细分变量而被企业所使用,妇女用品商店、女人街等的出现正反映出性别标准为大家所重视。

(2)综合标准法。综合标准法,是指根据两种及两种以上影响消费者需求的要素进行市场细分。其核心是并列多因素分析,各因素之间没有先后顺序和重要与否的区别。例如,用生活方式、收入水平、年龄三个因素可将妇女服装市场划分为不同的细分市场,如图 5-4 所示。

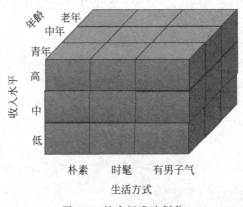

图 5-4　综合标准法划分

（3）系列标准法。系列标准法,是指根据影响消费者需求的各种要素,按照一定的顺序由少到多、由粗到细、由繁至简进行市场细分。如服装的消费市场可以分为城市市场和农村市场,城市市场又可以分为男性市场和女性市场,女性市场又可以分为老年市场、中年市场、青年市场和少儿市场,中年市场又可以分为高收入市场、中收入市场和低收入市场,如是等等。

案例 5-8　海澜不只是男人的衣柜

5.2　如何选择市场

【引导案例】

瑞幸咖啡的目标市场选择

醒目的小蓝杯,精致的鹿角 Logo,它就是近年来咖啡界的新宠儿——瑞幸咖啡。从 2017 年 10 月开设第一家门店以来,它用两年的时间开设了 3 000 多家门店,其扩张速度之快、市场打法之新,让星巴克也着实捏了一把汗。那么,瑞幸咖啡当初是如何选择了这样一个扩张如此之快的赛道呢?

1. 咖啡市场的市场规模和发展潜力

咖啡于中国而言始终是舶来品,很多普通消费者接触到的都是速溶咖啡居多,它占了中国咖啡市场的 72%。现磨咖啡价格贵,且购买限制比较大,通常要走好久才能买到一杯,其市

案例 5-9　瑞幸咖啡的目标市场选择

场份额仅占 10%,但其中的利润却相当可观,现磨咖啡"大佬"星巴克的年利润率为 32%。所以,瑞幸咖啡选择进入尚未饱和的现磨咖啡市场是有利可图的。

2. 市场的结构吸引力

目前现磨咖啡市场由星巴克、COSTA 等大牌主导,且呈现一头独大的现象——星巴克占据了现磨咖啡市场 50% 的市场份额。虽然现磨咖啡市场大佬众多,但都存在两个普遍的问题:第一,卖得贵;第二,购买不方便。瑞幸咖啡就是针对这两大痛点,提出了"做每个人都喝得起、喝得到的好咖啡"这一理念。

此外,业界大佬星巴克进入中国市场 20 余年,已经培养了一大批消费者的咖啡饮用习惯,为瑞幸咖啡带来了现成的受众,可谓是"前人栽树,后人乘凉"。且瑞幸咖啡采取的低价格策略,也会吸引更多想要尝试咖啡的新顾客群体。

3. 将市场进一步细分

瑞幸咖啡将市场细分为传统市场和新零售市场。在传统市场,瑞幸咖啡开设四种不同的门店:旗舰店、悠享店、快取店和外卖厨房店;新零售市场则与顺丰深度合作,实现"瑞幸咖啡＋分众＋顺丰"的高效组合。靠高效率的新零售＋传统市场模式,通过线上 App、线下终端门店,瑞幸咖啡掌握了大量场景需求与用户数据资源,迅速走红,成为新一代"网红咖啡"。

知识锦囊 5-4　什么是新零售

知识锦囊 5-5　目标市场概念拓展

瑞幸咖啡为什么能成为资本的宠儿?资本正是看中了它所在咖啡市场的潜力,从案

例中我们不难看出,目标市场的选择和市场细分对于企业的成功非常重要。本节将带读者深入了解一个企业该如何进行目标市场的选择。

1. 目标市场选择概述

1）目标市场选择的含义

所谓目标市场,是企业在细分市场的基础上,根据自身资源优势所选择的、主要为之服务的那部分特定的顾客群体。

2）目标市场选择的流程

男孩小宋和小高都是普通的高校在校生,今年已经大四了,找到工作之后,忽然发现自己已经23岁了还没有交过女朋友,不知道恋爱的滋味是什么样的,于是他们决定找一个女朋友！但是找女朋友这件事可不是那么容易的,学过营销的小宋灵机一动,想到了一个办法,他将目前所接触过的女生分为三类,第一类是女神级别的,长得非常漂亮,各个方面都很优秀;第二类是长相普通的,但是某一个方面很有魅力;第三类是长相一般的,同时对于小宋来说不适合做女朋友的。分类之后,小宋觉得虽然女神很美,但是追求者太多了,自己没有竞争力,于是便将目光投向第二类女生,并排除掉已经有男朋友的,于是小宋用了两周的时间成功脱单,而小高还在茫茫人海中继续寻找。

从上述案例中我们可以总结出,选择目标市场是很关键的一步,大致包含三步,如图5-5所示。

图 5-5　目标市场选择流程

2. 评估细分市场

1）细分市场的规模和潜力

企业在进行目标市场评估时,要考虑的就是市场的规模和潜力。首先,市场规模要适度。市场规模过大,竞争相对会更激烈,企业需要谨慎选择,避免"多数谬误";市场规模过小可能无利可图,最终竹篮打水一场空。其次,市场要具有发展的潜力,以李宁的案例来讲,李宁进入中国羽毛球市场的时期正是羽毛球运动快速发展的时期,且国内羽毛球品牌不温不火,市场亟须一个"领头羊"来让其发展走向正轨,这就是具有发展潜力的市场。

案例5-10　李宁的市场细分

知识锦囊5-6　波特五力模型

案例5-11　小米的智能手机进军之路

2）细分市场的结构吸引力

细分市场可能具备理想的规模和发展潜力,然而从盈利的角度来看,它未必有吸引力。前文已介绍迈克尔·波特提出的"波特五力模型",他认为有五种力量决定着整个市场或其中任何一个细分市场的长期内在吸引力,五种力量的不同组合变化最终影响行业利润潜力变化。

3）企业自身的目标和资源

某些细分市场虽然有较大吸引力,但是和企业自身的目标不相符合,公司目标包括若干方面,其中主要有市场份额、利润率和收益率、一体化方向以及市场和产品发展方向。如果细分市场不能推动企业实现自身的发展目标,甚至分散企业精力,使之无法完成主要目标,这样的市场可以考虑放弃。此外,企业在选择目标市场的时候还应该考虑企业自身的资源和能力是否能够有效进入细分市场,与自身条件相符合的细分市场才能为企业创造利润。

案例 5-12　一家小油漆厂的成功

【中国智慧 5-2】
实事求是的思想方针

"实事求是"一直是中国人的思想根基,是传统文化的瑰宝。早在 1938 年,毛泽东在党的六届六中全会上所做的政治报告中,就借用我国传统文化中的"实事求是"来提倡马克思主义同中国实际相结合的科学态度。实事求是的思想更在很大程度上影响了我国近代以来的特色社会主义路线。由此可见,实事求是的精神不光对做企业很重要,对建设国家也同样重要。

马克思主义进入中国之初,存在一种错误思想倾向,就是把马克思主义教条化,言必称苏俄,一味照抄马克思主义经典作家的词句,奉苏俄革命模式为圭臬。1931 年 1 月,被共产国际代表米夫扶上中共领导人地位的王明自封为"百分之百的布尔什维克",批评毛泽东在苏区红色根据地的正确路线,说什么"山沟沟里出不了马克思主义",宣称中国革命的高潮已经逼近,中国革命必须以城市为中心,进行城市武装暴动,进而争取在一省或数省首先取得革命胜利。

针对马克思主义教条化的错误倾向,毛泽东在 20 世纪 30 年代初就指出:"读过马克思主义'本本'的许多人,成了革命叛徒,那些不识字的工人常常能够很好地掌握马克思主义。马克思主义的'本本'是要学习的,但是必须同我国的实际情况相结合。"

在结合中国实际情况,实事求是这一思想方针的领导下,我党确立了正确的斗争路线。毛泽东多次指出,"中国的革命实质上是农民革命","农民问题是中国革命的基本问题,农民的力量是中国革命的主要力量"。"谁赢得了农民,谁就会赢得中国,谁解决土地问题,谁就会赢得农民"。毛泽东的这些观点当时在党内,甚至在整个共产国际范围内都是受到排挤的,都是非主流的观点,但历史证明毛泽东的判断是正确的。这使笔者想起了邓小平多次讲过的一句话:没有毛主席的话,我们至今可能还在黑暗中徘徊。直至现在,实事求是的思想方针仍旧没有过时,还是能够指导我们的学习和生活。

3. 目标市场选择的模式及策略
1) 目标市场选择的模式

公司对不同的细分市场评估后,就必须选择目标市场。一般来说,一个公司可以考虑的目标市场选择模式有五种:目标集中化、产品专门化、市场专门化、选择专门化以及完全市场覆盖,具体见图 5-6,其中,P 代表产品,M 代表市场。

案例 5-13　春秋航空的生存之道

(1) 目标集中化。目标集中化是指公司只选择一个目标市场进行集中营销。这是一种最简单的目标市场模式,在这种模式下,企业只生产一类产品,供应某单一的客户群体。

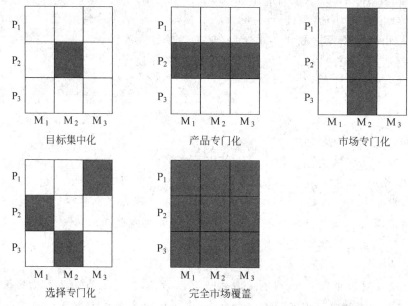

图 5-6　目标市场选择模式

（2）产品专门化。产品专门化是指公司集中生产一种产品，并向各类客户销售这种产品。从某种程度上说，这种产品专门化的方式类似于利基市场模式，将某一种产品做到极致。

（3）市场专门化。市场专门化是指企业生产经营各种产品满足某类消费者群体的各种需要。企业生产销售供某类消费者需要的各种产品，如某些化工用品生产企业专门提供大学实验室设备、某些服装制造商专门生产大码服装等。

案例 5-14　蕉下的产品专门化

皇家公司是一家专门从事宠物食品生产的公司，由于其食品品质稳定、富含营养、有助于宠物生长发育等，历年来在宠物饲养者口中有着良好的品牌地位。因为该公司从事宠物食品专门化生产，直接的顾客就是宠物饲养者，所以省去了不少营销方面的费用。皇家公司在生产宠物食品的基础上，同时销售各类宠物的用品，产品类别丰富，分散了经营风险。

（4）选择专门化。选择专门化是指企业在市场细分的基础上，集合公司的资源状况，有选择地生产某几种产品，或是有目的地进入某几个细分市场，满足某些消费者群体的需要。企业选择几个吸引力强并且与本企业战略目标和资源条件相符合和接近的细分市场。

康师傅控股有限公司于 1992 年开始生产方便面，经过数十年发展，康师傅方便面市场份额多年稳居行业前列，已经成为中国市场家喻户晓的方便面品牌。由于我国幅员辽阔，各个地方消费者的口味差别巨大，康师傅通过地理因素进行市场细分，并且针对不同的细分市场，有选择性地生产相应的产品以满足市场的需求。例如，我国西南地区人口众多，且人均消费能力远不如一线城市的消费者，所以康师傅在这一细分市场对产品作出了很大的改进,推出了"辣系列"口味方便面,泡椒、藤椒、麻辣、香辣等口味的方便面一经上市便获得了广泛的好评,赢得了广大西南地区消费者的认可,进而获得了可观的利润和较高的市场占有率。

(5)完全市场覆盖。完全市场覆盖是指企业生产和经营各种产品以满足所有消费者的需要,即企业经营各类用户所需的各种产品。完全市场覆盖主要有两种途径:一种是实行无差异营销,即忽略细分市场的差别,满足市场共同需求;另一种是制订和实施与细分市场适应的营销计划,包括不同的营销组合策略。一般只有实力雄厚的大公司才有能力采用完全市场覆盖模式。

宝洁(Procter&Gamble)是全球日用消费品公司巨头之一,笔者相信这本书的读者都是宝洁旗下产品的用户,逃不掉也避不开,因为宝洁的产品从日常生活使用的洗发水、沐浴露到家庭厨房使用的洗涤剂,再到护肤品、化妆品,甚至是食品及饮料,都有涉及,可谓是"遍地开花",在人们的生活中无孔不入。

宝洁采用的模式就是典型的完全市场覆盖模式,美容美发市场有潘婷、飘柔、海飞丝、沙宣等品牌;男士系列产品有吉列剃须刀、博朗理发器等品牌;家居护理市场有汰渍、碧浪等品牌;食品有品客等品牌;电池系列产品有金霸王等;护肤化妆产品有玉兰油、ANNA SUI(安娜苏)、Max Factor(蜜丝佛陀)、SK-Ⅱ等。宝洁拥有强大的资金实力和市场地位,其不断收购的扩张方式让很多品牌都成为宝洁家族的一员,所以,你所使用的产品即使现在不是宝洁旗下的,说不定过几年也成为宝洁系产品。

2)目标市场选择的策略

各公司选择的目标市场的范围不一样,所采取的策略就会有所差异,企业目标市场选择策略主要为无差异性市场选择策略、差异性市场选择策略和集中性市场选择策略三种。

(1)无差异性市场选择策略。无差异性市场选择策略是以市场总体为服务对象,不加以明确的细分,不管消费者需求的差异,只满足最大多数顾客的共同性需要。因而企业只是用单一的营销策略来开拓市场,即推出一种单一的标准化产品、采用一种价格、使用一种分配渠道和促销手段。

无差异性市场选择策略的立足依据是成本的经济性,由于品牌专一,便于组织大批量生产、储存和运输,从而获得规模效益而降低成本。同时,不需要进行市场细分,可以减少调研和促销的费用。

麦当劳开始在全世界进行推广的时候,都是采用标准化的烹饪方法和程序,同样的质量标准、同样的食材和产品、同样的服务水平,从产品到服务均采用的是无差异策略。这些策略在西方国家开展时并没有什么明显的阻碍,但麦当劳在中国市场的发展则并没有想象的那么轻松容易。这是因为麦当劳主打的是牛肉汉堡,但在中国没有太多消费者买账。麦当劳开始进行详细的市场调研,调研之后发现中国人对于鸡肉的接受度和喜爱度远远高于牛肉,于是麦当劳对中国市场的产品进行了"大换血",产品均以鸡肉为主,现在人们一提到吃炸鸡就会想到麦当劳,这是麦当劳很成功的一次产品改革。除此之外,由于中国人的饮食习惯与西方人的饮食习惯不同,食用米饭作为正餐的中国人比较多,于是麦当劳也开始慢慢推出盖浇饭、油条、粥类等产品,以迎合大多数中国消费者的习惯。

(2)差异性市场选择策略。差异性市场选择策略是将整体市场划分为若干个需求大致相同的细分市场,然后根据本公司的资源、能力和营销实力,选择不同数目的细分市场作为目标市场,并针对每一细分市场制订一套独立的营销方案,以满足不同消费者的需求,扩大市场份额。实行差异性市场选择策略的公司必须有一定的规模,人力、财务及物力等比较雄厚;公司的技术水平、设计能力都能适应;此外,对公司的经营管理能力有一定的要求。

案例 5-15　华为的差异化营销策略

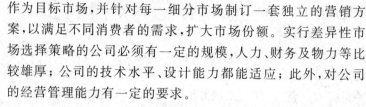

案例 5-16　Honeymate 的集中性市场选择策略

(3) 集中性市场选择策略。集中性市场选择策略是指企业选择一个或少数几个细分市场作为目标市场,制订一套营销方案,实行专业化生产和销售,集中力量争取在这些小市场上发挥优势,提高市场占有率。采用这种策略的企业对目标市场有较深的了解,不是追求在整体市场上占有较小的份额,而是为了在一个或少数几个较小的细分市场上取得较大的占有率,甚至处于支配地位。

通过以上分析,可以发现无差异性市场选择策略面向市场上有同样或类似需要的消费者,差异性市场选择策略则面向市场上有不同需要的消费者,两者都是面向整个市场,都是用于大中型企业。因此,对于国有企业来说应进入基础性、公益性的行业,进行垄断经营来控制国民经济的命脉,而不应该进入竞争性的行业,避免与中小非公有制企业竞争。而集中性市场选择策略更适用于小型企业,因为小企业拥有的资源有限,集中性市场选择策略更有吸引力。在这种策略下,企业可以集中精力实行专业化、系列化的生产和销售。

3) 影响目标市场选择策略的因素

以上三种目标市场选择策略各有利弊,企业在选择目标市场时,到底应采取哪一种策略呢?一般情况下,企业必须考虑面临的各种因素和条件,各个因素对目标市场选择策略的影响详见表 5-8。

表 5-8　影响目标市场选择策略的因素

目标市场选择策略	影响目标市场选择策略的因素						
	企业资源或实力	产品同质性	产品所处的生命周期	市场同质性	竞争者数量	市场供求关系	竞争者的目标市场选择策略
无差异性市场选择策略	强	高	投入期	高	少	供不应求	无差异
差异性市场选择策略	强	低	成长期和成熟期	低	多	供过于求	差异或无差异
集中性市场选择策略	弱	低	衰退期	低	多	供过于求	差异或集中

(1) 企业资源或实力。一般情况下,资源雄厚的企业,如果拥有大规模的生产能力、广泛的分销渠道、标准化程度很高的产品、好的内在质量和品牌信誉等,则可以考虑实行无差异性市场选择策略;如果企业拥有雄厚的生产能力和优秀的管理素质,则可以考虑实行差异性市场选择策略;而实力较弱的中小企业则适合集中力量进行集中性市场选择策略。

从2010年到2019年，雷军带领小米花10年时间建立起自己的商业帝国。从单一的产品格局到完整的多元化的生态产业链，小米为我们书写了一本完整的商业教科书。成功不是一蹴而就的，而是从无到有、从小到大、从窄到宽，这是一个逐步积累的过程。小米刚问世时，以一款小米手机1作为黑马杀入市场，采用无差异性市场选择战略。随着公司逐步扩大，产能和产品范围也逐步扩大，资金也逐步雄厚，与此而来的是小米对差异性市场营销策略的选择。现在你在任意一家小米之家，从手机到电脑，从各类细小的生活用品到大型家电，应有尽有，差异性营销带来的好处就在于此。

（2）产品同质性。产品同质性是指在消费者眼里，不同企业生产的产品的相似度。对于大米、食盐、钢铁等产品，尽管每种产品因产地和生产企业的不同会有品质的差异，但是相对于其他方面而言，消费者可能不太重视，竞争主要集中在价格上，这样的产品适合采用无差异性营销策略。对于服装、化妆品、汽车等产品，由于在型号、式样、规格及品牌方面存在较大的差别，产品选择性强，同质性较低，因而更适合采用差异性市场选择策略或集中性。

海澜集团是我国一家以服装为龙头产业、以精毛纺面料为基础产业的专业化大型企业集团。由于服装行业存在很大的产品差异性，不同的消费群体对于服装的要求差别很大。海澜集团将市场细分为男性青年市场、男性中年大众市场、男性中年商务市场、女性职业市场和女性都市休闲市场，采用差异性营销策略，分别为各个市场提供不同风格、品质、款式和价格的产品，并创立了海澜之家、黑鲸（HLA Jeans）、AEX、EICHTOO等子品牌，以更好地实施差异化策略，满足各个细分市场消费者的不同需求。

（3）产品所处的生命周期。产品因所处的生命周期不同而表现出的不同特点也不容忽视。投入期的产品，消费者认知浅，市场竞争温和，通常采用无差异策略；产品进入成长期和成熟期，企业需要采用差异性市场选择策略来满足消费者多变的需求，应对疯狂的竞争者；当产品进入衰退期，企业则应将心力放在延长产品生命周期上，可考虑集中性市场选择策略。

（4）市场同质性。市场同质性是指各细分市场顾客需求、购买行为等方面的相似程度。市场同质性高，意味着各细分市场相似程度高，不同顾客对同一营销方案的反应大致相同，此时，企业可考虑采取无差异性市场选择策略；反之，则适宜采用差异性市场选择策略或集中性市场选择策略。

（5）竞争者数量。一般情况下，当市场上同类产品的竞争者较少、竞争不激烈的时候，企业可采取无差异性市场选择策略。当竞争者众多、竞争激烈时，为了获取更大的竞争优势，可采用差异性市场选择策略或集中性市场选择策略。

（6）市场供求关系。供与求是市场中两大基本力量，它们的变化趋势往往是决定市场发展方向的根本原因。供不应求时，企业重在扩大供给，忽略了需求差异，所以采用无差异性市场选择策略；供过于求时，企业致力于刺激需求、扩大市场份

案例5-17　农夫山泉有点甜

案例5-18　神州专车的差异化营销策略

案例5-19　靠流感"起家"的东阳光

知识锦囊5-7　行业巨头竞争，小企业会渔翁得利吗？

额,多采用差异化市场选择策略或集中性市场选择策略。

(7)竞争者的目标市场选择策略。企业选择目标市场选择策略时,一定要充分考虑竞争者尤其是主要竞争对手的选择策略。若竞争者采用无差异性市场选择策略,企业当然也可以采用无差异性市场选择策略,但是此时若采用差异性市场选择策略与之对抗,更有助于提高企业产品的竞争力;如果竞争对手采用差异性市场选择策略,则企业也应采用差异性市场选择策略或集中性市场选择策略与之抗衡;如果竞争对手采用的是集中性市场选择策略,并且相对于本企业又占有竞争优势,则本企业应该改善产品,转向其他细分市场,以避其锋芒。

案例 5-20　拉市海的遮阳帽

【中国智慧 5-3】

知己知彼,百战不殆

在市场营销学中,企业制定营销策略、开展营销活动前都会充分考虑竞争对手的情况,认真观察对手的一举一动,以便采取相对应的措施与之抗衡,守住自己的市场份额。这与中国古代制定军事策略时需要考虑的因素并无二致。《孙子兵法·谋攻篇》中提道,"知彼知己,百战不殆;不知彼而知己,一胜一负;不知彼,不知己,每战必殆",意思是了解对方也了解自己的,百战不败;不了解敌方而熟悉自己的,胜负各半;既不了解敌方,又不了解自己,每战必然失败。

在案例 5-20 中,旅游景点的商家就是处于垄断地位,所以采取了无差异性市场选择策略,提供一些最普通的产品,但也能卖出高价。但试想,如果该商家是在一条到处都是精品店的步行街上卖这些东西,竞争者众多,他必定要采取其他的策略来赢得顾客的欢喜,否则只能用比别人低的价格来吸引顾客。这时他应该采取差异性市场选择策略,创新店内的产品,尽可能引导市场走向而不是被动地被其他商家影响,而且应该丰富营销手段,采取多种宣传和促销的方式来吸引顾客。

最后,选择适合本企业的目标市场选择策略是一个复杂多变的工作。企业内部条件和外部环境在不断发生变化,经营者要不断通过市场调查和预测,采取灵活的策略适应市场态势,以争取较大的效益。

就拿拼多多来说,起初,拼多多的用户确实是大爷大妈,因为收入不高,要节俭。拼多多开始很不起眼,但照这个思路走下去还有一个更大的用户群体,就是那些"并不是没有钱,而是身上有一种挥之不去的节俭天性的人",为了节约货比三家的时间成本,很容易对新的 App 产生依恋。拼多多采用一套以性价比为追求的新电商模式,已经超越了传统电商的特价大促思维,将性价比融入消费者日常中去,而不是通过几次营销活动特价大促来进行流量批发。对于未来的发展,拼多多已经基本实现了对上游供应链各环节的深度参与,所有加入拼多多"新品牌计划"的工厂,都将上传包括原材料采购记录、检测报告、生产日志等在内的所有信息,并同步至拼多多数据系统进行备案,以实现商品的全链路追溯。与此同时,拼多多也推出了大数据支持、专家诊断、研发建议等一系列帮扶计划,并在一定范围内倾斜流量,以增加商品曝光度,支持其品牌化建设。从看不起到让别人看不懂,到最后看不见,望尘莫及。拼多多要做的事,不是一部分人的所有生意,而是所有人的某一部分生意,或者是所有人在所有场景下的生意。

【中国智慧5-4】

随 机 应 变

"随机应变"这一成语可以充分概括一个企业制定营销策略时的制胜法门,这一成语出自《旧唐书·郭孝恪传》:"世充日蹙月迫,力尽计穷,悬首面缚,翘足可待。建德远来助虐,粮运阻绝,此是天丧之时。请固武牢,屯军汜水,随机应变,则易为克珍。"

隋末,群雄并起,逐鹿中原。唐灭刘武周后,李渊为统一天下,命令秦王李世民率军东征占据洛阳的王世充。当时,窦建德占据河北,唐还要防范北方的突厥。为了集中兵力拿下洛阳,李渊遣使与窦建德言和,争取使其中立。窦建德知道唐灭掉王世充之后下一个目标就是自己,于是他决定联合王世充来对抗李渊。面对这种危急情况,李世民召集众将商议对策。萧瑀、屈突通等多数人认为唐军长期奋战过于疲惫,而窦建德气势正盛,唐军胜算微乎其微,但郭孝恪则认为:王世充被我们围了很久,已经力尽计穷,他的失败,指日可待,且长途增援,粮道不通,这正是自取灭亡。郭孝恪建议李世民"围城打援":一边继续围困王世充,一边带兵占据虎牢关,"随机应变"。李世民采纳了该建议,命齐王李元吉等继续围困洛阳,亲率精兵步骑进驻虎牢关,不久,全歼窦建德军。李世民随即移师洛阳,内无粮草、外无援助的王世充只好投降。

商场如战场,企业制定营销策略时也应像郭孝恪一样,详细分析自身所处的环境,了解自身和对方的利弊,相信没有绝对的绝境,时刻保持敏锐的洞察力,随机应变方能制胜。

4. 该怎样进入目标市场

1) 目标市场进入方式

(1) 以内部发展的方式进入市场。内部发展是指公司依靠自身的力量,研究设计制造并推销符合目标市场需要的产品。

案例 5-21 大疆无人机

(2) 以并购的方式进入市场。以并购的方式进入市场是企业挺进新市场最迅速的方式。通常而言,当一个企业面临以下几种情况时,就可以考虑并购的进入策略:首先,一个公司试图进入某个细分市场,但是拥有的关于这个市场的行业知识还很不足,市场竞争能力较弱。其次,当一个公司瞄准某一细分市场时,虽然自己有能力在一定时期打开这一市场,但是这需要一个长期的过程。最后,公司如果依靠内部发展的方式进入新市场,将遭遇种种困难和阻碍,如专利权、经济规模、原料及其所需的物资供应的限制等。在这种情况下,公司也可以采取收购现成产品或公司的市场进入策略。

案例 5-22 美的之合作战略

Lenovo(联想)是中国著名的国产个人电脑品牌,2004 年前,联想在 PC 及手提电脑领域竞争力一般,特别是在商务笔记本这一块尤其弱。也正是这一原因,联想在 2006 年前与业界巨头 IBM 进行长期谈判,终于在 2006 年达成协议并收购了 IBM 公司的 PC 业务,并入联想的产品体系中,借此将 PC 业务引入中国并成功进入这一细分市场。IBM 的个人电脑素来以商务功能和安全性著称,在并购的前 5 年,联想依旧只能使用 IBM 标志,5 年后,ThinkPad 问世并逐渐成为国内商务电脑的首选系列。联想通过并购 IBM 的 PC 业务,成功进入个人电脑细分市场,并通过并购开发了自己的专属系列,是典型的并购进入细分市场案例。

(3) 以合作的方式进入市场。这种方式由于它的明显优点而被国内外公司广泛采用。首先,采用合作的方式将使风险由于合作分担而降低;其次,合作的公司将在技术、资源上相互支援,从而使单个公司无力开拓的市场成为可以利用的机会;最后,合作公司可以互补长短,并能发挥协作的作用,形成大于单个公司经营能力综合的新优势,而这正是这种方式较前两种进入方式的突出优势所在。

综上,公司究竟采用何种市场进入方式,取决于外部环境和内部条件两方面因素。公司既可以采用单一的市场进入方式,也可以综合运用以上三种市场进入方式。

2) 在什么时间进入目标市场

(1) 市场时机的特征。在前文中我们提到了小宋将接触到的女生分为三类:女神级别、长相普通但有魅力、长相一般且不适合做女朋友。小宋将自己的精力投入在第二类女生的身上。经过了解和筛选,小宋觉得小红是一个很不错的女生,长相小家碧玉,性格好而且很有才华,小宋心动不已。于是小宋用各种方法迂回地了解到小红的近况:小红前两个月刚和男朋友分手,现在正处于忘记上一段感情的时期。小宋还得知,在小红有男朋友的那段时间,小红的同学小强还是一直喜欢着小红,并且时不时地给小红以暗示。但小红并不想搭理小强,并觉得小强的追求是一种困扰。小红刚分手的那两天,小强按捺不住心中的激动,开启了比以往更疯狂的追求,但是他哪里知道,小红刚分手的时候根本无心谈论与感情有关的话题,这使得小强在小红心中的形象进一步打折扣。

小宋了解这些情况之后,觉得现在正是接触小红的最佳时期,先从朋友做起,慢慢等小红打开心扉。于是小宋每天和小红聊天,关心她,为她解决生活中的烦恼,这给小红留下了很好的印象。一段时间之后,小宋觉得小红已经对上一段感情有所释怀,而且确定小红对自己也有了一些好感,于是他向小红告白,最终小红被小宋的细心、温柔和善解人意所打动,决定与小宋交往。

案例 5-23　神州专车巧用时机

从上述小宋的故事中我们可以总结出,市场时机有着以下三个特点:第一,具有客观性,它总是在一定时间范围存在,错过了就很难再遇到;第二,是资源,把握住时机的企业能创造比其他企业更多的财富;第三,具有不可储存性,它有其自身发生、发展、消亡的过程,绝大多数情况下,市场时机都是十分短暂、稍纵即逝的。

【中国智慧 5-5】

机不可失,时不再来

"机不可失,时不再来"这一成语出自《旧五代史·晋书·安重荣传》,"仰认睿智,深惟匡瑕,其如天道人心,难以违拒,须知机不可失,时不再来",常被用来告诫人们时机难得,必须抓紧,不可错过,如今在市场营销学中同样适用,市场时机的客观性、不可储存性使得它尤其珍贵,在不合适的时机作出的决策可能会导致企业惨败,只有那些善于利用时机的企业才能有长远的发展。

这与营销学中的"事件营销"(event marketing)的核心不谋而合,事件营销是企业通过策划、组织和利用具有新闻价值、社会影响以及名人效应的人物或事件,吸引媒体、社会团体和消费者的兴趣与关注,以求提高企业或产品的知名度、美誉度,树立良好的品牌形象,并最终促进产品或服务销售的手段和方式。它需要市场人员对市场的大小事件有敏锐的嗅觉,并且迅速反应,合理利用事件,借势宣传自己的产品和品牌。神州专车的"Beat U"就是事件营销成功的典范。

（2）选择市场时机的关键因素。企业在选择市场时机时要从三个因素考虑。

首先是利润。时机是否适宜的评判标准之一,就是这一时机能否给公司带来利润的增长。

其次是寿命周期。正如前文所说,市场时机是有寿命周期的,就像互联网的飞速发展只有四五年的时间,在这期间网红、自媒体等领域大热,许多人从中分到一杯羹,如罗振宇等,他们都是在这一风口的推动下取得了成功,但现在若是再想进入这一行业,就很难再有所成就,因为这一时机已经处于"衰退"期,其利用价值微乎其微。

最后是竞争因素。当我们在寻找市场时机争取发展时,竞争对手也在寻找和力图把握市场时机,当一个市场时机被一个或一批公司利用并取得了较好的效益时,就会有相当一批竞争者加入进来。公司营销者的任务就是不断观察市场时机的发展变化,从中捕捉对公司生存和发展有重大意义的市场时机,果断决策。

【中国智慧 5-6】
革命年代的时机选择

从 19 世纪 40 年代开始,帝国主义和中国封建统治者相互勾结,一步一步地把中国变成了半殖民地半封建社会。为了挽救民族危亡,寻找救国之路,先后爆发了太平天国运动、戊戌变法运动、辛亥革命,但最终都失败了。这充分证明,资本主义道路在中国走不通。这是因为,帝国主义不允许中国走资本主义道路,封建势力反对中国走资本主义道路,中国的农民阶级及民族资产阶级没有能力领导中国革命走向胜利。1921 年中国共产党的诞生,使中国革命的面貌焕然一新。中国共产党以马克思主义为指导,准确地把握了世界历史的发展趋势,深刻地分析了中国的特殊国情,找到了一条夺取中国革命胜利的道路,即新民主主义革命的道路。经过 28 年艰苦卓绝的奋斗,中国共产党领导中国人民取得了新民主主义革命的伟大胜利,建立了中华人民共和国。中国的前途是社会主义。

前面我们说过,公司究竟采用何种市场进入方式,取决于外部环境和内部条件两方面因素,革命斗争亦是如此,正是戊戌变法、辛亥革命等前辈们的"抛头颅,洒热血",才让先进的知识分子以及广大劳动人民深刻意识到只有社会主义才能救中国,是历史选择了中国共产党。

（3）如何把握市场时机。企业把握市场时机可以分为五个步骤:第一,寻找和分析市场时机。第二,选择市场时机。企业要学会甄别哪些时机对自身有利,且要有创造性思维,善于从平凡的事件中挖掘发展时机。第三,利用市场时机。有了好的时机,企业要设计相对应的营销策略或事件来"造势",以取得自身的飞速发展。第四,调控市场时机。公司营销者必须随时监控市场时机随着环境的变化的详细情况,并据此不断调整自己公司的行为,以便使市场时机的选用能取得更好的效果。第五,创造市场时机。在市场时机产生、发展、消亡的过程中,企业可以根据自己的实践活动影响市场时机的变化,从而创造适合公司发展的客观可能性。

 章末本土案例

1. 案例摘要

突破重围,走向国际:海润集团国际营销之战

"一带一路"倡议提出以来,各个行业都从中寻觅商机,思考新的发展方向。丝绸是中华民族文化瑰宝,中国丝绸行业是中国典型出口导向型行业,其原料资源得天独厚的优势及产品颇强的国际竞争力无与伦比。山东海润集团就是丝绸行业中的一员。海润集团主要经营蚕丝类产品和真丝绸类产品,前者出口多年居全国第一,后者位列全国第二。在"一带一路"背景下,丝绸行业竞争越发激烈,市场形势的变化要求海润集团重新对国际市场进行市场细分和选择,并有针对性地采取不同的营销策略。如何运用所学的知识帮助海润集团在国际市场上抢占先机,乘势取得新的突破?

2. 思考题

(1) 针对不同发展水平的国际市场,海润集团该如何进行丝绸业国际市场细分?

(2) 海润集团如何评估各个国际细分市场?

(3) 海润集团应进入哪几个细分市场?

(4) 针对不同的国际市场和不同的丝绸产品,海润集团应采取怎样的目标市场选择策略?

(5) 在实施营销策略时,海润集团应如何防范国际风险?

3. 案例分析框架

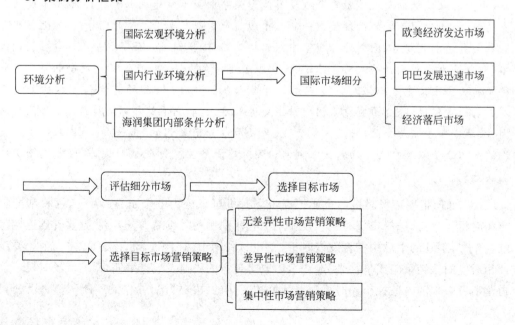

提炼总结

1．本章重难点

(1) 市场细分的三种模式。

(2) 消费者市场和组织市场的细分变量。

(3) 有效市场细分的标准。

(4) 市场细分的三种基本方法。

(5) 细分市场评估的标准。

(6) 目标市场选择的五种模式和三种策略。

(7) 影响目标市场选择策略的因素。

(8) 目标市场进入的三种方式。

2．核心概念

(1) **市场细分**：按照某种或者某些特定的标准将市场上的消费者划分为若干群体的过程。

(2) **客户终身价值**：也称为客户寿命价值，它等于一个客户所期望的终身收益减去该客户的终身成本(包括获得该客户的成本、维持成本以及服务成本)。

(3) **单一标准法**：指根据市场营销调研结果，把选择影响消费者或用户需求最主要的因素作为细分变量，从而达到市场细分的目的。

(4) **综合标准法**：指根据两种及两种以上影响消费者需求的要素进行市场细分。其核心是并列多因素分析，各因素之间没有先后顺序和重要与否的区别。

(5) **系列标准法**：指根据影响消费者需求的各种要素，按照一定的顺序由少到多、由粗到细、由繁至简进行市场细分。

(6) **目标市场**：是企业在细分市场的基础上，根据自身资源优势所选择的、主要为之服务的那部分特定的顾客群体。

(7) **目标集中化**：指公司只选择一个目标市场进行集中营销。

(8) **产品专门化**：指公司集中生产一种产品，并向各类客户销售这种产品。

(9) **市场专门化**：指企业生产经营各种产品满足某类消费者群体的各种需要。

(10) **选择专门化**：指企业在市场细分的基础上，集合公司的资源状况，有选择地生产某几种产品，或是有目的地进入某几个细分市场，满足某些消费者群体的需要。

(11) **完全市场覆盖**：指企业生产和经营各种产品以满足所有消费者的需要，即企业经营各类用户所需的各种产品。

(12) **无差异性市场选择策略**：以市场总体为服务对象，不加以明确的细分，不管消费者需求的差异，只满足最大多数顾客的共同性需要。

(13) **差异性市场选择策略**：是将整体市场划分为若干个需求大致相同的细分市场，根据本公司的资源、能力和营销实力，选择不同数目的细分市场作为目标市场，并针对每一细分市场制订一套独立的营销方案，以满足不同消费者的需求，扩大市场份额。

（14）**集中性市场选择策略**：指企业选择一个或少数几个细分市场作为目标市场，制订一套营销方案，实行专业化生产和销售，集中力量争取在这些小市场上发挥优势，提高市场占有率。

3．分析工具

1）市场细分的程序和方法

5.1节中提出了各个企业进行市场细分时普遍采用的细分程序，并列出了几种企业所采用的市场细分方法。

第一，要进行市场调研，正确选择市场范围。在这一步骤中，企业应根据自身情况，确定所经营的产品或服务属于哪一种市场模式，同质偏好、集群偏好还是分散偏好。第二，企业应决定细分依据。消费者市场细分依据主要有顾客基本特征、顾客心理特征、顾客行为特征和顾客与企业关系特征，而组织市场细分变量主要有统计学维度和购买行为两大类别。第三，企业根据所选择的市场细分变量对市场进行细分。细分过程中可以选择一个最主要的影响因素进行细分，这就是单一标准法；也可以选择两种及以上因素对市场进行更加细致的划分，这就是综合标准法；还可以由粗到细、由繁至简地对市场一层一层地细分，这就是系列标准法。第四，企业要对细分后的市场进行评估，分析每一个市场的优劣利弊，从而最终选择一个与企业经营目标和能力相匹配的市场作为目标市场。

2）如何评估细分市场

第一，企业可以根据市场的规模和发展潜力对市场进行评估。规模过小盈利少，规模过大市场竞争激烈，亦不利于企业发展；市场的发展潜力是对市场规模这一因素的补充，潜力大的市场尽管小也有利可图，潜力小的市场再大也不能有大作为。第二，根据市场细分的结构吸引力进行市场评估。主要是根据波特五力模型对市场进行一个细致分析，包括细分市场内激烈竞争的威胁、新竞争者的威胁、替代品威胁、购买者讨价还价能力及供应商讨价还价能力的分析。第三，根据企业自身的目标和资源对市场进行进一步的筛选。通过上述分析后，企业便能选择出大致的细分市场了。

3）确定目标市场选择的模式

在企业对目标市场进行评估后，就要进行目标市场的选择，共有目标集中化、产品专门化、市场专门化、选择专门化和完全市场覆盖五种模式。第一，目标集中化，适用于公司在某个细分市场有绝对的优势和实力、市场竞争小或自身资源有限的情况；第二，产品专门化，适用于公司专业技术能力强，应变力强，创新力强，研发、销售、管理等均能走在市场前列的情况；第三，市场专门化，适用于公司产品研发和生产能力强，能同时满足某类顾客群体的所有需求的情况；第四，选择专门化，适用于公司资源有限，有目的地进入某些细分市场以满足顾客需求的情况；第五，完全市场覆盖，适用于实力雄厚的大公司，生产经营各种产品以满足所有消费者的需要。

4）如何确定目标市场营销策略

企业根据要进入的细分市场和自身的条件确定目标市场营销策略，共有无差异性市场选择策略、差异性市场选择策略和集中性市场选择策略三种目标市场营销策略。第一，无差异性市场选择策略适用于需求广泛、市场同质性高，且企业有大规模生产能力的情况，其局限性较强，对需求变化反应慢，鲜有公司选择这一策略；第二，差异性市场选择策略适用于有一定规模,且人财、物力都比较雄厚,技术水平高,管理能力强的公司;第三,集中性市场选择策略适用于资源力量有限的小公司,集中所有资源进入一个利基市场,取得较大的市场份额,但不利于分散风险。企业应根据自身的实力、产品同质性、产品所处生命周期、市场同质性、竞争者数量、市场供求关系、竞争者的市场营销策略等因素来选择自己的营销策略。

    5)目标市场进入方式

本章共提到了三种企业进入市场的方法。第一,以内部发展的方式进入市场。这种方式风险较小,公司易于控制产品的生产能力和质量,适用于公司的初创阶段,或是公司没有适当的收购对象、收购成本过高等情况。第二,以并购的方式进入市场。这种方式是进入市场最快的方式,适用于公司对于目标市场专业知识不足、自行开拓市场所花费时间过长,成本过高、公司靠内部发展进入市场时受到专利权、经济规模限制等情况。第三,以合作的方式进入市场。该方式可以充分整合两方的优势,取长补短,容易在市场上站稳脚跟,一般适用于行业内声望较高、实力较强的企业。

即 测 即 练

第 6 章

市 场 定 位

【本章学习目标】

1. 了解市场定位理论的产生与演变。
2. 了解定位理论的三个发展阶段并掌握对应的三种定位理论观点。
3. 掌握定位的定义,了解定位的内涵和要求。
4. 了解企业为什么要进行定位,掌握市场定位的工具。
5. 重点掌握市场定位因素的选择和基本的市场定位战略。

【本章概要】

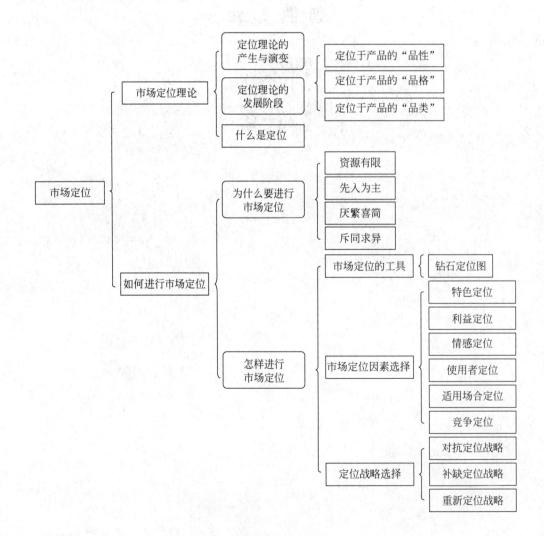

6.1　市场定位理论

【引导案例】

元气森林的崛起之路

谈起近几年的现象级食品公司,元气森林(北京)食品科技集团有限公司(以下简称"元气森林")一定是其中之一。元气森林成立于 2016 年,经过 5 年多的发展,元气森林的线下渠道已覆盖国内 30 个省份,铺设线下十几万家店面,年销售达 10 亿瓶,同时打造了多款深受年轻消费者喜爱的产品,并获得了资本市场的青睐。

该品牌的成功,定位功不可没,它依靠着独特定位——"0糖专家"找到了饮料市场的空白。近年来生活节奏加快,加班文化在各个公司都很常见,这也导致年轻人的生活方式从"烧烤啤酒"变成了"保温杯里泡枸杞,戒掉饮料戒油腻","健康,低

案例 6-1　元气森林的崛起之路

糖,低脂"这一理念开始显著地影响到年轻人的消费选择。正是借着市场的东风,元气森林几乎一炮而红。

元气森林通过深入了解饮料市场,将产品定位在"0糖专家"上,主打 0 糖 0 脂 0 卡健康理念的饮料。这个定位避开了含糖饮料可口可乐、百事可乐等竞争对手的优势地位,在消费者心智中找到了一块空白,并迅速占领了这块空白。但是,如果你去细细查证的话就会发现元气森林并不是第一个生产无糖汽水的厂家,在它之前便有包括可口可乐在内的不少厂家有无糖汽水,为什么成功的是元气森林呢?

这是因为其他产品仅仅占据了"货架上的空白",没有占据"心智的空白"。《定位》中说:"定位基于产品,但产品本身不是定位的对象,潜在心智才是。"虽然货架上存在一些无糖饮料,但消费者并没有把它们放在心上,消费者的心智中一直觉得有糖饮料才好喝,好喝的无糖饮料就是一个空白,是其他饮料厂商的弱点。元气森林洞察到市面上无糖饮料品类很少,而口感也大多不好,因此瞄准用户痛点,从根源上解决问题,采用口感更好、成本更高、更为安全的天然代糖赤藓糖醇作为饮品配方,率先抢占了"无糖饮料""健康饮品"的领导者身份,抢夺了用户的心智。元气森林满足了相当一部分控制不住自己喝饮料,还想要健康的人群,而这一部分是用户心智上空白的一块。

元气森林为何能在竞争非常激烈的碳酸饮料市场脱颖而出?这是因为元气森林不仅提出了自己的销售主张,并将该主张定位在了顾客的心智中。在产品同质化十分严重的当下,再好的产品也需要正确的战略定位。产品时代,广告人关注的是产品特点和顾客利益,仔细观察产品,然后找到产品独特销售主张;而在定位时代,想要成功,企业不能只看产品的差异,而必须寻找并占领顾客心智中尚未被其他品牌占据的位置,定位的确立,不但要考虑本企业的优劣势,还要考虑竞争对手的优劣势。如今已经不是"酒香不怕巷子深"的时代,想要赢得市场就得主动出击。如乔布斯所言:"消费者并不知道自己需要什么,直到我们拿出自己的产品,他们就发现这是我要的东西。"所以给予产品一个清晰准确

的定位,对于品牌或企业的生存至关重要。知人者智,自知者明,一个企业就是要知道自己的优势所在,并充分利用它,明确市场定位,树立自己独特的品牌形象,才能有所作为。市场定位理论的发展经过了很长的过程,本节将对定位理论的发展进行简单阐述。

【中国智慧6-1】

知人者智,自知者明

人们常说,人要有自知之明,其实在市场营销中,企业也需要有自知之明。这一成语出自《老子》第三十三章,原文是"知人者智,自知者明",意思是能够了解他人的人是聪明的,能够了解自己的人是智慧的。一个企业只有了解了自己的优势所在,才能发挥其作用。利用优势可以更好地进行市场定位,并开展一系列有利于企业发展的营销活动,若没有很好的自我认知,企业会寸步难行。

1. 定位理论的产生与演变

"定位"一词,最早见于1969年的美国《行业营销管理》杂志,阿尔·里斯(Al Ries)和杰克·特劳特(Jack Trout)发表了一篇《定位:同质化市场突围之道》的文章,并引起了学界注意;1972年,两位作者又为《广告时代》撰写了题为"定位时代"的系列文章,开始受到广泛关注;1981年,推出的经典著作《定位》一书指出,"定位是在拥挤的市场上与目标客户进行沟通的工具",在美国企业界引起了巨大轰动,从此也带来了全世界营销理念翻天覆地的变化。

人物小传6-1　阿尔·里斯(Al Ries)

人物小传6-2　杰克·特劳特(Jack Trout)

2001年,美国市场营销协会评选有史以来对美国影响最大的营销观念,结果不是劳斯·瑞夫斯的USP(独特的销售主张)、大卫·奥格威的品牌形象论,不是菲利普·科特勒所构架的营销管理及顾客让渡价值理论,也不是迈克尔·波特的竞争优势理论,而是"定位"理论。

2. 定位理论的发展阶段

知识锦囊6-1　定位理论知识拓展

市场定位的发展分为三个阶段,分别代表着三种理论观点,我们将其归纳为企业产品的三种性质。

(1) 定位于产品的"品性"。案例6-2中,巴奴毛肚之所以能一步一步从名不见经传的小店做到声势浩大的连锁品牌,离不开它独到的市场定位。经过三次定位的转变,巴奴毛肚最终选择了"产品主义",做高端火锅,抓住自身的属性和特点,找到独特的优势,形成了自己的特色,赢得了自己的地位。这一定位是典型的定位于产品"品性"的定位方法。定位于产品的"品性",即产品的特点,能够说服消费者购买的买点。这一定位理论的战略出发点是"差异化",聚焦于产品的独特之处和市场优势,使自己的产品能够与众不同。确定产品卖点时,需要特别注意的一点是:卖点不一定等于买点。卖点是从企业产品的角度说的。只有卖点对准了消费者尚未满足的需求时,这个卖点才会有价值,才会在市场上产生促销实效。

案例6-2　巴奴毛肚的产品主义

(2) 定位于产品的"品格"。20世纪60年代,随着消费主义对于愉悦的追求的日益增长,生产者开始专注于引诱消费者,而非说服消费者,形成了一个充满着自我放纵、通感和消遣的过度消费时代,因此情感销售主张(emotional selling proposition)取代了独特的销售主张。这一时期,大卫·奥格威提出了品牌形象论,认为品牌形象不是产品固有的,而是消费者联系产品的质量、价格、历史等在脑海中所形成的,因此每一品牌、每一产品都应发展和投射一个形象,该形象经由各种不同推广技术传达给顾客及潜在顾客。此外,消费者购买的不只是产品,还有承诺的物质和心理的利益。

基于品牌形象论的观点,品牌建设的作用是试图把某个产品和特定的消费者利益点联系起来,而不是仅仅局限于只强调产品本身的某些特征;同时,广告则可以起到刺激消费者去进行产品体验,并与其建立情感联系的作用。这主要是因为产品独特的卖点越来越少了,以产品之间功能的差异来吸引消费者越来越难了,而且成功的企业发现,在产品的销售中声誉或者形象比任何一个具体的产品特色都更加重要。

知识锦囊6-2　市场区隔(Market Segmentation)

这里,我们将这种定位方式称为定位于产品的"品格":品格主要是讲品牌的文化、品牌的历史、品牌的故事。任何一个成功的品牌,都有一个诱人的故事、一种精神、一种力量,终而成为一种消费者的消费品位或精神励志的符号。这一定位理

人物小传6-3　"学渣"大卫·奥格威(David Ogilvy)

论的战略出发点是"个性化",聚焦于和消费者的情感联系,一种产品对于消费者不仅具有物质利益,同时还具有精神和情感方面的利益关联,使其在消费者头脑中占据一个独特的位置,从而在市场竞争中处于不败之地。

在瞬息万变的数字市场环境下,技术迭代快,传播速率快,消费需求和认知变化也非常快。面对独特的市场环境,品牌必须保持升级迭代的警觉性和频次,才能跟上用户和市场的需求。与用户一同成长至今的美团,对于定位升级的命题,自然

案例6-3　美团,正在定位"品格"

也非常重视。正是基于这样的消费者行为洞察,美团将取代"干啥都省钱"的工具型平台定位,用"美好生活小帮手"的新身份为品牌塑造了一种贴近用户的人格化形象。

(3)定位于产品的"品类"。20世纪70年代,里斯和特劳特提出的定位理论把"把握品牌"的理念推向极致,其最突出的主张就是要让你的品牌在消费者头脑中占据第一的位置,因为消费者的心智模式中只有第一的位置,不记得第二是谁;而且消费者的心智模式一旦形成,很难改变,所以"一旦给人留下了第一印象,就绝不会有机会改变它"。同时里斯和特劳特还提出了"心理占位""第一说法""区格化"等极其重要的营销传播理论,对营销的发展具有很重要的影响。

品牌的价值体现在哪里?品牌建设的目标是什么?答案是一句话,那就是要成为目标客户的首选,即当消费者想买某一类产品时首先想到的就是这个品牌。要做到这一点就要想办法把品牌的差异化定位植入消费者的长期记忆中,占据消费者头脑中第一的位置,使其将来一旦有需求,马上就会联想到这个品牌的特征。

这里,我们将之称为定位于产品的"品类":品类就是你是哪一类的产品。产品的类别有很多,同样是水,还分为矿泉水类、凉茶类、汽水类等,一个产品要占领某一类别的认知空间成为市场领导者才可能获得市场成功,即在小池塘里当大鱼要好过在大池塘里当小鱼。这一定位理论的战略出发点是"区隔化",聚焦于某一产品类别,致力于在这一产品

类别中抢占市场领导者的位置,在消费者的心智模式中做到市场第一的位置,以和其他类别以及其他产品区别开来,从而成为真正的市场领导者。

如今,产品种类爆发式增长,同质化现象严重。当你无法发明世界上原本并不存在的产品时,怎么定位这款产品,从而开创新的品类就至关重要了。案例6-4中,一年一亿元人民币的销量,椰子水在中国市场的高增长率着实惊人。消费者对健康的关注和诉求已经成为一种常态,这迫使国内传统饮料市场的转型和升级不断加速。对于品牌方而言,这张牌怎么打,就看是否能找对消费者、找对品类的全新市场定位、找对营销方式。

案例6-4 椰子水如何在中国做到一亿元?

简单来说,定位理论的三种形式可以用表6-1来进行概括。

表6-1 定位理论的三种形式

项 目	独特销售主张理论（USP）	品牌形象理论（BI）	定位理论（positioning）
产生时间	20世纪50年代	20世纪60年代	20世纪70年代以来
核心理论、主张	强调产品具体的特殊功效和利益	塑造形象、长远投资	创造心理位置,强调第一
方法和依据	实证	精神和心理满足	类的独特性
沟通着眼点	物	艺术、视觉效果	心理上的认同

3. 什么是定位

（1）定位的定义。在上述定位理论发展的基础上,整理出品牌定位的概念,即对品牌进行设计,从而使其能够在目标消费者心目中或心智阶梯当中占有一个独特的、有价值的位置的过程。

（2）定位的内涵。简单来说,我们可以从以下几个方面来理解定位的内涵。

第一,心灵双向沟通。

定位本质上是攻心术,即企业通过在目标顾客心智上下狠功夫而实现二者在心灵上的双向沟通,以促成顾客对企业品牌的高度认同,并最终选购企业的产品。正如阿尔·里斯和杰克·特劳特所说:"营销战在人的大脑中进行。在你的大脑里和你的潜在顾客的大脑里进行。旷日持久,永不停息。"杰克·特劳特和S.瑞维金同样指出:"营销的终极战场是消费者的心灵,你知道得越多,定位战略就越有效。"

第二,差异性。

能否创造性地塑造被目标顾客高度注意、认同和乐于接受的鲜明个性,以扩大与竞争者之间在顾客心目中的差距,是企业定位战略成败的关键。在信息爆炸且注意力稀缺的时代,定位时务必针对目标顾客的心理需求,塑造鲜明个性,突出与竞争者之间的主要差别,以在其心智中形成强烈的第一印象。

第三,战略性。

定位是一种战略行为。首先,企业要树立鲜明形象需要不懈地努力;其次,独特的市场定位能树立独特的市场形象,能够向目标顾客传递独特含义的市场信息,引起特定含义的相关联想;最后,正确的市场定位指明了目标顾客心灵沟通的正确道路,使企业能够合理制定市场营销组合战略以及各项营销策略。

第四，竞争性。

定位的出发点和终极目标均是寻求与造就差别优势以赢得市场竞争。

第五，主动性。

定位是企业为赢得市场竞争的主动权和战略优势而积极主动实施的市场行为。

第六，适度的灵活性。

当企业生产经营多种产品时，若产品品质有显著差异，应有不同的市场定位；若产品品质差异小，亦可以运用不同的定位战略和信息沟通方式，在目标顾客心智中造成一定的差异以进入不同的细分市场。

（3）定位的要求。定位的要求可以用三个"尖"来解读。

首先，产品个性宣传要"尖"。

"尖"就是鲜明，一定要个性化，才能在市场上有自己的空间。比如王老吉说自己是凉茶，以前没有产品说过自己是凉茶，王老吉就树立了鲜明的形象。比如恒大冰川水，因为之前的冰川水已有很多，它也没有功能性地讲述是什么冰川水，且恒大与冰川水毫无关系，因此说，这个定位就有点钝，不是很"尖"。

其次，产品种类选择要"尖"。

比如提到了 HFP（HomeFacialPro），这一年轻的品牌在波谲云诡的护肤品市场杀出一条血路，成为众多年轻人喜爱的品牌，就是因为它在产品种类选择上的"尖"。它绕开传统护肤品的产品种类，针对不同的皮肤问题，生产以成分取胜的各类精华和原液，开辟了属于自己的利基市场，赢得了护肤品市场的一席之地。

最后，消费人群选择要"尖"。

再来看一下万宝路。当时在市场上有五大香烟品牌，包括骆驼、温斯顿等。所有的香烟同时出售给男性和女性，香烟公司做广告的时候也是针对这两类人群。1953 年，万宝路在美国推出的时候，50％的男性和 20％的女性抽烟。万宝路香烟公司的老板认为如果要进入人们的心智，必须非常聚焦，就像一把刀，又薄又尖才能进入人们的头脑。后来万宝路聚焦男性，成为唯一专门针对男性的香烟品牌。万宝路就是通过这样的方式成了世界上销量最大的香烟品牌。

【中国智慧 6-2】
中国营销的发展历程

1. 改革开放，生产导向

1978 年，十一届三中全会召开，宣布全党工作的重点转移到社会主义现代化建设上来。于是，中国开始大力着手围绕农村经济的改革，并且通过联产承包责任制彻底解放了农村劳动力，一大批农民走上了经商道路。在这一阶段，物资十分匮乏，消费者需要的是"买得起、买得到"，企业为了满足消费者"买得起、买得到"的需求，尽最大可能扩大产量，这就是生产导向。

2. 鼓励创业，产品观念

虽然借由 1978 年改革开放的东风，中国企业迎来了前所未有的发展机遇，但不可否认的是,彼时的"国货"尚没有成熟的资本,所有人都在摸索中前行。直到1984年,我国进行城市经济体制改革,一些在体制内工作的员工走上了城市创业的道路。在这个时期,国内进入轻工业高速发展时期,国家物资短缺的局面逐渐改善,"只要大量生产就能盈利"在这个阶段已经不适用了,消费者的需求不仅仅是"买得起、买得到",更是要"质量好、功能多"。这个阶段的企业将观念从生产转向制造质量更好、价格更高的产品,这便是产品观念。

3. 互联网革命,营销导向

1998年,中国一批知识分子和海归精英掀起了互联网革命的狂潮。经过几代人的奋斗,此时的中国制造业已经在国际上享有战略地位,这给互联网提供了良好的生存发育土壤。中国的营销也飞速升级转型,诞生了"新媒体营销""大数据营销"等多种形式。

新时代营销在过去注重内容传播的基础上,变得更为复杂,可选择的媒体工具更加多样,可用于判断的数据更加丰富且精确,使得"精准营销"成为可能,从而大大降低营销成本,小微型企业也可以有效应用新媒体工具,利用很少的花费,获得较好的广告营销转化,形成口碑裂变。在互联网时代,大数据可以根据每个人的喜好来精准地"定制"内容,做到"比你自己还了解你自己",在这样的时代,企业可以洞察到并把握每个人的个性化需求,这便是营销导向。

6.2　如何进行市场定位

【引导案例】

江小白如何打破白酒的传统格局

江小白,一个近年来活跃在互联网上的年轻白酒品牌,其优秀的文案营销能力一直被业界称赞,也深受年轻人的喜欢,在互联网上引起众多共鸣,被广泛传播,引领了一股文案营销的热潮。但在如今这个数据膨胀、信息爆炸的互联网时代,仅凭花哨的文案,绝不可能有如今的江小白,江小白的成功之处在于俘获了年轻消费群体对白酒的欢心,打破了白酒的传统格局,江小白的制胜法宝到底是什么?

案例6-5　江小白如何打破白酒的传统格局

江小白创始人陶石泉深知自己即将要做的事,是对传统的一个挑战甚至是颠覆,想要成功,必须要有一个独特的品牌文化,"文化基调必须定好,不然后面的工作无法开展"。

年轻人对高端产品消费不足,主要集中于中端产品消费,追求的不再是"高端、大气、上档次",而是"优质、平价、有创意"。"江小白作为一个人,一定要有自己的态度。环顾四周没有自己态度的人,是得不到青睐的,江小白也不能例外。"作为产品,它的态度就是其口号。年轻人喜欢简单而忙碌的生活,但这样的生活又让他们变得越来越浮躁,简单的满足成为奢侈,于是他在纸上赫然写下了"我是江小白,生活很简单"这样简单易记的口号。采用象征清新、宁静、忧郁、温柔、智慧的蓝色作为产品基调,并用磨砂质感的材质作为产品的包装。

外形只是吸引第一注意力的关键因素,行走江湖,持续性吸引消费者注意力,其功力即产品质量将是最重要的因素。他们最终决定在酒体口感上进行深度创新。采用单一高粱小曲白酒酿造工艺，强化原有的口感特征，突出单一高粱酿造的独特高粱香特征，弱化曲香、窖香等传统白酒的所谓厚重感，使产品具有国际化的入口柔和、单纯甜润、不头晕不口干、醉酒慢、醒酒快的显著特点。至此，江小白正式诞生了……

江小白为什么能取得现在的成就？很大程度上归功于它独特的定位。在大家都觉得白酒市场无利可图之时，陶石泉敏锐地察觉白酒市场存在的空白，以年轻人为出发点对产品进行全新的定位。江小白这一拟人化的人物与消费者之间也建立了强大的共鸣，江小白不仅是一款酒，更是万千年轻人内心态度的一种反映，江小白的市场定位不可谓不成功。那么一个产品和品牌为什么要进行市场定位，在进行市场定位时需要考虑哪些因素，是不是每一个品牌都能成为"江小白"，有什么常见的定位方式和策略可供参考呢？

案例6-6　一罐中国茶，一年卖出10个亿，两年冲到行业领头羊！

知识锦囊6-3　消费者五大心智模式

1．为什么要进行市场定位

在展开这部分讨论之前，我们先来看个案例。

传统茶叶市场的透明度不高，并且信息不对称特点明显，更谈不上品牌化，小罐茶凭借独特的市场定位在茶叶市场掀起风云。当然，定位只是其营销策略的开始，但是恰恰是这一独特的市场定位使它迅速亮相大众眼前，也成为茶叶市场的一张名片。

那么具体来说企业为什么要进行定位？这主要从消费者对信息处理的习惯方式进行说明，即消费者的心智模式，定位的前提是了解消费者的心智模式。下面我们就运用消费者心智模式来分析企业进行定位的原因。

1）资源有限

消费者在作出购买决策之前，心中所想选择的品牌的集合就构成了品牌考虑集。一个品牌只有被包含在消费者品牌考虑集中，才有可能在消费者消费决策的过程中被重视。

任何成功的产品都必定有其吸引人的独特价值，而这些独特的价值促使消费者形成一个优先选择的品牌序列，即心智阶梯。一般情况下，消费者总是优先选购阶梯上层的品牌。这时，可以认为品牌在消费者心智中占有某个品类或特性的定位。企业的资源有限，所以要靠精准的定位，让品牌占据心智阶梯的上层。

2）先入为主

商人带两袋大蒜到某地，当地人没见过大蒜，极为喜爱，于是赠商人两袋金子。另一商人听说，便带两袋大葱去，当地人觉得大葱更美味，金子不足以表达感情，于是把两袋大蒜给了他。虽是故事，但生活往往如此，得先机者得金子，步后尘者就可能得大蒜！善于走自己的路，才可能走别人没走过的路。

品牌定位也有类似的先入为主现象，由于消费者心智空间局限性和品类心智资源的稀缺性，率先并且以"第一"身份进入心智的品牌往往被当作品类的代表，不但能更早地进入消费者心智空间，还可以用更低的成本在消费者采购清单中完成注册，抢得先机，获得最优质的心智资源和生存优势。

知识锦囊6-4　心智阶梯

可见,品牌要想做到先入为主,要么唯一(区隔化),要么第一(开创品类)。农夫山泉的案例向我们很好地说明了消费者的心智模式之二:消费者对品牌的印象不会轻易改变。一旦在消费者脑海沉淀下来,品牌的形象就会根深蒂固,即所谓的"先入为主"。所以,第一印象总是特别重要。

3)厌繁喜简

案例6-7　农夫山泉的定位

案例6-8　TCL传播三部曲,却绕了十八弯

虽然 TCL 此次品牌重塑之路力图拉近品牌与年轻人之间的距离,但是首曲的企业领袖篇主要受众更多的是中年家庭消费者,而二部曲主打80后家庭,三部曲则同质化春节温情营销,并无出彩之处,前后形象各自独立,并无传承连贯感,反而让受众找不准定位,混淆了心智。TCL的案例告诉我们消费者的心智模式之三:消费者喜欢简单,讨厌复杂,即厌繁喜简。

大脑没有足够的知识来处理信息,在各种媒体广告的狂轰滥炸之下,人的脑容量完全不足。你知道魔力数字 7 吗?根据哈佛大学心理学家米勒博士的理论,普通人的大脑最多可以处理 7 个单位的信息,这就是为什么很多事情包含的内容往往不超过 7 个,如一周有 7 天,世界上有七大奇迹,白雪公主是和七个小矮人……而对于一种产品而言,很少有人能说出七种以上的品牌。消费者没有时间处理长篇累牍的信息,也不会记住那么多的品牌,消费者希望得到简单明了的信息。

因此,与其提供全部的利益,不如提供一个最好的。因为用户往往会疲于做选择,企业要给用户最少的选择,但也是最好的选择。好市多就深谙消费者厌繁喜简,当你走进好市多,你会发现它和我们常见的超市很不一样。不一样在哪里?不一样在它每种商品只有两三种选择,如它的微波炉只会选低、中、高档三款产品,其他超市微波炉少说也得有数十款;它的牙膏只有两种品牌,要知道一般的超市牙膏都能放一面"墙";更绝的是,它卖的番茄酱总是只有一款"亨氏"。为什么要将产品的种类设置得这么少?这是因为,好市多的销售人员研究发现,选择太多的话,消费者选择来选择去,身心俱疲,反而会降低他的购买欲望,倒不如少给几种选择。

4)斥同求异

知识锦囊6-5　消费者厌繁喜简的佐证

心智对已经存储信息的同类采取自然排斥,而对不同的信息倾向于关注,类似于磁铁上的同性相斥,异性相吸。研究结果表明:与一致性信息相比,人们更偏向于关注不一致信息。

如正态分布图(图6-1)所示,小概率事件或不一致信息才能唤起消费者的注意。

如何让消费者一眼就认可你产品的"卖点"?现阶段产品基础层的创新思维更多关注包装多样化设计、增加产品的设计感等基本属性,如农夫山泉推出的高端玻璃瓶山泉水,但是这些包装只是简单地利用了人类天然的爱美之心,可复制性高,进入门槛低。

案例6-9　"星球健身"连锁健身房

案例 6-9 中,星球健身最大的亮点是创新理念,龚达尔兄弟将传统健身房的商业模式进行了全新改造。

(1)理念的差异化。很久以前,人们去健身房一般都是特殊着装,甚至提前预订,要花很长时间。龚达尔兄弟却将健身

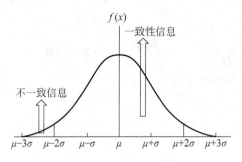

图 6-1　正态分布示意图

变成非正式的活动,你可以穿着 T 恤、运动鞋,去街角遛个弯,买个菜,吃个快餐,顺便拐进健身房跑步。如同麦当劳革新餐饮行业,客人去高档餐馆穿西装打领带,但是去快餐店就轻松随意多了。这也正如龚达尔兄弟俩所说,复制"麦当劳模式",健身也成为随手可得的"快餐式"行为。这种健身中心是一种商业模式,但意义更在于,促成了观念的转变,在整个社会范畴内,改变了人们的生活方式,更具体来说,是使人们去健身房健身的行为变得更加普遍。免费比萨也是这种新生活方式的一部分。听起来好像有些荒谬,但仔细想想,没人规定不能在健身房吃比萨。有人说健身与吃比萨矛盾,其实内在是合乎逻辑的(消费者的自我馈赠)。就像肯德基,之前专卖炸鸡的地方现在也有了豆浆、油条,西式餐厅与中式食物"矛盾",但市场反响好就算是成功。

"快餐式"健身房与免费比萨都是星球健身的卖点。很多企业 IPO(首次公开募股)要讲故事,星球健身 2015 年 8 月上市后,通过这个亮点获得了更大的估值。因为这样的商业模式牵动了人们的生活方式,影响了社会,那么故事可以讲得更大,市场的规模也跟着起来了。

(2)市场的差异化。在实际经营中,龚达尔兄弟的战略也很成功,与传统管理学、市场营销学课本上的概念契合。首先,他们对市场的细分重新做了调整,不以争取有意愿去健身的人群为目标,而把市场定位在平时可能忽略健身的人群。其实,这在市场定位方面也是创新。其次,龚达尔兄弟通过低端市场切入,这正是我们管理学中的"颠覆式创新"。这一理论最早由哈佛大学教授克莱顿·克里斯坦森在 1997 年出版的《创新者的窘境》一书中提出。所谓"颠覆式创新",一般指新产品和服务,或者给现有产品和服务提供一个更简单、低价的替代品。星球健身因为价格低廉成为豪华健身中心的替代品,以此获得更多市场份额,打破现有的市场架构,再逐渐走向高端。这个高端并不是说价位,而是进入社会主流意识、主流文化。就像沃尔玛只卖便宜货,最初被人看不起,现在稳居世界 500 强,很有震撼力。

(3)公益的差异化。这种模式也具有很强的公益性,显示了很强的企业社会责任感。美国有不少穷人没钱去健身房,只能消费得起垃圾食品,结果因肥胖影响人际交往和职业发展。星球健身低廉的价格,让穷人也有机会享受服务,从而提升形象,挣脱越穷越胖、越胖越穷的恶性循环。这比一般意义上的企业对穷人的捐赠要有意义得多。"授人以鱼不如授人以渔"。从这个意义上说,星球健身带来了非常正面的社会价值,值得我们中国的创业者学习借鉴。

【中国智慧 6-3】

国家战略引领下的营销

"看得见的手"与"看不见的手",两手抓,两手都要硬,而且一手更比一手硬,这不仅是中国特色,也是无与伦比的中国优势。

老牌资本主义国家美国的营销是资本驱动下的营销。美国经济的发展过程,无论是经济、科技还是市场,都是由美国发达的商品生产、交换和竞争所带来的一个自然的过程。这张美国经济的大网中,核心是 500 家大公司,周围是一大批中型公司,边缘是数以万计的小企业,除了政府对垄断行为的铁腕管制,企业是绝对的主角。处于市场营销观念、社会营销观念发源地的美国公司,可能并没有认真思考过"民生"与自己有什么关系,美国的金融业、跨国公司,跟美国普通百姓的民生没有多大关系。

与美国不同,整个中国的营销发展史,就是一部在国家战略引领下推动中国崛起的历史。中国营销的国家营销属性,并不是表现为西方指责的政府对企业营销的干预,而主要表现为国家战略对企业营销的引领。市场经济发源于商品生产和交易十分发达的资本主义国家,强调"看不见的手";中国社会主义市场经济发源于商品生产和交易十分落后的中国,必须既充分发挥"看不见的手"的自然调节作用,又根据国民经济和社会发展的需要,通过"看得见的手"为"看不见的手"引导方向,夯实基础。事实已经证明中国营销的实践是高效的。

中国强调"看不见的手"的特殊性,就要求企业去抓住宏观政策上的机遇。如何从战略上更加主动地顺应国家战略,如何从国家战略中捕捉战略机会,这是中国企业需要修炼的能力;如何与在中国国家战略引领下、国家战略平台支持下的中国企业展开市场竞争,这是外国企业需要修炼的能力。

资料来源:《中国营销,国家战略引领下的营销》,销售与市场,2021。

2. 怎样进行市场定位

1)市场定位的工具

"钻石模型"(diamond model)是由迈克尔·波特提出的,后来经过其他学者的改进和完善,形成了营销学中常用的定位模型,具体如图 6-2 所示。

钻石模型的定位过程主要分为四步。

第一,找位。找到目标市场,在市场研究的基础上,分析消费者需求,从而确定潜在客户。

知识锦囊 6-6 钻石定位模型的发展过程

第二,选位。选择定位点,细分目标客户的利益并找出其最为关注的几个利益点,通过分析竞争对手来确定自身具有竞争优势的 1～3 个利益点,并将该利益点确定为定位点。

第三,到位。根据已确定的利益点确定属性定位点和价值定位点。属性定位点是实现利益定位点的要素,价值定位点是满足目标顾客精神上的享受。无论利益定位点是否体现了差异化,最好在价值方面找到并确定差异化的价值定位点。

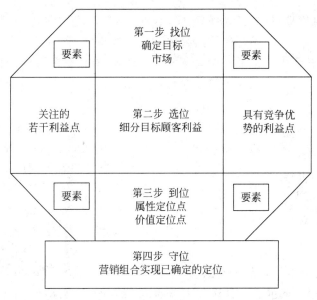

图 6-2　钻石模型

第四,守位。围绕目标客户群,在相应的市场定位基础上进行营销要素的整合。将定位点规划为优于竞争对手,将非定位点规划为达到行业平均水平,同时要为定位点的实现提供服务。

通过依云案例,我们对如何定位有了进一步的认识,它遵循"钻石模型",首先在属性定位上,它强调15年冰川岩层过滤的自然属性;在功能定位上,它强调其纯天然和治疗功能,匹配护肤品类和美容产业的发展;在价值(情感)定位上,依云的定位卖的不是水,而是一种生活和时尚,它构造了一个传奇的品牌故事为产品打造高端气质,同时通过高价与专门的渠道进行匹配。

案例 6-10　依云矿泉水的精准定位

2)市场定位因素选择

我们一直在谈论市场定位,也知道了定位的必要性和重要性,那么企业通常选择哪些因素来进行市场定位呢?

(1)特色定位。构成产品内在特色的许多因素都可以作为市场定位所依据的原则,根据产品的内在特点去选择适合的目标人群,这是一种产品导向的定位思维。

(2)利益定位。产品提供给顾客的利益是顾客最能切实体验到的,目前,在市场上的产品特性共同点太多的情况下,空泛地告诉消费者自身的"好"会导致消费者感知力的下降,利益定位则可以直接击中消费者的痛点。

知识锦囊 6-7　为什么转基因食品一直不被人们接受?

(3)情感定位。利益定位可以满足消费者的显性需求,而企业可以从另一个角度——消费者的情感切入,进行市场定位,情感定位可以满足消费者的隐性需求。情感定位可以从以下几个方面进行思考。

第一,故事化。

传统的产品推广更多的是冰冷的推广,不如产品有温度、有情怀;而"故事"是温度和情怀的天然载体。产品故事化,可以使产品生产者和购买者形成一个有着共同价值观、有温情的社区,两者之间保持一种情感上的互助、共鸣关系,企业就会获得强黏性的长期用户。

案例 6-11 湖南卫视的特色定位

案例 6-12 Skechers 的逆袭——"告诉你我为什么比其他产品好?"

案例 6-13 褚橙与褚时健的励志故事

第二,拟人化。

我们喜欢一个人、一个产品的时候,我们是有情感的、非理性的,是关于信仰、身份认同的,而且这种情感有一个由浅至深的变化过程。正如吴桂君的著名现代诗《喜欢一个人》中所写的"始于颜值,陷于才华,忠于人品"。其意思是最初因为颜值而喜欢,随后因才华陷入深深的迷恋之中,再后来因为人品而达到了忠诚的境界。而喜欢最深的就是对于"人品""人设"的喜欢。

拟人化就是想达到"人品"的喜欢,是为非人类的事物赋予人类的特征,令其被感知为人。有人说:"不说人话的品牌是没有未来的,不谈感情的品牌就是耍流氓,没有温度的品牌就是性冷淡。互联网时代,特别是移动互联网时代,品牌是基于人格魅力带来的信任与爱,是品牌的去组织化和人格化。"说得明白点,就是要把品牌打造成个性鲜明的人,有态度、有温情、有个性、有喜好,让大家都愿意跟品牌交朋友。

"娱乐至死"的移动互联网时代,当一切消费娱乐化,品牌求生的唯一出路必将是走人格化路线。许多企业利用拟人化的形式为自己的品牌或产品获得独特的营销价值:网易云音乐借用用户乐评,集中刷屏杭州地铁,将"有情怀、有温度"的品牌力量传达给更多用户。反观冰红茶、营养快线等,毫无个性的品牌正逐渐远离用户的视线。可以这么说,消费者越来越重视消费过程中的参与感、体验感和存在感,他们对冷冰冰的品牌不感冒,他们只会爱上跟自己性格标签一致且具有高辨识度的"人"。所以品牌人格化是让消费者爱上品牌的重要武器。

第三,共情化。

共情化是指企业站在消费者的角度去认知问题,体验消费者的情绪,与用户达成共鸣。这种方式是长期的情感投资,它对于品牌形象的塑造、品牌忠诚度的提升、品牌归属感的增强有很大作用。

案例 6-14 三只松鼠拟人化营销秘诀是什么?

面对快速成长起来的、最有消费潜力的 Z 世代消费人群,企业想要获得他们的认可,就需要努力贴近他们的需求和情感。2020 年的毕业季,成千上万的毕业生涌入社会,成为上班族中的一员。求职是他们步入职场的第一步,而白衬衫通常是新人求职时的必备品,具有强烈的象征色彩。此次天猫借助白衬衫这一物件,拍摄了一支名为《加油白衬衫》的毕业主题视频。该短片以白衬衫为沟通介质、毕业季为联结纽带,创立了天猫职场导师专场,并且邀请职场大咖与大学生们一起探讨就业求职小技巧,为他们加油打气。有了明星名人与职场大咖的助阵,《加油白衬衫》乘着毕业的风迅速引爆了网络。

（4）使用者定位。使用者定位就是针对不同的产品使用者进行定位，从而把产品引导给某一特定顾客群，在产品特点和顾客需求之间建立联系，这是一种推销导向的定位思维。

脱发已经成为年轻人必谈的一个话题。熬夜脱发、加班脱发，"90后"面临"秃然"的危险，各式各样的防脱发、生发育发产品成为人们购物车里的常客。海飞丝作为洗护大品牌，必然不会放过这样的商机。它针对脱发人群，推出高端防脱发护理系列——Scalp ×防脱青春水。像海飞丝这样针对某一消费群体定位的方法就是使用者定位。

（5）适用场合定位。适用场合定位是指通过将自己的产品使用地点或使用时间做特别传播而定位。有时可用消费者如何及何时使用产品，将产品予以定位。

适用场合定位对应着场景化需求，所谓场景化需求，就是消费者在某个特定的场景下才会产生某种特定的需求。营销的核心是引导和满足消费者需求，那么基于消费者已经产生的或是潜在的需求或痛点，企业要想尽办法为消费者提供相应的解决方案——打造出一个极致的场景，在正确的时间、正确的地点、集中的需求环境下，把消费者需求与企业打造的场景有机融合起来，使产品与场景产生强关联，给消费者新颖、愉悦、深度的体验，让消费者产生共鸣、共情、共振，为消费者创造价值。这就是"消费场景化"。目前企业越来越多地通过场景的打造来发现新的市场机会，而消费者也越来越乐意为场景化的产品买单。

知识锦囊6-8　品牌拟人化

产品在不同的场景就会有不同的意义，如江小白在团建的场景下就是一杯促进同事关系的"团建酒"，但切换成失恋的场景时，就变成了一杯陪你难过的"失恋酒"。

那如何利用场景来定位呢？比如，在巧克力市场，有很多品牌占据着消费者的心智：如德芙、好时等，这些巧克力将"恋爱般甜蜜"作为定位，牢牢占据着消费者的心智。"模仿只能做大竞争对手，做垮自己"，同为巧克力的士力架想在巧克力市场上脱颖而出、赢得一席之地就必须采取不同于现有巧克力企业的定位。

士力架如何做呢？它采用的是适用场合定位，主张的适用场合就是饥饿的时候，吃一个，能够"横扫饥饿，真来劲"。这一场合定位很容易与消费者的生活场景相联系，如篮球赛、足球赛、复习等饥饿场景，饥饿前柔弱无力、心神不宁，消费者就会优先想到士力架，而不是其他巧克力。

（6）竞争定位。突出本企业产品与竞争者同档产品的不同特点，通过评估选择，确定对本企业最有利的竞争优势加以开发，从竞争的角度出发考虑市场定位，这是一种竞争导向的思维。

企业定位战略的确定取决于企业对目标市场的选择，以及如何创造出比竞争者更好地吸引目标市场消费者并满足其需要的产品。为此，营销者还可以考虑采取避强定位。避强定位指企业力图避免与实力最强的或较强的其他企业直接发生竞争，而将自己的产品定位于另一个市场区域内，使自己的产品在某些特征或属性方面与最强或较强的对手有比较显著的区别。企业可以通过定位认知图来测量市场上每个产品或品牌的定位状况，从而确定自己的产品定位。

3. 定位战略选择

阿尔·里斯和杰克·特劳特指出:"没有一个定位方法能放之四海而皆准。"因此,企业要在深入研究企业、竞争者、目标顾客三者战略关系的基础上进行恰当的定位。具体的定位千差万别,本节将简单介绍几种基本的市场定位战略:对抗定位战略、补缺定位战略、重新定位战略。

知识锦囊 6-9　定位认知图

1)对抗定位战略

对抗定位是指企业选择接近于现有竞争者或与现有竞争者重合的市场位置,争夺同样的客户,在产品、价格、分销及促销等各方面差别不大的定位方法。

说起对抗定位,可口可乐与百事可乐的竞争故事堪称经典。百事可乐诞生于 1898 年,可口可乐诞生于 1886 年,很长时间以来百事可乐都生活在可口可乐的"阴影"之下,晚出生十几年的百事可乐陷入"既生瑜,何生亮"的处境,百事可乐自诞生之日起就一直被可口可乐压着一头,最惨的时候,百事可乐一年的销量不及可口可乐一天的销量。

为了破局,百事可乐采取了对抗定位,直接对垒可口可乐,与之生产种类相同、口味相近的产品,并运用明星代言,进军年轻市场,逐渐与可口可乐相匹敌。两个品牌在营销史上发生过很多或明或暗的"战争",可以说营销是这两个品牌没有硝烟的战场。在一年万圣节的宣传广告中,百事可乐的标语是:祝你有一个恐怖的万圣节!其中百事可乐披着可口可乐的吸血鬼斗篷,暗讽可口可乐是妖魔鬼怪。可口可乐将计就计,用同一张图片配了一个不同的标语:每个人都渴望做英雄!于是吸血鬼斗篷变成了超人斗篷,还暗讽百事可乐渴望成为可口可乐。

但正是这样"针尖对麦芒"的彼此攻击,让百事可乐成为消费者心中能够与可口可乐抗衡的碳酸饮料,谋得了"第二"的位置。

2)补缺定位战略

补缺定位战略即定位于市场的"空白"地带或缺口。当市场存在着被人遗忘的"空白"地带或市场缺口时,第一家企业可以长驱直入迅速占领该细分市场。

七喜是补缺定位战略的受益者。七喜发展至今,已经成为继可口可乐、百事可乐之后深受消费者喜爱的饮料,但其品牌发展并非一帆风顺。在碳酸饮料市场,最强有力的竞争对手就是可口可乐,20 世纪 60 年代,消费者对于可乐的喜爱程度远大于七喜,消费者甚至根本没有把七喜归于碳酸饮料,这也导致七喜在饮料圈里成了"异类"。

于是七喜公司的营销团队开始考虑七喜定位的问题,经过调研和分析之后,七喜发现消费者存在认知的误区:将碳酸饮料等同于可乐。七喜发现了定位的空白点,遂决定将产品定位为"非可乐",避开了可口可乐的市场定位,在与可乐"对立"的同时也将自己的产品归类到碳酸饮料中。之后不久,全美的母亲们开始担心咖啡因会对后代产生不良影响,反对含有咖啡因的饮料,几家可乐公司借机推出了不含咖啡因的产品。而七喜凭借自己产品不含有咖啡因的特点,顺利将定位从"非可乐"进化为"不含咖啡因的非可乐",又一次将品牌植入消费者的空白心智中。正是凭借着"不含咖啡因的非可乐"定位,七喜占领了消费者心智中的空白位,让七喜一跃成为仅次于可口可乐与百事可乐的美国饮料业的第三品牌。

　　3）重新定位战略

　　重新定位是指企业在消费者现有心智中找不到空位，那就只能自己制造空位。有一种做法是通过改变产品特色来改变目标顾客对其原有的印象，使目标顾客重新认识其产品的新形象。

案例 6-15　旺旺果冻的重新定位

【中国智慧 6-4】

攻其无备，出其不意

　　"攻其无备，出其不意"这一句话出自《孙子兵法·始计篇》，意思是趁敌人没有防备的时候进攻，采取敌人意想不到的出击行动。企业在进行市场定位的时候，要充分考虑竞争对手的动向和定位，实力不够强劲的企业定不敢冒险与竞争对手采取相同或相似的定位策略，即对抗定位。这个时候，最好的办法就是找到市场的空白地带，或是找到竞争对手的弱点，进行定位，并采取一系列营销措施对其发起猛攻，攻其无备，出其不意，往往能取得不错的效果。

章末本土案例

1. 案例摘要

"黄鹤楼"——中式烟卷席卷市场之路

　　湖北中烟工业有限责任公司成立于 2003 年 8 月 25 日，其前身是 1916 年由简照南、简玉阶两兄弟创办的"南洋兄弟烟草公司汉口分公司"，至今已有 100 余年历史。

　　"黄鹤楼"是该公司的核心品牌之一，"黄鹤楼"卷烟从 1997 年投产以来，经历了导入期、震荡期、启动期和发展期四个阶段。"黄鹤楼"凭借其高档烟的价值定位，在满足不同消费者的价值需求的同时，力求做大做强，在高档烟竞争异常激烈的环境下高速成长，已由区域性品牌发展成全国性品牌。"黄鹤楼"一直以打造"中式卷烟经典"作为己任，在强调中国元素的应用的同时，追求原创性，体现黄鹤楼品牌的本土化特色。随着消费者需求和产品价值取向日益多元化，"黄鹤楼"系列产品面临着不小的挑战，如何运用所学知识，帮助"黄鹤楼"在市场定位上做针对性的调整，以满足不同消费者的价值需求？

2. 思考题

　　（1）通过 PEST 模型分析和 SWOT 分析对"黄鹤楼"进行详细的剖析。

　　（2）针对不同需求的消费者，"黄鹤楼"应该如何对卷烟市场进行新一轮的市场细分？

　　（3）在对不同细分市场实行市场定位时，"黄鹤楼"可采用哪些市场定位依据？

　　（4）"黄鹤楼"针对不同的目标市场，应该采取何种市场定位策略？

　　（5）利用钻石定位图完成定位分析和最终定位。

3．案例分析框架

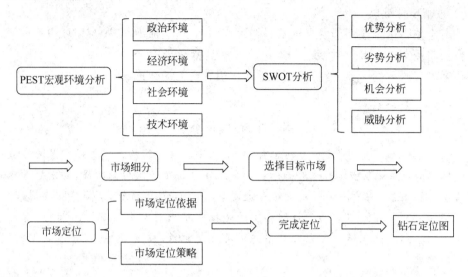

提炼总结

1．本章重难点

（1）市场定位的定义、内涵及要求。

（2）市场定位的三个发展阶段。

（3）常用的市场定位工具。

（4）市场定位的因素选择。

（5）基本的市场定位战略。

2．核心概念

（1）**市场定位**：对品牌进行设计，从而使其能够在目标消费者心目中或心智阶梯当中占有一个独特的、有价值的位置的过程。

（2）**心智阶梯**：指为方便购买，消费者会在心智中形成一个优先选择的品牌序列——产品阶梯，当产生相关需求时，消费者将依序优先选购。

（3）**消费者五大心智模式**：只能接收有限的信息；喜欢简单，讨厌复杂；缺乏安全感；对品牌的印象不会轻易改变；想法容易失去焦点。

（4）**特色定位**：将构成产品内在特色的某种因素作为市场定位依据的定位方法，这是一种产品导向的定位思维。

（5）**利益定位**：根据产品提供给顾客的利益来进行市场定位的定位方法，这是一种顾客导向的定位思维。

（6）**使用者定位**：针对不同的产品使用者进行定位，从而把产品引导给某一特定顾客群，在产品特点和顾客需求之间建立联系，这是一种推销导向的定位思维。

（7）**竞争定位**：突出本企业产品与竞争者同档产品的不同特点，通过评估选择，确定对本企业最有利的竞争优势加以开发，从竞争的角度出发考虑市场定位，这是一种竞争导向的思维。

（8）**适用场合定位**：通过将自己的产品使用地点或使用时间做特别传播而定位。

（9）**补缺定位**：定位于市场的"空白"地点或缺口。当市场存在着被人遗忘的"空白"地带或市场缺口时，第一家企业可以长驱直入迅速占领该细分市场。

（10）**对抗定位**：指企业选择接近于现有竞争者或与现有竞争者重合的市场位置，争夺同样的客户，在产品、价格、分销及促销等各方面差别不大的定位方法。

（11）**重新定位**：指企业通过改变产品特色来改变目标顾客对其原有的印象，使目标顾客重新认识其产品的新形象的定位方法。

3．分析工具

1）钻石模型

钻石模型是本章介绍的一种市场定位工具，钻石模型为企业提供了更为明确的定位"四部曲"，针对性强，使用更为方便，所以也被更多人所接受。

钻石模型分为找位、选位、到位和守位四个步骤。找位，确定目标市场（顾客群），了解需求特征；选位，找出消费者关注的利益点并选取有竞争优势的利益点作为定位点；到位，进一步确定属性定位点和价值定位点，前者是基本，后者重差异；守位，制定营销组合实现自身定位点。

2）六种定位因素的选择

第一，特色定位。特色定位将产品特色作为市场定位的依据，这种定位方式适用于产品特色鲜明，与同类产品或替代品有明显区别的产品或品牌。第二，利益定位。利益定位以顾客利益点作为市场定位的依据，适用于产品同质化较高，从产品本身的成分或功能等角度出发很难"吸睛"的产品。第三，情感定位。情感定位是以与顾客建立情感共鸣和联系为目标的一种定位方式，利益定位可以满足消费者的显性需求，而情感定位则可以满足消费者的隐性需求。企业在利用情感因素进行定位时，可以从故事化、拟人化、共情化三个方面进行思考和探索。第四，使用者定位。使用者定位是针对不同的产品使用者进行定位，这种定位方式适用于针对性较强的产品，如针对脱发人群的洗护用品等。第五，适用场合定位是通过将自己的产品使用地点或使用时间做特别传播而进行的定位，如抗饿的巧克力士力架、白天吃白片晚上吃黑片的感冒药等。第六，竞争定位。竞争定位重点在于突出本企业产品与竞争者同档产品的不同点，然后选取对本企业最有利的优势加以开发。针对不同的竞争局势，还会引出不同的定位战略，如对抗定位战略、补缺定位战略、重新定位战略等。

3）三种基本的定位战略

第一，对抗定位战略。对抗定位战略要求企业拥有强大的实力和足够的信心，与市场现有竞争者进行正面对抗，在产品、价格、分销及促销等各个方面采取相差不大的策略。对抗定位战略给企业带来压力的同时也会带来一些好处，如可以利用现有竞争者的名气来宣传自己的产品，能够吸引一定的流量，但后续的发展还是需要企业拿出真本事。第二，补缺定位战略。补缺定位战略是指让企业定位于市场的"空白"地带或缺口，这样的定位战略适用于产品特征明显且企业资源优势相对较弱的企业，能够帮助企业迅速开辟自己的利基市场。第三，重新定位战略，重新定位是指以改变目标顾客对产品原有印象为目的、重新整合企业资源、调整营销策略的一种方式。它对于企业适应市场环境变化、调整营销策略非常重要。

即 测 即 练

第 7 章

产　品

【本章学习目标】

1. 了解产品的基本概念。
2. 掌握产品的五个层次。
3. 掌握产品组合的内涵。
4. 掌握产品的生命周期。
5. 了解新产品的开发。

【本章概要】

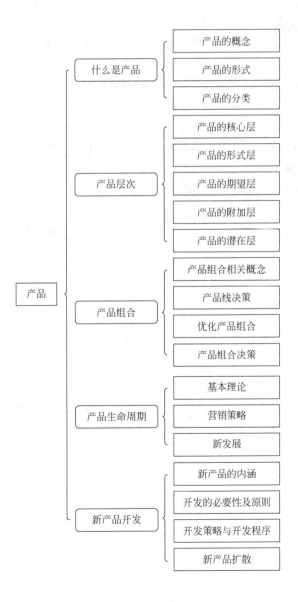

- 什么是产品
  - 产品的概念
  - 产品的形式
  - 产品的分类
- 产品层次
  - 产品的核心层
  - 产品的形式层
  - 产品的期望层
  - 产品的附加层
  - 产品的潜在层
- 产品组合
  - 产品组合相关概念
  - 产品线决策
  - 优化产品组合
  - 产品组合决策
- 产品生命周期
  - 基本理论
  - 营销策略
  - 新发展
- 新产品开发
  - 新产品的内涵
  - 开发的必要性及原则
  - 开发策略与开发程序
  - 新产品扩散

7.1　什么是产品

【引导案例】

人均 180 的火锅,怎么这么火?

2020 年以来,火锅行业似乎陷入魔咒,先是火锅巨头海底捞风波不断,股价腰斩;接着呷哺呷哺被曝出高管相继离任。就在大家纷纷对行业信心动摇时,却有消息曝出,巴奴在火锅行业发展受阻之际,获得了巨额融资。

案例 7-1　人均 180 的火锅,怎么这么火?

巴奴的全称是巴奴毛肚火锅,是第一家主打毛肚的火锅店。2020 年,火锅行业做了一个品牌榜,第一名是海底捞,第二名是一个台湾火锅,第三名就是毛肚火锅——巴奴。巴奴不光品牌影响力大,它的火爆程度更是不亚于海底捞:五一期间,北京一位食客在社交平台上吐槽,这是她第三次去吃巴奴没有排上号,当她取了号之后,前面还有 192 桌在等位。其实,巴奴已经在北京开了 6 家门店,即使如此,依然店店火爆,甚至代排号的服务费都一度被炒到 2 000 元。

在竞争已经趋于白热化的火锅行业,人均 180 的巴奴,为什么这么火?

"巴奴只干了一件事,把火锅中用得最多的产品毛肚,通过技术创新的方式做到极致,在红海中撕开了市场缺口。"巴奴的一切都在围绕一个词——产品主义,就是要把火锅做好吃。不光毛肚,巴奴为了保证野山菌汤的口感,一直坚持每天现熬;为了让食客吃到口感更好的天然羊肉,巴奴跳过商贩,找到牧区合作社,通过帮扶牧民,直接自己采购天然羊;为了让食客尝到笨菠菜最真实的口感,就通过农户定向种植的模式,让趴地菠菜真正在冰天雪地里长大……

如果仅仅是依靠一盘毛肚,巴奴不可能有今天的地位和影响力。产品主义,并非一个孤立的点,而是围绕火锅消费打造的一整套有独特价值的体验。真正的产品主义,就像一棵树,产品本身只是一颗好的种子,但是最终能够枝繁叶茂。巴奴把这种能力归结为"产品主义",就是在菜品研发和品质把控上做到极致。而巴奴的产品主义背后,其实就是专注与诚意。

资料来源:《人均 180 的火锅,咋就这么火?》,虎嗅 App,2021。

巴奴是如何在火锅这片红海中撕开一个口子的?巴奴正是依靠"样样都讲究"的产品主义。就巴奴而言,瞄准的是有形产品,但是就产品本身而言,产品形式则包括有形、无形两大类,产品分类也有着不同的标准。著名管理学家德鲁克说,企业的目的只有一个,那就是创造顾客价值。而创造顾客价值的路径就是企业努力提供更好的产品和优秀的品牌,那么何谓"更好的产品"?

1. 产品的概念

产品是指能够提供给市场,被人们使用和消费,并能满足人们某种需求的任何东西,包括有形产品、无形的服务,或它们的组合。服务是产品的一种形式,它包括为售卖所提供的动作、利益和满足,本质上是无形的,并同所有权无关。

2. 产品的形式

按照有形和无形的标准,可以将产品的形式分为以下两大类。

1)有形产品

有形产品是核心产品借以实现的形式,即向市场提供的实体和服务的形象。如果有形产品是实体物品,则它在市场上通常表现为产品质量水平、外观特色、式样、品牌名称和包装等。产品的基本效用必须通过某些具体的形式才得以实现。市场营销者应首先着眼于顾客购买产品时所追求的利益,以求更完美地满足顾客需要,从这一点出发再去寻求利益得以实现的形式,进行产品设计。

2)无形产品

无形产品是无形的,带给顾客的是体验、情感、情绪等精神方面的价值,用户消费这些无形产品是为了满足心理或者精神上的某种需求,根据马斯洛的需求层次理论,这是相对于有形产品需求来讲,更高层次的一种需求。服务的特点是无形性、 知识锦囊 7-1　体验型产品

不可分割性、可变性和易逝性。一般来说,它更注重质量控制和供应商信誉。在现代经济形势下,越来越多的消费者和企业更加关注无形产品,尤其是体验和 App。

3)无形产品和有形产品的区别

无形产品与有形产品的差别体现在以下四个方面。

第一,无形产品具有无形性(intangibility),即服务在购买和获得之前是无法用感官感知的;而有形产品在购买和获得前可以由感官感知。

第二,无形产品具有不可分割性(indivisgibility)——服务与所提供服务的人无法分割,服务的购买、提供和享用必须同时进行;而有形产品的购买、提供、享用可以不同时进行。

第三,无形产品具有可变性(variability)——由于服务质量所依赖的因素难以控制,因此有时很难做到一成不变,例如,提供服务者的技能是变化的;而有形产品可以通过质量标准使产品质量达到稳定。

第四,无形产品具有易逝性(perishability)——服务无法储存以备后用,服务一生产出来就被消费掉,其价值也随之消失;而有形产品可以储存,生产和消费不必同时进行。

3. 产品的分类

1)按产品的耐用性分类

按产品的耐用性可以将产品分为耐用品和非耐用品。

(1)耐用品。耐用品一般指使用年限较长、价值较高的有形产品,如轿车、冰箱、机械设备等。耐用品一般多采用人员推销的形式,还需要企业提供多种售后的服务和技术支持,如海尔集团在提供质量可靠的产品的同时,还提供优质的售后服务。

(2)非耐用品。非耐用品一般指使用周期较短、价值较低的易耗品,如牙刷、酱油等。由于这类产品消费快,因此适合的营销策略是:使消费者能在许多地点购买到这些产品;售价中的加成要低;应加大广告宣传力度以吸引顾客尝试,树立良好的品牌形象,进而使其产生偏好。

2）按产品用途分类

按产品用途可以将产品分为消费品和工业用品。

（1）消费品。消费品是指那些由最终消费者购买并用于个人消费的产品。根据产品特点及购买习惯可将消费品进一步分为四类：便利品、选购品、特殊品和非渴求品。

便利品是指顾客购买频繁或随时购买，并几乎不做购买比较和购买努力的产品，如方便面、牙刷和烟草制品等。便利品通常定价较低，而且营销人员将便利品放在很多销售点出售，这样顾客一旦有需要就能立刻找到。

选购品指顾客在购买过程中，对产品的适用性、质量、价格和式样等基本方面有针对性地进行权衡比较的产品，如家具、服装和重要机械等。营销人员往往通过较少的渠道分销选购品，但是会提供更深入的销售支持以帮助消费者进行产品比较。

特殊品是指具备独有特征或品牌标记，购买者愿意作出特殊购买努力的产品，如特殊品牌和型号的汽车、高价摄影器材、定制的男士西装等。一般情况下，购买者并不会比较特殊品，只需要到该商品的经销商那里购买即可。

知识锦囊 7-2　奢侈品

非渴求品是指消费者不了解或即使了解也没有兴趣购买的产品或服务。如一些刚开发的应用软件、刚面世的新产品、保险、百科全书等。非渴求品营销工作的重点在于如何让消费者对产品从非渴求转变到主动寻求购买。这就需要克服非渴求品消费表现力差的缺陷，大力普及非渴求品的消费文化，消除消费者与非渴求品之间的隔阂，丰富和创新产品价值。

（2）工业用品。工业用品是指用于进一步加工或用于运营的产品。根据进入生产过程和相对成本的方式可将工业用品分为三类：材料和部件，资本项目，供应品和服务。

材料和部件是指完全转化为制造商产成品的一类产品，包括原材料、半制成品和部件。原材料主要包括农产品和天然产品。对农产品需要进行集中、分级、储存、运输并提供销售服务，其易腐性和季节性的特点决定了需要采取特殊的营销措施。天然产品的同质性和供应的有限性决定了价格和交货的可靠性是影响人们选择供应商的主要因素。

资本项目是指部分地转化为成品的商品，用来辅助生产或管理，主要包括装备和附属设备。装备包括建筑物（如厂房和办公室）与固定设备（如车床、挖掘机）。该产品的销售特点是：售前需要经过长时期的谈判，制造商需使用一流的销售队伍，要设计各种规格的产品并提供售后服务。

供应品和服务是寿命较短的商品和服务项目，虽然不构成最终产品，但是促进了最终产品的开发和管理。供应品相当于工业领域的便利品（如打印纸和笔等），顾客人数众多、区域分散且产品单价低，一般通过中间商销售。由于供应品是标准化的，顾客无强烈的品牌偏好，因此价格和服务成为影响购买的重要因素。服务包括维修或修理服务以及商业咨询服务。维修或修理服务通常以订立合同的形式提供。用户通常根据供应商的信誉和人员素质来挑选商业咨询服务供应商。

7.2 产品层次

【引导案例】

苹果引发的革命

在手机企业的财报中,苹果不是市场占有率最高的品牌,但从来都是利润最丰厚的厂家。苹果的市场份额仅 13%,利润却高达 66%,苹果的市场份额不高,但却分走了手机市场上超过一半的利润。为什么消费者愿意付出更高的代价买苹果的产品呢?究其原因,是苹果在产品的五个层面都做得很好。

1. 核心层——极致思维

乔布斯对待产品总是亲力亲为,追求完美:小到车间生产机器的颜色,大到外观设计、材料选择,乔布斯总是利用自己的"现实扭曲力",将每一个细节都死抠到底,做到极致。苹果也

案例 7-2 苹果引发的革命

开启了很多个业内第一:第一部提出"视网膜屏幕"概念的手机,第一部采用背照式摄像头的手机……

2. 形式层——创新思维

在 iPhone 发布之前,不乏许多手机品牌。其中诺基亚在巅峰时期曾占到手机市场份额的 40%,可占据手机大半的键盘以及分辨率较低的屏幕,都不能提供较好的使用体验。iPhone 用更大的屏幕以及革命性的多点触控技术,对手机进行了极大的创新。用户不用再笨拙地通过按键来操控手机,只需要手指轻轻地滑动就可以使用。

3. 期望层——用户思维

在笔者看来,苹果的划时代意义在于它极大地消除了人与科技之间的鸿沟,将电子产品设计成"傻瓜式"、凭直觉都能使用的手机。《乔布斯传》里有一个故事,一个小孩在没有任何人指导的情况下,自己打开了 iPhone 里的游戏玩了起来。苹果的用户思维,让一切都可以按照你理所当然的直觉去操作。

4. 附加层——简约思维

不同于别的手机厂商,苹果每款产品只有一个系列,这是因为苹果要在附加层做减法。只做一个系列的产品,既能集中资源做到极致,又能避免消费者出现"决策瘫痪"的现象。因此企业要给用户最少的选择,但也是最好的选择。

同时,苹果也在情怀层面做加法。在苹果的官网里,你可以找到有个部分叫"Apple价值观"。如果说产品决定一个企业的成败,那么远见与格局则决定一个企业的高度。对于残疾者,苹果开发了语音操控;对于盲人,苹果开发了旁白功能;对于色盲色弱者,苹果开发了颜色调节功能;对于听障者,苹果开发了听力增强功能。

5. 潜在层——迭代思维

在移动互联网时代,每一个产品都是存在重大缺陷的,迭代思维的核心是要在最短的时间内将产品推出,快是根基,重复是形式。拿苹果的 iPhone 来说,自 2007 年 1 月 9 日

发布第一款 iPhone 以来,苹果保持着一年推出一款迭代 iPhone 的速度,每一个新一代手机都会在上一代基础上增加新的功能。

资料来源:《苹果这家公司伟大之处在哪里?》,知乎,2021。

苹果为什么能一直占据手机市场的大半江山?正是由于其在产品五个层次的出色表现,苹果公司的 Slogan——think different,并不是口号,而是实实在在实践的一个理念,苹果公司发布任何一款产品,都不是单独的一个产品,它都会围绕着这个产品,打造一个颠覆性的生态,从而颠覆人们的生活习惯。如果说,一个公司改变过人们的生活,那么很多公司都可以获此殊荣,但苹果公司是一次又一次改变我们的生活。什么样的产品才能够更好地为顾客提供价值呢?或者说什么样的产品才能算作好产品呢?

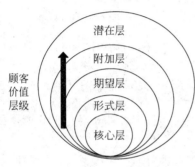

图 7-1 产品的五个层次模型

现代市场营销理论认为,产品整体概念包含核心层、形式层、期望层、附加层和潜在层五个层次,由于每个层次都增加了更多的顾客价值,这五个层次构成了顾客价值层级(customer value hierarchy)(图 7-1)。互联网时代,几乎一切事物都牢牢刻上了互联网的烙印。互联网思维最开始是由百度公司董事长李彦宏在一次演讲中提出的。九元购创始人陈光锋认为,互联网思维,就是在(移动)"互联网+"、大数据、云计算等科技不断发展的背景下,对市场、用户、产品、企业价值链乃至整个商业生态进行重新审视的思考方式。[1] 海尔集团前董事局主席兼首席执行官张瑞敏认为,互联网思维是零距离和网络化的思维。互联网思维在品牌传播的创新思考中占有举足轻重的地位,它已经悄然地重塑了中国甚至世界的商业环境。

一个完整的产品应包含五个层次的内容,这五个层次在互联网时代下又分别代表着不同的产品运作思维,从而形成产品层次模型与互联网思维基本框架(图 7-2)。我们可以将这五个层次归纳为三种属性:第一,产品的自然"禀赋"——代表了产品的"天性",即其本质上能为顾客带来核心价值和利益;第二,产品的技术"天赋"——代表了产品的"理性",即其通过技术的力量在基本形式和顾客期望层上进行的延展;第三,产品的艺术"抱负"——代表了产品的"感性",即其通过心灵激荡、情感互动和社会责任为产品增加的附加价值和潜在利益。

1. 核心层——极致思维

核心层是产品最基本的层次。它是指向顾客提供基本的效用或利益。顾客购买某种产品是为了获得能满足某种需要的效用,而不仅仅是占有或获得产品本身。人们购买电视机是为了满足其"信息和娱乐"的需要,而购买牙膏就是要获得牙膏"洁齿、防龋"的效用。

产品最自然的属性是要满足消费者的核心需求,因为所有的产品都是面对消费者的,必须满足消费者的核心需求,才能够打动消费者的心,所以做产品,一定要挖掘消费者最

---

① 陈光锋.互联网思维:商业颠覆与重构[M].北京:机械工业出版社,2014.

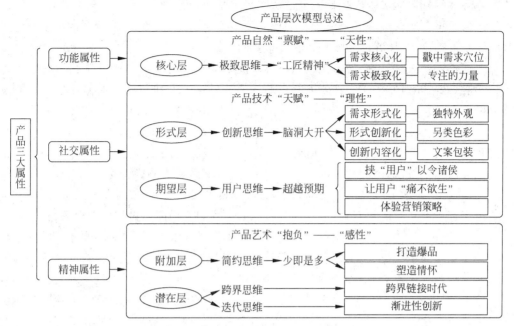

图 7-2　产品层次模型与互联网思维基本框架

核心的需求,了解消费者最想要的究竟是什么。然而,只了解消费者的核心需求是不够的,还要将这种核心需求的满足做到极致,将互联网时代的极致思维应用到产品层面,这是顺应时代变化的体现。

1）需求核心化

哈佛大学著名市场营销学教授西奥多·莱维特曾说:"顾客不是想买一个 1/4 英寸的钻孔机,而是想要一个 1/4 英寸的钻孔!"从表象看,顾客只是买了一个钻孔机,如果企业只看到这一层,必然会将企业资源放在如何让钻孔机更结实耐用上,这个层面的资源投入由于与需求不匹配,必然是事倍功半的效果;深一层来看,消费者买钻孔机是为了打孔,看到这一层的企业很有可能会将资源放在研发上,来研究如何打出来一个更漂亮的孔,甚至可以直接转型去做提供打孔服务而不是卖打孔机的商家;如果再深一层,看到打孔的本质,消费者甚至都不是为了要一个孔,而是为了把某个东西挂在墙上,这是消费者的终极目的。基于此,企业很有可能会研发更方便、对墙体伤害更小的射钉枪,打一枪就能把东西钉上去,更加方便。由此可见,企业看到的需求不同,对需求所作出的反应和经营决策也不同,最后的结果也是天差地别。

正如莱维特所说:"世界上根本没有商品这种东西,用户真正要的是使用这个产品所得到的好处。"也就是说,企业在进行产品打造的过程中要优先考虑的是顾客的需求,而且要将需求本质化、核心化。只有将顾客的需求作为产品的核心关键点,才可以在第一时间吸引消费者的注意,从而促进产品的销售。因此,洞察顾客需求就显得尤为重要,顾客需求指的是顾客有能力购买并且有意愿购买某个具体产品的欲望,需求是唯一可以进行定量分析的指标,是对欲望的理性归纳。需求是一种容易达成的欲望,是对购买这一活动最为直观的行为体现,当一个顾客表现出来需求,那么他就一定会进行购买行为。基于这样的顾客心理所打造出来的产品就一定是顾客所需要的,并且是顾客一定会购买的产品,这也是产品的核心层在打造过程中所要奉行的第一准则,需求核心化,将顾客的需求作为产品的核心来打造,这样的产品才是顾客最想要的产品。

那么,是不是把握了产品的核心利益诉求就百战百胜呢?如果所有钻孔机商家都开始售卖射钉枪,如何差异化?这就涉及产品核心层的第二个维度——如何将核心利益发挥到极致。

2)需求极致化

案例7-3中,卖天妇罗的商家那么多,早乙女何以获得消费者的青睐?究其根本,就是早乙女做到了将消费者的需求极致化。早乙女不仅抓到了消费者的核心需求点——饱腹,并且将这种需求极致化——美味,每一道工序都亲自把关,严格遵照食谱进行料理,保证每一位客人吃到的都是最完美的天妇罗。那么,我们怎样能够做到需求极致化呢?

案例7-3　一生悬命只做天妇罗的日本料理大师

第一,发扬"工匠精神"。如果说,改革开放初期的中国,缺的是为经济发展打开缺口的探索者,那么,随着改革开放至今物质生活的极大丰富,人们提出了对美好生活的更高期许,而这引发了对"工匠型企业"的追求。早在2016年第十二届全国人民代表大会第四次会议政府工作报告中,李克强总理就提出培育精益求精的"工匠精神","鼓励企业开展个性化定制、柔性化生产,培育精益求精的工匠精神"。这是政府工作报告中首次提到"工匠精神"这个词。截至2021年的全国两会,"工匠精神"已经连续六年被写入政府工作报告,践行工匠精神,意味着企业需要抱持一颗匠心,为满足人们日益增长的对美好生活的需求、对产品品质保持极致的追求。

"匠"在日语中的读法为"takumi",意指耗费大量时间、精力、资金,用堪称极致的工艺打造器物。而"工匠精神"自江户时代发源以来,已历经几百年的锤炼,它不仅是日本走向繁荣的一项重要支撑,同时也是历史积淀的象征。"工匠精神"并不是舶来品,早于2 300多年前,《庄子》一书就曾用短短百余字的篇幅,描绘过匠人梓庆"削木为鐻,鐻成,见者惊犹鬼神"的故事,述说古人对专业的匠心。在通过机器便可以固定、精确完成装配工作的现代,"匠"逐渐演变成了一种文化,不仅渗透至包括汽车制造行业在内的各个领域,同时也升华成了一种毫不妥协、追求完美的精神理念。在这个"商人精神"横行的年代,"工匠"不一定都能成为企业家,但大多数成功企业家身上都有这种"工匠精神"。

一言以蔽之,"工匠精神"实际上就是指企业用极致的产品满足用户的需求。极致是一种自己与自己较劲的过程,永远行走在不满足产品现状、追求独一无二的路上。从产品主义的观点出发,消费者喜欢和钟爱的始终是产品本质上能为其提供的核心利益和效用,而"工匠精神"就是极致思维的一种体现。

"工匠精神"一词在当今十分流行,政府也特别强调了"工匠精神"的重要性,那么"工匠精神"在营销领域究竟有什么意义呢?

"专注主义""标准主义""精确主义""完美主义""秩序主义""厚实主义"是"工匠精神"的六大表现形式,主要适用于耐用品、民族(家族)品牌、科技产品、手工制品等品类的宣传。诸如纽巴伦联合李宗盛推出的宣传片《致匠心》、蒂芙尼的品牌故事等,都体现了用精益求精的"工匠精神"打造极致的产品。

产品层次中核心层是"皮",而其他层是"毛","皮之不存,毛将焉附"。在这个层次上,企业通过追求"工匠精神",让自己的产品和服务超越顾客的预期,真正追寻极致思维,从而将产品所能提供给顾客的核心效用发挥到了极致。同时,"工匠精神"也是企业文化的体现,这种精神可以帮助企业打造品牌内涵,增强品牌的内生力,这符合大环境和政策的趋势,也会让消费者对企业产生更多的信任感,对企业的好感有所提升。在"大众创业、万众创新"的背景下,我们不仅要关注互联网及互联网精神,也要细心呵护热爱发明、崇尚技术、献身工程的"工匠精神"。"互联网精神"加上"工匠精神",才是一个国家更合理的创新创业驱动力。

第二,紧跟时代的脚步。由于科技发展等因素,当今时代的变化越来越快,可能稍不注意,就被时代甩在身后了。时代环境的变化,就会带来消费者的改变。鉴于此,营销也不能一成不变,而是要时刻紧跟时代的脚步,与其保持步伐一致,这样才能够做到把握住消费者的核心需求,并将其极致化。

例如,截至2021年,中国有超两亿单身人士,其月收入主要集中在6 000~10 000元,近半数单身人士年龄集中在20~29岁。这是一个年轻又有钱的群体,消费市场规模有望达13万亿元,这群人直接带动了"单身经济"的崛起。调研发现,82.9%的中国网民有过一个人消费的经历,如一个人吃饭、看电影、逛街或旅游等。这就是随着时代的改变,消费者的需求在发生改变的实例,这个"单身经济"群体更加喜欢单独消费,他们也更注重生活的品质,如在日用品消费上,可能从原来的"实惠"需求转变为"好用"或者"好看"需求等。总之,按照原来的家庭主导消费时代的策略可能无法俘获这些人的心。

这个时候,研究消费者的消费需求就变得愈加重要,可以利用"单身"群体的特点进行产品的创新,以满足其需求,并且在"一个人"这一点上大做文章,将其做到极致化。"单身经济"的崛起,让"单身家电"成为一片蓝海。无印良品就曾利用这一点,创新了一系列的产品,如针对独身生活的"小号"厨房电器,包括小号烤箱、小容量电饭煲、500毫升电水壶和榨汁机等。单身消费已经形成了一个巨大的"单身经济体",带来了全新的商机。

需求极致化并非故步自封,而是根据时代特点和消费者需求的变化不断进行调整、不断进行优化的过程。需求极致化的本质也是在强调以消费者为导向的营销思想,无论在什么样的时代条件下,消费者的需求都是放在首位的,所以要想做到需求极致化,就要不断去挖掘消费者的核心需求,从而制造新的能够满足其核心需求的产品,并且要将这种产品做到最优化,建立差异化竞争优势。

2. 形式层——创新思维

形式层是核心产品借以实现的形式或目标市场对某一需求的特定满足形式,是消费者通过自己的感觉器官可以接触到的、感觉到的有形部分,核心产品所展示的全部外部特征包括质量、特色、款色、包装、品牌等。

互联网时代下,人们通过快餐式媒体理解世事,让人们的生活更加"碎片化"、注意力更加分散。因此,著名的诺贝尔奖获得者赫伯特·西蒙在对当今经济发展趋势进行预测时指出:"随着信息的发展,有价值的不是信息,而是注意力。"

人之所以产生所谓的"审美疲劳",无不源于一个经典的心理学概念:刺激适应(sensory adaptation),刺激物对感受器的持续作用而使感受器发生变化的现象,称为感觉适应,"入芝兰之室,久而不闻其香""入鲍鱼之肆,久而不闻其臭"是典型的适应现象的体现。大量的心理学研究发现:任何的外部刺激,最终都会被"适应"。一切让我们感觉到新奇、好玩、有趣的东西,最终都会变得无聊透顶。在企业营销方面,更多称之为"品牌老化"——很多曾经火爆的品牌概念,因为消费者逐渐适应了刺激,越来越让人"无感"。所有的外部刺激都会被"适应",消费者逐渐对这种刺激产生"审美疲劳",那么企业该如何应对呢?

实际上,人们对于"早就熟悉的旧事物出现了新变化"是持支持态度的。因此,部分品牌会通过各种创新的做法,在保留核心品牌价值的基础上重新激活,让人产生新的刺激感。产品营销经常的做法是"使熟悉成为新事物",即企业应当通过创新,最大限度地吸引用户或消费者的注意力,通过培养潜在的消费群体,以期获得最大未来商业利益。因此,互联网时代下产品形式层就应该具备创新思维,给予消费者不一样的体验。

例如,李宁是由我国著名体操运动员李宁创建的运动品牌,成立于1990年,一出生就风华正茂,但2010年后,李宁的发展却陷入危机。处于中游的人往往会被忽略,李宁在中国运动品牌中就处于这样一个尴尬的地位:论品牌,不如国外阿迪达斯、耐克有影响力;论价格,没有国内安踏、361°便宜。此外,随着时间的流逝,其创始人在顾客中的影响力也逐渐消失殆尽,李宁急切需要寻找破局的方法——旧事物出现新变化。2015年,新一代年轻人自我意识觉醒,民族自信建立,国潮兴起,李宁抓住国潮兴起的趋势,推出一系列带有东方色彩的设计,引领了国潮。其新变化不仅仅在于产品设计方面,更在于品牌方面。2018年,李宁就开始快速布局当下火热的竞赛潮流——电竞领域,成为继耐克之后布局电竞领域的体育品牌,李宁收购了《英雄联盟》老牌战队Snake,并更名为LNG战队,从而提高曝光度,快速与年轻人建立联系。

知识锦囊7-3 三脑假设

根据神经学专家保罗·麦克里恩提出的著名的"三大大脑"的假设,可以将产品形式层的创新思维总结为具体以下三个层次由"表"及"里"的逐级深入:产品Logo、外形创新(爬行脑),产品色彩意义创新(爬行脑+边缘系统),产品包装内容创新(边缘系统+新皮层)。在爬行脑的思维控制下,产品表现出尽可能地可视化特征,如钻石广告的"钻石恒久远,一颗永流传",巧克力广告的"只融在口,不融在手"以及iPod的"把1000首歌装进口袋里"。

爬行脑就像是一个冲动无知的小孩,没有思考能力,完全凭本能欲望行动。这种行动往往是一时冲动,过后就后悔。爬行脑虽然是最低级的,却是最先进化出来的,因此也是日常中使用最多的。就好像你逛街买了一件工艺品,回来后发现根本没什么作用,也不是你想要的,那你当时为什么买了呢?原因你自己都不清楚,可能是售货员很漂亮,或者是工艺品当时陈列得很美观。总之,就是爬行脑没有经过理性脑的同意,受到外界原始欲望的刺激,不假思索冲动着就买了。

边缘系统就像《红楼梦》中多愁善感的林黛玉,统管着"喜欢"和"不喜欢",能够控制人类情绪、情感。2004年10月,美国神经成像学专家蒙塔古教授在《神经元》杂志上报告了一项实验,他使用磁共振对67名志愿者的大脑进行扫描。结果显示:在不被告知品牌的情况下,多数志愿者在品尝可口可乐和百事可乐时,他们大脑的活性差不多,也就是说，就口味而言，两种可乐没有明显差别。但是，当受试者被告知品牌时，大多数人的外脑对可口可乐的反应更强烈。显然，人们对可口可乐品牌的喜爱，影响了基于味觉的判断。

新皮层就像是一个聪明的分析师，会理性分析利弊，这一部分大脑会对包装的内容进行分析，而不仅仅是停留在喜不喜欢的层面上。在《神经营销》这本书中有这样一个故事：一个乞丐沿街乞讨，面前摆着一个写着"我没有家了，请帮帮我"的板子，这时有个好心人走过来给了他2美元，并且要求改动他板子上的内容。改了内容后，乞丐在两个小时内竟得到了60美元的捐款。事实上，使乞丐得到60美元的，只是板子上新加的那句话："如果你也饿着，会怎样？"

保罗·麦克里恩三位一体的大脑假设在市场营销领域的应用是神经营销的表现之一，神经营销在品牌、价格、广告及产品方面均取得一定的进展。神经营销工具将会成为跨国公司对产品包装、广告和其他推广活动的效果进行检测的工具。

1）需求形式化

需求形式化即为第一层，是在爬行脑驱使下的产品Logo、外形创新。Georges（2004）曾经提出爬行脑做决定时的九大重要原则之一：越能看得到的东西（视觉化），越是好东西。所以无数产品都在强调外观的不同，以塑造差异。企业要遴选独特外观及延伸品牌价值，具体来说体现在三个新趋势上。

第一，新的营销载体。从营销的角度来说，最大的营销载体就是产品第一印象本身，产品外观承载了基本的产品使用价值之外，更多的是品牌价值。价格差异化不高的情况下，个性化的产品外观将在消费者品牌选择中优先胜出。

第二，新的消费群体。互联网时代下的消费群体被称为"新消费主义者"，他们追求个性、被尊重及有趣，而个性化的外观满足了当前用户的心理消费需求。

第三，新的媒介载体。产品外观本身就是最大的媒介载体，产品个性化外观能使产品与众不同，具有更高的话题性，而这将带来免费的巨大品牌宣传价值。

 知识锦囊7-4 内容营销

例如，创业4年就获得140亿元估值的元气森林，在一个传统得不能再传统的饮料行业，却取得了比许多互联网公司还要快的增长速度。能取得这样的成就，元气森林在包装上的创新功不可没。元气森林采用的是偏日系的包装，它的气用的是日文里的"気"，我们看到这个字时，虽然没学过，但会很自然地联想到中文里的"气"。它的包装在暗示你自己产品有进口的"基因"，很高级，同时又暗示得很收敛。

但是，需要注意的是，仅仅产品的外观创新并不能成为持续消费的动力。根据"刺激适应"理论，可以通过把自身的外部刺激逐步转化成内部刺激而降低"刺激适应"，但有一种刺激带来的正面体验却几乎不会被适应，这种刺激就是"内部刺激"，内部刺激就是用户自身感知到的东西（比如通过购买实现了自己的某个心理诉求或目标），如果产品仅仅给用户提供某种外部刺激，容易导致消费者审美疲劳，而激发顾客体验产品创新背后的心理寓意，则不容易产生"刺激适应"。因此，企业并不是简单地给用户提供特立独行的产品外观，而是引导和刺激消费者通过创新的产品去满足内心渴望，实现自己的目标。

2) 形式创新化

产品形式创新表现之一是基于爬行脑及边缘系统的产品色彩意义的创新。在打造产品形式层时,另类的色彩一定能使产品吸引更多的目光,色彩背后包含着更多的消费心理诉求。那么,如何为产品色彩增添更多的心理刺激呢?

亚洲消费者最喜欢的颜色是金、银、黑,这三种颜色是中国、日本、泰国和越南等国家消费者眼中奢侈品的颜色。其中金色是中国人最喜欢的颜色之一——奢华之色。在中国,黄金通常跟财富相联系,例如,把为了促进旅游和消费而设立的小长假叫作“黄金周”。那么,受中国人热捧的“土豪金”反映了背后怎样的消费心态?

2013 年 9 月,iPhone 5s 上市,推出了新的色系——金色。在很多人看来这是非常俗气的一个色系,被戏称为“土豪金”。可是就是这样的俗气色系引起了人们的极大兴趣,根据当时的新闻,美国苹果官网开启预售仅 28 分钟就已售罄。在国内方面,土豪金 iPhone 5s 也非常抢手,据悉市场上一部已炒至近万元。这样的情况出乎了所有人的预料,甚至就连苹果官方都没有预料到这款土豪金产品会出现供不应求的情况。

如今,80 后、90 后已经成为主流消费群体,他们不仅追求差异化的产品外观,同时也看重产品外观背后所代表的文化诉求,因此企业需要创造认同感来进一步获得这一类群体的市场,而产品形式层中的色彩设计最容易传达企业文化。企业在色彩上创新,既可以获得免费传播效果,又能拉近与用户的距离,还可缓解负面情绪,因此,创新的产品色彩必须有深刻的消费心理沉淀。

3) 创新内容化

产品形式创新另一表现是产品包装内容的创新,这是在边缘系统及新皮层驱动下实现的。

案例 7-4　可口可乐的卖萌标签和歌词瓶

无论是“昵称瓶”“歌词瓶”还是“台词瓶”,采用的这些文案一方面跟年轻人文化接近;另一方面在社交媒体下,人们往往很喜欢拥有自己的标签并找到自己的族群。如果某一个圈层的人群被激发,那么传播效果是加倍的,拉动消费就不在话下了。除此之外,刻在瓶子上的文案,使每瓶产品拥有了自己的独特标签,每瓶可口可乐也自然变身为“自媒体”,在货架上直接与消费者沟通,并被运用在社交媒体上流行的网络圈层,激发消费者间的自发分享、快乐传播。每一瓶可口可乐都具有社交功能,可以用来表情达意。可口可乐一贯以新颖的活动挑动消费者的神经,在传递快乐的同时,也夯实自己在市场中无可替代的位置。

知识锦囊 7-5　产品看起来越漂亮越好吗?

(1) 产品即媒体。除了在推广渠道和内容上做文章,营销还可以直接在产品上做文章,由产品主导,发出自己独特的声音,让每个瓶子都在说。产品本身转换成一种新媒体,将微博、微信这种新媒体平台上的热门词汇添加在瓶子上,利用瓶子作为一个传播信息、彰显个性的媒介,这种方式得到了年轻消费者的认可,反响空前。

成功的营销,就是以产品为媒介,把每一个用户变成一个传播的节点,参与到用户的社交行为当中,用一个个具体的瓶子,让渲染的感情有了一个切实的落点,赋予了用户一种既有趣又低成本的自我表达方式。

（2）产品即自我。社会化营销越来越盛行，用户的内心世界被前所未有地重视起来，隐藏自我是第一步，下一步就该是强化自我认知。要用户在消费产品的时候，不仅出于对产品功能的需求，还需要与品牌产生关系，那就意味着品牌要能够提供附加价值。这份附加价值，正在从隐藏自我变成强化自我认知。

从隐藏自我再到强化自我认知，当品牌能够提供超出产品功能的价值时，用户的心自然会更贴近品牌。我们不再仅仅关注功能，而更加在意品牌了。

一次成功的营销除了能够让用户关注自我之外，还有一个要素，那就是触发情绪。我们每一次参与社会化传播，最终的推动力就是情绪。情绪上产生共鸣，再加上自我表达的需求，这一个个传播节点才会组成一张信息流转的大网络，以新颖的活动挑动消费者的神经，在传递快乐的同时，也夯实自己在市场中无可替代的位置。

简言之，在这个层级上即是增加附加价值＋优化用户体验，大多数品牌都开始在包装上植入文案，意图引发消费者的共鸣及二次传播，高级者就是在做"内容营销"。如今，"内容营销"在"人人都是自媒体"的时代显得越发重要。

3. 期望层——用户思维

产品的期望层是指顾客在购买这种产品时一般会期望得到的一组属性和条件。那么，什么是顾客期望？

年轻夫妇逛商场，妻子看中了一套高档餐具，坚持要买，丈夫嫌贵，不肯掏钱。导购员一看，悄悄对丈夫说了一句："这么贵的餐具，你太太会舍得让你洗碗？"他一听马上掏钱。

可以看出，人的价值观无法改变，不如从用户角度出发揣摩顾客的预期，抓住其痛点——定义产品的切入点与重心点。

所有互联网的核心都是尊重用户、了解用户需求。互联网思维的产品观是："需求一定是从用户来，通过产品的加工、处理回到用户中去。"这样才能利用互联网技术打败原有的产品及服务，成为用户认可的新的产品。所有的互联网产品与公司，其实天生就是用户型的公司，是由用户驱动的，企业必须具备用户思维，聚焦于如何让产品超越顾客期望。

1）挟"用户"以令"诸侯"

用户思维的表现有两个方面，即深挖顾客需求和超越顾客期望。

（1）深挖顾客需求。著名的马斯洛需求层次理论，将人类需求像阶梯一样从低到高分为五种，分别是生理需求、安全需求、社交需求、尊重需求和自我实现需求，而企业要做的就是如何在更高一级的层次上满足顾客需求。互联网时代，如何深挖用户的真正需求？

字节跳动是一家发展非常迅速的公司，其旗下有今日头条、抖音、TikTok 等红遍国内外的 App，它的迅猛发展正是得益于其有能够对用户需求深入挖掘的独特算法。字节跳动如何进行需求挖掘呢？按照传统方法，企业通常会用收入、年龄、受教育程度等将众多消费者进行划分，从而在这些细分区间内有针对性地生产产品，投其所好从而取得竞争优势，这是我们熟知的市场细分、目标市场选择战略。这种方式相较于不细分市场有很大优势，但在互联网时代，这种细分市场方式已经有些落后。比如，都是一个宿舍的同学，平时一起吃饭，一起上课，性别、年龄、生活费等都差不多，但一个产品摆在面前，有的同学很喜欢，有的却嗤之以鼻，这就说明把市场分为一个层级有一定效果但却还是很粗放，实际操作起来会有很多不尽如人意的地方。

相较于传统方法,字节跳动的算法就精细得多,它将需求分析从人群层面的划分细化到了每个人的具体行为,颗粒细密程度极大增加。具体来说,当我们在浏览新闻、视频时,系统会根据我们浏览内容的类型给我们打上小标签,在你毫无察觉的情况下可能已经被打上了数百个这样的标签,这些标签就像一串能让机器识别的文字,随着标签的增多,机器就能利用这些标签合成一个你的人物画像。而且你浏览的内容越多,标签也越多,画像就越完整,也越接近真实的你。

最后,机器凭借这些标签,成了世界上最了解你的人,它对你的了解程度超过了亲人、朋友甚至你自己。正如产品经理俞军所说的"用户不是人,是需求的集合",只有把画像的颗粒度不断细化,才具有商业上的可操作性。

随着过剩经济的到来,产品多样化、同质化的趋势日益明显,基本上没有所谓的空白的用户需求。因此,在产品的期望层,企业要做到的就是在原有基础之上更好地满足用户需求。

(2)超越顾客期望。在了解顾客需求的基础上,通过各种方式超越顾客的预期。

通过对消费者需求的洞察,企业拥有源源不断的创新冲动和能力,符合营销3.0时代的核心理念即人文精神,不断地丰富消费者的生活内容和生活体验,在期望层充分地满足并超越了顾客对产品的期望。

2)让用户"痛不欲生"

用户思维的本质其实就是抓住用户的痛点,消费者面临的选择很多,他们开始透过所购买的品牌来定义自我,因此使他们对品牌更有识别力,这种从理性到感性驱动的转变将创造更多的忠实顾客。未来,驱动消费者购买的主要原因依然是感性需求,而满足感性需求的最好方法就是抓"痛点"。

那么,什么是痛点?痛点,从字面上看就是感到疼痛的那一个点,而让消费者心里产生落差的这种伤,就是市场营销领域的痛点。回归到心理学的基础定义,任何的动机和需要,都源于一个"没有被实现的目标"。一般情况下,人都是不想改变的,但是当用户感知到自己有一个"没有被实现的目标",就会想要通过某种行动(比如购买你的产品)来实现这种目标,从而改变行为。

因此,解决用户痛点,让用户"痛快"的方式之一就是通过场景营销让用户身临其境,与产品之间产生共感。形成路径是:生活与用户之间产生故事,生活与产品之间产生情感,产品和用户之间产生体验。

3)体验营销策略

体验营销就是指企业通过设计、创造、提供和出售体验,使消费者在消费过程中得到个性化的享受、精神需求得到最大限度满足的一种社会及管理过程,其核心实质就是要帮助所有的顾客真正地达到自我实现的境界。

2002年的诺贝尔奖得主丹尼尔·卡内曼经过研究,发现客户对体验的记忆由两个因素决定:高峰以及结束时的感觉。这就是峰终定律。这条定律基于潜意识总结体验的特点,它告诉我们:对一项事物体验之后,所能记住的就只是在峰时与终时的体验,而在过程中好与不好体验的比重、体验时间的长短,对记忆差不多没有影响。

知识锦囊 7-6　场景营销

　　不管你体验什么项目,不管你体验的时间多长、中间经历了什么,只要没有超越你的忍耐底线,又有一个点让你足够满意,最终还有一个很棒的结尾,那么你最终对这个项目的体验印象就是满意的。以上,就是峰终定律在服务界的应用。

　　因为平庸的用户体验无法让消费者记住你,更谈不上喜欢你、经常光顾你,所以你需要合理配置资源,在与消费者短时间的接触中让消费者记得你。正如贝聿铭先生所说:"我们没有办法把所有矛盾全部一一化解,但是必须找到影响项目成败最核心的矛盾,并彻底解决它。"峰终定律就是让你找到最核心的矛盾,设计服务体验的核心就是让你在资源有限的情况下,合理配置你的资源,在10%的关键节点上安排得几乎完美,在剩余的90%普通节点上保证整体服务路径不崩溃、不犯错,尽量不压到用户的忍耐底线。总的来说,就是尽量集中资源,在不压到忍耐底线的前提下,打造体验的峰值,最后再做一个体验终值的美好小尾巴,做到多数可遗忘、偶尔特漂亮。

　　(1)体验营销的特征。体验营销和传统营销有着本质上的区别,体验营销的特征主要有以下几个方面。

　　第一,关注顾客的体验。体验是一个人的经历激发出某种感觉,触动心灵以激发灵感。体验就是把企业和品牌与顾客的生活方式联系起来,而且把顾客的消费行为和购买场景放置到更广泛的社会环境之中。当顾客十分口渴时,过去的厂商可能只是给顾客一杯水,而不考虑顾客是希望喝矿泉水还是可口可乐,而关注顾客体验不仅要满足顾客口渴喝水的需要,还要满足顾客对水的喜好和偏爱,也就是让顾客在接受商品时能体验到企业理解他和体贴他。

　　第二,让顾客参与其中。体验营销的魅力在于使顾客以个性化的方式参与到事件中。企业应注重与顾客之间的沟通,发掘他们内心的渴望,站在顾客体验的角度去审视产品和服务,通过提供体验使顾客对品牌产生情感寄托,从而成为品牌的忠诚顾客。

　　第三,增加产品附加值。体验是由接受某些刺激而产生的内在反应,它产生于直接消费的有形或无形的产品。无论是真实的还是虚拟的,重要的是能满足人们的某种体验需要。一个苹果正常售价是两三元钱,如果给你一个苹果,让你卖到10元钱,能做到吗?很简单,在圣诞节晚上,人们对苹果的需求量激增,那么很轻易就能卖到10元钱。如果卖1 000元钱呢?把苹果拿去给当红明星签个字,卖1 000元钱也非难事。那有没有可能把这个苹果打造成无价之宝,金钱已经无法衡量它的价值呢?仔细思考一下,倒也不是难事,因为掉在牛顿头上的那个苹果,真的是无价之宝。从这个小故事发现,产品往往会有附加值,这些附加值会为企业树立核心竞争力,为品牌塑造忠诚的顾客,同时带来可观的经济效益。

　　第四,提供消费的情景。在信息时代,只有那些刺激顾客感觉、心灵和大脑,并且进一步融为其生活方式的体验才会使顾客内心深处感受到强烈的震撼,才能真正俘获顾客的心,得到他们的支持和认可。营销人员不应孤立地去思考一个产品的质量、包装、功能等,而要通过各种手段和途径,如娱乐、店面、人员等,来创造一种综合的效应,以提升消费体验。不仅如此,营销人员还要思考消费所表达的内在的价值观念、消费文化和生活的意义,设计必要的消费情景,通过综合考虑来扩展其外延,并在较广泛的社会文化背景中提升其内涵。比如体验营销人员不仅要考虑洗发水、剃须刀、吹风机和香水等产品本身，而且还要考虑"浴室里的气氛"，要明确什么产品适合这种消费场景，以及如何使用这些产品，产品包装和消费之前的广告如何强化消费体验。

第五，从体验主题出发。体验要先设定一个主题。体验营销是从一个主题出发并且围绕这个主题，如一些主题博物馆、主题公园、游乐区设计的活动。这些"体验"和"主题"并非随意出现，而是营销人员所精心设计出来的。体验营销要有严格的计划、实施和控制等一系列管理过程，并非只是形式上的符合而已。

第六，连接产品与顾客。当顾客和产品有了亲密接触之后，这之间产生了很多新的连接，这种连接不是通过广告或是一般消费能产生的。体验营销的好处就是使企业产品的品牌能和顾客产生特别的情感联系。

（2）体验营销策略类型。

第一，感官体验营销。在当今社会，大量的媒体及交互式多媒体的使用，使通信量剧增，因此产品的性能和价值、品牌的名称和联想已不足以引起顾客注意。能够吸引顾客的企业提供的是顾客享受到的与企业、产品或服务的定位相一致的、难忘的感官体验。品牌营销逐渐失去了生命力，慢慢被感官体验营销所替代。

感性不是物的实体，而是某种意识。商品的感性化现象是与顾客意识有关的一种心理现象。感官体验营销的诉求目标就是创造知觉体验的感觉，它包括视觉、听觉、触觉、味觉和嗅觉。感官体验营销可以区分公司和识别产品，增加产品的附加值和引发顾客购买动机。

第二，娱乐体验营销。娱乐体验营销，是指娱乐的元素或形式与整合营销的精神和规划相结合起来，让消费者在娱乐的体验中与产品建立情感的联系和沟通，感化消费者，从而销售产品、提升客户忠诚度的营销方式。娱乐体验营销要求企业巧妙地寓销售于娱乐之中，通过为顾客创造独一无二的娱乐体验来捕捉顾客的注意力，达到刺激顾客购买和消费的目的。相对于传统的营销方式，娱乐体验营销最大的特点是摒弃了传统营销活动中严肃、呆板、凝重的一面，使营销变得亲切、轻松和生动，更能激发顾客的购买欲望。例如南京的一家餐馆将《侏罗纪公园》的场景搬进餐厅，整个餐厅被布置成了布满钟乳石和古树的原始森林，硕大的恐龙骨架，流水淙淙的瀑布，造型古朴的假山，再配以优美的音乐。想想在这样的环境下用餐是否会有心旷神怡的感觉呢？

第三，情感体验营销。情感体验营销以顾客内在情感为诉求，激发和满足顾客的情感体验，这需要认真探究顾客的情感反应模式，努力为他们创造正面的情感体验，避免或去除其负面感受，从而引导顾客对公司及其产品和服务产生良好印象，直至形成偏爱的态度。与传统营销方式相比，情感体验营销是更人性化的营销，它真正从顾客的感受出发，细心体察与呵护顾客的情感。从这个角度来说，营销人员并不是产品或服务的推销者，而是美好情感的缔造者。例如一句"孔府家酒，叫人想家"，引起在外游子对父母、对家乡无限的思念之情，使得顾客在消费时感受"想家"体验。"喝杯青酒，交个朋友"，陈酿贵州青酒的话剧广告语让消费者多了一份"友情"的体验。

第四，美学体验营销。美学体验营销以人们的审美情趣为诉求，经由知觉刺激，提供给顾客以美的愉悦、兴奋、享受与满足。爱美之心人皆有之。凡是美丽的事物，都会使人欣赏、喜欢和留恋,营销人员通过选择美的元素,如色彩、音乐、形状、图案等,以及美的风格,如时尚、典雅、华丽、简洁等,再配以美的主题,来迎合顾客的审美需求,诱发顾客的购买兴趣并增加产品的附加价值。在产品或服务越来越同质化的今天,美学体验营销能有效地吸引顾客目光,实现企业及其产品、服务在市场上的差别化,赢得竞争优势。

第五,生活体验营销。生活体验是人们展现出的关于自身活动、兴趣和看法的模式,每个人都有自己认同和向往的生活方式。有的人喜欢自由奔放和无拘无束,有的人喜欢豪华与尊贵,有的人喜欢挑战和冒险,有的人喜欢恬淡与安逸等,无论哪种生活方式,都是人们生活历程中的一种宝贵体验。生活体验营销就是以顾客所追求的生活方式为诉求,通过将公司的产品或品牌演化成某种生活方式的象征,甚至是一种身份、地位的识别标志,来达到吸引顾客,建立起稳定的消费群体的目的。

第六,关联体验营销。关联体验营销包含感官、情感、思考和行动或营销的综合。它超越私人感情、人格、个性,加上"个人体验",而且与个人对理想自我、他人或是文化产生关联。关联活动的诉求是自我改进的个人愿望,如想要与未来的"理想自己"有关联;要别人对自己产生好感,让人们和一个较为广泛的社会系统(一种亚文化、一个群体等)产生关联,从而建立个人对某种品牌的偏好,同时让使用该品牌的人形成一个群体。关联体验营销战略特别适用于化妆品、日常用品、私人交通工具等领域。比如以名人命名或把名人形象和产品联系起来的关联体验营销是很有效的做法,迈克尔·乔丹香水就是很好的例子。

(3)体验营销实战流程。

第一步,细分目标市场。

目标市场细分就是以市场为导向,按照消费者的需求、购买动机、购买习惯等方面的差异,依据一定的标准将市场划分为若干个子市场。

由于受到各种因素的影响,不同的消费者往往具有不同的消费需求和购买行为习惯。自然没有一种产品可以满足所有消费者的需求,每个企业由于受到自身资源、能力等的限制,不可能以市场所有消费者为服务对象。因此市场细分显得尤为重要。

第二步,选择合适的细分市场。

企业在市场细分的基础上,根据自身的经营目标、资源条件、细分市场的特征等选择合适的细分市场。只有选择正确的细分市场,才有利于企业发挥自身的优势,有针对性地服务顾客,达到企业的经营目标。

第三步,确定体验主题。

企业选定细分市场之后,就可以掌握目标顾客的特点,依据消费者的不同体验需求,创造不同的体验主题。在确定体验主题之前需要定位,即对体验进行准确的定位,使企业能够将最佳的诉求传递给目标顾客。

好的体验主题一般符合以下四大标准:能够调整顾客的现实感受;丰富有关地点的主题,使顾客对空间、时间、实务的体验发生改变;主题可以让时间、空间、实务相互协调成为一个不可分割的整体;主题必须与提出体验的企业性质相协调。

第四步,打造体验品牌。

从表面上看,品牌是一个企业产品或者服务的标志,但是从深层次上看,品牌更是消费者心理层面和精神层面的诉求体现。因此,品牌也是体验的提供者,企业要通过各种方式把体验融入品牌中去。在打造优势的体验品牌时,应该关注顾客的情感需求,有效管理顾客和品牌的接触点,使品牌的定位与体验主题紧密融合、相辅相成。

第五步,设计体验式的产品和服务。

企业的产品和服务是开展体验营销的物质载体,是传达体验主题的工具,产品主要呈现的是其外在传达给消费者的体验。强调"全面客户体验"理念的联想公司就认为,在全面客户体验时代,不仅需要对用户进行深入和全方位的了解,而且还应该把对使用者的全方位呵护和尊重凝结在产品层面,让用户感受到被尊重、被理解、被体贴。产品的体验主要呈现在产品外观设计、包装设计等方面。

第六步,设定体验式价格。

产品的定价可以表达顾客体验的成分,而且在产品包含体验成分时,企业也可以对产品收取更高的费用,对于具有体验价值的产品和服务,消费者也愿意支付更高的费用。体验式定价的策略有很多种,如消费者心理体验式定价策略、产品功能分解定价策略、产品生命周期定价策略等。

第七步,策划展示产品体验的活动。

企业将产品展示给消费者的方式是体验营销的重要环节,企业必须创建展示体验的平台,使顾客可以方便地参与到体验中。产品的媒体平面广告的作用毕竟有限,企业必须通过户外活动、店内促销等方式或者开设体验店等形式,营造一种积极的体验环境,使消费者通过相关的体验来激发其购买欲望。

第八步,建立专业的体验式营销队伍。

体验营销是目前一种创新的营销方式,要有效地开展体验营销活动,就需要营销人员有不断开拓创新的精神、超前的思想意识、综合的自身素质等。基于这样的要求,企业更应该注重对营销人员能力和素质的培养,从而达到让顾客进行全面体验的目的。

第九步,建立体验式的客户关系管理系统。

案例 7-5　奔驰开了餐饮店?

当今社会的计算机技术和网络技术发展非常迅速,体验营销又关注顾客的个性需求,因此,建立体验式的客户关系管理系统非常必要。企业可以将了解到的客户个人偏好信息输入系统,以便对客户展开针对性服务。同时,企业也要对系统中的信息进行及时的整理和更新,以保证系统信息的准确性。

换个角度来看,消费者在选择商品时,真正看重的是顾客让渡价值。顾客让渡价值是指顾客总价值与顾客总成本之间的差额,用一个公式可以很清晰地表达出来:顾客让渡价值=顾客总价值-顾客总成本。

怎么理解顾客总价值和顾客总成本?

比如说,你花 30 万元买一块名牌手表,难道仅仅是因为这个表计时准确,分秒不差吗?当然不可能!你买这块表,更多是为了彰显你的身份和品位。还有,如果一模一样的椅子,A 店卖 100 元,B 店卖 150 元,你会在哪家店买?肯定是 A 店呀。但如果加上点限制条件呢?比如说,我们加点时间限制,A 店需要你等半年才能拿到货呢?或者我们加点空间限制,A 店在郊区,需要你开车两个小时才能到呢?这个时候你很有可能就会选 B

店了吧！这就说明，在现实生活中，我们不光会考虑价格，还会考虑时间、距离。也就是说，我们更看重顾客总成本。

什么是顾客总价值？在上述买表的例子中，顾客总价值＝校准时间的价值＋身份价值＋品位价值，这三部分加在一起，才是完整的顾客总价值，把这三者中任一部分单拎出来都不行，都不完整。顾客总价值是指顾客购买某一产品或服务所期望获得的一组利益，包括产品价值、服务价值、人员价值和形象价值等。

那什么是顾客总成本呢？上述买椅子的案例中，买 A 店的椅子的顾客总成本＝100元的成本＋等半年的时间成本/开两个小时车的时间、精力成本。顾客总成本是指顾客购买某一产品所耗费的时间、精神、体力以及所支付的货币资金等，因此顾客总成本包括货币成本、时间成本、精神成本以及体力成本等。比如，我们想去看一场电影，电影票需要40 元，那我们的顾客总成本就是 40 元吗？答案是否定的，除了花费的 40 元电影票，我们还要算上往返电影院的时间成本、路费等，这才是顾客总成本。

顾客让渡价值是什么呢？在买表的例子中，顾客让渡价值＝校准时间的价值＋身份价值＋品位价值－30 万元货币成本。在买椅子的例子中，如果在 B 店买，顾客让渡价值＝椅子的价值－150 元的货币成本；如果在 A 店买，顾客让渡价值＝椅子的价值－100 元货币成本－等半年的时间成本/开两个小时车的时间、精力成本。

消费者在购买产品时，想要把顾客成本降到最低限度，而同时又想从中获得更多的实际利益，以使自己的需要获得最大限度的满足。因此顾客在选购产品时，往往从价值和成本两方面进行比较分析，从中选择出价值最高、成本最低，即顾客让渡价值最大的产品作为优先购买的对象。对我们来说，顾客让渡价值的重要意义在于，它能够时时刻刻提醒企业，要想方设法向顾客提供比竞争对手具有更多顾客让渡价值的产品，而不仅仅看重金钱成本，从而吸引更多的潜在顾客购买产品。

4．附加层——简约思维

附加层是指顾客因购买产品所得到的全部附加服务与利益。很多企业都强调要为顾客提供多样化的产品，可往往眼花缭乱的产品线并未收获相应的市场回报。

有这样一个心理学实验：摆出一系列昂贵的果酱，向消费者提供试吃机会和折扣。实验分为 2 组，一组有 6 款果酱，另一组有 24 款果酱，全部都可以任意购买。但是最后研究者发现，在提供 6 款果酱的组中，有 30％的试吃消费者选择了购买；而在提供 24 款果酱的组中，只有 3％的人最终选择了购买。

通过以上实验可以看出，更少的选择意味着更低的决策成本，在 6 款果酱的组中，消费者只需要比较 6 种口味并迅速通过排除法就可以作出判断，决定自己究竟买哪一种。但是在 24 款果酱的组中，消费者总想“下一款是不是比这一款好一点”，总想作出“最优决定”，结果在比较完 24 款果酱之前，消费者就消耗了大量的大脑精力，最后出于节约精力的需要，索性放弃了购买。这和顾客价值中的精力成本道理一样，当顾客付出的精力成本大时，相应的产品所提供的顾客总价值就会下降。

24 款果酱的组中出现的状态就是“决策瘫痪”状态——过多的同质化选择同时出现时，人们反而会放弃购买，从而选择单一化的商品。企业要给用户最少的选择，但也是最好的选择——“极致单品”，体现“少即是多”的原则，即简约思维。

1) 做减法：简约产品——打造爆品

爆品是由"爆"和"品"两个字组成的，顾名思义，"爆"是指引爆、爆发；"品"从表层来看是指产品，但深层看"品"由三个口组成，暗示着口口相传，形成口碑效应。爆品就是引爆市场的口碑产品。打造爆品，就是从用户的痛点切入，做出足够好的产品，集中所有精力和资源，迅速引爆用户口碑，从而实现单点突破和赢得市场。简约思维的极致就是打造爆品，即对产品做减法，通过口碑产品打爆市场。

企业都希望能打造出人人喜爱的爆品，甚至将打造爆品内化为企业的一种核心能力，那该如何做，是否有章法可循呢？金错刀的《爆品战略》或许给我们一些启发。《爆品战略》认为，要打造爆品需要三大法则：痛点法则、尖叫点法则以及引爆点法则。

痛点法则即找到用户最痛的需求点，找痛点是一切产品的基础。痛点是指目前商业环境内有部分需求没有满足，而这部分需求又对消费者非常重要。比如网购时，通常下单后我们需要等待快递把商品运到我们身边，而这个充满期待与焦虑的时间通常为三天，这便是网购的痛点。针对这一痛点，京东便开始自建仓库，大力发展自有物流，最终实现今天下单明天到的物流体验。

什么是产品的尖叫点？就是要有用户口碑。在没有任何广告的前提下，靠用户的口碑来实现产品的快速成长，也称为冷启动。打造尖叫点就是让产品具有冷启动的能力，不需要广告，仅靠"爆品自带流量"便能实现增长。"产品是1，营销是0"，如果产品不够尖叫，甚至没有尖叫点，光靠做广告，是不能持续的。如共享单车的先驱小黄车，是市场的先行者，也投入巨大的营销费用，为什么一直反响不好呢？就是因为车子骑着很累、用户体验不好。

引爆点就是让产品产生口碑效应，迅速传播。如何快速引爆呢？《爆品战略》中有三个法则。

案例7-6　元气森林如何批量化打造爆品？

（1）找到核心族群。重点把握一个核心族群，通过小众影响大众，通过大众来引爆整个市场。

（2）创造用户参与感。找到核心族群后，就需要引爆用户参与感。用户只有参与了，才会有真正的体验，才会持续发酵。

（3）形成事件营销。营销的最高境界就是让它成为一个事件，广为传播。

能够成为爆款的产品大多是高附加值和具有鲜明特色、有创新的产品，因此，形成"集体围观"现象是成为爆品的首要标志。那些取得极大成功的"爆品"有一个共同的现象：产品的概念已经呈现膨胀趋势，其内涵与外延的边界日渐模糊。甚至可以说，产品的外延日益渗入内涵之中。之所以会出现产品膨胀，最根本的原因就是技术壁垒日渐薄弱，同质化的产品极度过剩，要想让产品与众不同，在产品的内涵上很难打造出彩之处，只能是"工夫在诗外"，将竞争之火烧到产品的附加层领域。

2) 做加法：人格产品——塑造情怀

人类社会经历了三个时代：农耕时代、工业时代、互联网时代。三者对应三种关系：人与自然的关系、人与产品的关系、人与灵魂的关系！互联网时代，产品富余，我们满足了基本的生理需求，开始追求更高层次的需求。

当前，消费者不仅更喜欢细分化的产品，还要求品牌具备调动其情绪、提供情感价值的能力，我们从曾经的理性、功能需求变为感性、情感需求，也从曾经的大众化需求变为个性化需求。我们越发意识到自己是一个独特的个体，越来越喜欢强调自己和"众人"不一样，标榜自己的独特个性，用一句歌词来形容，那就是"我就是我，是颜色不一样的烟火"，这也正是现在个性化定制产品/服务兴起的原因。

所以，现在的品牌要想获得消费者的认可，不仅要更专注于细分市场，还要在营销方面下苦功夫，调整战略和组织架构，在产品设计上迎合、取悦消费者，明确品牌"调性"，讲好品牌故事，引起消费者的共鸣、共情与共振。

因此，在互联网时代下，让爆款产品不退潮的方式是，让粉丝沉淀下来，在其基础层做减法，在其附加层做加法，打造个人品牌，吸引兴趣相投的粉丝，对产品的附加层深耕细作，打造有情感、情怀、情绪的产品，既是产品简约思维"少即是多"的内涵，也是"产品人格化、客户社群化"的要求。

（1）如何看待情怀。罗永浩创造的锤子手机就"成于情怀、败于产品"，这说明剥开产品华丽的外衣，最关键的始终是产品核心利益的极致化。企业在先期进行情怀营销时，一定要合理控制用户的期待，要能够精准有力地把握住后续产品的兑现，否则，最终只会搬起石头砸自己的脚，在这一点上，罗振宇就要高明得多。

自从《罗辑思维》栏目和微信火爆之后，罗振宇就一直在走钢丝般地摸索前进着，钢丝的一头连接着"情怀"，另一头连接着"商业"。"罗辑思维"在微信上售卖神秘图书包，称这是一场商业实验；而在中秋前夕，"罗辑思维"又在微商城售卖月饼，美其名曰"真爱月饼"，通过设置参与规则让微信粉丝互测"真爱"。

罗振宇很清楚，"罗辑思维"是以魅力人格体为支撑的知识型社群，任何一种商业变现行为都要谨慎进行，要尽量避免透支用户对品牌的好感度以及信任度。注重理念的营销方式，需要及时完善产品，否则就容易昙花一现，正所谓"皮之不存，毛将焉附"。

"情怀"在某种程度上能刺激目标客户购买、使用产品或服务，间接帮助企业实现收入的概念性、理念性、精神性。具体来说，这些元素可以包括创始人人格魅力、目标人群的共鸣、企业文化吸引力等。

企业倾向于"先谈情怀"的实质在于在产品未到达目标用户前，先把用户吸引住，让用户产生一种期待，从而很大程度地降低产品上市后的营销推广成本，就像前面所说的锤子手机一样。但这样做是有风险的，一开始"情怀"营销，新鲜中透着一点点神秘，一时招来不少品牌争相仿效。

（2）如何理解情怀。情怀的本质是情感沟通，互联网时代的营销讲求"调性"，无"调性"不"社会化营销"。从最开始的微博拟人化到微信客服的个性化，都在强调一种情感的沟通，注重在情感上和粉丝产生共鸣。

2019年3月，91岁高龄的褚时健走了，而褚橙的营销传说却留了下来。有人说，每一个橙子里，都写满了褚时健的故事，褚橙卖的不是水果，卖的是褚时健的励志故事与情怀。2012年，褚橙不远千里，从云南来到北京，每一箱褚橙上都带着一段文案："65年跌宕人生，75岁重新出发，85岁硕果累累，褚橙——褚时健种的冰糖橙……人生总有起落，精神终可传承。"褚橙传递出的奋斗精神引起了广泛的共鸣，也让褚橙一炮而红：王石、柳传志等知名人士纷纷发微博为褚时健捧场；随后不久，韩寒、蒋方舟等微博大V也通过讲述自己的励志故事致敬褚时健，褚橙一时间变得无人不知。从某种程度上讲，人们购买褚橙已经和橙子这种水果没有太大关系，而是在向这种生活态度致敬。

我们追求情怀时，其实本质上追求的是一种更美好的生活方式。我们应该意识到，在消费升级的这样一种背景下，消费者的价值需求发生了翻天覆地的变化。出于对提高生活质量的向往，我们对产品的要求不再满足于"能用就行"，而是"能让我用得快乐才行"。换句话来说，我们已经变得越来越"精致"了。从前你可能觉得"洗发水嘛，能把头发洗干净就行"，于是选择宝洁旗下的飘柔、海飞丝等大众品牌，但是，你老实说，现在你肯定没以前那样非宝洁不用了对不对？为什么呢？就是因为它没法满足现在的你了，你现在的内心戏已经变成"头发对颜值的影响多大啊，所以买的洗发水一定要适合我的发质，还要能解决我发尾分叉、干枯的问题"。

我们现在已经不再关注那些"能吃能喝能用"的基本生活需要了，那些都只是产品必须满足的基础功能而已，"升级"后的我们，更看重产品能不能提供额外的满足感，抓住我们更高层次的需求，比如尊重需求，比如社交需求，比如自我实现需求，情怀消费满足的就是我们这种需求。

（3）如何塑造情怀。互联网时代，企业越来越重视"故事的力量"，不再生硬地叙述着"我是谁"，孤芳自赏地传达信息，而是更加注重"我和你的关系是什么"。通过"故事"，消费者理解了他们和产品的连接点在哪里；通过"故事"，构筑了消费者和产品的相通之处；通过"故事"，消费者产生了一种"情怀"，具体包括如下四个维度的塑造。

首先是深度：站在用户角度，建立情感连接。

其次是宽度：拓宽企业/产品/品牌的外延。

再次是高度：关注普通人的生活、命运。

最后是让产品多一点广度：制造传奇色彩，提炼流行元素。

5. 潜在层——跨界思维、迭代思维

消费者的价值需求发生了翻天覆地的变化，产品的功能价值不再作为消费者作出购买决策的主要依据，过去我们买东西主要是为产品本身的价值买单，消费升级是为附加值买单。除了关注产品本身的功能和品质，我们还关心使用体验是不是愉悦，有没有给我们带来精神和审美上的满足等。所以，在这种背景下，正所谓"工夫在诗外"，企业就逐渐把主意打到了产品的外围层面，不遗余力地开发产品的附加价值。

潜在层主要是产品所有可能在未来产生的增加和转变方面。企业要带着未来的眼光看现在，一是要具有跨界思维，打破传统的营销思维模式，避免单独作战，寻求非业内的合作伙伴，发挥不同类别品牌的协同效应；二是具有迭代思维，让自己的产品不断"微创新"，满足消费者不同需求，将潜在产品变为现实产品。

知识锦囊7-7 迭代与迭代思维

1）跨界思维

随着市场竞争的日益加剧，行业与行业相互渗透、相互融会，已经很难对一个企业或者一个品牌清楚地界定它的"属性"，跨界（crossover）代表着一种新锐的生活态度和审美方式的融合，互联网时代下，产业边界变得日趋模糊，产品的跨界变得越来越普遍，为进一步开发产品的潜在层功能奠定了技术与场景的基础。互联网时代的跨界现象可以从三个方面去理解：第一，产业层面，虚拟经济和实体经济的融合，平台型生态系统商业模式的发展，使很多产业边界变得模糊，即产业无边界；第二，组织层面，互联网的发展使得专业化分工日益明显，"虚拟化组织"的增多给组织的管理带来了挑战，组织的边界不再那么明显，即组织无边界；第三，在互联网时代，信息总量的爆炸式增长以及信息传播方式的便捷和迅速，大大消除了信息不对称，使得我们每个人都主动或被动地进行跨界的知识储备。

案例 7-7 脑洞大开的跨界营销

跨界者主要有两个来源：一是垂直整合，是指整合产业上下游，向产品生产的上一步整合是向后整合，向下一步整合是向前整合，垂直整合有很强的控制力、更大的价值分配话语权，垂直整合成本极高，因此模式一旦成功便很难被分解；二是水平扩展，即先是水平合并——相似业务的收购、并购，接着是类似可替代业务的开展，水平扩展带来规模效应、市场份额的增长，因此很容易形成垄断或者少数寡头垄断，互联网消费型产品水平扩展的终极状态就是"满足一切可以满足的需求"。

跨界是不是联合某个品牌做一次有噱头的产品促销活动？其实不然，小到产品跨界，大到产业跨界，都是现时互联网时代下每个企业都在尝试、都在探索的方向。有成功也有失败，如海尔跨界造机器人、格力出手机，都没有把握住跨界的精髓。跨界，以跨越界限、重组要素、系统融合、创新价值为基本特征，即突破传统思维，超越原有的产品或产业界限，从不同产品、产业中选择合理、有效、可行的要素，重新组合为新的生产作业体，开创新的价值空间。

2）迭代思维

互联网时代下产品能立于不败之地的决胜法则——迭代思维，其形式就是产品的微创新。

案例 7-8 时尚的快与慢

【中国智慧 7-1】

迭 代 思 维

不光是商业，迭代思维在方方面面都有应用，在国家治理中也有迭代思维的身影。

斯诺的《西行漫记》里写到毛泽东的革命思想："在战争中学习战争，跳进水里你就会游了。"改革开放初期，中央财政紧张，既没有资金支持，又没有成功经验可供学习，但当时中国的客观条件已经不允许我们"做好准备再出发"，商业机遇转瞬即逝，历史发展机会又何尝不是如此。中央政府采用迭代思维，开始实验、认识、改进、再实践、再认识、再改进，最后形成很多马克思主义和中国的实践相结合的伟大成果。

实际上，迭代的真正内涵是升华，是积累，是总结，是量变到质变再到量变的过程，每一次迭代是站在新的起点上再开始的。对用户反馈信息的总结是迭代过程中的重点。在互联网时代，顾客被赋予了前所未有的话语权，购买者的评论正是话语权的体现。按照传统的观点，顾客的评价虽然是针对某一产品而发的，但显然和产品本体是完全区隔开来的。但是，在互联网时代，我们必须认识到，顾客或用户的评价也是产品不可或缺的一部分。我们必须将顾客或用户的评论内化入产品的内涵之中，才有可能用全新的完整产品观来应对市场的竞争。

7.3 产品组合

1. 产品组合相关概念

1）产品线

产品线是指密切相关的满足同类需求的一组产品。一个企业可以生产或经营一条或几条不同的产品线。如表 7-1 中，宝洁公司有五条产品线，分别是洗涤剂、洗发水、香皂、方便尿布和纸巾。

表 7-1 宝洁公司的产品组合宽度和产品线长度

产品	产品组合宽度				
	洗涤剂	洗发水	香皂	方便尿布	纸巾
产品线长度	象牙雪	海飞丝	象牙	帮宝适	媚人
	德来夫特	潘婷	柯克斯	露肤	粉扑
	汰渍	飘柔	洗污		旗帜
	快乐	伊卡璐	佳美		绝顶
	奥克雪多	沙宣	爵士		
	德希		保洁净		
	波尔德		海岸		
	圭尼		玉兰油		
	伊拉				

2）产品项目

产品项目是指在企业产品线上列出的每一个产品，是构成产品的基本元素，如表 7-1 中的汰渍洗涤剂和佳美香皂等。

产品组合是指企业生产或经营的全部产品线和产品项目的组合，或者说是企业生产的全部产品的结构，表 7-1 中的所有产品构成宝洁公司的产品组合。产品组合包括以下四个维度。

（1）产品组合宽度。产品组合宽度是指具有多少条不同的产品线。表 7-1 所显示的产品组合宽度是五条产品线。

（2）产品组合长度。产品组合长度是指产品组合中产品项目的总数。产品项目的总数除以产品线数目即可得到产品线的长度。表 7-1 所显示的产品组合中，产品项目总数是 28，这是产品线的总长度。每条产品线的平均长度就是总长度 28 除以产品线数 5，结果为 5.6，说明平均每条产品线中大约有 5 个品牌的商品。企业产品的项目总数越多，产品线就越长；反之则越短。

（3）产品组合深度。产品组合深度是指一条产品线中所含有产品项目的多少。例如佳洁士牌牙膏有 3 种规格和两种配方（普通味和薄荷味），佳洁士牌牙膏的深度就是 6。每一品牌的产品总数目除以品牌总数，即为产品组合的平均深度。

（4）产品组合相关度。产品组合相关度是指各条产品线在最终用途、生产条件、分销渠道或其他方面相互关联的程度。宝洁产品都属于消耗性日用品，都可以通过大众零售渠道如超市、连锁店、便利店来销售,因此,其产品就分销渠道来讲相关度较强,但从生产条件、最终用途来看,宝洁的食品类和洗化类产品线相关度不高。

产品组合的宽度、长度、深度和相关度直接影响着产品策略的制定。一般情况下,扩大产品组合宽度,有利于企业扩展经营领域,实施多元化经营,更好地发挥企业潜在的技术、资源优势,提高效益,并可以分散企业的经营风险;增加产品组合长度,可以使产品线丰满充裕,成为产品线更加全面的公司;增加产品组合深度,可以占领同类产品的更多细分市场,满足更广泛的市场需求,增强企业的行业竞争能力;增加产品组合相关度,可以使企业在一定的市场领域内增强竞争能力和赢得良好的声誉。所以,企业的产品组合结构必须恰到好处。

2. 产品线决策

企业在不同的时期、不同的阶段,应该根据自身的特点进行产品线调整的决策,以适应情境的变化,使企业的利润达到最大化。主要的产品线决策有以下几种。

1)产品线扩展

产品线扩展是指公司在现有产品类别中增加新的产品项目(如新风味、新颜色、新配方、新包装等),并以同样的品牌名称推出。

产品线扩展的方式有很多,具体包括:创新,如大多数的产品创新;仿制;更换包装;等等。公司在出现以下情况时,可能会选择产品线扩展决策:过剩的生产能力;公司希望通过产品线扩展来满足消费者多种多样的需要;公司的竞争对手成功地实现了产品线扩展;公司希望从中间商那里占据更多的货架空间;等等。

当然,产品线扩展决策的采取也会在某种程度上带来风险。例如,使原有品牌失去特定含义,弱化品牌作用;有可能导致销售不足,其收入尚不能抵偿开发与促销成本。有时公司只是为了取悦消费者而没有考虑其经济可行性从而导致不必要的产品线扩展,而且,即使销售增加了,也有可能是以公司其他产品项目销售下降为代价的,公司实际并未取得利益。

成功的产品线扩展应是通过抑制竞争者产品的销售来获得本公司产品销售的增长,而不是本公司产品的自相消长。

2)产品线填补

产品线填补是指在企业现有的产品线中添加新的产品项目,企业采取这种决策的目的主要有:获取增量利润;满足那些经常抱怨产品线不足而使得销售额下降的经销商;充分利用剩余的生产能力;争取成为领先的产品线完整的公司;设法填补市场空隙,防止竞争者进入。

但是企业在采取这种决策的时候,要注意保持产品项目之间具有足够的差异性,避免导致同一产品线上产品项目之间的相互竞争。因此,企业有必要对不同的产品项目给予不同的定位。例如,宝洁的海飞丝、潘婷定位于不同的目标市场。

(1)产品线现代化。企业的产品必须适时地进行升级换代,通过产品线的现代化,企业可以吸引住顾客,并且可以把现有顾客引向附加值较高的产品,从而获得高利润率。但是,在现代化的速度方面,企业应该谨慎地选择,缓慢的现代化风险较小、成本较低,但容易被竞争对手察觉,从而失去战略的突然性。另外,现代化的时间也是一个需要企业认真思考的问题,过早的现代化会给现有的产品线带来伤害,过迟的现代化会使竞争对手占尽先机。

(2)产品线特色化。产品线特色化主要是指企业选择产品线中一个或几个典型的产品项目进行特色化。在具体选择哪种产品进行特色化这个问题上,营销学者还没有达成统一的意见。

3)产品线削减

产品线削减主要是指企业对产品线中的产品项目进行剔除。这主要出于两个原因:第一,该产品项目对企业来说不再具有价值;第二,企业没有能力继续经营该产品项目。例如,联合利华曾经将自产品项目从 1 600 种削减到 970 种。

4)产品线市场定位对比分析

产品线市场定位着重点在于产品线内各种产品的分别定位并相互呼应、相互配合,从而使整条产品线在市场中取得较强的竞争力。产品线市场定位必须综合分析顾客需求与竞争者产品线的情况,并在此基础上进行综合考虑。在制定产品线定位策略时,产品线中各产品定位要有针对性、目标一致性和彼此协调性。

案例 7-9　金地、华润和万科的产品线分析

"金地""华润""万科"的产品线定位各有特点。金地产品线的品牌定位为:为成功人士和广大白领阶层提供高品质住宅和现代化的生活方式。所以金地集团在未来 5 年的住宅产品将以低密度中高端住宅物业为主,高端景观物业以及低端住宅为辅。华润置地一直奉行"精品主义"的产品线定位,打造了近郊产品、市区产品和都市综合体产品三大精品系列。而万科早在 1993 年就将大众住宅开发确定为公司核心业务,追求独特构思,针对客户特点,追求细致周全的内部格局和令人赏心悦目的小区环境,这是万科一直以来区别于其他地产商的一大特色。

5)产品线结构特色对比分析

产品线结构分析包括产品线长度分析、产品线内产品相关度分析、产品线之间关系分析三方面的内容。

(1)产品线长度分析。发展良好的房地产公司在产品线长度上不断延伸。同时,市场成长也会要求房地产企业具有较长的产品线。

案例 7-9 分析的三家公司,产品线的长度都大于3,其中万科的产品线长度远远大于其他两家,这也体现了万科在中国住宅行业领跑者的地位。金地集团一直对国家的政策具有较高的响应度,近年来积极投入力量研发中小户型及精装修户型,增加其产品线的长度。华润置地的产品线偏短,但考虑其全国扩张战略,该企业的产品线长度仍会增加。

(2)产品线内产品相关度分析。产品线内的各种产品都是密切相关的,它们或者有类似的功能,或者有共同的顾客群,或者共享同样的销售渠道。总之,这些产品都有某种一致性,这种一致性同样存在于房地产品中。三家案例公司都能做到产品线中各种产品相互协调,其产品相关程度与产品整体营销目标相一致,使整条产品线在市场中取得良好效果。在这一点上,三家案例公司要比其他房地产公司做得更为突出。

(3)产品线之间关系分析。案例 7-9 所研究的公司都有 3 条以上的产品线,在企业多元化经营的时候,产品线则更可能多而分散。金地认为同一产品线上的项目,拥有不同的

市场消费群体,互不矛盾,互相补充,与金地品牌能够相辅相成,金地集团最终形成了"以中档住宅为主,以中高档住宅、商业地产为辅"的产品结构策略。华润置地考虑到在房地产业本身发展周期、宏观政策对行业的影响显现以及行业运作的规范化等多重因素影响下,单纯物业开发的资产收益率正逐渐走低,商场、写字楼等投资性物业的收入预期正呈向上趋势,持有优秀商业物业可以获得稳定的资本回报,决定形成"住宅＋商业"的产品线结构。而万科更为关注的是大众住宅市场,其产品线之间多为并列关系。

6) 产品线盈利能力对比分析

房地产企业生产产品的目的就是盈利,产品线只是盈利的形式。因此,房地产企业必须重视产品线的盈利能力分析。企业要知道产品线上每一个产品品种的销售额和利润,以及自身的产品线与竞争对手的对比情况。在产品线盈利方面,金地、华润的观点相同,认为企业应该增加商业物业的投入,而万科很少参与商业物业,战略上专注住宅产品。

金地认为对房地产企业而言,产品线收入结构调整最现实的方法,就是增加商业物业投入来获取稳定的经营性收益。为了达到这一目标,金地将着重培养和提高它们在商业物业开发和管理方面的能力,并且努力提高在这一领域中的知名度。华润置地的"住宅＋商业"综合战略的转变也体现了房地产企业中普遍存在的这一思想,其以万象城为主导的都市综合体产品系列是商业物业的优秀代表。

万科专注住宅开发,一般不涉足商业和持有型物业,但是现在很多项目既有住宅又包含商业等持有型物业。万科面对商业房地产运营这个新课题,并不是采取自我组建队伍的做法,而是通过专业外包和整合实现了不做即做的目标。

万科的房地产开发历史所积累的是住宅开发的经验,所形成的也是相关的模式和体系,这个体系操作住宅开发非常娴熟。而中国住宅市场的潜力之大,是足以让万科现有的团队一直操作下去的,故万科的盈利重点仍在住宅产品线上。

3. 优化产品组合

产品组合状况直接关系到企业销售额和利润水平,企业必须对现行产品组合作出系统的分析与评价,并决定是否加强或剔除某些产品线或产品项目。优化产品组合的过程,通常就是分析、评价和调整现行产品组合的过程。

案例 7-10　房地产企业产品线拓展策略

1) 销售额和利润分析

销售额和利润分析是指分析、评价现行产品线上不同产品项目所提供的销售额和利润水平。在一条产品线上,如果销售额和盈利高度集中在少数产品项目上,则意味着产品线比较脆弱,企业必须加以维护,并努力发展具有良好前景的产品项目,如无发展前景,则可以剔除,举例见表 7-2。

表 7-2　销售额和利润比重表　　　　　　　　　　　　　　%

类　　型	A 品种	B 品种	C 品种	D 品种	E 品种
销售额比重	51	21	16	6	6
利润比重	48	21	18	10	3

根据表 7-2，A 品种销售额占总销售额的 51%，利润占总利润的 48%。B 品种销售额占总销售额的 21%，利润占总利润的 21%。这两个品种项目的销售额和利润共占总销售额的 72% 和总利润的 69%，所以这两个品种项目是企业的工作中心。这两个品种如果遭遇激烈的竞争，造成销售收入减少、利润下降，将会给企业带来严重的困难，甚至使企业陷入困境。企业必须采取切实措施巩固 A、B 品种的市场地位，同时加强 C、D 品种的营销管理，以增加销售收入、提高利润、扩大市场占有率。对于 E 品种，如果没有市场前景则可以考虑放弃。这样通过销售额和利润的分析，可以使企业对每个产品的策略有明确的选择。

2) 波士顿矩阵法

从产品的市场占有率和销售增长率的对比关系可以描绘企业各种产品的特点和前景。一般来说，企业都会有一个或几个产品或服务，统称为业务，如何对这些业务进行投资决策是企业管理者在战略制定时要重点考虑的问题。波士顿矩阵又叫市场增长率-市场占有率矩阵，是由美国著名的管理学家、波士顿咨询公司创始人布鲁斯·亨德森于 1970 年首创的一种产品结构分析的方法。这种方法把企业生产经营的全部产品或服务组合作为一个整体进行分析，常常用来分析企业相关经营业务之间现金流量的平衡问题。通过这种方法，企业可以找到资源的生产单位和这些资源的最佳使用单位，如图 7-3 所示。

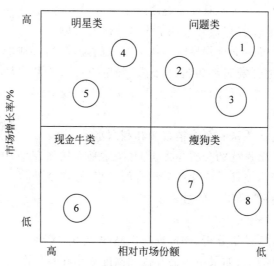

图 7-3　波士顿矩阵分析企业产品组合

(1) 相对市场份额指数。图 7-3 中，纵坐标的市场增长率表示该业务的销售量或销售额的年增长率，用数字 0~20% 表示，并认为市场增长率超过 10% 就是高速增长。横坐标的相对市场份额，表示该业务相对于最大竞争对手的市场份额，用于衡量企业在相关市场上的实力。其用数字 0.1(该企业销售量是最大竞争对手销售量的 10%)~10(该企业销售量是最大竞争对手销售量的 10 倍)表示，并以相对市场份额 1 为分界线。需要注意的是，这些数字范围应当在运用中根据实际情况的不同进行修改。实际应用中用相对市场份额指数(relative share of market index，RSOM)来描述，其也可以用来分析产品层次或细分层次竞争结构中各个品牌的市场地位。在定义该指数时,将竞争结构中市场占有率处于第一名的品牌称为领导品牌,其他品牌称为跟随品牌,其计算公式如下:

领导品牌的 RSOM 指数＝领导品牌的市场占有率／前三名品牌的市场占有率之和

跟随品牌的 RSOM 指数＝跟随品牌的市场占有率／领导品牌的市场占有率

计算竞争结构中各品牌的相对市场份额指数,就可以分析它们在市场中的相对地位。从数字上来说,相对市场份额指数大于 1 的品牌,就相对接近于领导品牌,但波士顿咨询公司提出只有相对市场份额指数大于 1.5 的品牌,才算是真正的领导品牌。图 7-3 的八个圆圈代表公司的八个业务单位,它们的位置表示这个业务的市场增长率和相对市场份额的高低,面积大小表示各业务的销售额的大小。

(2) 四种业务类型。波士顿矩阵法将一个公司的业务分成四种类型:问题类、明星类、现金牛类和瘦狗类。

问题业务是指高市场增长率、低相对市场份额的业务。这可能是一个公司的新业务。为发展问题业务,公司必须投资建厂,增加设备和人员,以便跟上迅速发展的市场并超过竞争对手,这些都意味着大量的资金投入。"问题"一词非常贴切地描述了公司对待这类业务的态度,因为这时公司必须慎重回答"是否继续投资,发展该业务"这个问题。只有那些符合企业长远发展目标、企业具有资源优势、能够增强企业核心竞争能力的业务才能得到肯定的回答。图 7-3 所示的公司有三项问题业务,不可能全部投资发展,只能选择其中的一项或两项,集中投资发展。

明星业务是指高市场增长率、高相对市场份额的业务,这是由问题业务继续投资发展起来的,可以视为高速成长市场中的领导者,它将成为公司未来的现金牛业务。但这并不意味着明星业务一定可以使得企业在市场中立于不败之地,因为市场还在高速成长,企业必须继续投资,以保持与市场同步增长,并击退竞争对手。企业没有明星业务,就失去了竞争优势,企业必须将有限的资源投入在能够发展成为现金牛业务的业务上。

现金牛业务是指低市场增长率、高相对市场份额的业务,这是成熟市场中的领导者,也是企业现金的来源。由于市场已经成熟,企业不必大量投资来扩展市场规模,同时作为市场中的领导者,该业务享有规模经济和高边际利润的优势,因而给企业带来大量财源。企业往往用现金牛业务支付账款并支持其他三种需大量现金的业务。图 7-3 所示的公司只有一个现金牛业务,说明它的财务状况相对脆弱,市场环境一旦变化,这项业务的市场份额下降,公司就不得不从其他业务单位中抽回现金来维持现金牛的领导地位,否则现金牛业务就可能变得脆弱,甚至成为瘦狗业务。

瘦狗业务是指低市场增长率、低相对市场份额的业务。一般情况下,这类业务通常是微利甚至是亏损的,瘦狗业务如不及时收割则会对企业的长期发展产生不良影响,图 7-3 的两项瘦狗业务就会成为企业的负担。

(3) 波士顿矩阵的应用与局限。在实践中,企业要确定各业务的市场增长率和相对市场份额是困难的。波士顿矩阵按照市场增长率和相对市场份额,把企业的市场业务分为四种类型,总体来说有些过于简单。实际上,市场中还存在着难以准确归入某象限中的业务。波士顿矩阵中,有些业务市场份额大,会在单位成本上形成优势;而有些行业则不然,过于庞大的市场份额可能会导致企业成本的增加。实际上市场占有率小的企业,如果采用创新和产品差异化的策略,仍然能获得很高的利润。企业要对自身的业务进行战略评价,仅仅依靠市场增长率和相对市场份额是不够的,还需要行业技术等其他指标。

基于波士顿矩阵分析,通常面临的四种决策为发展、维持、收获及放弃,如图 7-4 所示。

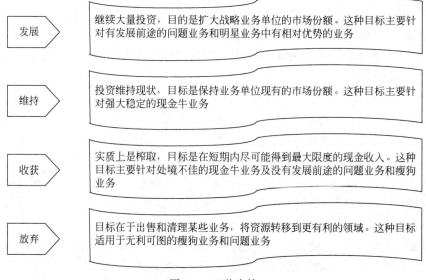

发展 继续大量投资,目的是扩大战略业务单位的市场份额。这种目标主要针对有发展前途的问题业务和明星业务中有相对优势的业务

维持 投资维持现状,目标是保持业务单位现有的市场份额。这种目标主要针对强大稳定的现金牛业务

收获 实质上是榨取,目标是在短期内尽可能得到最大限度的现金收入。这种目标主要针对处境不佳的现金牛业务及没有发展前途的问题业务和瘦狗业务

放弃 目标在于出售和清理某些业务,将资源转移到更有利的领域。这种目标适用于无利可图的瘦狗业务和问题业务

图 7-4 四种决策

4. 产品组合决策

现代企业出于分散风险和广泛利用经验资源的目的,大多趋向于多种经营,企业在对产品线和产品组合进行分析后,应根据不同的情况进行调整和优化。

1)扩大产品的组合

当企业预测现有产品线的销售额和利润率在未来可能下降时,就需要考虑在现有产品组合中增加新的产品线,或增加其中有发展潜力的产品线。企业通过扩大产品组合,可以满足不同偏好消费者的多方面需要,提高产品的市场占有率;可以充分利用企业信誉和品牌知名度,完善产品系列,扩大经营规模;可以充分利用企业资源和剩余生产能力,提高经济效益。此外,企业更可以借此减小市场需求变动性的影响,充分配置资源,分散市场风险,降低损失程度。

2)缩减产品组合策略

缩减产品组合策略是指缩减产品线或产品项目,降低产品组合的宽度和深度,即在原有的产品组合中取消若干个产品线或产品项目,集中力量生产或经营一个或少数几个产品项目,提高专业化水平,以便集中力量经营获利大的产品线或产品项目。

缩减产品组合有利于集中资源和技术力量改进保留产品的品质,提高产品的知名度;也有利于产品的经营专业化,提高生产效率,降低生产成本;同时,利于企业向市场的纵深发展,寻求合适的目标市场;此外,也利于减少资金占用,加速资金周转。

3）产品线延伸策略

每一企业的产品都有特定的市场定位，产品线延伸策略是指全部或部分地改变原有产品的市场地位，具有向下延伸、向上延伸和双向延伸三种实现方式。

（1）向下延伸。向下延伸是在高端产品线中增加低端产品项目，实行这一策略需要具备的市场条件主要有以下四方面：第一，利用高端产品的声誉，吸引购买力水平较低的顾客购买产品线中的低端产品；第二，高端产品销售增长缓慢，企业的资源设备没有得到充分利用，为赢得更多的顾客，将产品线向下延伸；第三，企业最初进入高端产品市场的目的是建立品牌信誉，然后再进入中、低端市场，以扩大市场占有率和销售增长率；第四，补充企业的产品线空白。

企业在采取向下延伸策略时，或遇到如下风险：第一，企业原来生产高端产品，后来增加低端产品，有可能使高端品牌产品的形象受到损害，所以，低端产品最好用新的商标，不要用原来高端产品的商标；第二，企业原来生产高端产品，后来增加低端产品，有可能会激怒生产低端产品的企业，从而其生产高端产品发起反攻；第三，企业的经销商可能不愿意经营低端产品，因为经营低端产品所得到的利润较少。面对这些风险，如处理不慎，会影响企业原有产品特别是高端产品的市场形象，还必须匹配一套有效的营销组合策略，所有的这些将大大增加企业的营销费用支出。

（2）向上延伸。向上延伸是在原有的产品线内增加高端产品项目，实行这一策略的主要目的是：高端产品市场具有较大的潜在成长率和较高利润率的吸引；企业的技术设备和营销能力已具备加入高端产品市场的条件；企业要重新进行产品线定位。

向上延伸策略可能导致很大的风险，因为定位于高端产品的竞争对手不仅会固守住它们的阵地，还会借机侵入低端产品市场，进行反击。而且顾客也许对厂商所生产的新产品的质量采取不信任的态度。除此之外，企业的销售代表和分销商也可能因为欠缺能力和相关培训，难以最大限度地为高端产品销售服务。

知识锦囊 7-8 平台战略

（3）双向延伸。双向延伸即原处于中端产品市场的企业掌握了市场优势以后，向产品线的上下两个方向延伸，作出同时向上和向下扩展产品线的决定。

7.4 产品生命周期

1. 产品生命周期的基本理论

产品生命周期理论是美国哈佛大学教授雷蒙德·弗农（Raymond Vernon）1966 年在其《产品周期中的国际投资与国际贸易》一文中首次提出的。菲利普·科特勒认为，企业的产品市场生命周期对企业来说意味着四件事情：①产品有一个有限的生命周期，由于市场和技术条件的变化，一种产品不可能永远在市场上存在，而这个由诞生到消亡的过程则有长有短、有急有缓；②产品销售经过不同的阶段，每一阶段都对消费者提出了不同的挑战；③产品生命周期的不同阶段，产品利润有高有低；④在产品生命周期不同的阶段，产品需要不同的营销、财务、制造、购买和人力资源战略。

弗农认为：产品生命是指市场上的营销生命，产品和人的生命一样，要经历形成、成长、成熟、衰退这样的周期。就产品而言,也就是要经历一个开发、引进、成长、成熟、衰退的阶段。而这个周期在不同的技术水平的国家里,发生的时间和过程是不一样的,其间存在一个较大的差距和时差,正是这一时差,表现为不同国家在技术上的差距,它反映了同一产品在不同国家市场上的竞争地位的差异,从而决定了国际贸易和国际投资的变化。为了便于区分,弗农把这些国家依次分成创新国(一般为最发达国家)、一般发达国家、发展中国家。营销学者通常认为,产品的生命周期是指产品进入市场开始直至被市场淘汰的全部时间,产品的市场生命周期要经历四个阶段,即市场导入期、市场成长期、市场成熟期和市场衰退期(图7-5),而产品的生命周期是指产品从开始使用起直至报废的全部时间。

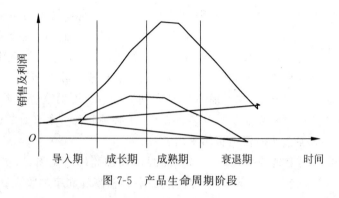

图 7-5　产品生命周期阶段

1)典型的产品生命周期及其划分标准

企业需要了解产品处于哪个市场生命周期阶段,以便采取具有针对性的营销策略,划分标准包括以下几种。

(1)类比法。这是一种参照类似产品的发展情况来划分产品市场生命周期阶段的方法。例如,可以参照普通液晶电视机的销售资料来判断LED(发光二极管)液晶电视机的发展趋势,或者参照国外的一些资料来判断国内家用电器市场的发展变化趋势。

(2)销售增长率划分法。这种方法是用后期与前期销售情况的对比百分率之值作为划分标准来划分产品市场生命周期的方法。经验数据如下[δy 为本期增加额(即本期销售额－前期销售额),δx 为前期销售额]。

首先,$\delta y/\delta x$ 大于10%属于市场成长期。

其次,$\delta y/\delta x$ 为1%～10%属于市场成熟期。

最后,$\delta y/\delta x$ 在1%以下或小于0,即呈连续下降趋势,表示该商品已进入衰退期。

(3)普及率法。许多耐用消费品,使用期为5～10年及以上的,如电视机、电冰箱、电脑等,其社会需求量与社会普及率有很大的关系,当然,这里还要考虑货币支付能力等问题。根据这一经验数据判断,大致呈现以下规律。

社会普及率为10%以下者,属于市场导入期;

社会普及率为10%～30%者,大致处于市场成长期;

社会普及率为50%～70%者,大致处于市场成熟期;

社会普及率为70%以上的,已处于市场衰退期。

2）产品生命周期与产品水平级别

在讨论产品生命周期时,应该区分不同水平产品的生命周期,根据产品定义的范围不同,可分为产品种类、产品形式、具体产品和品牌四种不同水平层次的产品。

产品种类同人类的需求联系在一起,具有最长的生命周期。例如,交通工具这类产品是满足人们移动的需要,古已有之,现在及将来仍将需要。

产品形式同行业联系在一起,生命周期现象明显,其生命曲线也最标准。例如,现在黑白电视机已经进入衰退期,一般的彩电正处于成熟期,而智能电视处在成长期。

具体产品一般同某个公司或技术水平联系在一起,其生命周期比产品形式的生命周期短,生命周期曲线形状也较规则。

品牌的生命周期受市场环境、企业的营销策略及品牌知名度的影响,一般没有规则的生命周期曲线。如果企业能针对品牌不断地创新,品牌的生命周期就会很长;否则,品牌会很快衰落。

在这四个不同层次水平产品的生命周期中,产品形式和品牌的生命周期现象最为明显,分析其生命周期对企业的营销实践具有重要的指导意义。

3）产品生命周期的期限

创新产品的普及需要时间,并不是每一个企业或者消费者都愿意进行新的尝试。创新扩散(diffusion of innovation)速度是指消费者和企业接纳某个新产品的速度,按照对一个新生事物的态度和行为规律,可将人群划分为五个细分群体。

（1）创新者(innovators)。创新者是最愿意接纳新产品的人,他们思想开放,喜欢冒险,经济收入稳定,接受过较好的教育,他们喜欢尝试新事物仅仅是出于对新奇产品的喜好。

（2）早期接纳者(early adopters)。早期接纳者比创新者的社会威望更高,他们通过使用新产品来展示个人威望和社会地位,是主流社会群体判断"下一个潮流是什么"的参照对象。

（3）早期大多数(early majority)。早期大多数群体中的人既不想成为新产品的早期接纳者,也不甘于落后。他们对令早期接纳者兴奋的东西往往采取观望后才开始购买的做法。待他们接纳一种产品时,该产品已经失去了尖端优势,成为主流产品了。

（4）晚期大多数(late majority)。晚期大多数群体的成员比其他群体的年龄大,思想相对保守。他们绝不会接纳认为有极大风险的产品,只购买生活必需品或迫于社会压力而不得不买的产品。

（5）滞后者(laggards)。滞后者深深地被传统束缚,是最后接纳新产品的人群。当他们接受一个产品时,该产品已经被新一代产品完全替代。

在推出一个新产品时,营销人员会把注意力放在创新者和早期接纳者身上,让他们在产品普及过程中发挥带头作用。根据这两类人群对新产品的接纳速度,产品的生命周期可长可短。

2. 产品生命周期各阶段的营销策略

产品生命周期各阶段的特点及相应的营销策略可以概括为表7-3。

表 7-3　产品生命周期各阶段的特点及相应的营销策略

阶　段		导　入　期	成　长　期	成　熟　期	衰　退　期
特征	销售额	低	快速增长	缓慢增长	衰退
	利润	易变动	顶峰	下降	低或无
	现金流量	负数	适度	高	低
	顾客	创新者	大多数人	大多数人	滞后者
	竞争者	稀少	渐多	最多	渐少
策略	策略重心	扩张市场	渗透市场	保持市场占有率	提高生产率
	营销支出	高	高(但百分比下降)	下降	低
	营销重点	产品知晓	品牌偏好	品牌忠诚度	选择性
	分销方式	选择性的分销	密集式	更加密集式	排除不合适、效率差的渠道
	价格	成本加成法策略	渗透性价格策略	竞争性价格策略	削价策略
	产品	基本型为主	改进品种,增加产品种类及服务保证	差异化、多样化的产品及品牌	剔除弱势产品项目
	广告	争取早期使用者,建立产品知名度	大量营销	建立品牌差异及利益	维持品牌忠诚度
	销售追踪	大量促销及产品试用	利用消费者需求增加	鼓励改变采用公司品牌	将支出降至最低

1) 导入期的营销策略

(1) 快速掠取策略。快速掠取策略,即双高策略,也就是以高价格、高促销费用推出新产品,成功实施这一策略,不仅可以使企业在短期内获得较高利润,而且可以使企业迅速占领市场,但需要具备以下条件:一是市场上有较大的需求潜力;二是目标顾客求新心理强,愿意付出高价;三是企业面临潜在的竞争者,需要尽快树立品牌形象。华为推出的手机 Mate40,于 2020 年 10 月举行发布会,价格为人民币 6 000 多元,这是典型的快速掠取策略,高价在消费者心目中树立了一个高品质的形象,大手笔的促销活动不断刺激消费者的购买欲望。

(2) 缓慢掠取策略。缓慢掠取策略,即高低策略,也就是以高价格、低促销费用推出新产品,这一策略可以为企业带来更多的利润,但需要有相应的条件:一是市场竞争威胁不大;二是市场上大多数用户对该产品没有过多的疑虑并且愿意接受高价。苹果手机采取的是典型的缓慢掠取策略,每款新品的价格都很高,但是几乎从来不进行促销,因为苹果高品质的品牌形象已经在消费者心中建立起来了,"果粉"对于该产品没有疑虑就会接受。

(3) 快速渗透策略。快速渗透策略,即低高策略,也就是以低价格、高促销费用推出新产品。采用这种策略,目的是在导入期以最快的速度提高市场占有率,以便在以后的时期获得较多的利润。实施这一策略的条件:一是该产品市场容量很大;二是潜在顾客对该产品不了解,且对价格十分敏感;三是市场的潜在竞争较为激烈;四是产品的单位生产成本会随生产规模和销量的扩大而迅速下降。vivo 手机的价位一直不高,但是每次推出新品的时候都会进行大力度的促销,如豪华的广告投放等,其目的就是快速进入消费者的视野,占据消费者头脑中的位置。

(4) 缓慢渗透策略。缓慢渗透策略,即双低策略,也就是以低价格、低促销费用推出新产品。实施这一策略,不仅可以使企业扩大产品销售,而且可以使企业实现更多的利润,但需要具备以下条件:一是市场容量较大;二是潜在顾客对该产品了解,并且对价格十分敏感;三是市场的潜在竞争较为激烈。OPPO 手机的 A 系列一直走的是低价、低促销费用路线,产品定位于低端市场,因为该产品的目标消费群体对其了解程度较高,所以几乎没有促销活动。

导入期是产品成长的关键阶段,在此期间营销策略要突出一个"快"字,应尽量缩短新产品投放市场的时间,使产品被市场所接受。

2)成长期的营销策略

(1)改善产品品质。它是指在保持或提高产品质量的基础上,努力增加产品的款式、型号和功能等。对产品的改进可以提高产品的竞争能力,满足顾客更广泛的需求,吸引更多的顾客。QQ 这个软件从最初的简单的即时通信,到功能不断增加,如 QQ 宠物、菜园等,收获了一批 80 后、90 后的喜爱。

(2)改变促销重点。它是指广告宣传促销的重心要从介绍产品、提高产品知名度转移到树立产品形象上来,使消费者建立起品牌偏好,从而维系老顾客,吸引新顾客。NIKE 做广告时从来不会介绍产品的科技和工艺,它的广告总是一个励志的短片,这样做是为了加强品牌的塑造和传播,从而让消费者在记住产品利益的同时记住品牌概念,产生忠诚度。

(3)巩固和发展分销渠道。它是指在巩固现有渠道的基础上,增加新的分销渠道,开拓新的市场,争取最大的销售量。元气森林虽然创立才 6 年,但在饮料业、营销业已经有颇高的知名度,它进入成长期时,不仅继续稳固线上渠道,也开始开拓便利店、超市等线下渠道,并且卓有成效,在这一分销渠道上获利颇丰。

(4)择机调整价格。它是指选择适当的时机,适当地降低价格,以激发那些对价格较敏感的消费者产生购买动机和采取购买行为。华为的很多手机在进入成长期之后,会在节假日等节点进行降价促销,以刺激消费者购买。

3)成熟期的营销策略

(1)市场改良。市场改良,指发现产品的新用途或通过改变促销方式等来开发新市场,寻找新用户,以使产品销量得以扩大。例如小苏打,在作为发酵产品已经进入成熟期的时候,发现了冰箱除味剂的新用途,从而开发出了新市场,销量进一步扩大。

(2)产品改良。产品改良,指以产品自身的改变来满足顾客的不同需求,从而吸引他们购买产品。产品整体概念的任何一个变量的改变都可以视为产品改良,如产品品质改进、性能改进、式样改进、包装改进、服务改进等。2018 年,我们熟知的椰树牌椰汁进行了包装上的改进,从以前独特的审美风格变为小清新的包装和广告风格,这使得已经进入成熟期的椰树牌椰汁又在年轻人的市场上火了一把,销量大大增加,并且吸引了一批新顾客。

(3)其他市场营销组合因素改良。其他市场营销组合因素改良包括改变价格、渠道和促销等。例如,以购买折扣、运费补贴、付款延期等方法来降价让利;扩大分销渠道,增设销售网点;调整促销组合,变换广告,加强人员推销,强化公共关系等。"多管"齐下,渗透市场,扩大影响,争取更多的顾客。日本曾经有个商人通过用白色女模特模型手持黑色"抱娃"这一招,卖出了全部的堆积货物,一时间甚至掀起了抱娃热。

4）衰退期的营销策略

尽管企业努力延长产品的成熟期,但大多数产品最终还是要进入衰退期。衰退阶段的主要特点是:产品销量急剧下降,利润也迅速下降甚至出现亏损;消费者的消费习惯发生改变或持币待购;市场竞争转入激烈的价格竞争,很多竞争者退出市场。此时主要的工作是处理好处于衰退期的产品,确定引入新产品的步骤,主要的选择如下。

（1）放弃策略。放弃策略即放弃那些迅速衰落的产品,将企业的资源投入其他有发展前途的产品上来。企业既可以选择完全放弃,也可以选择部分放弃。但使用该策略时应妥善处理现有顾客售后服务问题,否则企业停止经营该产品,原来用户需要的服务得不到满足,会影响他们对企业的忠诚。进入智能手机时代之后,诺基亚原来生产的手机已经不能满足用户的需求,无法产生吸引力,不能为公司创造价值,所以诺基亚放弃了手机业务。

（2）维持策略。在衰退期,由于有些竞争者退出市场,市场留下一些空缺,这时留在市场上的企业仍有盈利的机会。其具体的策略包括:继续沿用过去的营销策略;将企业资源集中于最有利的细分市场,维持老产品的集中营销;大幅度削减营销费用,让产品继续衰落下去,直至完全退出市场。20世纪70年代,黑白电视机在日本已经进入产品生命周期的尾声,但是日立、夏普等黑白电视机厂商通过进入中国市场,根据中国的消费习惯对产品进行适当调整,成功延长了黑白电视机的生命周期。

（3）重新定位。通过产品的重新定位,为产品寻找到新的目标市场和新的用途,使衰退期的产品再次焕发新春,从而延长产品的生命周期,甚至使它成为一个新的产品。这种策略成功的关键就是要正确找到产品的新用途。脑白金本身只是一个保健品,进入成熟期后,公司对其进行重新定位——给长辈送礼必备,这一定位成功地将脑白金变成了一种礼品,也成功地延长了该产品的生命周期。

3. 产品生命周期理论在新时代的新发展

产品生命周期理论揭示了任何产品都和生物有机体一样,有一个诞生—成长—成熟—衰亡的过程。借助产品生命周期理论,可以分析判断产品处于生命周期的哪一阶段,推测产品发展的趋势,正确把握产品的市场寿命,并根据不同阶段的特点,采取相应的市场营销组合策略,增强企业竞争力,提高企业的经济效益。

产品生命周期是可以延长的,根据这一特点,营销人员可以延长产品的生命周期,进而获得更多的利润。用产品生命周期理论解释工业制成品的动态变化具有一定现实意义,对解释国际贸易有重要参考作用。它引导人们通过产品的生命周期,了解和掌握出口的动态变化,为正确制定对外贸易的产品战略、市场战略提供了理论依据。它揭示出比较优势是在不断转移的,每一国在进行产品创新、模仿引进、扩大生产时,都要把握时机。

在现实中,产品生命周期理论对于某一类别的产品而言更具有实用价值,而对于某一个别产品或品牌的市场表现并不具备较强的预测性。特别是对于现在的市场环境而言,产品生命周期情况也发生了翻天覆地的变化。

1）产品生命周期缩短

如同人的皮肤一样,小孩子的皮肤很好,青年人的皮肤一般,中老年人的皮肤较差,产品也是如此,总有"衰老"的一天。现代消费者不但要求产品的样式选择多样化,同时其需求的变化速度之快更是令人吃惊。由于消费者需求变化迅速，企业只能通过不断推出新产品来适应快速变化的消费者需求，加上新生Z世代群体特别喜新厌旧，使得产品生命周期越来越短。以手机为例，各大手机厂商推出新机的速度保持在1年更新一次，远远快于手机正常报废的3年。

2）线上产品的销售改变

在新的时代，由于互联网技术的兴起和网络技术的日益成熟，越来越多的人开始习惯于无形的线上消费的方式，比如线上支付，比如淘宝、京东等线上商城的飞速发展，比如考拉海购、拼多多等更加精细化、差异化的线上商城的覆盖，使得线上消费变成十分普遍的消费方式，而这样的线上方式的覆盖，使得消费者对于产品的选择更加便捷，方式也更加多样。在这样的氛围中，快速消费成为现今消费的一个方向。

所谓快速消费，就是指消费者在现今的信息传达更快速、更直接的方式影响下，对于产品的选择和购买等行为越来越快速。以往的传统的消费情形下，可能需要至少10分钟才可以销售出一件产品，并且还需要专业的人员对产品进行介绍、整理、演示等工作才更有可能完成一次完整的消费行为，而自从线上的产品销售平台逐渐发展，人们在平台上的购买行为仅仅需要几秒钟就可以完成，消费的速度和沉没成本被大大地缩减。虽然消费者完成购买动作的时间大大缩减，但选择产品的时间却大大增加。线上渠道的好处是产品很多，方便货比三家，但选择多了不一定是好事，很有可能选择太多会让消费者不知所措，最终形成决策障碍。这样的快速消费很显然也会影响产品的生命周期，在以往的产品销售方式中，产品需要很长一段时间才可以达到产品的巅峰时期，并且这一时期很难保持，一旦一个产品进入生命周期的衰退期，就很难再次获得新生，只能退出市场。在线上的消费过程中，产品可以很快地达到巅峰期，并且衰退期也会到来得更快，但是产品也很容易重获新生。造成这一现象的主要原因就是线上销售方式的多种多样，其中最具有影响力的就是直播的带货方式以及"种草"社群，还有各大平台打造出来的带货网红，他们都可以用很短的时间帮助产品达到产品生命周期的成熟期，而且，对于这种消费行为来说，起死回生是一件很容易的事情。

3）无形产品的兴起

在新时代除了消费者消费习惯发生改变、消费行为变得更加快速、更加具有导向性以外，互联网也丰富了产品的类型，使得市场上涌现出很多的无形产品，而这些无形产品显然也不适用于原有的产品生命周期的理论，对产品生命周期的理论产生了冲击和补充。

在这期间最具代表性的产品是逐渐兴起的各大知识付费平台，它们的产品是一种无形的知识，是一种学识的服务。这种产品的生命周期相比于其他产品，可能无法形成曲线形的产品生命周期图，它更符合直线形的生命周期图。知识的产出是一个很漫长的过程，而且需要有人将这种产品进行内化加工，进行再一次的输出，而这种输出不能是一种程式化的东西，不同的载体内化出的结果也完全不同，这样的产品已经不能用周期来形容了，因为知识的生命应该是永恒的，而其作为一种被贩卖的产品也依旧拥有永恒的魅力，一种促使人们不断地去获得、去购买的魅力。

除了知识付费，近年来随着版权等意识的逐渐强化，付费会员的模式也成为各大媒体平台的主流模式，而会员这种产品也不可以用传统的生命周期来解释，购买会员更多的是因为该平台在某个阶段有着吸引部分消费者的内容,大家会为了这一时期的内容而产生购买会员这一产品的行为。爱奇艺视频平台的会员付费模式是最早在消费者中产生巨大影响的,其主要原因是爱奇艺的自制综艺和网剧,爱奇艺在会员充值的巅峰期一个月有将近 100 万的充值会员,因为当时在热播网剧《余罪》,而这一数据仅仅持续了两个月,两个月以后这个会员的付费量就缩减了一半,原因是网剧结束。而 3 个月后,因为热门综艺《奔跑吧》的接棒,会员的付费量又一次达到了巅峰时期。

4)理论研究的补充

(1)长尾理论(图 7-6)。长尾理论是美国《连线》杂志主编克里斯·安德森提出的,他认为:"如果把足够多的非热门产品组合到一起,实际上就可以形成一个堪与热门市场相匹敌的大市场。"

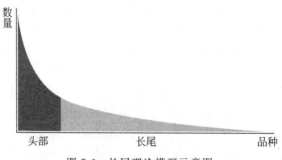

图 7-6　长尾理论模型示意图

理解长尾理论,我们可以从最普遍存在的正态分布入手,正态曲线中的突起部分叫"头",右边相对平缓的部分叫"尾"。人们通常只关注重要的人或重要的事,即关注曲线的"头部",而忽略曲线的"尾部"。但在网络时代,关注"尾部"产生的总体效益甚至会超过"头部"。

长尾有两个特点:一是细,这是因为长尾是份额很少的市场,在以前是不被重视的市场,也就是在传统观点下不值得做的小"利基市场""小众市场";二是长,即市场虽小,但数量众多。所有非流行的市场累加起来,在网络上可以形成比流行市场还大的市场。正所谓"涓涓细流,汇聚成海"。

长尾理论并非适用于所有行业、所有产品,它要求产品的存储和流通的渠道足够大,虽然不是很大的大众市场,但也要有利可图,这样销量不佳的产品所共同占据的市场份额才可以和那些少数热销产品所占据的市场份额相匹敌甚至更大,即众多小市场汇聚可产生与主流相匹敌的市场能量。

也就是说,企业想要谋得发展,除了占据大众市场,还可以通过不停地细分市场和用户,在长尾的利基市场占据一席之地,从而获取利润。通过对市场的细分,企业集中力量于某个特定的目标市场,或严格针对一个细分市场,或重点经营一个产品和服务,创造出产品优势和服务优势。长尾就是把 80% 的过去不值得一卖的东西再好好卖一次。

谷歌是一个典型的"长尾"公司,其成长历程就是把广告商和出版商的"长尾"商业化的过程。数以百万计的小企业和个人,此前它们从未打过广告,或从没大规模地打过广告。它们小得让广告商不屑,甚至连它们自己都不曾想过可以打广告。但谷歌把广告这一门槛降下来了：广告不再高不可攀。数以百万计的中小企业代表了一个巨大的长尾广告市场,也为谷歌带来了可观的收益。

简而言之,长尾所涉及的冷门产品涵盖了几乎所有人的不同需求,当有了需求后,会有更多的人意识到这种需求,从而使冷门不再冷门。这意味着消费者在面对无限的选择时,真正想要的东西和想要取得的渠道都出现了重大的变化,一套崭新的商业模式也跟着崛起。

(2) 创新扩散的龙卷风理论。1995 年,美国著名策划大师杰弗瑞·摩尔(Geoffrey Moore)提出有趣的龙卷风理论,他认为对产品的介绍并不是原来常常被引述的平滑且静态的传统生命周期理论,而是更为剧烈的阶段转换过程。他的理论很大一部分来自更早的扩散理论,其中就谈到因为客户群的不同性质,其表现出来的特性也会有所不同。但是其中有一个特别重要的概念,就是关于"人"在整个营销中所占的位置。对于客户的认知,企业已经开始从量的概念转移到质的概念。基于这个理论能够说明为什么以前使用的客户特质细分方式已经不再有实际的意义。

龙卷风理论认为产品生命周期有六个阶段：追鲜、断层、保龄球、龙卷风、康庄大道和日落(图 7-7)。

图 7-7　创新扩散龙卷风理论

龙卷风理论中主要的观点是群体的区分,不同的群体不是依据外在的条件,而是根据用户本身的思维方式和心理状态进行区分的。所以不同群体间的差别与地理位置、性别、年龄等基本变量都没有关系,更多的是和每一个人对事件的主观看法和客观行为有关,并且每个族群的同质性和行为的一致性在互联网上更加显著。

一般而言,对于新产品,在开始的时候,通过互联网和其他的沟通渠道,产品本身也经过传统式的宣传,而早期市场检验产品功能和价值的实用性之后,慢慢在一些固定领域中有了忠实客户,并且通过不断的相互鼓吹和推荐而引起媒体的关注,突然之间引起了一个很大的浪潮,大家都在谈论,大家都想要。这个现象可能持续一段时间之后市场另有新欢,最后市场可能就只剩一些原来的客户或者更少。这个早期的市场成员就是追鲜族,他们愿意为最新、最满意的产品付钱,但是他们喜新厌旧没有忠诚度,所以不能作为产品的推广者,而只是在较小的圈子中,口耳相传,互通信息。营销人员不应该在第一阶段花费巨额费用来做宣传。同时因投资巨大,需要尽可能将前期投入回收,这部分客户群体是可以接受高额费用的。在此阶段,这群"小白鼠"恰好可以验证产品是否具有市场潜力,而找到将来发展的契机。

企业到了第二个阶段即断层期,产品则进入生死存亡的关键期。因为早期的小众客户可能没有办法转换成有实际意义的商业客户,所以很多的产品,企业无法维持而消失在市场中。太多的产品在这个时候会经过特别痛苦的调整,必须从实际的角度开始研究如何把新的技术或功能转换成具有实际优势的能力。有很多产品没有办法做到,因此在历史上短暂辉煌之后就销声匿迹了。营销人员在这个时候,需要做的就是赶快研究到底哪个部分出现了问题而导致产品无法市场化,并且通过之前成功的渠道,找到真正可以使产品脱离困境的客户。

这时候需要做适当的调整,对某些特定的团体或客户群做有效的营销,并且要能提出一个真正对行业有实际价值的解决方案,而不只是好玩或新奇,同时要能实际证明这个产品能带来财务优势。如果能在这个阶段取得稳定的市场地位,就能开始在这个族群建立地位和品牌,然后通常是通过媒体的宣传,其他行业也开始关注这个产品,开始愿意使用这个产品。此时就进入所谓的保龄球阶段。作为营销人员,要能针对少数特定的行业进行突破之后,如同打保龄球的方式,一个一个地突破其他行业。而此之后,连锁反应的效果开始出现,产品销售突然之间开始有很大的增加。对于营销人员,需要和销售渠道紧密结合,通过渠道开发有效的解决方案,逐渐形成气候。

产品开始热卖,订单的速度远远超过了生产的速度,这就是龙卷风阶段。这个阶段的特征在于,营销人员不需要特别配合开发市场,而只需要通过前一阶段的客户,不断说明其成功之处,并且获得大众媒体的青睐。任何企业能在这个时候好好地把握机会,建立一个可以主宰的市场,都能很长一段时间维持其获利的能力,从而进入企业的康庄大道阶段。不过大量竞争对手的出现让市场盛况不再,产品部分已经没有太多的故事可说。这个时候营销人员要尽量开拓新的营销渠道,有效地占领市场,排挤对手。当然,企业也可以利用前期所获得的利润,通过削价竞争来维持市场份额;还可以通过市场宣传,强调自己的"血统正统"或市场规模来强迫市场接受其主流的地位。

但是好景只能维持一段时间,当市场成熟,更多类似品会出现,在扩展市场的同时也瓜分了利润,毛利的下降也就成了必然现象,企业就需要建立有效的品牌把自己区别开来。但是就算如此,也无法避免目标客户群找到更新颖、更有趣的消费方式,或发现市场新宠。这个时候,市场已经饱和,唯一可以做的就是降价竞争,从现有市场中尽量获取可能的利润和回收制造成本。这时最后的日落期已经降临,而企业就要接受生命周期已经结束的残酷事实了。

了解这个新的产品生命周期之后,最大的启发是营销人员并不需要试图从上而下地区分哪些客户是哪个族群,只要清楚地知道不同的客户在不同的产品阶段有不同的反应,并且有效掌握管理,做合适的处理。

同样,在整个市场沟通中目标客户已经改变,更准确的分类方式不再是使用单纯的外界条件,客户在购买过程中所表现出来的特征才是客户分类标准的更好方式。所以之前根据客户外界条件进行分类的方式,已经被客户本身的心理性质和行为模式取代了。

(3)产品上瘾模型(the hook model)。产品上瘾模型来自美国作家尼尔·埃亚尔的《上瘾——让用户养成使用习惯的四大产品逻辑》一书,作者将产品上瘾模型分为触发、行动、多变的酬赏和投入四个部分(图7-8)。第一步是引发用户使用产品,这叫作"触发";触发之后,第二步就是行动,行动要兼具动机和能力,有了动机,还需要用户有足够能力完成行为;行动之后,要给用户酬赏,还是多变的酬赏,使得酬赏具有不可预期性;最后,让用户在产品上进行越来越多的"投入",用户与产品的亲密接触越多,就越离不开它。

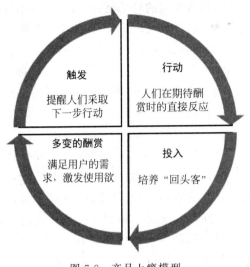

图7-8 产品上瘾模型

①触发。触发分为外部触发和内部触发两种。外部触发会把下一个行动步骤清楚地传达给用户,可以大致分为付费型触发、回馈型触发、人际型触发和自主型触发四种类型。付费型触发最常见的是通过做广告或搜索引擎推广来实现,由于其成本较高,企业往往只在争取新客户时才会采用此种策略;回馈型触发主要集中在公关和媒体领域,但是所引发的用户关注往往只是昙花一现;人际型触发是通过熟人间的相互推荐增加关注度,这种由口碑效应主导的模式往往是相对有效的,可以引发"病毒式增长";自主型触发相对于前三种模式都是以争取新用户为主要目标而言,更多的是以驱动用户重复某种行为作为重点,目的是让用户逐渐形成习惯。

外部触发驱动用户进入上瘾模型并完成余下的步骤,但是当用户在外部触发的驱动下完成模型的整个过程后,外部触发将不再起作用,取而代之的则是内部触发。当某个产品与你的思想、情感或是原本已有的常规活动发生密切关系时,一定是处于内部触发的影响下。外部触发可以培养新习惯,而内部触发可以通过情感纽带与用户保持长久的联系。

②行动。斯坦福大学说服技术研究实验室的主任福格博士通过构建人类行为力量驱动模型来解释人类行为背后的驱动因素,他提出行为模型公式B=MAT,其中,B代表行为,M代表动机,A代表能力,T代表触发,要想使人们完成特定行为,动机、能力、触发三者缺一不可。[①]"自我决定理论"的开创者罗切斯特大学心理学教授爱德华·德西博士提出动机的定义即为"行动时拥有的热情",并且,核心动机主要为追求快乐、逃避痛苦,追求

① FOGG B J. What's cause behavior change? B J Fogg's Behavior Model[EB/OL].[2013-11-12]. http://behaviormodel.org.

希望、逃避恐惧，追求认同、逃避排斥三种类型。[①] 关于能力，在《创新轻松三步法》(*Something Really New：Three Simple Steps to Creating Truly Innovative Products*)一书中，作者丹尼斯·豪普特利将产品的创新过程分解成了三个基本步骤：第一步，了解人们使用某个产品或服务的原因；第二步，列举用户使用该产品的必需环节；第三步，在明确整个过程的所有环节之后，将无关的环节删去，直至将使用过程简化到极致。

③多变的酬赏。在这一阶段，产品会因为满足了用户的需求而激起他们更强烈的使用欲，驱使他们采取行动的，不是酬赏本身，而是渴望酬赏时产生的那份迫切的需要，酬赏可以分为社交酬赏、猎物酬赏和自我酬赏三类。社交酬赏，是指人们从产品中通过与他人的互动而获取的人际奖励；猎物酬赏是人们从产品中获得的具体资源或信息；自我酬赏是人们从产品中体验到的操控感、成就感和终结感。

④投入。行动阶段使用户获得满足，而投入阶段主要与用户对未来酬赏的期待有关。用户对某项产品或服务投入的时间和精力越多，对该产品或服务就越重视，因而，对产品的投入会令用户形成偏好，因为我们往往会高估自己的劳动成果，尽力和自己过去的行为保持一致，避免认知失调。在此阶段，要求用户进行一些小小的投入，会鼓励用户向系统投入一些有价值的东西，以增加他们使用产品的可能性和完成上瘾模型的可能性。用户

案例7-11　抖音如何让人上瘾？

对产品的投入不仅可以改进产品或服务质量，增加用户再次使用产品的可能性，还能令储存价值以内容、数据资料、信誉或技能等形式自然增长。此外，用户投入可通过加载下一个触发的方式令用户重新开始上瘾循环，从而增加用户反复进入上瘾循环的可能性。

7.5　新产品开发

1. 新产品的内涵

市场营销学中的新产品含义与科技开发中的新产品含义不尽相同，其内容要广泛得多。市场上出现的前所未有的崭新产品自然是新产品的一种类型，但这种新产品并不经常出现，往往一些产品的功能、原材料、结构等方面略有改变，习惯上也称作新产品。新产品的意义是相对的，产品整体概念中任何一部分的创新、变革或是变动，都可以理解为一种新产品，它能够给顾客带来某种新的利益。新产品开发框架如图7-9所示。

布茨、艾伦和汉密尔顿咨询公司根据新产品对于公司和市场的新颖程度将新产品划分为七种类型。

1）全新产品

全新产品即运用新一代科技革命创造的整体更新产品。例如蒸汽机、电话、电灯、飞机、计算机的研制成功及投入使用，其都属于全新产品。这类产品的问世往往源于科学技术在某个方面所产生的重大突破，而它们的普及使用会极大地改善人们的生活。但是，它

① DECI E L，RYAN R M. Self-determination theory：a macrotheory of human motivation，development，and health[J]. Psychologie Canadienne，2008，49(3)：182-185.

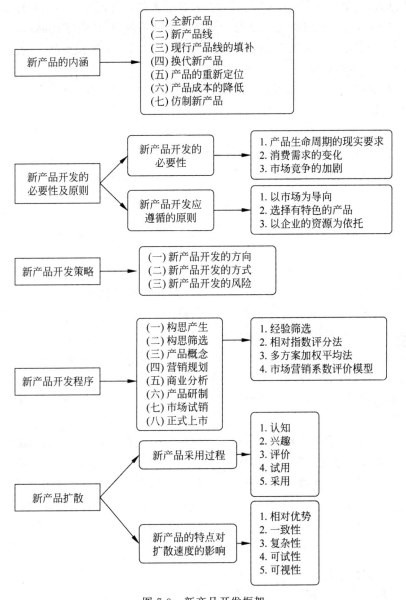

图 7-9　新产品开发框架

要求消费者必须进行相关知识的学习,改变原有的消费模式。此外,全新产品的研制是一件非常困难的事情,需要资金、技术、时间的保证,并且需要承担巨大的投资风险。

2）新产品线

新产品线是公司第一次进入现有市场的新产品,即公司在自己的产品组合中增加新的产品线。"不是所有牛奶都叫特仑苏",这句耳熟能详的广告词,给消费者烙印下了特仑苏"优质好牛奶"的印象。蒙牛特仑苏自 2005 年推出以来,销量稳步上升。2016 年,特仑苏单品收入突破 110 亿元。2017 年,蒙牛将一款酸奶新品嫁接在特

案例 7-12　可口可乐的
新产品——雪碧纤维+

仑苏这个"巨人"的品牌上,推出了特仑苏酸奶,特仑苏的产品结构从白奶领域延伸到了酸奶领域。2018年,特仑苏酸奶又升级为更高端的有机溯源版,扩容了产品家族,更进一步扩大了特仑苏的影响力,并以蒙牛特仑苏多年积淀下的品牌力实现对新品的市场带动。

3)现行产品线的填补

现行产品线的填补指公司在已建立的产品线上开发出新的品种、花色、规格等,扩大产品的目标市场。

4)换代新产品

换代新产品是在原有的基础上,部分采用新技术、新材料、新工艺,使产品的性能有显著提高的产品。换代新产品的技术含量在原有产品的基础上提高较大,它是新产品开发的重要形式。

【中国智慧7-2】

合 作 精 神

自1776年亚当·斯密在《国民财富的性质和原因的研究》(简称《国富论》)中第一次提出了劳动分工的观点,并系统全面地阐述了劳动分工对提高劳动生产率和增进国民财富的巨大作用后,世界便不可逆转地朝着不断细化社会分工迈进。

社会分工理论在当时起了很重要的作用,因为分工可以提高效率,所以到20世纪初,亨利·福特就把生产一辆车分成了8 772个工时,大大提高了工人的生产效率,分工论也成为统治企业管理的主要模式。此外,劳动分工理论还对管理理论的发展起到了十分重要的作用,后来的专业分工、管理职能分工、社会分工等理论,都与斯密的这一学说有着"血缘关系"。

在社会分工日益明确的时代,合作精神显得尤为重要。习近平总书记在科学家座谈会上就提到"合作是大趋势",合作共赢、互惠互利是诸多企业的生存之道,也是企业能够在全球化竞争中获得成功的重要原则,与此同时,团队合作精神渗透在市场营销理论和实践的全过程。比如,市场营销作为企业的重要职能部门之一,需要和研发、生产、财务等其他职能部门密切合作。由此可见,在分工细致的现代社会,"独木不成林",合作精神成为市场营销实现为顾客创造价值目标的关键要素之一。

5)产品的重新定位

产品的重新定位是指公司对原有产品进行重新定位,以新的市场或细分市场作为目标市场。

6)产品成本的降低

案例7-13　一款丑爆的运动鞋,不靠体育明星,抄出一身官司,却打败阿迪达斯!

产品成本的降低是指以更低的成本提供同样性能的原有产品,主要通过采用新技术、新材料等,改进生产工艺或提高生产效率,削减原有的生产成本,但新产品保持原有的功能不变。这种新产品的价值在于它使消费者可以用更少的货币获得同样的商品。

7)仿制新产品

随着市场竞争的加剧,以及互联网的发展、信息沟通的速度加快,另一种新产品的形式衍生出来,即仿制新产品。仿制新产品是指企业对市场上已有的某种畅销产品进行仿制或是稍做部分改动,再标出新品牌的产品。这类新产品的开发成本较低,投资风险也较小,只要有市场需求,就可以借鉴现成的样品和技术来开发本企业的新产品。但是,此类产品要尽量避免陷入知识产权的纠纷。

2. 新产品开发的必要性及原则

1)新产品开发的必要性

(1)产品生命周期的现实要求。企业同产品一样也存在着生命周期,如果不开发新产品,当产品走向衰落时,企业也同样走到了生命周期的终点。相反,企业若能不断开发新产品,就可以在原有产品退出市场时,利用新产品占领市场,任何时期都有不同的产品处在生命周期的各个阶段,从而保证企业利润的稳定增长。

(2)消费需求的变化。随着生产的发展和人们生活水平的提高,需求也发生了很大的变化,方便、健康、轻巧、快捷的产品越来越受到消费者的欢迎。消费结构的变化加快,消费者选择更加多样化,产品生命周期日益缩短。一方面,这给企业带来了威胁,企业不得不淘汰难以适应消费需求的老产品;另一方面,这也给企业提供了开发新产品适应市场变化的机会。

(3)市场竞争的加剧。科学技术的迅速发展使得许多高科技新型产品出现,并加快了产品更新换代的速度,企业只有不断创新、开发新产品才能稳住市场,占据领先地位。定期推出新产品,可以提高企业在市场上的信誉和地位,提高竞争力,并扩大市场份额。

2)新产品开发应遵循的原则

(1)以市场为导向。企业开发新产品的目的之一就是满足消费者尚未得到满足的需求,因此,企业开发的产品能否适应市场的需要是新产品开发成功与否的关键。为此,企业在进行新产品开发时,必须进行深入的市场研究,了解消费者对产品的品质、性能及价格等方面的要求。此外,还需要关注新产品未来的市场发展空间,树立以市场为导向的新产品开发观念,并将这一观念应用于新产品开发的全过程。

(2)选择有特色的产品。有特色的产品是指能为消费者带来独特利益和超值享受的产品。特色可以表现在功能、造型等方面,这些有助于满足消费者的特殊偏好,激发其购买欲望。但应注意的是,产品是否有特色是由消费者而不是由企业研究人员、工程师和营销部门进行评价的。企业只有在对消费者和竞争者充分了解的基础上,才能开发出有特色的新产品。

(3)以企业的资源为依托。企业在进行新产品开发时,要以企业自身的资源为依托,开发与企业技术水平和市场营销能力相适应的产品。可以利用各种企业现有的资源,实现企业经营的协同效应,这种协同可以是企业原有的销售能力和销售渠道的营销协同,也可以是企业原有技术和生产资源的技术协同。

3. 新产品开发策略

新产品开发策略是企业在新产品开发的各个方面所作出的决策,主要涉及新产品开发的方向、方式、风险等。

1)新产品开发的方向

开发新产品的最大难题之一就是创意的缺乏,企业无法明确该从哪个方向、哪些方面突出其差异性。根据产品的不同性能,以消费品为例,新产品的开发可以从多功能化、微小化、简易化、多样化及环保化等方面考虑,具体如图 7-10 所示。

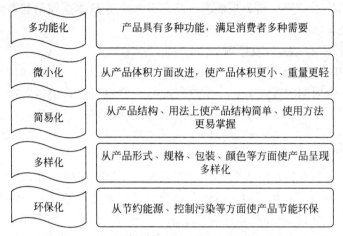

多功能化	产品具有多种功能,满足消费者多种需要
微小化	从产品体积方面改进,使产品体积更小、重量更轻
简易化	从产品结构、用法上使产品结构简单、使用方法更易掌握
多样化	从产品形式、规格、包装、颜色等方面使产品呈现多样化
环保化	从节约能源、控制污染等方面使产品节能环保

图 7-10　新产品开发的方向选择

2)新产品开发的方式

新产品开发的方式包括购买、研发、研发与引进技术相结合等,具体见表 7-4。

表 7-4　新产品开发的方式

方　　式	特　　点
购买	包括购买专利、技术、特许经营等。这种方式能节省研发费用、赢得时间,也可以快速填补业务空白,缩小和竞争对手的差距
研发	包括企业自行研发、与科研机构联合研发、委托研究机构为企业研发新产品等,通过研发,创造出独具特色的新产品,从而取得技术领先地位和市场的优势
研发与引进技术相结合	既重视引进先进技术,也不放弃产品研发,将两种方式结合起来。关键的、先进的技术引进,其他自主研发,这是目前国内许多企业研发新产品采用得较多的一种形式

3)新产品开发的风险

新产品的开发往往蕴含着极大的风险,新产品开发的失败率一直很高,失败的原因有很多,主要包括忽视或误解市场调查研究、过高地估计市场规模、产品设计差、产品在市场上定位错误、没有开展有效的促销活动或对产品的定价过高、没有足够的渠道支持、竞争对手反击激烈等。

4. 新产品开发程序

新产品的开发是一项高风险的工作,必须慎之又慎,为了减少开发成本,提高成功率,必须按照科学的程序来进行。一般开发新产品的程序可以分为八个阶段:构思产生、构思筛选、产品概念、营销规划、商业分析、产品研制、市场试销及正式上市,如图 7-11 所示。

1)构思产生

进行新产品构思是新产品开发的首要阶段,构思是创造性思维,即对新产品进行设想

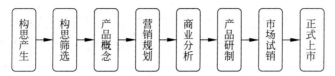

图 7-11　新产品开发程序

或创意的过程。缺乏好的新产品构思已经成为许多行业新产品开发的瓶颈,企业通常可以从内部和外部寻找新产品的构思来源,见表 7-5。

表 7-5　新产品的构思来源

公 司 内 部	公 司 外 部
研究开发部门	顾客
销售人员	中间商
高层管理部门	竞争对手
企业内部其他部门的员工	企业外部的研究和开发人员
	营销调研公司

新产品的构思方法主要有两类,即属性分析法和需求分析法,具体见表 7-6。

表 7-6　新产品的构思方法

属性分析法	需求分析法
多属性分析 所有能够影响销售、增加市场需求的产品属性及其附加属性,都可能成为创新的构思来源点 功能分析 只要能够使一种产品具有新的功能或用途,就意味着实现了产品创新 功效分析 把被研究产品的所有功效罗列出来,从中发现尚未发掘的功效和未预计的功效缺损 差异分析 研究各种产品的属性带给消费者的不同感受,进行这种分析能确定各种产品间的差异	明确需求的类型:特定需求、模糊需求、定制需求、变动需求 针对需求而进行的新产品构思 激发以需求为基础的产品创意

2)构思筛选

不是每个构思都具有开发价值,因此就需要对构思进行筛选,根据企业的发展目标和长远利益,结合企业的资源能力和实际情况,淘汰那些不可行的构思,把有限的资金集中到少数有潜力的新产品开发上来。

(1)经验筛选。由筛选人员根据自己的经验来判断构思与企业战略目标、生产技术、资金实力、营销能力等方面是否相适应,把明显不合适的构思剔除,而将较接近的留下做进一步的筛选。

(2)相对指数评分法。这种方法以直接判断为基础,根据经验确定一些评价因素与评分等级来对构思进行筛选。通常确立的项目包括产品质量目标,企业的技术能力、生产能力、营销能力、竞争状况、市场潜力、利润率等,然后根据各评价因素重要程度不同对各评价因素赋予不同权重,再将各因素的评分与权重相乘,最后将这些乘积相加得到构思的总分,具体见表 7-7。

表 7-7　相对指数评分法举例

评价因素	因素权重 A	相对适应能力 B					得分 $A \times B$
		很好(5 分)	好(4 分)	一般(3 分)	差(2 分)	很差(1 分)	
市场规模	0.15	✓					0.75
市场占有能力	0.15			✓			0.45
设计的独特性	0.10		✓				0.40
……	……						……
附加价值	0.05			✓			0.20
总计	1.00	产品相对系数					3.64

(3)多方案加权平均法。对不同的新产品构思进行比较性评价,适用新产品构思较少的情况。其具体做法是按照市场机会(市场吸引力)与企业的优势(开发实力与专长)两个维度进行多因素全面考虑,并从中找出最具优势的新产品构思。这两个维度通常要细分为若干个因素并对每一个因素赋予不同权重,具体评价时,由评价人员根据经验评分,从"最好"到"最差"分值($n \times g$),最后将各因素的分值相加,具体模型见表 7-8。

表 7-8　多方案加权平均法

评 价 项 目		权重	新产品构思											
			构思 1		构思 2		构思 3		构思 4		构思 5		构思 6	
			评分	分值	评分	分值	评分	分值	评分	分值	评分	分值	评分	分值
市场吸引力	1. 需求规模													
	2. 需求增长潜力													
	3. 需求弹性													
	4. 需求季节波动													
	5. 现有竞争地位													
	6. 竞争程度													
	7. 潜在进入者													
	8. 替代品威胁													
	9. 政治因素													
	10. 法律、法规													
	小计													
开发实力与专长	1. 技术可行性													
	2. 技术专有性													
	……													
	小计													

（4）市场营销系数评价模型。这种方法是一种多因素、较为全面的评价方法。它先根据企业规模、产品类型、竞争状况等具体情况确定影响新产品开发的一些主要因素，再将各要因分别细分为若干具体要素，并用概率加权的方法将其还原为复合系数，即得到市场营销系数，具体步骤如下。

第一步，根据企业规模、产品类型、竞争状况等具体情况确定影响新产品开发的一些要因。假设企业可将影响新产品开发的关键因素确定为产品的可销售性、企业的生产能力、投资水平、市场增长潜力及持久性等类型。

第二步，将各要因分别细分为若干具体要素。

第三步，对每一要素赋予权重，确定权重 A 的值。

第四步，进一步将每一要素的适应状况分为很好、好、一般、差、很差五等。

第五步，要因系数 $E = \sum A \times B$。

第六步，市场营销系数（复合系数）$= \sum$ 要因系数 $\times$ 要因权重 $= \sum E \times D$。

市场营销系数评价见表 7-9。

表 7-9　市场营销系数评价

要因		要素		各要素权重 B					要素等级 C
要因	权重 D	要素举例	权重 A	很好	好	一般	差	很差	$(C = A \times B)$
产品的可销售性		与企业销售渠道的关系							
		与企业产品系列的关系							
		质量与价格的关系							
		对现有产品销售的影响							
		销售能力							
		要因系数 $E = \sum A \times B$							
企业的生产能力		…							
		要因系数 E							
投资水平		…							
		要因系数 E							
市场增长潜力		…							
		要因系数 E							
持久性		…							
		要因系数 E							

市场营销系数的计算见表 7-10。

表 7-10 市场营销系数的计算

要 因	要因权重 D	要因系数 E	$D \times E$
产品的可销售性			
企业的生产能力			
投资水平			
市场增长潜力			
持久性			
市场营销系数			

3）产品概念

新产品的构思经过筛选后，要进一步将其发展成为更具体明确的产品概念，即把新产品的构思用有意义的消费者术语描述出来，它是构思的具体化。产品概念是用文字、图形、模型等方式对已经成型的产品构思进行详尽、形象的描述。一个新产品可以形成若干个产品概念，对发展出来的产品概念还需要进行进一步的产品概念测试，这关系到新产品开发出来后被市场接受的程度。

多种产品概念形成以后，企业如何从众多的产品概念中选出最优的产品概念，这就需要了解顾客的意见，进行概念测试。

概念测试一般采用概念说明书的方式，说明产品的形状、功能、特性、规格、用途、包装及价格等，印发给部分潜在消费者。

产品概念测试常用的问题见表 7-11。

表 7-11 产品概念测试常用的问题

序号	问 题
1	产品概念的描述是否清楚易懂？
2	消费者能否明显发现该产品的突出优点？
3	在同类产品中，消费者是否偏爱本产品？
4	顾客购买这种产品的可能性有多大？
5	顾客是否愿意放弃现有产品而购买这种新产品？
6	本产品是否能满足目标顾客的真正需要？
7	在产品的各种性能上，有什么可以改进的地方？
8	谁将购买这种产品？
9	目标顾客对该产品的价格做何反应？

4）营销规划

测试完成以后，必须提出将这种新产品引入市场初步营销规划。营销规划包括三个部分：第一部分描述目标市场的规模、结构和顾客行为，确定产品的市场定位，预计近期的销售量、市场份额以及利润目标；第二部分描述产品的计划价格、分销和促销策略以及预算；第三部分描述预期的长期销售量、利润目标，以及不同时期的营销策略组合。

5）商业分析

在确定最佳产品概念和初步拟订营销方案以后,还要针对这一概念进行商业分析,判断其商业上的可行性和吸引力。这种分析包括需求分析、成本分析以及盈利分析三个部分。

6）产品研制

经过商业分析确认新产品的开发价值,就可以交给生产部门研制,即把产品概念变为物质产品。在这一阶段,必须研制出新产品的样品,这一样品要具备产品概念中阐述的主要特点,还要进行进一步的安全测试。

7）市场试销

样品经过测试,确认安全,就可投入小批量生产,将其推向市场进行试销。试销就是将产品投放到有代表性的小范围市场上,进行销售试验,了解消费者的需求和购买情况,检验产品的质量、包装、价格、广告效果,以确定大批量生产的可能性和具体的营销方案。

8）正式上市

正式上市是新产品开发的最后一个阶段,如果试销成功或者某些方面改进,就可以进入商业化阶段,正式大批量生产,全面推向市场。这时产品进入市场生命周期的投入期,以后可按市场生命周期策略进行营销。

5．新产品扩散

1）新产品采用过程

人们对新产品的采用过程,客观上存在一定的规律性。美国学者艾弗雷特·罗杰斯经过调查总结归纳出人们接受新产品的程序和一般规律,认为消费者接受新产品一般表现为认知、兴趣、评价、试用和采用五个阶段。

（1）认知。认知是个人获得新产品信息的初始阶段,新产品信息情报主要来源是广告或者其他间接渠道,如商品说明书、技术资料等。人们在此阶段获得的情报还不够系统,只是一般性的了解。

（2）兴趣。兴趣指消费者不仅认识了新产品,并且产生了兴趣。在此阶段,消费者会积极地寻找有关资料,进行对比分析,研究新产品的具体功能、用途、使用方法等问题。如果满意,将会产生初步的购买动机。

（3）评价。这一阶段消费者主要权衡采用新产品的边际价值,如采用新产品获得的利益和可能承担某些风险,从而对新产品的吸引力作出综合判断。

（4）试用。试用是指顾客开始小规模、少量地试用新产品。通过试用,顾客评价自己对新产品的认识及购买决策的正确性。企业应尽量降低失误率,详细分析介绍产品的性质及使用方法等。

（5）采用。采用是顾客通过试用收到了理想的效果,放弃原有的产品,完全接受新产品,并开始正式购买、重复购买的过程。

2）新产品的特点对扩散速度的影响

新产品扩散是指新产品上市后随着时间的推移,被越来越多的消费者所采用的过程,也就是消费者购买和传播新产品的过程。新产品的特点对扩散速度会产生以下影响。

（1）相对优势。相对于被替代的产品,新产品有着突出的优点或能为购买者带来显著利益,这类新产品很容易就被采用。在智能手机越来越普及的今天,人们开始便利地用手机进行拍照,对于相机的日常需求自然有所降低。

（2）一致性。一致性是指新产品与消费者现有的价值观念、生活习惯、消费需求和个人情感等相一致的程度。这种一致性程度越高,人们就越容易接受。

（3）复杂性。复杂性是指了解和使用新产品的难易程度。产品的复杂性越高,被采用的程度越低。

（4）可试性。可试性是指新产品在一个有限范围内可被试用的程度。厂商可以提供相对较小的包装,以刺激消费者对新产品的试用。一些计算机软件开发商也常常提供免费试用版,试用版到期后用户如果感到满意,就可能购买该公司正式版的软件。

（5）可视性。可视性是指产品的优势能为消费者直接看到或了解到的程度。可视性越强,越容易被消费者所采用。

 **章末本土案例**

1. 案例摘要

今日头条,红海沉浮

本文以今日头条创始人张一鸣的创业历程为主线,讲述张一鸣沉淀自我,通过 IAM 协同办公系统、酷讯、饭否、九九房创业失败的经验总结,在互联网时代和 SOLOMOPO 新型商业模式的发展背景下,最终嗅得新机创立今日头条;并在互联网大规模席卷各行各业,移动新闻资讯端已然发展成一片红海之势下,凭借大数据背景下个性化信息推荐的蓝海战略,在激烈的竞争中杀出一条路,进而挺进移动新闻资讯端第一阵营,成为资讯客户端的领头羊;最终通过反思创业历程,予以新一代创业者和创业公司启示。

2. 思考题

（1）企业创业过程中有哪些要素?纵观张一鸣的创业经历,归纳其各个创业阶段的创业要素,并且分析互联网环境下的创业模式特征。

（2）今日头条的企业战略是蓝海战略,那么张一鸣团队是如何识别出创业机会的?蓝海战略如何执行?

（3）互联网时代的创业失败率很高,分析互联网时代下用户获取信息资讯的特征,今日头条的创新商业模式是如何站稳脚跟的。

（4）张一鸣作为创业者,一直以企业的标志性人物形象出现在新闻中,试分析其在今日头条的创立和发展过程中的作用。

（5）不管是创业企业还是传统企业,结合自身行业特点不断学习进步才能保持更加持久的生命力。借鉴今日头条的案例,你对于传统纸质媒体的转型可以提出哪些好的建议?

3．案例分析框架

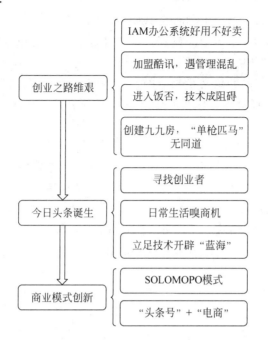

1．本章重难点

（1）产品的概念、形式和分类。

（2）产品的五个层次。

（3）产品组合概念。

（4）新产品的内涵。

（5）新产品开发策略与程序。

2．核心概念

（1）**有形产品**：是产品满足消费者某一需求的特定形式，是核心产品借以实现的形式。

（2）**耐用品**：一般指使用年限较长、价值较高的有形产品。

（3）**消费品**：指那些由最终消费者购买并用于个人消费的产品。

（4）**核心层**：是产品最基本的层次，它是指向顾客提供基本的效用或利益。

（5）**形式层**：是核心产品借以实现的形式或目标市场对某一需求的特定满足形式，是消费者通过自己的感觉器官可以接触到、感觉到的有形部分。

（6）**体验营销**：指企业通过设计、创造、提供和出售体验，使消费者在消费过程中得到个性化的享受、精神需求得到最大限度满足的一种社会及管理过程。

（7）**附加层**：指顾客因购买产品所得到的全部附加服务与利益。

（8）**潜在层**：主要是产品所有可能在未来产生的增加和转变方面。

（9）**产品线**：指密切相关的满足同类需求的一组产品。

（10）**产品组合深度**：指一条产品线中所含有产品项目的多少。

（11）**产品线延伸策略**：指全部或部分地改变原有产品的市场地位，具有向下延伸、向上延伸和双向延伸三种实现方式。

（12）**新产品**：新产品的意义是相对的，只要是产品整体概念中任何一部分的创新、变革或是变动，都可以理解为一种新产品，它能够给顾客带来某种新的利益。

3．分析工具

（1）产品的五层次模型：

产品整体概念包含核心层、形式层、期望层、附加层和潜在层五个层次，由于每个层次都增加了更多的顾客价值，这五个层次构成了顾客价值层级。

（2）体验营销实战九步法：

第一步，细分目标市场；第二步，选择合适的细分市场；第三步，确定体验主题；第四步，打造体验品牌；第五步，设计体验式的产品和服务；第六步，设定体验式价格；第七步，策划展示产品体验的活动；第八步，建立专业的体验式营销队伍；第九步，建立体验式的客户关系管理系统。

（3）新产品开发的八个阶段：

新产品的开发程序可以分为八个阶段：构思产生、构思筛选、产品概念、营销规划、商业分析、产品研制、市场试销及正式上市。

即 测 即 练

第 8 章

价　格

【本章学习目标】

1. 了解定价的概念和含义。
2. 掌握本章中介绍的不同定价方法。
3. 结合所学知识，能够将不同的定价方法灵活应用。

【本章概要】

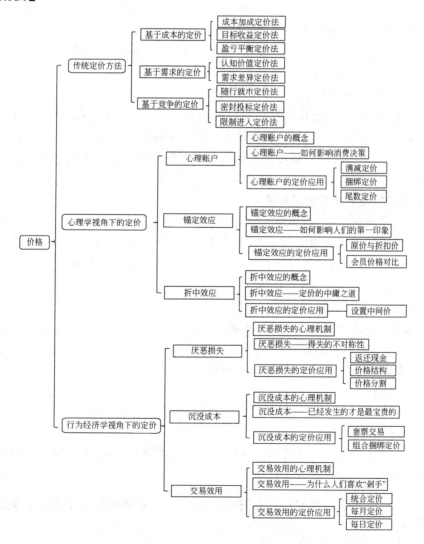

8.1 传统定价方法

【引导案例】

营利性医疗机构是怎么定价的

在营利性医疗机构的运营体系里,定价扮演着重要角色:它连接起几乎所有重要的业务环节,支持着医院的持续经营,并影响最终的财务状况。由于医疗行业的结构性特点,目前主要采用传统的定价方法。在涉及定价问题时,需要考虑三个核心问题,即需求、供给和竞争。

1. 医疗需求的可预测性和不可预测性

案例 8-1　营利性医疗机构是怎么定价的

医疗需求的可预测性指的是目前越来越多的医疗机构认为有一些医疗行为是能够进行提前预测而后给予标准化管理的;医疗需求的不可预测性指的是医疗机构无法提前预知,也无法投入很多资源去预测很多疾病。

需求的确定性不同会导致相应的营销成本,因此目前的大多数营利性医疗机构主要还是采用基于成本的定价方法。

2. 医疗服务供给的复杂性

医疗服务的供给问题远比快消行业复杂,越是高难度的治疗,定价就越高,相应地溢价空间也就越大。这也就意味着,营利性医疗机构需要结合自身条件进行合理的定价规划,传统的基于成本的定价方法对于营利性医疗机构而言是最能够直接体现盈利水平的定价方法。

3. 医疗服务竞争很难实现差异化

竞争的本质即供求关系,竞争直接决定服务能卖多少钱。医疗机构具有"使用价值难以区分化""在中国处于初期发展阶段"等特点,因此目前营利性医疗机构的定价方法还是以成本加成定价法为主,但是这种成本加成定价法是经过改良的定价法,主要的改良方法有三种。

1) 利润贡献差异定价

这种定价方法主要适用于非严重疾病的科室和病种,这种定价方法将可以开展的检查、治疗划分为不同的运营目标,不同的目标倒推产生不同的服务组合,配置不同的医疗资源,也就有了不同的毛利结构和对应的价格。

2) 动态定价

这种定价方法根据疾病的种类与手术的设施这两个维度分别定价。

3) 级差定价

前面两种定价方法的要点在"事"不同故"价"不同,级差定价则是"事"基本相同,通过在资源投入上拉开距离而产生不同的价格。

从以上这个营利性医疗机构的案例中,我们可以了解到定价对于企业的重要性。选择合适的定价方法对于企业来说事关利润的高低和市场份额的大小。传统的定价方法，虽然在今天有很多方法能够替代，但也并非一无是处。作为创新，学者 Raz 等基于产品生命周期的不同阶段，考虑产品的研发水平对生产成本和需求的影响，分析了产品设计和研发对企业利润与环境的影响。影响产品价格的因素很多，但企业在制定价格时主要考虑产品成本、市场需求和竞争情况，产品成本规定了价格的最低基数，而竞争者价格和替代品价格则提供了企业在制定其价格时必须考虑的参照系。在实际定价过程中，企业往往侧重于考虑对价格产生重要影响的一个或几个因素来选定定价方法，常用的定价方法主要包括基于成本的定价、基于需求的定价和基于竞争的定价，这也是本节最主要的内容。

1．基于成本的定价

1）基于成本的定价的种类

（1）成本加成定价法。正如名字所示，成本加成定价法主要是根据产品的成本来制定产品的价格。这种定价方法通常是在产品的成本上做加法，通过在单位产品成本的基础上加上一定比例的预期利润，进而形成产品的价格。这种定价方法主要立足实质的成本数据，并不是无端的猜测和臆想，因此具有很强的实用性。此外，这种定价方法可以让卖家清楚地知道每卖出一单位产品能够获得多少利润，实行起来也比较容易。最后，如果竞争对手采用同样的成本加成定价方法，由于市场上的购买力是一样的，因此这种定价方法能够最大限度地减少价格战的可能，并鼓励卖家从价格以外的其他方面开展竞争。

知识锦囊 8-1 成本加成定价法的计算

这种定价方法的优点是计算方便，因为确定成本要比确定需求容易得多，定价时着眼于成本，企业可以简化定价工作，也不必经常依据需求情况而做调整。在市场环境诸因素基本稳定的情况下，采用这种方法可保证企业获得正常的利润，从而可以保障企业经营的正常进行。

（2）目标收益定价法。目标收益定价法也是基于成本定价的一种典型方法，它是以产品成本为基础，按照目标收益率的高低进行计算定价的一种方法。目标收益定价法最直观的优点是能够保证企业既定目标利润的实现，但是这种定价方法

知识锦囊 8-2 目标收益定价法的计算步骤

一般适用于在市场当中具有一定影响力、市场占有率较高或具有垄断性质的企业，如果市场中竞争足够激烈，这种定价方法将会失去作用。因此，目标收益定价法只关注卖方的利益，没有考虑竞争因素和市场需求的情况。

（3）盈亏平衡定价法。盈亏平衡定价法也叫保本定价法，指在销量既定的条件下，企业产品的价格必须达到一定的水平才能做到盈亏平衡、收支相抵，即根据盈亏平衡点原理进行定价的方法。盈亏平衡点又称保本点，是指一定价格水平下，企业的销售收入刚好与同期发生的费用额相等，收支相抵、不盈不亏时的销售量，或在一定销售量前提下，使收支相抵的价格。

可以试想一下，当企业想要尽可能获得高的市场占有率时，则需要尽可能降低产品的价格，但是，产品价格过低又会导致企业亏损。此时，为了尽可能使高市场占有率和企业

利润有所平衡,盈亏平衡定价法将会起到重要的作用。

2）基于成本定价的局限

基于成本的定价方法虽然在今天仍然有很多企业在使用,但不可否认的是,这种定价方法存在着很严重的缺陷。因为卖家在进行定价时只参考了成本数据,而没有考虑顾客对产品价格的反应。我们以知识锦囊8-3盈亏平衡定价法的计算中的例子继续展开讨论,有可能只有很少的顾客愿意选择这个46.58美元一天的客房,如果真的是这样,那么46.58美元的定价显然妨碍了市场的增长,还很有可能促使顾客转

知识锦囊8-3　盈亏平衡定价法的计算

而寻找符合自己需求的相对便宜的替代品。同时,也有顾客可能愿意出高于46.58美元的价格住这个酒店,这也就意味着卖家会牺牲一大笔利润。

这个例子的教训在于:企业基于成本的定价需要刚好与客户的支付意愿相吻合,否则这种定价方法虽然有一定的优势,但也会使企业流失一定的客户或者错失很多利润。也就是说,基于成本的定价方法只能告诉我们定价的底线,但这绝非最合适的售价!

当然,我们在之前已经说过,基于成本的定价方法适用于在市场当中具有一定影响力、市场占有率较高或具有垄断性质的企业。但是对于很多其他企业来说,它们并不符合这些特点,那么基于成本的定价方法不适用于它们的原因是什么呢?

其实,合理的售价应当将销售量考虑在内,每销售一个产品或提供一项服务就会带来可变成本,与此同时,固定成本也会产生。只有将这些成本分摊到每一件售出的产品上,才能算出保本价格。但是,我们无法预知最终能够卖出多少产品,并且最终的产品销量又会反过来影响定价。因此,这就导致小企业几乎不可能仅仅依靠成本精确地计算出产品的最低定价。

对于很多企业而言,定价如果只能展现出各种产品原材料的价值,那将无法给消费者提供购买的理由,这种定价方法透露出来的信息实际上是商家帮助消费者省去了他们自己动手加工何种材料的麻烦。消费者需要一个购买的理由,一个能够细细感受你的产品或服务的理由,为此,价格必须根据向消费者提供的价值,而非成本来制定。在下一个部分,我们将探讨如何根据价值来实现定价。

2. 基于需求的定价

基于需求的定价就是指企业在定价时不再以成本为基础,而是以市场需求、消费者对产品价值的理解和接受程度为依据的一种定价方法。就是说,相同的商品因消费者需求和认识的差别,也可以是不同的价格。在产品供过于求时,企业运用需求导向法定价,效果会更好。

一个市场价上万元的奢侈品包,成本价格可能只要150～200元,其中一些以“绝版”或“限量版”为噱头发售的款式,甚至可能在原本市售价格的基础上翻倍。原因为何?类似LV、PRADA、CHANEL这样的奢侈品品牌,本身就在时间的积淀中沉淀了品牌价值,承载了消费者对其价格的幻想,注重于卖“品牌”、卖“生活方式”、卖“信仰”,所以引得这么多人渴望得到,这是典型的需求导向定价。在下面,我们将介绍两种典型的基于需求的定价方法,通过学习这部分内容,大家会对基于需求的定价有一个详细的认知。

1）认知价值定价法

认知价值定价法，也称"感受价值定价法""理解价值定价法"。这种定价方法认为，某一产品的性能、质量、服务、品牌、包装和价格等，在消费者心目中都有一定的认识和评价。消费者往往根据他们对产品的认识、感受或理解的价值水平，综合购物经验、对市场行情和同类产品的了解而对价格作出评判。当商品价格水平与消费者对商品价值的理解水平大体一致时，消费者就会接受这种价格；反之，消费者就不会接受此价格，商品就卖不出去。认知价值定价法的优点十分明显，但实际操作时不易掌握，主观性较大。企业对消费者认知价值的评定和判断越准确，成功的可能性越大；否则，失败率越高。

在运用认知价值定价法对产品进行定价时应注意两点。

（1）企业应获得消费者对产品认知价值的准确资料。企业如果过高估计消费者的认知价值，其定价就可能过高，难以达到应有的销量；相反，若企业低估了消费者的认知价值，其定价就可能低于应有水平，使企业的收入减少。因此，企业必须通过良好的市场调研，准确地评定和判断消费者的认知价值。

（2）企业并不是只能被动地接受消费者对其产品的评价和判断，可以充分应用各种营销组合策略，影响和提高消费者对产品的认知价值。如企业可以借助促销宣传，来创造产品的名牌形象，以制定较高的价格，获取超额利润。一瓶法国香水与一瓶国产香水的价格相差几十倍，甚至上百倍，这种差价，主要不是成本和质量的差别，而是法国香水的品牌极大提升了消费者的认知价值。

案例 8-2 蜜雪冰城——奶茶界的隐形冠军

以认知价值为基础的定价方法反映了认知价值是以消费者对商品价值的感受及理解程度作为定价的基本依据。把买方的价值判断与卖方的成本费用相比较，定价时更应侧重考虑前者。因为消费者购买商品时总会在同类商品之间进行比较，

知识锦囊 8-4 顾客让渡价值

选购那些既能满足其消费需要又符合其支付标准的商品。消费者对商品价值的理解不同，会形成不同的价格限度。这个限度就是消费者宁愿付货款而不愿失去这次购买机会的价格。如果价格刚好定在这一限度内，消费者就会顺利购买，即根据消费者对产品价值的认知和接受程度来制定价格。

2）需求差异定价法

需求差异定价法就是将产品划分成不同的类别，通过消费需求的差异，从而制定不同的价格。由于不同的顾客对产品的品质层级要求是不一样的，需求差异定价法与其说是商品的定价技巧，不如说是消费发展到一定阶段的必然。在这样的情况下，任何的公司，都可以通过不同的品质、不同的服务，对商品进行不同的定价，满足顾客差异化需求的同时，赚取更多的利润。因此，需求差异定价法也被称为"歧视定价"。

具体来说，这种需求差异主要体现在时间、地点、消费对象三个方面。

（1）时间差异。"时间就是金钱"这句话在需求差异化方面可以体现得淋漓尽致。大家都知道，当一款新手机上市时，如果你是品牌的忠实用户，那你必须付出高价才能买到，有时候甚至还抢购不到！这也是商家饥饿营销的一个典型手段。当然，如果你愿意慢慢

等待,手机价格下降也是可预见的事。再比如说,有些地方高峰电价和低峰电价不一样,机票的价格和距起飞时间成反比,旅游景区的淡旺季门票价格差异等,这些都是需求差异定价法中利用时间差异定价的方法。

(2)地点差异。放眼至区域较小的地点,新开的一家超市附近没有竞争对手和有竞争对手时的定价策略是完全不一样的,一瓶同样的啤酒在超市和酒吧的价格大相径庭,演唱会前排的价格高于后排的价格,海景房的价格比山景房的价格贵,这些都是利用地点差异进行差异化定价的案例。如果我们放眼大的区域,比如说同一款产品,在不同的国家有着不同的价格,虽然说这与税率和产品定位有关,但是从另一个角度来讲,这些都是价格在地点差异化中的体现。

(3)消费对象差异。消费对象的定价差异更多体现在会员顾客和非会员顾客的价格差异上,以及女性相对于男性对价格敏感的差异上。未来随着科技的进步会逐渐发展到个体的定价差异上,如零售商根据你购买或维修冰箱的数据,发现你的冰箱到了更换的时候,就可以给你寄一张200元的冰箱代金券,这样你的价格就和其他人不一样了。

从具体的应用场景来看,需求差异定价法有以下两种表现形式。

(1)限时特价。淘宝、天猫"双11"和京东"618"是最典型的限时特价。用户为了买到低价商品,不得不在限定的时间内挑选、购买自己心仪的商品。而且有的商家还给了更严格的限定,如"前××名立减/送×××"或者是"00:00—00:03下单送××"等。有钱人并不会等到这个时候和别人抢着下单,所以要付出更高的价格。但价格歧视并非一个贬义词,有了价格歧视才让经济条件没有那么好的人也可以享受到好商品。

(2)限制选择权。给特定款式降价也属于价格歧视的一种。比如蓝、黑、红三种颜色的同型号鞋,只给红色的鞋降价,那喜欢这个款式但又对颜色没有那么高要求的朋友就可以开心地把鞋子抱回家了。这个案例也有另一种价格歧视的卖法:颜色随机发,如果想选特定颜色,你得加一些钱。吉祥号码则相当于给特定款式涨价——如果想要自己的车牌号、房号、手机号或者QQ号是吉利数字,肯定要加钱。

3. 基于竞争的定价

基于竞争的定价意味着企业需要根据竞争对手的动向而设定自己的价格,因此,价格的高低波动都会带来一定的影响。从竞争的角度而言,产品的定价是高是低需要视竞争双方的力量情况,通过制定较竞争者价格为低、高或者相同的价格,以达到增加利润、扩大销售量或提高市场占有率等目标。基于竞争的定价主要有随行就市定价法、密封投标定价法、限制进入定价法等。通过学习这一部分内容,大家能够对基于竞争的定价有一定的熟悉和认知。

1)随行就市定价法

随行就市定价法又称流行价格定价法,是指在一个竞争比较激烈的行业或部门中,某个企业根据市场竞争格局,跟随行业或部门中主要竞争者的价格,或各企业的平均价格,或市场上一般采用的价格,来确定自己的产品价格的定价方法。这种定价方法应用相当普遍,适用于除完全垄断以外的其他类型的市场结构。在完全竞争结构下,价格是由市场中参与交易的无数买方和卖方共同作用的结果,企业只是市场价格的接受者,随行就市定价法是主要的定价方法。而在寡头垄断市场结构条件下，一些差异很小的同类产品如汽车、钢铁和水泥等的价格主要由少数"价格领袖"企业确定，其他企业参照"价格领袖"企业制定自己的价格。

运用随行就市定价法必须注意：①企业必须把握具有代表性的市场价格或平均价格，以便采用相应的价格对策。②实行随行就市定价法，市场上价格竞争减弱，非价格竞争成为主要的竞争手段，如企业通过质量、品牌、服务、广告宣传、销售渠道等开展竞争，常常比价格竞争更具有隐蔽性，更具有竞争力。因此，企业此时应围绕非价格竞争打造企业的核心竞争能力，以保持企业的竞争优势。

2）密封投标定价法

在国内外，许多大宗商品、原材料、成套设备和建筑工程项目的买卖和承包，以及出售小型企业等，往往采用发包人招标、承包人投标的方式来选择承包者，确定最终承包价格。一般来说，招标方只有一个，处于相对垄断地位，而投标方有多个，处于相互竞争地位。标的物的价格由参与投标的各个企业在相互独立的条件下来确定。在买方招标的所有投标者中，报价最低的投标者通常中标，它的报价就是承包价格。这样一种竞争性的定价方法就称密封投标定价法，其主要用于投标交易方式。

在招标投标方式下，投标价格是企业能否中标的关键性因素。高价格固然能带来较高的利润，但中标机会相对减少；相反，低价格，虽然中标机会大，但其机会成本高，利润少。那么，企业应该怎样确定投标价格呢？

首先，企业根据自身的成本，确定几个备选的投标价格方案，并依据成本利润率计算出企业可能盈利的各个价格水平。其次，分析竞争对手的实力和可能报价，确定本企业各个备选方案的中标机会。竞争对手的实力包括产销量、市场占有率、

案例 8-3　折分式密封投标定价法

信誉、声望、质量、服务水平等项目，其可能报价则在分析历史资料的基础上得出。再次，根据每个方案可能的盈利水平和中标机会，计算每个方案的期望利润。每个方案的期望利润＝每个方案可能的盈利水平×中标概率（％）。最后，根据企业的投标目的来选择投标方案。运用这种方法，最大的困难在于估计中标概率。这涉及对竞争者投标情况的掌握，只能通过市场调查及对过去投标资料的分析估计。

3）限制进入定价法

限制进入定价法是指企业的定价低于利润最大化的价格，以达到限制其他企业进入的目的，是垄断和寡头垄断企业经常采用的一种定价方法。在垄断和寡头垄断市场上，若以利润最大化为目标，可以获得较大的经济利润。但如果没有大的市场进入壁垒，高额利润会诱惑其他企业进入。随着新企业的进入，市场竞争日趋激烈，原有企业的价格和利润将不断下降。而采用这种定价方法，企业虽然在短期内不能实现利润最大化的目标，但能以短期利润的损失来阻止新的竞争者进入，从而在长期内获得一个较低但有保障的持续收入流。

必须注意的是，实行限制进入定价法的前提是，现存企业必须比潜在的进入者拥有成本优势。如果没有，就不能以价格为限制来阻止新企业进入。

8.2　心理学视角下的定价

【引导案例】

外卖天天满 25 减 21，商家们都是怎么挣钱的？

比起自己下厨和外出就餐，外卖是现代人快节奏生活下的最好选择，不仅有更多选择，而且更便宜。但在购物过程中，难免会产生这样的疑惑：外卖天天满 25 减 21，商家们都是怎么挣钱的？

案例 8-4　外卖天天满 25 减 21，商家们都是怎么挣钱的？

1. 满减金额多 ≠ 满减折扣力度大

对比外卖商家 A 和外卖商家 B 的满减方式，如图 8-1 所示。

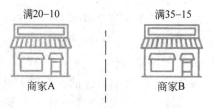

满减金额多 ≠ 满减折扣力度大

满20-10　　　满35-15

商家A　　　　商家B

图 8-1　两种满减方式

多数人会觉得"满 35 减 15"的折扣力度更大些，但实际上计算公式为折扣力度大小＝满减金额/满减门槛，所以图 8-1 两个商家的折扣力度分别是 0.5(10/20) 和 0.43(15/35)，前者折扣力度更大。

正是基于这种误区，消费者无意中购买了折扣力度并不大的商品。

2. 单档满减 vs 多档满减

在外卖 App(这里以大众点评为例)，我们会看到有的商家只有 1 个满减活动，而有的商家有好几个，前者称为"单档满减"，后者即为"多档满减"，如图 8-2 所示。

图 8-2　单档满减 vs 多档满减

单档满减商铺特点：客单价比较集中并且品牌具有黏性。因为对于吉野家等品牌的"死忠"来说，价格往往不是问题。

多档满减商铺特点：菜品种类多，价格分散，并且由于只做外卖，品牌辨识度不高。

总体来说，单档满减和多档满减需要根据消费者对于商家的感知而定。

3. 满减会设档，利润少不了

在多档满减的外卖商铺中，我们会看到呈现递增态势的满减门槛和满减金额。比如，满 20 减 10，满 40 减 17，……每个档位设置的背后都有着深刻的"消费心理洞察"。

第 1 档位：引流档位（图 8-3）。在对外卖筛选"满减优惠"条件后，会发现大多数商铺的第 1 个档位最为吸引人，顾客稍微看一眼，就会很容易被吸引，这个档位起到的是引流并刺激用户快速下单的作用。

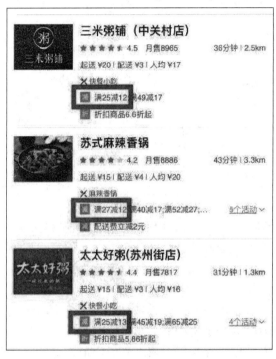

图 8-3　引流档位

第 2 档位：凑单档位。有时候我们在点完主餐后，底部的导航栏会提醒我们"再买 3.2 可减 22"，一般人的反应都是去小菜区或饮料区凑个单，争取更高的满减金额。这就是第 2 个满减档位设置的神奇之处：刺激消费者花比预计更多的钱。只要店家在主餐价格和满减金额上设置合理，顾客就会神不知鬼不觉达到第 2 档位。

第 3 档位：拼单档位（图 8-4）。我们还会看到的满减档有"满 100 减 35""满 130 减 50"等，通常在商铺的第 3、4、5 档位，满减的门槛很高，起步就超百，这个档位是针对 2 人及以上的多人食场景设计。

那么为什么商家能够屡屡得逞呢？前面分析了多种价格乱象，如果不留心观察，真的非常容易中圈套，毕竟商家结合多个套路，曲曲折折埋了很多个坑。但是，我们也不得不承认，商家这些套路背后有很多心理学和经济学的理论支撑。

从上面介绍的这个案例我们能够看出，定价的过程并非简单的成本＋利润，定价最值

图 8-4　拼单档位

得玩味的地方之一在于和消费者进行心理博弈。以外卖价格为例,这些满减、凑单、拼单的玩法,到底运用了什么心理学和营销学的知识?这还需要我们进一步地探讨。实现更好的定价需要跨学科视角,在本节我们将介绍心理学的相关理论,并引导大家理解不同心理定价的方式和方法。

1. 心理账户

在我们的日常生活中,很少会看到有人为了一瓶饮料讨价还价,但是我们在吃饭的时候都会比较哪家团购更加便宜,在和朋友出去吃饭之前都会观察好各家餐厅有没有赠送优惠券或者满减的活动。我们将购买饮料和外出吃饭放入不同的心理账户,对小消费项目会表现得慷慨大方,对大额消费项目则表现得格外谨慎、节俭。因此,在定价时,很多商家都会利用心理账户这一作用进行定价,从而影响消费者的购买行为。

1)心理账户的概念

知识锦囊 8-5　心理账户

理查德·塞勒教授是芝加哥大学行为科学领域的学者,既是金融学的奠基人,也是决策心理学领域最有影响力的学者之一,"心理账户"的概念由理查德·塞勒教授于 1980 年提出,揭示了人们在日常消费行为中对钱的不同态度。

"心理账户"理论认为,人们喜欢将物品分门别类,以方便自己使用,而这种习惯也延续到了对金钱的使用上。人们将金钱和资产按照不同的标准各自归类,然后以不同的消费心理对待。人们会在内心默默地将收入划分成储蓄和消费两个账户,将储蓄账户的钱存起来,将消费账户的钱再细分为衣、食、住、行等不同的账户并花掉。人们对头脑中不同的账户会持有不同的消费态度,喜欢旅行的人对出行消费会更加大方,对衣服装扮没有什么太多需求的人则会在买衣服、化妆品的消费中变得吝啬。这些常常在不知不觉中发生,也就是说,心理账户管理控制着人们的消费行为,却往往不被人们所感知。但是,收入和支出归分为哪个账户却常常切实地影响到人们的消费决策。因此,利用心理账户进行定价往往是商家最喜欢利用的心理技巧之一。

2)心理账户——如何影响消费决策

在了解了心理账户的概念之后,如何有效地运用心理账户进行营销是我们需要思考的问题。对于企业来说,使用心理账户的方式有以下几种。

(1)要努力引导消费者转变"心理账户"。从情感的角度而言,如果激发起消费者的"情感维系账户",则最有可能勾起消费者的购买欲望,因为人们对于情感的投入往往更多。因此从定价的角度而言,在具有维系情感作用的重要节日里,商家需要把握住机会,营造节日氛围,将人们的"生活账户"转移至"情感账户",此时再通过合理的定价安排,商家更有可能获得最佳利润。

人物小传 8-1 理查德·塞勒

知识锦囊 8-6 《怪诞行为学》

案例 8-5 油价下跌、汽油支出不降反增之谜

案例 8-6 "小罐茶"——礼品定位重塑者

(2)调节消费者"心理账户"的预算。消费者通常有为不同消费支出账户设置心理预算的倾向。商家可以通过价格策略来调节消费者的心理预算。《怪诞行为学》中有一个著名案例:教授拿着一本杂志的定价表让学生们做选择,定价表的内容是电子版 50 美元、印刷版 100 美元、电子版加印刷版 100 美元。80%的学生选择了最后一种。而当教授去掉中间项,重新提问时,情况则发生了很大变化——大部分人选择了电子版。很显然,消费者对于一本杂志的心理预算可能只有 50 美元,然而商家改变定价策略以后,就会对消费者的选择产生影响。

(3)增加消费者"心理账户"的数量。通常来说,"心理账户"的开支分为生活必需开支、家庭投入开支、个人投资开支、情感维系开支、享乐休闲开支等。每一项开支又分为不同的细

趣味实验 8-1 心理账户的局部性

分账户。因此,在进行具体产品的定价时,通过细分拆解每一项心理账户的开支,都有可能打开消费者新的"心理账户"。

由于商品的价格高低是一个相对的概念,因此,把握好消费者的心理进行准确的定价,迎合消费者不同的预期和偏好,往往能够获得更高的收益。

3)心理账户的定价应用

(1)满减定价。在买东西时,单纯的支出往往会让人们感受到压力,但是,如果在支出的同时还伴随一点收入,哪怕只有一点,消费者在花钱时的愧疚感就会相应地冲淡一些。

比如说,一件标价 1000 元的产品打八折和"满 1000 减 200"看起来付出的成本是一致的,但是这对于消费者的心理却有着不同的影响。第一种产品的定价方案,对于消费者而言就属于单纯的支出,消费者会将这种消费完全划归在"支出"的心理账户中,但是第二

种产品的定价方案就不同了,虽然消费者已经付出了 1 000 元,但是他们却额外收获了 200 元,之前的 1 000 元属于"支出"心理账户,而收获的 200 元则属于"收入"的心理账户。因此,在同样的两种定价方案中,消费者会更愿意接受第二种。

人们对损失和收益的感知并不是完全线性的,假设你花 100 元能得到某种快乐,若想要得到双倍的快乐,则需要 400 元,而不是 200 元。同样,损失 100 元会受到某种痛苦,可能需要损失 400 元才会感到双倍的痛苦。

在运用心理账户进行定价的过程中,使用满减活动这种定价手段,能够让消费者感受到他们是获得优惠的,这种定价方法会潜在地冲淡"支出"心理账户对他们的影响,同时能够让他们感受到"收入"心理账户为他们带来的利益。因此,满减活动在商家进行定价的过程中往往屡试不爽。

(2)捆绑定价。捆绑定价涉及标价方式、折扣分配两方面。合理地应用心理账户理论,可以有效提高消费者的评价,提升营销效果。

第一,标价方式。

考虑以下两种情形,"A 产品 50 元和 B 产品 50 元捆绑销售"与"100 元销售 A 产品＋B 产品"孰优?

根据心理账户理论,消费者评价多个损失时,更偏好合并损失。而购买物品可视为金钱牺牲,因此在上述选择中,消费者将偏好"100 元销售 A 产品＋B 产品"。

再考虑以下两种情形,"A 产品打折 20％与 B 产品打折 20％捆绑销售"与"以 20％的总折扣销售 A 产品＋B 产品"孰优(假设 A 产品与 B 产品价格相同)?

根据心理账户理论,消费者评价多个收益时,更偏好分开收益。折扣可视为一种收益,因此在上述选择中,消费者将偏好 A 产品打折 20％与 B 产品打折 20％捆绑销售。

综合上述两种情况,最优的价格表述应当为"以 100 元销售 A 产品＋B 产品,其中,A 产品打折 20％,B 产品打折 20％"。

第二,折扣分配。

大家可以考虑下面这种情形:A 产品原价 100 元,B 产品原价 100 元,现在"A 产品 100 元和 B 产品 50 元捆绑销售"与"A 产品 50 元和 B 产品 100 元捆绑销售"孰优?

上述选择会涉及心理账户的局部性运用问题。消费者在上述评价中是否使用了局部账户?其心理账户到底局限在哪个产品上?这就需要进一步考察 A、B 产品之间的关系。

因此,我们需要进一步思考具体的细分情况。

人物小传 8-2　阿莫斯·特维斯基和丹尼尔·卡尼曼

一是 A、B 产品互补。比如 A 产品为单反相机专用电池,B 产品为单反相机镜头。此时,消费者可能使用综合账户进行决策,只要总的折扣是相同的,组合内的折扣如何安排并没有什么区别。

二是 A、B 产品的重要性有所差异(这种差异的重要性认知会因消费者的不同而不同)。比如 A 产品为刮胡刀,B 产品为剃须泡沫,如果消费者认为刮胡刀比剃须泡沫更重要,他们会对刮胡刀的折扣心理赋予更大的比重,此时他们会认为"刮胡刀 50 元和剃须泡沫 100 元捆绑销售"的折扣更大。

(3)尾数定价。尾数定价又称为"零数定价""非整数定价""零头定价",是指企业利用顾客数字认知的求廉心理,在商品定价时有意定一个与整数有一定差额、多数以零头数结尾的一种定价策略,有时是以一些奇数或吉利数结尾,如把价格定为0.99元、2.98元、9.99元等。这是一种具有强烈刺激作用的心理定价策略。

这种以9结尾的定价方法不但能给消费者一种便宜的感觉,还能够将.99的价格部分划归到小于.99整数部分的心理账户中,这样会给消费者一种打折扣的心理感觉。尾数定价通常与限时秒杀搭配,让消费者哄抢,从而达到刺激现场气氛的效果。

2. 锚定效应

也许在任意一天里,我们脑海中总会涌现出许多任意的数字,比如手机里显示的天气预报的温度、我们刚刚在电脑键盘上输入的数字、我们读过的一本书上的页码……表面上,这些一闪而过的数字恐怕不会被用来做无关的判断,但是实际上并非如此。

尽管有关价格的决定在本质上是关于数字的,但是这往往含有强烈的直觉成分。价格并非只是一个数学问题的答案,而是关于消费者欲望的表达。消费者给出的"感觉"上的价格,往往会影响到他们对价格的感知。这种"感觉"一旦启动,便会影响到消费者的思考和行动,此时,"锚定效应"就会凸显。

在现实生活中,运用"锚定效应"来定价是商家们屡试不爽的一个方法,那么"锚定效应"到底是什么?到底有什么样的"锚定效应定价法"在我们的生活中呢?在这一部分我们将会一一揭晓。

1)锚定效应的概念

1974年,斯坦福大学的心理学家阿莫斯·特维斯基教授和普林斯顿大学的心理学家丹尼尔·卡尼曼教授最早研究了"锚定效应"这一现象,并将研究结果发表在《科学》杂志上。通过一系列实验,他们发现,当人们需要对某个事件做定量估测时,会将某些特定数值作为起始值,起始值会像锚一样制约着估测值。在做决策的时候,人们会不自觉地给予最初获得的信息过多的重视。

知识锦囊8-7　非线性定价

案例8-7　如何设置一个好的"锚"

锚定是指人们倾向于把对将来的估计和已采用过的估计联系起来,同时易受他人建议的影响。当人们对某件事情的好坏做评估的时候,其实并不存在绝对意义上的好坏,一切都是相对的,关键在于你如何定位基点。基点就像一只锚一样,它定了,评价体系也就定了,这时人们对于事情的看法很容易受到"锚点"的影响。

"锚定效应"对人们的影响,其实并不只是在基准价格上,在营销活动中,它可以以多种形式影响消费者的价格判断。所谓的"锚",实际上就是人们对各种事物的第一印象,毫无疑问,第一印象对于人们的判断和决策的影响是非常大的。

2)锚定效应——如何影响人们的第一印象

通过上面的阐述,我们了解了"锚定效应"到底为何物,可以发现,人们对事物或价格的判断过分依赖第一印象。虽然我们都知道依赖第一印象并不科学和准确,但是不可避免,我们还是无法摆脱第一印象的影响。那么,究竟应当如何利用价格之"锚"来进行定价呢?具体而言,有下面几种方法。

(1)成功的"锚点"必须足够难忘。一个有效的"锚点"必须是储存在做决定时的短期记忆中的。而人们的短期记忆通常只会持续很短的时间,因此想要利用"锚定效应",就必须将价格之"锚"设置得足够难忘,以便人们在每次重新斟酌购买决定的时候都能想得起来。

(2)价格之"锚"可以是商品。我们在生活中也许会见到举办"大胃王"活动的饭店,商家可能会做出这样的营销活动:免费吃 2 000 克牛排!当然,这是有前提的,你必须在一个小时内把牛排吃完,否则你就得掏 300 元埋单。

趣味实验8-2　社保号码会影响商品价格吗?

趣味实验8-3　锚定效应解毒剂

这种营销活动就是将 2 000 克牛排设置成了"锚点"。一来到举办这种活动的餐厅,你就会听到"免费的 2 000 克牛排",这潜在地提高了人们对自己食量的估计,并且也就相应地提高了人们的支付意愿。

因此我们可以看到,价格之"锚"并非只是价格的数字,实物形态的商品同样可以成为"锚点",只要运用得当,充分勾起人们的支付意愿,这种定价技巧就会非常成功!

(3)价格之"锚"可以用来出售。价格之"锚"的目的在于摆布消费者,"锚点"本身也可以用来出售,但要是没人来买,没关系,锚点在那就是用来做对比的。利用价格之"锚"的诀窍是,不卖的东西可以影响正在卖的东西。因此"锚点"只要能够影响人们的消费决策,就算它是不卖的,也能够带动销售其他商品。

3)锚定效应的定价应用

在讨论锚定效应在定价中的应用时,我们引入"对比效应"这一定义。常言道,不怕不识货,就怕货比货。

何谓对比效应?对比效应就是指,我们对一件事物的感知,会因为其周围环境的不同而产生感觉差异的现象。如果用一句流行语来简单解释,那就是"有对比就有突出,没有对比就没有伤害"。罗尔夫·多贝里在他的《清醒思考的艺术》一书中曾告诫我们,要警惕生活中的对比效应。例如,你是一个八分的美女,当你旁边站了个五分的美女时,你看起来就会变成九分;但当你旁边站的是一个十分的美女时,你看起来或许就会降成六分。简单来说,你美不美,不只是你说了算,还得看你周围的美女们同不同意!这就是对比效应所说的,"一件事物是否吸引人,源于周围事物对它的衬托"。

(1)原价与折扣价。我们在网上购物的时候,经常能看到产品售价边上有一个画线的原价。这个原价并没有为本次交易带来额外的信息,但是从定价的角度看,这个价格的存在,相当于给了用户一个"价格锚"。

在原价的对比之下,产品的当前售价会显得十分划算,进而会提升用户的购买欲望。目前各大电商平台都在使用这种价格策略,进而影响人们对于价格的认知。

除了画线原价外,折扣价也是利用锚定效应的一种方式。以京东为例,当你满足一定的折扣条件之后,购物车界面会提示你折扣后的优惠价(图 8-5),打折前后两个数字一对比,消费者便会有一种买到就赚到的感觉。

如果没有这个原价作为"价格锚",消费者很难对售价产生"便宜"的认知,因而也很难产生消费冲动。

通过这种画线原价和折扣价的方式,电商平台上的价格才能成为人们购物时的新

图 8-5　折扣商品

基准,这不仅是价格上的变化,还深刻改变了人们的购物习惯和方式,以及对价格高低的认知。

(2)会员价格对比。星巴克里面有矿泉水售卖,但是卖得并不好,星巴克的矿泉水并不是重点,而是充当了一个"锚点",通过矿泉水的对比衬托,有效提高了咖啡的销量。

现在我们进入各大视频网站,想要提前观看影视剧又不想看广告则必然要充值成为会员。但是会员价格的确定并不是将一个价格放上去那么简单,这些视频网站通常都会利用"锚定效应"来吸引用户。

打个比方,用户进入优酷视频的会员充值界面时,经常会看到两类选项,分别是连续续费和非连续续费。相应地,连续续费的价格会相对较低,如图 8-6 所示。

图 8-6　会员价格

显然,无论是算当期优惠,还是算每个月的价格,都是连续续费的模式最好。但是对于连续续费而言,其瑕疵就是当你不再需要这项续费服务的时候,需要关闭续费的订阅。

当然,这并不是什么大问题。

在每个价格方案的下方,优酷还将每个月的平均价格展示出来供大家参考。如果大家仔细算一下每个月的平均价格的话,会发现,相对来说连续续费的模式会更有吸引力,特别是连续包年的价格会更加划算。但是优酷并没有将连续包年放在第一位,这是因为,消费者在进入会员充值页面时首先看到的连续包月的首月价 9.9 元充当了一个"锚点",显然,这是为了弱化引导,为了将用户直接留存至连续包月的业务上,以赚取更多利润。

优酷把首屏最珍贵的资源位留给了最赚钱的连续包月,并用吸引力不高的产品来锚定衬托,这个价格的心理把控非常到位。

3. 折中效应

我们在生活中经常会发现,去理发店理发时有各种价位,去买汽车时同一种车型总有

人物小传 8-3 伊塔玛·西蒙森

不同的配置版本,去餐馆吃饭时前几页的菜总是最贵的。在这些纷繁的信息中,人们总是会选择中间价位的产品,因为中间的选项往往会让人有一种安全感。那么在营销中的定价也是如此,如何有效地利用人们的心态有效定价,从而提高某一种类型商品的购买率,是我们这一部分需要一起来学习的问题。

1)折中效应的概念

知识锦囊 8-8 《无价》

价格心理学认为,人们并非总有明确的偏好。当人们在偏好不确定的情况下做选择时,往往就会更喜欢中间的选项,这就是所谓的"折中效应"。中国人讲究中庸之道,不争最好,也不做最糟,说白了就是更倾向于选择稳妥、安全的处事方法。而在消费时,同类商品,假如有中、高、低档之分,通常来说中档产品都是卖得最好的。

在营销当中,这种情况非常常见,其实在营销学术界,很早就有人发现了这一现象。斯坦福大学商学院的伊塔玛·西蒙森教授 1989 年在《消费者研究学报》上首次发表了关于折中效应的研究,如图 8-7 所示。

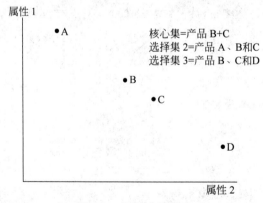

图 8-7 折中效应图示

如图 8-7 所示,假设在 1 和 2 两个属性上,有 4 个可选择的选项 A、B、C 和 D。A 在属性 1 上最优,但是在属性 2 上最次,以此类推,D 在属性 2 上最优,在属性 1 上最次。由于属性 1 和属性 2 对你来说都很重要,这时候就很难抉择。

西蒙森教授的研究发现,同样是产品 B,在选择集 2(A；B；C)中被选择的概率会大于在选择集 3(B；C；D)中。因为在选择集 2 中,B 是折中选项,而在选择集 3 中,B 是极端选项。

因此我们可以发现,消费者在进行决策的时候,并不会总是选择极端的选项,趋于中间的选项相对来说更受欢迎。因此在进行定价的时候,合理地设置好价格选项会有效影响消费者心智,从而达到营销目的。

从趣味实验中我们可以发现,在商品定价中,折中效应起到了至关重要的作用。很多时候,如果在商家给你的选择中出现了一个价格超高的商品,很可能这个商品根本不存在,或者并不是真心实意拿出来卖的,而仅仅是为了衬托中间价格,以便让消费者感到原本偏昂贵的中间价格看起来价格适中。

趣味实验 8-4 买橙汁的讲究

传统经济学原理告诉我们,在封闭的市场里,有 A 产品和 B 产品在竞争,A 产品和 B 产品都有一定的市场份额,这时,加入任何一个 C 产品,A 产品和 B 产品的市场份额都会因为新的竞争对手而下降。然而,"折中效应"却违背传统的经济学原理告诉我们,即使新加入的 C 产品并没有被占优(C 产品并不是任何产品的"托"),也可以使得 B 产品被选择的概率大大增加,因为 C 产品的加入使得 B 产品成为"折中"的选项,从而使选择 B 产品显得更加安全。

2）折中效应——定价的中庸之道

关于折中效应,学术界的很多研究都表明,其确实存在,并且会影响到消费者。在生活中,消费者对于不同产品的感知是不一样的。如果企业想要提高自己的利润,就需要更深入地理

知识锦囊 8-9 便利品与购物品

解折中效应对消费者的影响。对于消费者而言,在日常生活中基本会遇到便利品和购物品,对于这两种不同类型的商品,折中效应对消费者的影响是不一样的,具体而言,有两个方面。

（1）对于便利品,因消费者具有较低的偏好强度差异,在进行购买决策时更易受到环境的影响,会表现出折中效应。对于购物品,由于产品的价格差异较大,消费者在做购买决策时,趋向于选择备选商品中性价比居中的产品,以规避质量不好但价格过高等问题带来的潜在损失,从而表现出折中效应。

（2）消费者面临便利品购买决策时,价格策略对折中效应的弱化程度大于消费者面临购物品购买决策时,价格策略对折中效应的弱化程度。

对于消费者来说,相比购物品,备选便利品间性价比差别不大,消费者在购买前通常不会进行详细的性价比分析,购买偏好不强。因此,当商家给予"价格优惠"时,消费者会认为对价格不高的便利品而言,这个"价格优惠"值得获得。而对于购物品,消费者一方面对其具有较强的购买偏好;另一方面会认为与其价格相比,商家给予的优惠微乎其微,因此消费者对获得此"价格优惠"的欲望就相对较低。

3）折中效应的定价应用

折中效应最典型的定价应用是选择把主力产品设置为中间的价格选项。正是由于"折中效应"的存在,聪明的企业往往利用它来引导消费者选择价位更高的产品,从而提高

收入和利润。

我们经常会发现,很多手机品牌在推出新品时通常会采用"折中效应"的定价策略。特别是苹果这家企业,在推出新品时,通常会出现16GB、64GB、128GB不同配置的产品,相应地,这些不同配置的产品价格也呈现一个递增的趋势。比起只提供16GB和64GB两个版本,增加128GB版本可以大大提高顾客选择64GB版本的可能性。因为当顾客看到三个配置版本的时候,他们会想,16GB太小,而128GB又太大,那么此时,64GB的产品正好可以满足顾客的需求。同时,从价格的角度来讲,64GB版本的手机也处于中间价位,易于被人们接受。

"折中效应"在定价中的应用其实说明了这样一个道理,即消费者并不都是像我们想象中的爱占便宜。尽管消费者在传统意义上都喜欢"物美价廉"的商品,但是在面临一系列选择的时候,他们还是会把价格和质量联系起来,去避免购买那些处于最低端的产品。

"折中效应"带给我们的不只是定价方面的启示,在今天,如果一个中端产品想要成功地打入市场,完全可以借鉴"折中效应"定价方法的折中思路,开辟出自己的蓝海!

8.3　行为经济学视角下的定价

【引导案例】

用行为经济学为营销定价

2019年,美国第二大零售商好市多(Costco)在上海正式营业,凭借着"优质低价""超大量贩式包装"和"会员制度",开店不到两个月,其首席财务官理查德·加兰蒂称,上海店注册会员超20万,高于68 000名平均水平,创Costco成立35年来纪录。

2021年,"临期"商店火了。原价9.9元的毛豆脆片,特价仅1.7元;建议零售价为10.8元的网红气泡果酒,现价3.1元······国内多个临期特卖品牌先后获得千万元级融资,创业者和资本加速入局。数据显示,临期食品市场规模有望突破300亿元,而品牌成功的关键在于供应链运营能力,找到消费者在质量和价格上都满意的商品。

案例8-8　用行为经济学为营销定价

在市场营销中,定价是一个重要的决策。对于企业来说,影响定价的因素包括成本、市场竞争、需求等,但是价格归根到底是要消费者接受,因此研究消费者对于价格的感受也变得至关重要。

而消费者的判断和感受受到一些原则的影响,因此研究这些原则,对于企业来说就有着非常现实的价值。这里我们来看看如何利用现代行为科学的研究,为营销定价提供有益的指导。下面我们就从两个角度来考察,即从厌恶损失和交易效用(trading utility)的角度来看看其对定价的影响。

1. 从厌恶损失看定价

这个理论可以简单理解为我们在得到一样东西的时候,我们会低估它的价值;而我们面临要失去一样东西的时候,我们却会高估它的价值。

营销经理有许多决策,也许不同方案之间的差别看上去很细微,这常常会带来两个问题:一个是决策的随意性,即随便选什么方案都可以;另一个是决策的直觉性,即凭着自身的感觉来决定。而行为经济学的发展,则可以在很大程度上帮助营销经理减少决策的随意性和直觉性。

2. 从交易效用看定价

行为经济学认为,消费者关注购买中的交易效用。交易效用发挥作用的关键是心理价格的存在,这直接影响消费者对于购买价值的判断,要影响交易效用,商家必须影响消费者的心理价格。

在营销的定价中,利用交易效用进行定价是一种常见的手段,从行为经济学出发,顾客如何感知和进行价格判断是营销决策者需要考虑的重要问题。这些知识,一方面可以使营销经理在定价决策时,有更坚实的理论依据,从而减少决策的随意性和直觉性;另一方面,也可以突破传统的定价方式,进行创造性的营销决策。

从以上这个案例分析中我们可以发现,营销中的定价并不仅仅是一个简单的数学问题,它需要利用人们的行为决策,巧妙地弄清人们的心理障碍,再给予人们一个无法拒绝的价格。这显然是一个很高境界的定价手段。在这一节,我们将会具体分析行为经济学中涉及有关定价决策的几个理论。通过分析这些理论,并结合具体的定价方法,大家将会对定价有更加深入的了解。

1. 厌恶损失

人们通常都会有这样的经历,短消息提示因为"××节"或者"××周年庆"收到了京东赠送的 10 元抵扣券,这时候即使自己最近没有购物的打算,还是会忍不住打开京东页面挑选一些东西,毕竟这 10 元钱是赠送的,如果不使用就是浪费,甚至会有一种丢了 10 元钱的感觉。当挑选了几样货品之后人们又发现,抵扣券并不是无条件使用的,需要购满 100 元才可以,想到已经花费了一个多小时挑选商品,并且为了 10 元抵扣券的优惠还是愿意继续挑选,然后下单支付。想到优惠了 10 元钱就相当于打了九折,心里美

趣味实验8-5　厌恶损失

知识锦囊8-10　前景理论

滋滋的。实际上,通过利用人们这种不愿意损失优惠的心理,商家成功增加了 100 多元的销售额。

在进行定价的过程中,商家往往都会利用人们厌恶损失的心理,通过这种方式抓住人性的弱点,从而提高自己的销售额。在下面的内容中,我们一起详细了解厌恶损失的心理机制,以及怎样利用厌恶损失的心理进行有效定价。

1) 厌恶损失的心理机制

在生活中,我们经常会发现一个现象,即失去带来的痛苦往往大于收获带来的喜悦。这个现象引起了行为经济学家和心理学家的广泛关注,美国普林斯顿大学的心理学家丹尼尔·卡尼曼教授和斯坦福大学的心理学家阿莫斯·特维斯基在期望值理论和期望效用函数理论的基础上提出了关于风险决策的前景理论。这一理论不但适用于心理学和行为经济学的分析,在营销的定价中也经常被应用。

学界也有利用前景理论研究市场平台管理的案例,吴斌等学者(2020)将前景理论与

心理账户相结合,对电商平台"杀熟"行为进行了分析。那么前景理论对定价来说有什么启示呢?其实,支付价格可能产生负效用,个人所支付的金额是一种牺牲、一笔损失。相反,购买一件商品或享受一份服务代表的是一种收益,产生正效用。我们之前讲过,前景理论的贡献就在于揭示了得失的不对称性,利用传统经济学的观点,不同的价格之间除了数字上的差别,很难揭示其他有用的信息,但是前景理论却可以。放弃我们已经拥有的东西和得到一个我们想要购买的商品,前者的负效用要比后者的正效用大得多,因此利用前景理论进行定价,必须想方设法扩大正效用对人们的影响,同时降低负效用带给人们的影响。这也就是利用厌恶损失心理进行定价的价值所在。

2) 厌恶损失——得失的不对称性

既然大多数人都会厌恶损失,那么厌恶损失对消费者的深层影响机制到底是什么?这对于企业的营销工作人员来说,就至关重要了。

知识锦囊 8-11　禀赋效应

现有的研究发现,产生损失规避的原因之一是人们对将要失去的物品具有情感依恋。与使用的物品相比,人们更不愿意放弃自己喜欢的物品,所以卖掉自己喜欢的物品时要价最高,但是在购买时则倾向有实用价值的物品。而拥有物品的时间越长,对该物品的依恋越高,禀赋效应也就越明显。此外也有学者认为,人们实际上高估了损失带来的负面情感反应,从而导致了损失规避,损失规避仅仅是情感预测的失误,实际上,由于人们自身的恐惧,人们高估了负面的情感反应,因此对于损失的反应较强。

产生损失规避的另一个原因是消费者在交易中的认知角度,其中包括了人们对交换物品属性的认知,如果交换的物品可以被替代,禀赋效应就会降低,越是重要的属性,损失规避就越明显。姜涛等学者(2021)基于顾客决策模型,结合损失规避和前景理论分情境讨论了提供体验服务的服务系统定价问题。认知角度也包括在交易中买卖双方认知视角的差异,买者和卖者看问题的视角不同会造成买价与卖价之间的差距。认知角度还涉及交易者的目标,特别是当人们愿意进行交易时就不会产生损失规避。比方说,企业的目的就是通过售卖产品获得盈利,对消费者来说用于购买某种必需品的钱是在预算之内的,在这两种情境中就不会产生损失规避的现象。

知识锦囊 8-12　营造稀缺感

因此,损失规避对于消费者的影响主要可以从情感角度和认知角度两方面来进行解释。在营销中,合理地应用这两个因素进行定价有助于影响消费者心智,进而达到更好的营销效果。

3) 厌恶损失的定价应用

(1) 返还现金。现在在驾校中,很常见的一种定价方法就是返还现金。

人们在挑选驾校时都会对比驾校的服务和价格。因为场地和驾校本身的特殊性,驾校的训练场都会在比较偏僻、空旷的地方,学员自己去驾校比较不方便,驾校如果能提供接送服务的话当然便利很多。

如果驾校学费是 5 000 元而接送服务是一个月 100 元,学员可能会觉得比较贵,会选择自己步行或者骑自行车前往。每位学员一个月 100 元的接送费对驾校而言还是有利可图的,但是这种额外收钱的方式并不能获得大多数学员的认可。如果换一个角度,驾校提供的接送服务包含在驾校学费 5 100 元中,学员选择自己前往则可以退还 100 元。这种情况下,学员就不会觉得有所损失而愿意接受这 100 元的接送服务。

第一种情况中,额外支付的 100 元就是一种损失。第二种情况中,退还的 100 元就是一种获得。人们对损失要比获得更为敏感,商家在定价与制订活动方案时需要考虑到消费者内心的损失厌恶,调整营销的广告语,减少消费者因损失产生的失落感。

(2) 价格结构。利用人们厌恶损失的心理,有效调整产品的价格结构也是一个非常实用的定价技巧。

汽车保险的标准表达方式是年保险费,我们以 3 000 元/年为例。如果我们用季度甚至月度为单位来表述这个价格,会更明智。因为这样,客户看到的价格会大大减少,每季度 750 元或者每个月 250 元,这样会给人们一个更为诱人的价格印象。

然而,当客户真的要支付保险费,一次性支付 3 000 元要比分季度或分月更加合理。根据厌恶损失的相关理论(前景理论),当你按月或按季度支付时,一年中你会"伤害自己 12 次或 4 次",累计的负效用要比一次性支付大。因此,一次性支付会好一些。

(3) 价格分割。无论买的东西有多么喜欢,人们在掏钱的时候或多或少还是会觉得心疼,尤其是需要支付的金额还比较高的时候。那么有什么方法能够让顾客觉得他只是支付了一小部分钱,而不是一大把钱呢?

在这里有一个很好的定价方法,那就是价格分割。首先可以用更小的单位来报价。现在我们在网上购买零食,以饼干为例,我们能够发现,很多独立包装的曲奇饼干,直接按照"块"来定价,单价 2 元到 5 元不等,这种定价方法屡见不鲜。

那么这种定价方法有什么好处呢? 第一,给顾客直接的感受是产品并不贵,如果不仔细对比甚至还会觉得单块买饼干很便宜。第二,顾客一次不可能只买一块曲奇饼干,一般都是买 10 块、20 块,甚至是 50 块批量下单,这也有助于产品的销量增长。

2. 沉没成本

所谓的沉没成本效应,是指人们容易因为以前在某件事情上的投入而继续投入,即使继续投入可能亏得更多。换句话来讲,人们并不是从当下的角度来权衡得失,而是把过去已经发生的成本也纳入其中。所以,即使要面对更多的损失,人们却因为心疼原来花的钱而选择继续承受损失,而且继续追加投资。

在这一部分,我们将一起探讨为什么人们总是停留在过去,又是什么让人们止步不前,并且在营销中,我们如何有效运用人们这种心理进行定价决策。

1) 沉没成本的心理机制

2001 年诺贝尔经济学奖得主斯蒂格利茨教授说,普通人(非经济学家)常常不计算机会成本,而经济学家往往忽略沉没成本——这是一种睿智。沉没成本的概念最早由芝加哥大学的塞勒教授提出。塞勒教授认为,消费者在消费决策中总是会存在非理性的决策,因此,人们总是会在以前某件事情上继续投入,即使这会带来负面的损失。因此,沉没成本效应是一种对消费者决策具有普遍影响的决策偏差,这一效应在市场营销的定价中有着非常普遍的应用。通过一个小实验,我们可以看出沉没成本对定价以及消费者决策的影响。

沉没成本有一个特点是：不可回收。不管我们投入的是金钱成本、时间成本，还是感情成本，一旦投入，就无法再收回来——换个角度来看，这其实是一种损失。沉没成本的生物学本质是人们天生厌恶损失，我们大脑在对损失和收益进行评估时，通常认为损失比收益更加严重。因此，利用这种人性的弱点进行合适的定价，正是营销大显身手的地方。

趣味实验8-6　票价不同对看演出的影响

2）沉没成本——已经发生的才是最宝贵的

在上文中，我们介绍了沉没成本的概念，那么更进一步地，沉没成本作为影响消费者决策以及定价的一个重要理论，它对消费者的影响有哪些呢？具体来说，主要有以下四个方面。

（1）增加使用频率。为购买商品或体验服务而支付的现金，即沉没成本，通常会增加消费者对商品的使用频率。在自助比萨厅的现场研究中，通过操纵自助餐的价格发现，支付全价的顾客比支付半价的顾客消费更多片比萨。这意味着，受到沉没成本的影响，消费者往往会有一种"锲而不舍"的念头，因此，在定价决策中只要抓住消费者的这一心理，往往会收到很好的效果。

（2）减少消费者的转换行为。对于经营者而言，促使消费者产生适宜的沉没成本有助于其产生积极的消费态度和忠诚行为。在激烈的市场竞争中，沉没成本效应更可被商家巧妙地用于营销。会员费作为沉没成本能够增强消费者对原有商家的承诺。研究者发现在餐饮业中，即使竞争对手推出了更优商品或免费会员，20％～28％的消费者仍然选择原有商家。

（3）提升消费者对商品的评价。根据相关研究，沉没成本对消费者评价商品的影响表现在满意度和价值两方面。一方面，在选购商品的过程中，相比于付出较少努力的消费者，那些付出较多努力的消费者对最终选择的商品更加满意，而事实上二者的选择是相同的。另一方面，当发生转售行为时，沉没成本对商品价值的评价具有显著影响。获得商品前的参与，即所投入的时间、努力等沉没成本，会提高消费者的禀赋效应程度，会让消费者更加关注损失和收益，且沉没成本水平高的消费者在获得商品后对价格的评价相对较高。

（4）改变消费者的购买意愿。有研究表明，过去无关的努力程度对消费者当前的购买意愿具有重要影响，努力会使人们更愿意购买商品，并且愿意为商品支付更高的价格。且相比于实用品，努力对于享乐品的购买意愿影响更大，这是因为消费者购买享乐品时更容易产生负罪感，而当努力程度较高时，消费者觉得有理由让自己享受一下，于是他们对享乐品的支付意愿较高。

总体来讲，沉没成本对消费者的购买决策会产生显著的影响。通过利用沉没成本效应进行定价，消费者会不自觉地深陷其中，在下面的内容中，我们会介绍几种有关沉没成本的定价应用，以便更好地理解商家在定价时的"套路"。

3）沉没成本的定价应用

案例8-9　共享单车的补贴之战

（1）套票交易。如果你准备在十一假期去上海迪士尼游玩3天，迪士尼的门票是360元一张，所以你准备买套票，这时迪士尼有2种套票方案：A方案和B方案。

A 方案：你花了 1 000 元，得到了 3 张迪士尼单次门票，每张有效期为 1 天。

B 方案：你同样花了 1 000 元，得到了一张为期 3 天的迪士尼门票，在 3 天内可以自由出入迪士尼。

第三天却下起了大雨，这个时候你需要作出决策：到底是打道回府还是继续游玩迪士尼。在 A 方案和 B 方案中，你最有可能会放弃哪种方案？

哈佛大学的研究表明，在同样决策条件下（以滑雪为研究场景），B 方案继续消费的可能性是 A 方案的 2 倍。表面上看起来 A 方案和 B 方案花的钱完全相同，但为什么会影响人的消费决策？

在套票交易中，单个产品的价格和收益一一对应，使得项目的成本非常明显，因此产生了强烈的沉没成本效应。

（2）组合捆绑定价。奥运会门票的价格制定对于奥运会主办方和其他利益相关企业而言都至关重要。2016 年的里约奥运会门票销售就远没有伦敦奥运会的门票销售高，原因究竟是什么呢？巴西很多民众都抱怨说门票价格高。如果忽略其他因素，仅从营销的角度来考虑，价格的高低只是一个方面，更深层次的原因在于里约奥运会的门票价格并没有让消费者感到实惠，并且没有将消费者牢牢"拴住"。

伦敦奥运会的门票销售，通过灵活捆绑定价的方法，有效实现了门票的极高销售率。

过往奥运会主办方常常把观众稀少的项目与热门赛事的门票捆绑销售，以提高上座率和收入。伦敦奥组委没有这样做，主要考虑它会增加消费者负担，未必能提高上座率。很多曾购买捆绑门票的消费者并未去观看冷门项目比赛。

为了避免这样的问题，伦敦奥组委为 26 个体育项目分别制定了独立的票价，并详细确定了各自的目标人群和营销战略。值得一提的是，伦敦奥组委将公共交通和门票进行了捆绑销售，以缓解场馆附近的交通堵塞。通过这种捆绑定价的方法，伦敦奥组委既降低了人们不观看比赛的比例，又提高了人们使用公共交通的频率，使观众和组织方皆大欢喜。

另外，为了降低市场需求的不确定性，伦敦奥组委为比赛设定了更多阶梯票价，但是，每档票价的门票数量都不固定，伦敦奥组委却承诺观众购买的门票越贵，越能获得好座位。通过这两种利用沉没成本进行定价的方法，伦敦奥组委有效提升了门票的销售率。

3. 交易效用

1）交易效用的心理机制

本着"买到就是赚到，错过就是天理难容"的心态，号称"全年最低价"的"双 11"很快就成为一场消费者的狂欢，到现在已经变成"线上＋线下"的消费盛宴。我们在这场狂欢中疯狂感受着打折促销带来的购物乐趣，也疯狂购买着很多我们可能并不需要的东西，究其原因，就俩字儿——便宜。

大家通常都会有这样的经历，因为看到有打折促销活动，往往控制不住自己的购买欲望，疯狂"剁手"。然而过一段时间再回顾这些事情，你会发现，你"剁手"的时候可能充满兴奋，但却很少考虑自己是否真正需要这些商品。

芝加哥大学的塞勒教授提出了著名的"交易效用"理论，用以解释生活中很多人因为优惠而购物的现象。"交易效用"理论认为，消费者在购买一件商品时，会同时获得两种效用：获得效用和交易效用。其中，获得效用取决于该商品对消费者的价值以及消费者购买它所付出的价格，而交易效用则取决于消费者购买该商品所付出的价格与该商品的参考价格之间的差别。也就是说，与参考价格相比，这笔交易是不是获得了优惠。

理解了这一点，就不难明白打折等促销活动为什么能有这样的影响力了。很多情况下，打折等促销活动带来的交易效用是刺激消费者购买的主要原因之一，人们很难拒绝打折这种交易效用带给他们的购物快乐。因此，大多数商家在进行降价促销时，都宣传"打折"，如"全场3～6折"，因为这正是令消费者最开心的。

需要注意的是，打折等促销活动所带来的交易效用虽然能够给消费者带来消费的快感，但是也经常会让消费者过量购买很多他们或许并不需要的东西。

趣味实验8-7　积分计划：离奖励有多远

2）交易效用——为什么人们喜欢"剁手"

获得交易效用是消费者产生购买行为的根本原因，而交易效用的获得与消费者的参照物有密切关系。对商品或购物环境产生的第一印象就像"锚"一样很容易成为消费者的参照物，参照的结果决定消费者是否能够获得交易效用，进而影响消费者的购买决策。

（1）获得交易效用才是消费者购买的理由。与传统经济学不同，行为经济学认为，消费者在做选择时，并不是理性地计算哪种商品带给自己的实际价值最大，而是计算哪种商品带给自己的交易效用最大。人们在交易中会受到无关参照物的影响，过多考虑参照价格和商品实际价格之间的差额。如果商品实际价格小于参照价格，即获得交易效用。但说到底，消费者并不能（也不愿意费力地）准确计算每种物品的实际价值，人们总是寻找某种参照物作为决策依据，如果能够获得交易效用，消费者获得满足感，即认为是"合算"的，购买行为才会发生。可以看出，消费者购买过程中的"参照物"是消费者获得交易效用的关键。那么，作为营销人员，首先应该考虑的是，到底哪些东西可能成为消费者购买决策时的参照物呢？

（2）"锚"在消费者获得交易效用中的"参照"作用。在前面的内容中，我们介绍了锚定效应在定价中的作用。实际上，交易效用中也有一定的"锚定"成分。为了获得主要参照物，营销人员需要对消费者下"锚"，进而影响消费者的第一印象。如何设置"锚点"，在上文中已经有过讲解，在此不做过多说明。既然我们知道了"锚点"对消费者的作用，那么我们就需要进一步思考，怎样的参照物才会影响消费者获得交易效用呢？

（3）参照物影响消费者获得交易效用。正如前面所分析的，消费者要获得交易效用，参照物起决定作用，"锚"是一种重要的参照物。但问题是，消费者日常所接触的商品信息又何止万千？人们既不可能对每种商业信息都产生印象，也不可能对每种商品都进行尝试，那么究竟什么样的参照物才会影响消费者呢？具体而言，可以从产品和消费者思维习惯两个角度来分析。

首先，从产品的角度。在产品同质化趋势越来越明显的商业时代，产品的价格和包装更容易成为消费者的参照物。不言而喻，每个消费者在购买之前都是要货比三家的，这就提醒企业在定价时一定要密切观察市场上同类产品尤其是竞争对手的定价。同时，商品价格标签上的原价更容易成为消费者购物时的重要参照物，比如商场里常常会在同一商品上标两个价格：原价和现价，让消费者有"占便宜"的感觉，即获得交易效用。而且，如果在功能和价格一定的情况下,精心设计产品的包装,将会使消费者获得更高的交易效用。

其次,从消费者思维习惯的角度。人们在做购买决策时,不仅喜欢寻找参照物来做比较,而且喜欢把容易比较的东西做参照物,避免把不容易比较的东西做参照物。因此,突出参照物之间的对比会为营销留出很多的空间。

一般而言,交易效用越大,就会催生越强烈的购买愿望,但也有相反的情况。当商品的价格高于参考价格时,交易效用就变成小于零,这种负交易效用可能会让消费者舍不得购买他们其实很需要的东西。这就能够解释,在打折促销活动越来越频繁的今天,为什么很多消费者越来越不愿意正价购买商品,而是要等到活动期间才会"下手"。因为活动次数多了,活动价就变成了参考价。

消费者的购买意愿和决策是由交易效用决定的,消费者的购买欲望很容易被操控,消费者实际上并不能很好地把握自己的偏好以及他愿意为不同商品所付出的价格。这就为企业在营销过程中提供了许多策划的空间。在下面的内容中,我们将展示几种有关交易效用的定价应用,以便大家更好地理解。

3) 交易效用的定价应用

(1) 统合定价。在度假村的服务中,我们会遇到这样的经历,即门票价格通常会有几百元之多,但是如果你想要喝一瓶矿泉水,那么你会发现,这里的矿泉水通常会比普通零售店的矿泉水贵出 5～10 倍。虽然度假村的服务很好,但是其他日常用品价格太高,使得很多人怨声载道。

案例 8-10　奈雪的茶是如何操纵你的钱包的

我们打个比方,如果这些度假村改变一下定价方式,可能会收到更好的效果。例如,度假村的门票价格是 500 元,那么,能否把价格提升到 550 元,再向顾客免费赠送一瓶矿泉水呢?这样,顾客的感觉会有所不同,但从数学、经济学、会计学的角度来讲,实际上并没有太大区别。

500 元的度假村门票 ＋ 50 元的矿泉水 ＝ 550 元的度假村门票 ＋ 免费的矿泉水

从顾客的心理角度来讲,这有很大的不同。对于大多数消费者来说,550 元的度假村门票与 500 元的度假村门票差别并不大,因此多花 50 元买一张票对消费者来说是可以接受的。而且,免费赠送的矿泉水会让消费者感到实惠。相反,如果门票卖 500 元,矿泉水卖 50 元,这与零售店 5 元的矿泉水参考价格相比,10 倍的高价会给消费者非常大的负交易效用,所以消费者会拒绝购买。

类似的例子在生活中很常见,比如酒店的房费与早餐,消费者更愿意看到二者能够统合起来进行定价,而非分离定价。这些都是统合定价能为企业带来的好处。

(2) 每月定价。与统合定价类似的是,很多服务型企业经常采用每月定价的方式来吸引消费者,特别是电信业、娱乐业和健身馆等。美国的移动运营商就经常推出"无限分钟"的计划来吸引顾客。例如美国最大的移动运营商之一 AT&T 公司就针对个人用户推出了如下三种计划。

A 计划:价格 39.99 美元/月,含任意时间拨打 450 分钟,以及周末和晚上 5 000 分钟。

B 计划：价格 59.99 美元/月，含任意时间拨打 900 分钟，以及周末和晚上无限分钟。

C 计划：价格 69.99 美元/月，含任意时间拨打无限分钟。

从之前章节介绍的折中效应的定价方法来看，B 计划本应该是消费者选择最多的方案，然而并非如此。考虑到 C 计划只比 B 计划多 10 美元/月，因此有大量消费者受到"任意时间拨打无限分钟"的吸引，纷纷选择 C 计划。从交易效用的角度来看，C 计划显然大大增加了人们能够感受到的获得效用，降低了交易效用，使得人们感觉到 C 计划会更实惠，但实际上，通信公司正是利用了人们的这种心理，赚取了更多的钱。

（3）每日定价。与统合定价和包月定价相反，当一个产品或者服务的总价太高时，企业可以将其除以时间，从而得到比总价低得多的每日价格，以降低消费者的感知价格和负面的交易效用。比如，对杂志来说，"只需 5 毛钱，杂志每天送到家"，显然要比"180 元一年"更有吸引力，这也更容易提高消费者的订阅率。

现在很多汽车公司也深谙此道。对于大多数人来说，买车是人生中的一个重要消费决策，为了让消费者感到汽车的价格其实并不高，很多汽车公司通过每日定价的方法来吸引消费者。例如奥迪公司为了将奥迪 A1 更好地推广出去，就曾用"日供低至 99 元"来吸引消费者。类似地，凯迪拉克公司也曾经用"日供仅需 20 元起"的方式来吸引顾客。

每日定价的方式大大降低了人们心理的预期价格，但实际上，购买商品的总价并没有发生太大变化，每日定价的诀窍就在于降低人们感知到的交易效用，进而提升人们的购买率。

 章末本土案例

1. 案例摘要

中国电信股份有限公司四川分公司的 eSRM 服务定价优化

在服务业越来越发达的今天，如何做好服务定价，以提高企业收益和顾客满意度，正成为许多企业所面临的突出问题。本描述型案例全方位地介绍了 2009 年初中国电信股份有限公司四川分公司"商务领航-供应商协同系统"的定价现状，现行定价方案分析，顾客价值分析与测算，供应商分析以及服务定价优化等内容。利用本案例提供的资料，学员可以比较不同的服务定价方法，了解和掌握以收益管理为基础、以顾客价值为依据的差异化服务定价方法，提高自身的实际运用能力。

2. 思考题

（1）请问传统的定价方法有哪些？其优缺点分别是什么？

（2）结合四川电信的 eSRM 服务定价，你觉得基于收益管理的差异化定价方法应该包括的环节有哪些？

（3）四川电信 eSRM 服务定价提升方案对你有什么启示？

（4）请你就所了解的企业的某一服务定价方案进行总结和评价。

3．案例分析框架

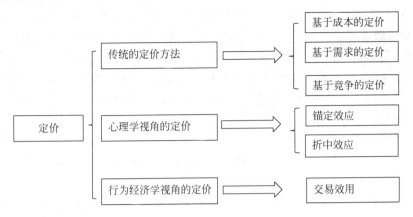

![提炼总结]

1．本章重难点

（1）传统定价方法的三种类型以及具体的定价方式。

（2）心理学视角下的几种定价理论。

（3）心理定价的不同类型。

（4）行为经济学视角下的几种定价理论。

（5）行为经济学定价的不同类型。

2．核心概念

（1）**定价**：定价的影响因素很多，如产品成本、产品的供求状况、竞争状况、消费者心理和政策法律等，其中主要是成本、需求和竞争三要素，它们是企业价格制定的基础。

（2）**成本加成定价法**：又称"标高定价法""加额法"，是以单位产品全部成本加上按加成比率计算的利润额进行定价的一种方法。

（3）**目标收益定价法**：以产品成本为基础，按照目标收益率的高低进行计算定价的一种方法。

（4）**盈亏平衡定价法**：在销量既定的条件下，企业产品的价格必须达到一定的水平才能做到盈亏平衡、收支相抵，即根据盈亏平衡点原理进行定价的方法。

（5）**认知价值定价法**：消费者往往根据他们对产品的认识、感受或理解的价值水平，综合购物经验、对市场行情和同类产品的了解而对价格作出评判。当商品价格水平与消费者对商品价值的理解水平大体一致时，消费者就会接受这种价格。

（6）**需求差异定价法**：对同一产品在不同的细分市场采取不同的价格，是差异化营销策略在价格制定中的体现，是一种较为灵活的定价方法。

（7）**随行就市定价法**：指在一个竞争比较激烈的行业或部门中，某个企业根据市场竞争格局，跟随行业或部门中主要竞争者的价格，或各企业的平均价格，或市场上一般采用的价格，来确定自己的产品价格的定价方法。

（8）**密封投标定价法**：指由投标竞争的方式确定商品价格的方法。一般由招标方（买主）公开招标，投标方（卖主）竞争投标，密封递价，买方择优选定价格。

（9）**限制进入定价法**：指企业的定价低于利润最大化的价格，以达到限制其他企业进入的目的，是垄断和寡头垄断企业经常采用的一种定价方法。

（10）**心理账户**：人们在消费决策时把过去的投入和现在的付出加在一起作为总成本，来衡量决策的后果。这种对金钱分门别类的分账管理和预算的心理过程就是"心理账户"的估价过程。

（11）**锚定效应**：当人们需要对某个事件做定量估测时，会将某些特定数值作为起始值，起始值像锚一样制约着估测值。在做决策的时候，人们会不自觉地给予最初获得的信息过多的重视。

（12）**折中效应**：消费者的决策会随着情境的变化而变化，一个选项集合里新增加一个极端选项，会使原来的选择方案成为折中选项，那么即使折中选项在选项集合中不存在绝对占优关系，它也会更具吸引力，被选择的概率增大。

（13）**厌恶损失**：人们面对同样数量的收益和损失时，认为损失更加令他们难以忍受。损失带来的负效用为收益正效用的 2～2.5 倍。厌恶损失反映了人们的风险偏好并不是一致的，当涉及的是收益时，人们表现为风险厌恶；当涉及的是损失时，人们则表现为风险寻求。

（14）**沉没成本**：是一种历史成本，对现有决策而言是不可控成本，会很大程度上影响价格决策。

（15）**交易效用**：指商品的参考价格和商品的实际价格之间的差额的效果。

3. 分析工具

1）传统定价方法

在 8.1 节中，提出了三种传统的定价方法，即基于成本、基于需求和基于竞争的定价方法。这三种不同类型的定价方法，又可以具体细分为多种不同的定价技巧。

基于成本的定价方法主要有成本加成定价法、目标收益定价法和盈亏平衡定价法。这几种定价方法都有其自身的适用范围，企业在进行定价决策时需要具体考虑定价的方法是否适用于企业的实际情况。但是基于成本的定价方法有着相应的缺陷，即卖家在进行定价时只参考了成本数据，而没有考虑顾客对产品价格的反应。基于需求的定价方法主要可以分为认知价值定价法和需求差异定价法，在产品供过于求的情况下，企业可以基于需求进行定价。基于竞争的定价方法主要有随行就市定价法、密封投标定价法和限制进入定价法。针对市场竞争的情况，企业可以以价格为武器，进行有针对性的定价决策。

2）利用心理学原理进行定价

在 8.2 节中介绍了心理学的三种原理，并以这三种原理为基础介绍了多种定价方法。

首先是心理账户原理，心理账户可以影响人们的消费决策。因此在定价过程中，卖家可以针对消费者不同的心理账户，划归价格，使价格更容易被消费者接受。其次是锚定效应原理，锚定效应会影响人们的第一印象。定价时可以根据锚定效应原理制造"锚点"，影响人们对价格的第一印象，以此制定更易于消费者接受的价格。最后是折中效应原理，折中效应就是指通过增加价格的折中选项，增加人们对中间价格的接受程度，从而使商家获得更多的利润。

　　具体而言,依托三种原理有多种不同的定价方式和方法,在进行定价决策时需要有针对性地进行思考和选择。

　　3) 利用行为经济学原理进行定价

　　在 8.3 节中介绍了行为经济学的三种原理,并以这三种原理为基础介绍了多种定价方法。

　　首先是厌恶损失原理,这也被称为损失规避原理,指的是消费者对价格的感知是具有不对称性的。在制定价格时企业要尽可能地提升消费者对价格感知的正效用,降低负效用。其次是沉没成本原理,沉没成本原理指出,已经发生过的行为决策会很大程度上影响人们对于价格的认知。利用人们对过去的执念,不愿意放弃已经选择的方案,企业选择相应的定价技巧可以紧紧抓住消费者的心。最后是交易效用原理,交易效用指商品的参考价格和商品的实际价格之间的差额的效果。通过对整体的价格进行相应的分割,再进行定价,可以实现很好的效果。

　　具体而言,依托三种原理有多种不同的定价方式和方法,在进行定价决策时需要有针对性地进行思考和选择。

即 测 即 练

第 9 章

渠道策略

【本章学习目标】

    1. 熟悉渠道的概念,了解分销渠道的结构。

    2. 掌握选择渠道成员的策略。

    3. 明确分销渠道设计的步骤及影响因素,并能够根据对有关影响因素的评价选择适合的分销渠道。

【本章概要】

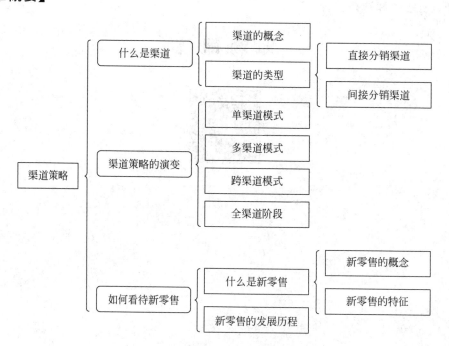

9.1　什么是渠道

【引导案例】

巨头围剿元气森林

    在饮料行业,渠道一直扮演着很重要的角色:毕竟对于一个又热又渴的人来说,找到一家卖饮料的便利店已经算幸运，有得喝就不错了，自然不会过多要求品牌。对于饮料巨头而言，渠道一直被视为命脉，更是一条最重要的"护城河"。

"木秀于林，风必摧之"，新秀元气森林凭借出色的表现引起了巨头们的警惕，饮料行业出现了十年未见的剑拔弩张。而第一战，就在渠道打响了。

第一阶段，农夫山泉的"猛攻"。街头巷尾每一家终端店都弥漫着浓浓的火药味，其中攻势最猛的是拥有强大地面推广销售能力的本土巨头农夫山泉。为推广气泡水产品，除了买一箱气泡水送一箱矿泉水，农夫山泉还效仿元气森林的渠道策略，凡是元气森林气泡水铺设的核心渠道，农夫山泉的气泡水都要进入。此外，农夫山泉将多个产品捆绑销售，并给出比元气森林更高的陈列费。农夫山泉的重兵投入很快起效。仅2021年6月气泡水上线一个月，农夫山泉的气泡水产品就已铺设100万个线下终端——几乎是元气森林几年积攒所铺设的终端售点的总数。

案例9-1　巨头围剿元气森林

第二阶段，元气森林的反击。在终端售点的数量上追平巨头，对元气森林来说迫在眉睫。面对竞争者的攻击，元气森林也毫不示弱，不仅从别的品牌加价30%挖人，还在店内大量"投放冰柜"，以保证自己在店内的C位。毕竟，对于饮料来说，其在冰柜货架的摆放位置很大程度上影响了销量。

火药味更浓的还在后面，元气森林提出要求：如果在冰柜内投放农夫山泉的产品，元气森林将不会把额外的300元的冰柜陈列费用付给店主。面对反击，农夫山泉则加码给出利诱：凡是主推元气森林小店，每陈列一瓶农夫山泉气泡水，农夫山泉会赠送一瓶单瓶售价3元的农夫山泉"长白雪"水，店主每卖出一箱气泡水，就将获得两箱纯净水。

第三阶段，暂时的胜利。靠着在销售和生产上同时"以快打慢"，靠着率先占领"0糖气泡水"心智和今夏（2021年夏）不菲的广告投入，元气森林气泡水2021年夏季还是站住了脚跟。根据几位大经销商给到36氪提供的不完全数据，目前0糖风味气泡水排名前五的有元气森林气泡水、屈臣氏苏打气泡水、可口可乐AHHA、喜茶喜小瓶，但排在前10名的公司销售额加起来都远没有元气森林多。今夏，元气森林已经"达成了目标"，又一次在围剿中生存下来。

资料来源：36氪.2021饮料大战：巨头围剿元气森林[N].中国商报，2021-09-06.

元气森林为什么能打破巨头们对渠道的封锁？元气森林不仅大力推广线上渠道，更不惜重金挖人、投放冰柜、增加陈列费，最终在硝烟弥漫的门店中占据了一席之地。"以小博大"的故事总是人们喜闻乐见的，商场如战场在这个案例中体现得淋漓尽致。其实不光是饮料行业，服装、家电、食品等行业的渠道都对销售业绩起着至关重要的作用，也是企业需要真金白银投入来维护的部分。既然渠道如此重要，接下来我们就来学习一下何为渠道、渠道有哪些类型以及新零售为何物。

【中国智慧9-1】

知"境"取胜，择"道"生财

兵法云："夫地形者，兵之助也。料敌制胜，计险厄远近，上将之道也。知此而用战者必胜，不知此而用战者必败。"可见地形对作战之重要，为将者不可不察也。经商如作战，商场如战场,经商者如指挥千军万马之将帅,智慧的将帅往往会占据有利的地形,最终取得战争的胜利。作为春秋战国时期大谋略家的范蠡,更是深谙此道。他以战略家的眼光,认为陶地为"天下之中,诸侯四通",是理想的货物贸易之地,遂选陶地为营销点,果然,19年间他三掷千金,成为世贾,"陶朱公"的美称也由此而饮誉古今,留名青史。地理位置之于古代商人,如同销售渠道之于现代商人:根据政治经济环境,因"境"制宜地选择分销渠道,便可在销售大战中获取胜利。

1. 渠道的概念

1）渠道的含义

对于渠道的定义,各大学者都有着自己的理解。菲利普·科特勒说:"营销渠道是指某种货物或劳务从生产者向消费者移动时,取得这种货物或劳务所有权或帮助转移其所有权的所有企业或个人。"Stern 与 Ansary 对营销渠道的定义

知识锦囊 9-1　AMA

为:"营销渠道可视为由一群相互关联的组织组成的,这些组织将促使产品或服务能顺利地被使用或消费。"美国市场营销协会认为营销渠道是"企业内部和外部的代理商和经销商(批发和零售)的组织机构,通过这些组织,商品(产品或劳务)才得以上市行销"。

简单来说,渠道就是一个产品或是服务在生产后经历一系列途径,使产品或服务经过销售到达最终使用者手中。这其中包含两个含义:一是组织机构说,二是路径过程说。后者与前者的区别在于将"没有经过组织机构的直销或直效营销"也视为渠道。广义的营销渠道包括介入某个生产商的产品的生产、分销和消费的所有企业及个人,包括供应商、制造商、中间代理商、辅助商和最终使用者。而狭义的营销渠道仅指介于制造商和最终使用者之间的中间机构。制造商是销售渠道的起点,最终使用者是其终点,其间便是职能不同的中间机构。在此组合中,各方的关系稳定,各自的权利、责任和义务都由相应的协议规定。

人物小传 9-1　菲利普·科特勒

2）渠道的构成

企业产出产品之后,只有通过部分分销渠道才能转移到最终消费者手中,分销渠道是实现商品销售的重要因素。分销渠道作为一种通道,可使商品实体和所有权从生产领域转移到消费领域。分销渠道也可作为信息传递的途径,对企业广泛、及时、准确地收集市场情报和有关商品销售、消费的反馈信息起着重要的作用。企业吸引顾客、说服顾客购买的促销广告和宣传品也通过分销渠道进行传播。除此之外,商品交换账款的支付是在分销渠道中完成的。由此可知,分销渠道体系中至少存在五个流程:实物流、所有权流、付款流、信息流和促销流。

(1) 实物流。这是指实体原料及成品从制造商转移到最终顾客的过程。例如,彩色电视的营销渠道中,原材料、零部件、显像管等从供应商运送到仓储企业,然后被运送到制造商的工厂制成彩色电视机。制成成品后也须经过仓储,然后根据代理商订单而运交代理商,再运交顾客。如遇到大笔订单的情况,也可由仓库或工厂直接供应。在这一过程中,至少要用到一种运输方式,如铁路、卡车、船舶等。实物流如图 9-1 所示。

(2) 所有权流。这是指货物所有权从渠道中的某个主成员到另一个主成员的转移过

图 9-1 实物流

程。在前例中，原材料及零部件的所有权由供应商转移给制造商，制造商生产出成品后，彩色电视机的所有权则由制造商转移到代理商，再由代理商转移到顾客。所有权流如图 9-2 所示。

图 9-2 所有权流

（3）付款流。这是指货款在各渠道成员之间的流动过程。例如，顾客通过银行或其他金融机构向经销商或代理商支付账单，如果是代理商渠道，代理商扣除佣金后再付给制造商，再由制造商付给各供应商，还须付给运输企业及独立仓库。付款流如图 9-3 所示。

图 9-3 付款流

（4）信息流。这是指在市场营销渠道中，各渠道成员之间相互传递信息的过程。如彩电制造商与彩色显像管供应商之间的信息交流、制造商与储运企业之间的信息交流。通常，渠道中每一相关成员之间都会进行双向的信息交流。信息流如图 9-4 所示。

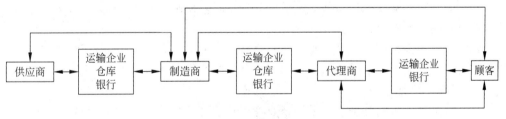

图 9-4 信息流

（5）促销流。这是指某一渠道成员运用其广告、人员推销、宣传、销售促进等活动对另一渠道成员施加影响的过程。供应商向制造商推销自己的品牌和产品，也可能直接向制造商的最终顾客促销，进而影响制造商购买其零部件或原材料来装配产品；制造商向代理商或经销商促销；制造商向最终顾客促销。促销流如图 9-5 所示。

图 9-5 促销流

3）渠道的功能

分销渠道的存在使顾客在想要得到产品的时候、方便得到产品的地点实际得到了所需要的产品。例如住在武汉的消费者在春节期间（春节前生产的）能在住地附近的超市买到（通过交换获得）北京蜜饯（北京生产的）。这就是人们常说的时间效用、空间效用和所有权效用。这些效用的产生依赖于上述流程中渠道成员所执行的渠道功能，这些功能见表 9-1。

表 9-1　渠道的主要功能

主 要 功 能	说　　　明
信息沟通	收集和传播渠道运作时所必需的信息
服务	向产品的购买者（包括渠道中间的和终端的购买者）提供各种服务
促销	运用多种手段对所供应的货物进行说服性沟通
谈判	尽力就价格及有关条件达成最后协议，以实现所有权转移
订货	营销渠道成员向生产厂家进行有购买意图的反向沟通行为
融资	为负担渠道运作的成本而收集和分散资金
承担风险	承担产品在从生产者转移到消费者过程中的全部风险
储运	产品实体从原料供应者到最终顾客的连续的运输、储存等工作
付款	买方通过银行和其他金融机构向卖方付货款
所有权交换	货物的所有权由一个机构转移到另一个机构或个人

营销渠道是一个制造商的产品流向消费者的渠道，其目标就是使企业生产经营的产品或服务顺利地被使用或消费，其具体的任务是把商品从生产者那里转移到消费者或用户手里，使消费者或用户能在适当的时间、适当的地点买到能满足自己需求的商品。制造商管理水平的高低和对其控制力度的大小，对该产品的市场占有率的提高有至关重要的作用，为此，企业就要建立自己的营销渠道战略思维。企业有没有合理的、完善的营销渠道战略将直接关系到企业的兴衰成败。

分销渠道所涉及的是商品实体和商品所有权从生产向消费转移的整个过程。那么渠道具体有哪些类型呢？又是按照怎样的标准划分的？我们在接下来的内容中进行学习。

2. 渠道的类型

分销渠道最基本的类型是以生产企业是否自己销售商品为标准划分的，可分为直接分销渠道和间接分销渠道。生产企业直接将商品销售给消费者，不经过中间环节，为直接分销渠道。如果生产企业的商品是经过中间环节，利用中间商销售给消费者的，则为间接分销渠道，具体如图 9-6 所示。

1）直接分销渠道

从戴尔的直销模式中，我们了解到，直接分销渠道就是生产者将产品直接供给消费者或用户，没有中间商的介入，直接分销渠道的形式是：生产者—用户。戴尔采取的直接性分销渠道策略，能够保证销售及时，回款快，有利于提高资金使用效率；让消费者直接和工厂对接，省去中间环节，有利于实现零库存，降低销售成本，提高产品竞争力；还有利于提供售后服务，在用户中建立良好声誉，稳定目标市场占有率；根

案例 9-2　戴尔的直销模式

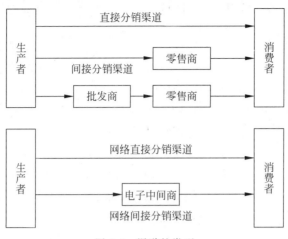

图 9-6　渠道的类型

据消费者需求定制化生产,平台直接反馈信息,便于企业提高顾客满意度。

（1）直接分销渠道的主要形式。直接分销渠道是生产者把商品直接出售给最终消费者的渠道。在不同的销售环境下,生产者会选择不同的分销形式,见表9-2。

表 9-2　直接分销渠道的主要形式

具 体 形 式	说　　　明
接受用户订货	企业和重点用户签订合同或协议书,按合同生产和销售商品
设店零售	有的企业专门设立零售商店或分销机构销售商品,有的企业在生产现场设立门市部销售商品
上门推销	企业派推销员对消费者或用户个别访问,推销商品
利用通信、电子手段销售	办理邮购业务,接受电视、电话购买,实行网上购买

（2）直接分销渠道的优缺点。奥克斯的"互联网直卖空调"是一把双刃剑,直接分销渠道亦具有两面性。

直销渠道在最大程度上减少了中间环节,而且可以减少流通费用,降低产品在流通过程中的损耗,加快商品的流转;同时,有利于产、需双方沟通信息,可以按需生产,更好地满足目标顾客的需要。由于是面对面的销售,用户可更好地掌握商品的性能、特点和使用方法;生产者能直接了解用户的需求、购

案例9-3　酷特云蓝:直销实现产品零库存,个性定制化生产

案例9-4　奥克斯走新路:主推互联网直销模式,剑欲指"空调业老大"

买等特点及其变化趋势,进而了解竞争对手的优势和劣势及其营销环境的变化,为按需生产创造了条件。另外,企业直接分销,实际上又往往是直接促销的活动。例如,企业派员直销,不仅促进了用户订货,同时也扩大了企业和产品在市场中的影响,又促进了新用户的订货。

但这种类型有一定的条件限制,适用范围有限。生产者直接销售商品,会耗费一定的人力、物力和财力,对集中精力进行产品生产活动不利,影响产品质量;生产者在承担了流通职能的同时也承担了商品销售的风险;当生产者仅以直接分销渠道销售商品,致使

目标顾客的需求得不到及时满足时,同行生产者就可能趁势而进入目标市场,夺走目标顾客和商品协作伙伴。

2)间接分销渠道

由以上案例我们了解到,所谓间接分销渠道,就是指生产者利用中间商(即经销商)将商品供应给消费者或用户,中间商介入交换活动。从二维码娃哈哈的案例中,我们可以看出中间商是多么重要!中间商的合法经营资格、中间商的目标市场、中间商的地理位置、中间商的销售策略、中间商的销售能力、中间商的销售服务水平、中间商的储运能力、中间商的财务状况、中间商的企业形象和管理水平;产品的形象与中间商的形象息息相关。如果中间商的形象不佳、服务不佳,那么企业的产品也会受到殃及。中间商的业绩不佳、信誉不高,也会使企业受到拖累。所以,企业在选择中间商时应慎重。

案例9-5 娃哈哈:渠道为王

(1)间接分销渠道的主要形式。间接分销渠道的中间环节可能只有一个,也可能有若干个。一个中间环节有时不止一个中间商,因此,参与商品销售的中间商的数量在某些情况下会大于中间环节的数量。承担流通职能的中间商主要有零售商、批发商和代理商。由于生产企业选用中间商的类型不同,选用的数量不同,形成了多种形式的间接渠道,见表9-3。

表9-3 间接分销渠道的主要形式

具 体 形 式	说 明
生产者→零售商→消费者	由生产者把商品出售给零售商,再由零售商转卖给消费者,中间经过一道中间环节
生产者→代理商→零售商→消费者	生产者通过代理商行和经纪人等代理商把商品卖给零售商,零售商再销售给消费者
生产者→批发商→零售商→消费者	生产者把商品出售给批发商,再转卖给零售商,再由零售商转卖给消费者,中间经过两道以上的中间环节
生产者→代理商→批发商→零售商→消费者	这是在第三种形式的生产者和批发商之间加入了代理商,生产者经由代理商将商品销售给批发商

(2)间接分销渠道的优缺点。

间接分销渠道通过专业的分工使商品销售简单化,促进了生产和流通的发展;中间商的介入,分担了生产者的经营风险;借助中间环节,可扩大商品销售的覆盖面,有利于扩大商品市场占有率。

案例9-6 壳牌润滑油在中国的探索

中间商服务工作欠佳,可能导致顾客对商品的抵触情绪,甚至引起购买的转移。另外,中间商如果过多,会增加流通费用,增加商品成本,给生产者收集市场情报和商品销售反馈信息带来困难;如果与中间商协作不好,生产企业就难以从中间商的销售中了解和掌握消费者对产品的意见、竞争者产品的情况、企业与竞争对手的优势和劣势、目标市场状况的变化趋势等。在当今风云变幻、信息爆炸的市场中,企业信息不灵,生产经营必然会迷失方向,也难以保持较高的营销效益。

本节主要介绍了渠道的概念及渠道的类型,通过总结多个学者的观点来回答渠道到底是什么;渠道的类型则主要是分为直接分销渠道和间接分销渠道来介绍的,分别介绍了其概念以及所具有的优缺点。相信经过本节的学习,大家已经对渠道有了初步认识,下面我们将一起接触渠道发展、演变的历程。

9.2 渠道策略的演变

【引导案例】

十年一梦,三年归途——中国李宁的回归之路

1990年,李宁有限公司(以下简称"李宁公司")在广东三水起步,一幢5 000平方米厂房的屋顶挂着一个巨大的招牌,上面写着三个字:李宁牌! 借着北京亚运会的东风,伴随亚运圣火传遍全国,刚刚成立的"李宁牌",开创中国体育用品品牌经营的先河。

1. 成长:渠道扩张,高速发展

2004—2010年,李宁公司的渠道扩张主要通过经销渠道的增加来完成,经销渠道从2 272个提升到了7 333个,年复合增长率为21.6%。2005年,李宁公司已经在550多个地区建立起了专业的销售门店,同时公司还计划在2008年时达到5 000家以上。

 案例9-7 中国李宁的回归之路

2. 困境:渠道管理混乱,库存危机爆发

2008年,李宁公司的扩张不断加速,其净增新店数量达到1 012间,创下新纪录。但北京奥运会期间其销售并不理想,导致很多分销商都出现了严重的库存问题。2010年的换标活动,更是进一步激化了李宁公司的库存危机。李宁公司一直信奉"轻资产",和经销商存在脱节,在日常的经营管理中更是缺乏与经销商的互动。李宁公司混乱的渠道管理不仅拉长了库存周转期,也消磨了经销商的信心。

3. 变革:从"线下和线上"到"线上线下一体化"

创始人李宁在重新归来后,除了把公司从传统的大批发模式转到以消费者为导向的零售商模式,还开启了全渠道战略。李宁搭建了一个相当于中台的全渠道平台,以保证线上下单,线下门店或仓库发货。在这个平台上,从线下门店服务、线上购物体验到预约提货、社交媒体分享,可以实现全渠道会员、身份统一管理,实现了全渠道库存统一寻源和发货。这样的全渠道战略,使李宁的库存周转率得到了有效提升。

李宁公司是如何完成从多渠道模式到全渠道模式的转型的? 从"线下和线上"到"线上线下一体化",它采取了一系列举措优化渠道结构、提升渠道效率:收缩品牌策略,务实国内市场,加强渠道建设,整合线上电商资源以及线下实体店,定价上相互配合,实行产品序列差异化战略,增加实体店体验、组织活动的功能,提高公司的销售能力。2015—2017年,李宁公司的库存周转天数由104天改善到79天,应收账款周转天数由69天改善到51天。

　　渠道模式的转型成功解决了严重的库存问题,为李宁公司的持续发展带来希望,这足以证明:在零售市场的变化下,公司渠道策略不应仅仅局限于简单的渠道销售,应当根据自身情况进行渠道整合,只有突破自我,才会赢得发展。图9-7中详细地展示了在零售市场变化下渠道变迁的五个阶段。

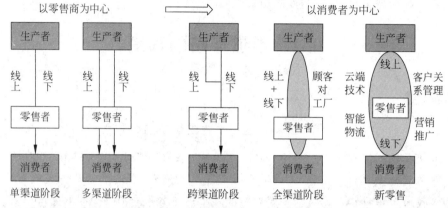

图 9-7　营销渠道演变的五个阶段

1. 单渠道模式

　　奈雪的茶在上市后,市值达到了 310 亿元港币。为什么一个中国茶饮品牌能获得如此大量的商业关注?从渠道角度来说,是因为奈雪的茶聚焦于线下单一渠道发展,注重产品品质和直营门店的服务标准。单一渠道策略就是指通过一条渠道(零售店、网店、社交商店等)完成销售的全部功能。

案例 9-8　奈雪的茶聚焦实体直营店

　　单渠道策略通常被认为是窄渠道策略,而不管这一条渠道是实体店,还是邮购,还是网店。单一渠道策略如图9-8所示。

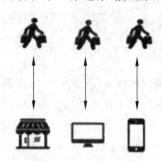

图 9-8　单一渠道策略

　　上面案例中的奈雪的茶是聚焦于线下实体店的单渠道发展,而单渠道策略并不只局限于线下,一加——一个专注于线上渠道的公司,可以让我们更好地理解移动互联网时代的单渠道策略。

　　实际上一加打造的是一种线上单渠道模式。这种商业模式借助互联网建设销售渠道,将关闭线下实体店后节约出的成本投入产品研发中,以求生产出更符合消费者需求的、更优质的产品。

　　单渠道模式,从定义上讲,就是用一条渠道将产品和服务从某一销售者手中转移到顾客或者消费者手中的行为;从技术上来说,就是"实体店铺"时代或是"网店"时代,为少数的客户提供服务。不管是像奈雪的茶坚持的实体店直营,还是像一加坚持的线上销售,都是成功的。

案例 9-9　一加的聚焦互联网渠道

　　和任何事物一样,单渠道也有利有弊。单渠道策略的优势是能够低成本、方便快捷地进行部署,易于检测,让有竞争优势的品牌垄断市场,利润最大化。谈及劣势,单渠道策略严重地限制了潜在消费者的规模和多样性。除非是少数专业性比较强的产品,或者贵重耐用消费品,不然单一渠道并不是一个可行的战略。此外,由于只有一个合作伙伴,合作关系一旦恶化,生产者将蒙受较大的损失。因此我们来认识渠道发展的下一阶段——多渠道模式。

2. 多渠道模式

电商的崛起无疑对实体经济产生了冲击,而本已转型线上旗舰店的华为却又开起了实体体验店,你认为华为此举意欲如何?又是否会大获成功?接下来,请带着你的疑问和思考阅读下面的内容,看看是否会有新的发现。

案例9-10 华为的"全球旗舰店"

华为"超级旗舰店"的建立说明,消费者依然渴望能够触摸、感知到产品的购物体验,尤其是那些高科技以及高价产品。未来的产品营销单纯依靠线上的低价竞争或者同质化强调功能性的实体店将越来越没有竞争力,而唯有通过线上提供高性价比产品、线下打造一流体验的双线发展才能脱颖而出。多渠道策略如图9-9所示。

如图9-9所示,多渠道购物是指通过两条及两条以上独立完整的零售渠道完成销售的全部功能的购物行为,每条渠道完成渠道的全部而非部分功能,一般把实体店加网店的分销视为多渠道。从技术的层面来看,多渠道是多个单渠道的组合,每条渠道完成渠道的全部而非部分功能,相互之间并没有统一的操作标准和规范,同时,每条渠道战略通常面对不同类型的客户。例如汽车厂商对于团购的出租汽车公司采取直销渠道的方式,对于零散顾客采取4S店铺渠道的方式,每条渠道都完成销售的所有功能,其间不进行交叉。

图9-9 多渠道策略

现在你是否对华为开辟线下体验店和三只松鼠开网店的行为有了自己的理解?从范围和规模的层面来看,多渠道是单渠道质的提升,它帮助品牌开放市场,使其在营销活动中能够触达更广泛、更多样化的受众,并可以在不同渠道利用不同的营销活动策略抓取潜在的消费者需求。多渠道模式销售地区广、销售量大,且中间商数量

案例9-11 三只松鼠的投食店

较多,更有利于生产者进行选择,但是由于销售点数量较多且销售点间关系复杂,渠道情况变化较大,存在产销关系难以协调的弱点。这些多样的渠道如果不能流通以及实现连接,必然会导致运营效果低下、效果分析不清晰。因此我们来了解渠道发展的第三个阶段——跨渠道模式。

3. 跨渠道模式

移动互联网时代的你似乎已经对每年"双11"天猫的各式店铺促销视而不见,更未曾细想过它们的渠道策略,事实上,接下来我们要讲到的"跨渠道策略"在我们的身边已经很常见,相信通过下面内容的学习,你可以对案例9-12中提到的渠道策略有更深的理解。

案例9-12 "双11"的线上线下店铺融合

多渠道已经把我们引向了一个新阶段,而为了解决其渠道的相互独立性所带来的问题,跨渠道营销应运而生。跨渠道模式是在多种渠道环境下的一种整合战略,是指通过多条零售渠道组合完成销售的全部功能,每条渠道仅完成渠道的

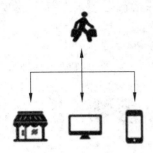

图 9-10　跨渠道策略

部分而非全部功能。一般来说,这是实体店铺＋虚拟店铺＋移动商店的结合。消费者可以在多个不同的渠道上完成同一购物过程的不同阶段。跨渠道策略如图 9-10 所示。

企业实施跨渠道整合战略后,顾客可以通过其门户网站了解产品信息,到实体店进行有形商品的体验以确定产品的选择,然后在虚拟店付款,使用后在网络平台给出产品评价,如出现问题则可以拿到实体店铺进行维修或退换。企业通过对不同渠道和各个顾客接触点的充分整合,使顾客能在成本最优的情况下得到无缝连接的购物体验。

你是不是觉得多渠道策略与跨渠道策略有点相似? 这里必须提到多渠道策略和跨渠道策略的区别,如图 9-11 所示。多渠道策略表现为多渠道零售的组合,每条渠道完成渠道的全部而非部分功能。跨渠道策略则表现为多渠道零售整合,整合意味着每条渠道完成渠道的部分而非全部功能。例如利用电话与顾客进行商品介绍、通过实体店完成交易、通过呼叫中心进行售后服务等。

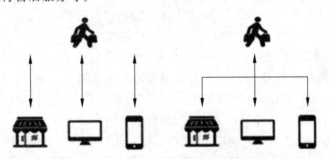

图 9-11　多渠道策略与跨渠道策略的对比

在跨渠道阶段,最具代表性的模式即时下很热门的 O2O。O2O 通过打折、提供信息、服务预订等方式,把线下商店的消息推送给互联网用户,从而将他们转换为自己的线下客户,这就特别适合必须到店消费的商品和服务,如餐饮、健身、看电影和演出、美容美发等。

案例 9-13　美团外卖的 O2O 模式

从案例 9-13 中可以看出,美团的 O2O 闭环不仅切实提高了消费者购买产品、服务的方便程度,节省了消费者的时间,还可以通过大数据实现对消费者的偏好管理。此外,O2O 回归了零售的本质,将重点放在消费者研究身上,其实质就是用 O2O 的手段优化了消费者数据的采集、分类和应用。

在 O2O 来临之前,大家都在热捧纯电商模式,但是随着天猫、京东的崛起,以及一大批跟随者的死去,人们逐渐又闻到了时代变革的气息。当 BAT(百度、阿里巴巴和腾讯)纷纷布局线下,加上互联网媒体以及广大自媒体人的摇旗呐喊,许多在传统电商时代受挫的互联网人也纷纷加入 O2O 创业潮流,许多线下门店的 O2O 化也被提上了日程,良品铺

子就是一个很好的案例。

从这个案例中可以看出，良品铺子的O2O闭环不仅切实提高了销售额，还实现了对线下店铺的系统管理。不管是实体零售还是电子商务，都要致力于为客户提供良好的用户体验，并努力提升运营效率，真正做到"优质低价"。实体零售需要借

案例9-14　良品铺子的O2O模式

助互联网等工具手段去提升供应链的效率，提升营销和渠道的效率，电子商务企业也需要通过设立线下体验店去优化用户体验。

如果说多渠道的出现是一次质的飞跃，那么跨渠道的诞生则使得企业对受众的有效触达不再遥不可及。飞速发展的数据链接技术为跨设备、跨渠道（线上、线下）营销提供了基础，帮助品牌通过最合适的渠道与客户进行沟通。而且，跨渠道战略最深远的影响是它可以帮助品牌在不同的渠道同时和消费者进行沟通，这些技术和技巧开创了市场营销活动和渠道效果评估的新时代。

4. 互联网时代下营销渠道——全渠道阶段

由于信息技术进入社交网络和移动网络时代，"全渠道"这个词汇成为新的热词，成熟的电商早已经不满足单一的线上销售，他们拥有强大的流量，相对于普通的实体店来说，他们已经不缺乏前期的品牌宣传。寄生在全渠道上工作和生活的群体形成，使得全渠道购物者崛起，一种信息传递路径就成为一种零售渠道。全渠道是指企业

知识锦囊9-2　LBS、O2M

采取尽可能多的零售渠道类型进行组合和整合（跨渠道）销售的行为，以满足顾客购物、娱乐和社交的综合体验需求，这些渠道包括有形店铺（实体店铺、服务网点）和无形店铺（上门直销、直邮和目录、电话购物、电视商场、网店、手机商店），以及信息媒体（网站、呼叫中心、社交媒体、E-mail、微博、微信）等。在今天，几乎一种媒体就是一种零售渠道。全渠道模式如图9-12所示。

1）全渠道形成的原因——SOLOMO消费群行为特征

SOLOMO就是所罗门模式，是互联网环境下的新型营销模式。2011年2月，KPCB风险投资公司合伙人、北美创业投资教父John Doer创造性地提出了SOLOMO概念，把social（社交的）、local（本地的）与mobile（移动的）三者的无缝整合看作是未来互联网发展的趋势。SOLOMO由social、local、mobile三个单词的开头两个字母组合而成，连起来说就是"社

图9-12　全渠道模式

交、本地、移动"，即社交化加本地化加移动化。之后，该模型又加入PO——personal，形成了社交化＋本地化＋移动化＋个性化的组合。

随着时代的不断变迁，80后、90后已经成为主流消费群体，他们追求个性、自由，案例9-15中的今日头条也正是抓住了SOLOMOPO消费群体这些特征进行营销。那么，SOLOMOPO消费群体行为具体有哪些独特之处呢？

首先，每个消费者是社交化的消费者。消费者开始自发组织起来，关注、分享、参与甚至主导整个购物过程。社交化彻底打破了过去买家和卖家的信息不对称，消费者开始更多倾向于

案例9-15　今日头条——抓住SOLOMOPO消费群体特征

听取各种社交圈子好友的意见,而不是商家提供的产品广告与信息,市场主权真正回归消费者。

其次,每个消费者是基于本地化产品和服务的消费者。LBS可以将线上消费者带到线下,将线下消费者带到线上,并提供大量基于本地的产品与服务。借助LBS这样的技术,消费者能够准确找到本地位置附近的商家,商家也能够找到周围的消费者,并及时发布最新动态与优惠信息,做到精准营销。

再次,每个消费者开始成为移动消费者。日益增长的移动消费者对于零售商来说无疑是一个巨大的机会,零售商开始进入O2M(线下实体店与移动互联网的结合)时代。

最后,消费者成为个性化消费者。消费需求和零售渠道的完美契合是零售企业成功的关键。

在全渠道模式中,消费者成为主体,供应商、零售商、生产商都以顾客体验为重中之重。当消费者变得全天候、全渠道以及个性化时,只有全渠道零售才能契合SOLOMO消费群体变化的这三大特征。

2)全渠道的三大特点:全程、全面、全线

从全域直播到全明星导流,到全域融合,再到数据赋能,联合利华紧贴时代脉搏,用最闪亮的姿势,为消费者带来了有趣、便利的消费体验,也留下了一份骄人的战绩。随着互联网时代的到来,线下的"场"都在逐渐转移到线上,淘宝、天猫已经成为线下"百货商场"的缩影。在当下以消费者为中心的零售时代,品牌商需要掌握更为前瞻的技术手段,运用创新的科技,实现全渠道销售,让品牌以更完美的姿态触达消费者,赢得市场。

知识锦囊9-3 渠道变革能对行业有多大的颠覆?

全渠道营销的极致是"千人千面",什么是"千人千面"?其实就是对每个人进行精准化的个性营销。比如淘宝,用不同的淘宝账号登录,所展示的宝贝各不相同,而这个不同,是淘宝根据记录分析每个账号的搜索需求的差异而进行的差异化宝贝展示!比如你今天在淘宝上搜索了母婴用品,并浏览、收藏、加购,那么下次你打开淘宝首页的时候,系统会自动给你展示相关的产品。所想即所见,把你最想要看到的展示在你的面前,这就是千人千面。

如何实现所想即所见的千人千面呢?

案例9-16 联合利华如何玩转全渠道

实现千人千面的途径就是打"标签"。拿淘宝来说,你淘宝账号的所有购买、浏览的数据都会被淘宝系统抓取到,如你搜索的关键词、产品的类型、价格区间、地域甚至你浏览一个商品的时间等,最后根据这些属性划分人群标签。

举个例子:你有了宝宝,在淘宝搜索"备孕期营养品",这时淘宝后台会记录你的搜索,并给你打上"母婴人群""备孕期"的标签,再根据你平时的购买习惯,比如你经常购买进口的产品,淘宝也会给你打上"喜欢进口"的标签,同时拥有"母婴人群""备孕期""喜欢进口"这些标签的人群就会被细分出来。然后,系统就会根据你的标签,向你推荐同样拥有这些标签的人群所喜欢购买的备孕期营养品。

对于用户来说,从无限大的资源中获取到自己想要的内容,是一件极具挑战的事情。对于商家而言,把恰当的资源呈现给对应的用户,也绝非易事。正是因此,我们才需要过滤机制。通过过滤，从顾客角度，你能很快找到需要的产品，节省你筛选产品的时间成本。而从商家的角度，平台分配的流量越精准，转化率就会越高，这样就可以用最少的流量换来最大的收入。

为了契合当代 SOLOMOPO 消费群体行为特征，全渠道应该满足全程、全面、全线的特点。

（1）全程。一个消费者从接触一个品牌到最后购买的过程中，全程会有五个关键节点：搜寻、比较、下单、体验、分享。企业必须在这些关键节点保持与消费者的全程、零距离接触。

（2）全面。企业可以跟踪和积累消费者购物全过程的数据，在这个过程中与消费者及时互动，掌握消费者在购买过程中的决策变化，给消费者个性化建议，提升消费者购物体验。

（3）全线。渠道的发展经历了单一渠道时代即单渠道、分散渠道时代即多渠道的发展阶段，到达了渠道全线覆盖即线上线下全渠道阶段。这个全渠道覆盖就包括实体渠道、电子商务渠道、移动商务渠道的线上与线下的融合。

通过案例 9-17 对苏宁易购渠道变迁的分析，我们可以了解到，没有一种渠道策略可以在产品的整个生命周期中始终奏效，在壁垒较低的竞争市场上，最理想的渠道结构将不可避免地随着时间的推移而变化。随着消费行为的变化，消费者不再仅仅局限于单一渠道，而是根据自身消费的需要交替使用多种渠道，零售渠道也在随着环境的变化而不断地变化，主要经历了单渠道模式、多渠道模式、跨渠道模式、全渠道模式等几种不同的渠道模式的变迁。

案例 9-17　苏宁易购变形记

着眼于今天，电商市场正逐步进入发展成熟期，处于第一梯队的电商平台优势明显，各主流电商市场份额基本维持稳定，新进入者门槛将非常高。各种品类的垂直电商、跨境电商、农村电商、社交电商、微商、网红电商、直播电商等也只能查漏补缺，电商进入战场打扫阶段。亚马逊、阿里巴巴、京东等在全球的电商市场同样也遇到了增长瓶颈。此时，以科技创新为基础实现消费升级的新零售模式应运而生，为处于下坡路的电商市场带来了生机。在下一节中，我们将一起深入了解这个拯救市场的"救世主"——新零售。

9.3　如何看待新零售

【引导案例】

1919 新零售：酒类电商的笑傲江湖

1919 已经成为国内最大的酒类新零售垂直平台，也是天猫、京东之后的第三大酒类开放平台。

在电子商务势如破竹对服装、家电等众多产业进行颠覆的疯狂时代，酒类产品如何保真、如何满足即时性消费需求，一直是制约酒类电商发展的痛点。也正是这些痛点，决定了酒水销售中的线上环节无法完全取代线下环节,酒水的消费属性从先天层面就设定好了商业模式,纯电商必然会被线上线下一体化的新商业形态所取代。

过去的1919总被认为是一家线下企业,门店是1919商业模式的基础,也是给市场最深刻的印象。事实上,1919超过43%的交易额来自线上,不过这些订单要通过离用户最近的线下门店完成配送服务,这是1919从2014年就开始的线上线下一体化融合。2017年,1919已经开出的门店数量达到1 071家。在1919长期规划中,到2021年要开出10 000家门店。这些门店既是1919的线下终端,也是配送站、前置仓、体验店、服务中心和线下流量入口。"线下"只是1919的标签,"线上线下融合"才是1919的未来。

1919如何在酒类零售市场脱颖而出呢?1919的新零售模式在各个方面都取得了较大的成功,深层次地论证了在垂直领域酒类电商的新模式势在必得。纵观整体,1919的蜕变经历了普通小酒商到连锁商再到线上线下平台商的过程,以信息技术为依托,以"电商＋店商"为销售平台,进行连锁经营。网络化、便捷化、信息化、高利润成为1919傲立酒业的基础。

随着实体零售企业纷纷开拓线上渠道,电商企业则纷纷开拓线下渠道,一个非常明显的趋势是,零售活动不断超越和打破原有边界,与线上线下及物流融合发展。2016年以来,越来越多的学者及业内人士深深地意识到,原有的一些零售概念已经无法准确描述当下的零售,其内涵应该更丰富,外延也更宽广。此时,新零售应运而生。

1. 什么是新零售

零售业是伴随着人类文明产生的,在人们知道以物换物时,零售业就已经存在了。在零售业历史研究中,西方经济学家总结的三次革命分别是百货商店、连锁店以及超级购物中心的出现。近年来,第四次零售革命的概念也逐渐兴起。

新零售就是这次革命中的产物,在2016年被提出后,迅速成为一个业界新词被广为传播。

一石激起千层浪,新零售很快成为一个业界新词被广为传播,很多企业家、学者和媒体对之热议不断。无独有偶,国家相关管理层也早就在酝酿与零售业转型相关的政策。就在2016年11月11日"双11"当天,国务院办公厅印发了《国务院办公厅关于推动实体零售创新转型的意见》,从总体要求、调整商业结构、创新发展方式、促进跨界融合、优化发展环境、强化政策支持六大部分、总计十八个方面为新零售发展指明了方向。2017年3月两会期间,一些代表委员提出不少零售业转型议案,李克强总理也在报告中提到了结合实体零售和电子商务推动消费需求,其实质就是号召新零售相关企业结合线上线下,用互联网的新思维来推动实体零售转型升级,强化用户体验,改善消费环境和物流现状,提高零售业的运营效率。

进入互联网时代以后,商业世界发生了翻天覆地的变化,最大的变化就是网购的兴起。网上购物能随时下单,而且免去了讲价的烦恼,但它的弊端也很明显:需要经过数天的等待才能拿到商品。虽然,越来越多的电商平台开始在城市建立中心仓,将配送距离缩短到用户周围100千米内,可以实现两天左右到达,但在"快餐时代",消费者早就不满足于次日达,他们希望的是"想要即有",消费者在呼唤"即时经济"。

【中国智慧 9-2】

繁荣源于政府推动

我国古代零售业的发展长期受制于"坊市制"与"宵禁制"。自秦汉以来,交易场所主要由官方划定区域,筑有围墙,定时击鼓开闭,这是市坊分离的制度。我国在北宋前历代都有"宵禁制度",严禁在市场关闭后从事商业活动。到唐朝中后期,坊市制渐渐被冲破,出现了小手工业者在作坊前设店售货,商人摆小摊或开饮食店等商业活动,从而出现了市坊合一型的商人。到北宋时期(960—1127年),市与坊已完全融为一体,形成了早、中、夕、夜"四市"。

1) 新零售的概念

新零售指以数字化技术打通线上线下的零售创新。阿里巴巴的新零售、京东的无界零售、腾讯的智慧零售,在核心概念上均有相通之处。新零售只是互联网实现社会信息化、数字化的过程中零售行业发展、变化的一个阶段,只不过在这个阶段,进步与变化出现了加速和集中,变得更快、更具有爆发力。当然,新零售概念也有其独特的逻辑:新零售发展孕育的背景是行业成本降低,效益增加,其核心动力依然是经济利益,是企业对于市场利润的寻找和追逐;而新零售的实现基础,则是科技的进步。

知识锦囊 9-4　无界零售与智慧零售

知识锦囊 9-5　云计算与大数据

抛开这些花哨的定义不说,我们可以肯定的是,零售业走到了时代的新阶段,正在经历着一场巨大的变革。今天,我们就来梳理一下,在这场零售业的变革中,关键性的几个环节将出现怎样的变化,图 9-13 为你解读。

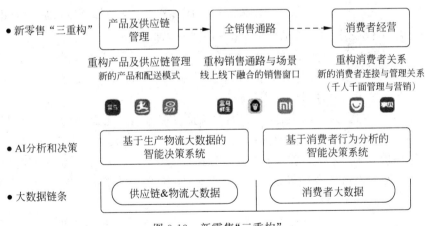

图 9-13　新零售"三重构"

对图 9-13 进行分析,新零售是应用互联网新技术、新思维,对传统零售方式加以改良和创新,将产品或服务出售给最终消费者的所有活动。它不仅是线上线下联动和物流的简单融合,同时还融入云计算、大数据等创新技术,包括全渠道但又超越全渠道,打破了过去所有的边界,以一种全新的面貌与消费者接触,使消费者随时都可以在最短时间内买到自己所需要的商品。

新零售的核心是提升用户体验,主要模式有三种:一是线上线下与物流结合的同时,实现商品与物流渠道整合;二是提供更广范围内的体验式消费服务,实现消费场景化;三是营造包括零售企业内部员工及上下游合作伙伴的新零售平台,即打造全渠道产业生态链。新零售只有与新制造、新金融、新技术和新资源等相结合,才能实现良性发展。

虽然目前对新零售的概念尚无统一的标准的规范性概念,但被业界广泛认可的一点是,新零售区别于传统零售,推动线上线下以及多方跨界融合,其基础和前提是供应链的重构与物流方案的不断升级。因此可以说,新零售既包括全渠道和无边界,又超越这一切而无所不在。

2)新零售的特征

新零售到底具有哪些新颖的特征呢?

(1)供应链更优化。数据化的物流信息整合能力、立体式智能化的仓储条件、标准化的品控管理,我们可以看到,这正是菜鸟裹裹在阿里新零售布局中发挥作用的原因。

案例9-18 菜鸟裹裹——大数据驱动的智能物流系统

在新零售的时代下,供应链管理的本质其实并未发生改变,还是要集成和协同链条上的各个环节,如供应商、各个销售渠道、仓库、门店,使消费者需要的商品以准确的数量,在最短的时间之内被送到消费者手中,从而实现在保证服务水平的同时使整个系统的成本最小化。

(2)实体零售的终端场景革命。喜茶所选中的餐饮业是新零售的一个重要突破点,因为新零售业态下的餐饮不单是最直接的体验中心,更是最直接的流量中心。除了专注于"喝"场景的喜茶,世纪联华"鲸选未来店"、上品折扣"上品+"等新销售空间也都集中了多元场景,餐饮、科技、家居、书店等无一缺席。

案例9-19 喜茶——新零售场景化销售

传统实体零售往往会建设漂亮时尚的商场、购物中心,以丰富的商品、礼貌的服务,加之环境空间、灯光、美陈布置等,给予顾客体验。但是,这样的场景几十年来已经过度"商业化",体验雷同,对消费者来说,日渐缺乏吸引力。

新零售下的场景革命,应该以"娱乐、互动、体验"为主诉求,将商业环境极大地融入娱乐的主题、艺术的主题、人文的主题等,将商业嫁接更多跨界的元素,给予消费者人性化的关怀、丰富多元化的体验,形成新的商业空间和氛围。

(3)重构商家与消费者关系。我们可以看到,像味千拉面、广州酒家、庆丰包子铺、炳胜这些借由掌贝重构消费者关系的品牌,在竞争激烈的线下零售市场里都有着新颖的表现。

案例9-20 掌贝——新零售行业帮助商家重构消费者关系的领先代表

零售最本真的定位是一切行为都以消费者需求为导向,打破技术和渠道等壁垒,创造最好的品牌体验。不管零售业的生态怎么变,这一根本出发点不会变,所以在新零售时代,当每个消费者都和自己的智能手机深深绑定在一起时,我们面临着商家和消费者关系重构的重大考验。

如何重构这种商家与消费者之间的关系呢?核心之重就在于数据。谁能将顾客的所有支付偏好、消费路径、消费习惯、会员信息、储值信息等数据全部收集,并利用大数据整合能力,将数据进一步分析、整理,谁就能做到运营、营销、服务体验等方面的优化升级。

【中国智慧9-3】

创 新 思 维

重视创新思维是马克思主义的优良传统,马克思、恩格斯特别重视创新,他们指出,"全部问题都在于使现存世界革命化,实际地反对并改变现存的事物",即马克思主义者要依据实践的变化,分析问题,解决问题,进而推动人们的思维"按照人如何学会改变自然界而发展",最终实现思维创新。

中国共产党在领导中国革命、建设和改革的实践中,非常注重把马克思主义与中国实际相结合,对中国革命、建设和改革作出创新性谋划,从而开辟了新的道路、创新了新的理论、形成了新的制度、发展了新的文化。由毛泽东思想、邓小平理论、"三个代表"重要思想、科学发展观、习近平新时代中国特色社会主义思想,构成内在统一、一脉相承的创新成果体系,使马克思主义理论永葆青春活力。

坚持创新思维,有利于推进马克思主义中国化。马克思主义只有和中国实际相结合,实现马克思主义中国化,才能发挥其改造实践的伟力,才能"创造些新的东西",这就要求马克思主义必须随着实践的变化而不断创新。习近平总书记指出:"坚持马克思主义,最重要的就是坚持马克思主义的科学原理和科学精神、创新精神,善于根据客观情况的变化,不断从人民群众实践中吸取营养,不断丰富和发展理论。"(2017 年 7 月 16 日 06 版《深刻理解创新思维》)

自新中国成立以来,我们能够实现从成立初期的"一穷二白"到今天成为世界第二大经济体,一个重要原因就是不断创新。"生活从不眷顾因循守旧、满足现状者,从不等待不思进取、坐享其成者,而是将更多机遇留给善于和勇于创新的人们。"历史和现实反复证明,在今天激烈的国际竞争中,唯创新者进,唯创新者强,唯创新者胜。

资料来源:王刚.深刻理解创新思维[J].理论导报,2019(7):26-28.

2. 新零售的发展历程

2009 年至 2015 年间,中国网络零售市场呈现爆发式的增长势头。2013 年,中国网络零售市场总体规模增长至 1.8 万亿元,超越美国成为世界最大的网络零售市场。2017 年起,阿里巴巴开始打造新零售,让线上、线下与物流结合,2 月 20 日上午,阿里巴巴在上海衡山宾馆宣布,与百联集团达成战略合作,在上海全面试点新零售。

近 10 年来,以互联网为代表的信息技术的快速发展带来了零售渠道的巨大转变,新零售带来的新鲜活力不是传统零售可以与之相提并论的。

互联网在中国疯狂地奔跑。中国的信息化基础设施在世界范围内已达到非常先进成熟的水准,计算、存储、带宽等这些决定商业业务创新和用户使用体验的核心指标已处于领跑世界的第一梯队。事实上,在欧美等地实际体验过就会发现,当地的互联网渗透覆盖、接入速度、应用水平较国内已有明显差距,部分发达国家的互联网成熟度甚至不及国内 5 年前的水准。

案例 9-21 三大互联网巨头的新零售模式

完善的信息化基础设施为上层的商业运营提供了丰富的技术支持,让各种商业模式的生长和进化成为可能。中国的互联网企业,如阿里巴巴、腾讯、京东等,经历了各自曲折的演进道路后,成长为世界级的互联网玩家。

互联网巨头进化出独特的互联网能力集。这些巨头初期的业务绝大部分集中在虚拟空间中,即所谓的线上业务,而较少与线下实体业务产生联系。在互联网的"上半场",这些巨头每天都在面对和解决新的问题。由于没有互联网的商业边界,业务和商业模式都不明确,互联网企业在相当长的时期都在摸着石头过河,甚至有时候连石头都没得摸就要去过河。互联网企业所有的创新尝试只有一个目标,就是生存下去。"今天很残酷,明天很残酷,后天很美好。很多人死在了明天的夜里"。幸存者除了幸运,还会在生存挣扎的过程中不断积累核心技能和知识。

"互联网+"引发了互联网巨头将能力从线上向线下渗透的浪潮。互联网企业在大数据、人工智能(artificial intelligence,AI)、云存储等核心能力上逐步外化,通过更加简单的接口和完善的场景解决方案,对诸多行业进行了充分的赋能。一大批传统企业借助互联网的"翅膀"开始了新一轮的腾飞。

新零售的演进正在加速,商业模式令人眼花缭乱,黑天鹅事件层出不穷。如果拉长时间尺度,我们会发现新零售演进周期经历了三个阶段。

1)第一阶段:互联网巨头搭建新零售平台

第一个阶段是从互联网巨头觉醒开始的。在新零售模式成型过程中,影响最深的就是互联网行业巨头——阿里巴巴、京东、腾讯等。新零售的概念最初由阿里巴巴提出,而如今,随着几大巨头的相继加入,新零售的定义被逐渐扩大和延伸,互联网巨头们也在新零售中扮演着不同的角色。

三大互联网巨头切入新零售的角度与深度各不相同,最薄的是腾讯,最厚的是京东,

知识锦囊9-6 SKU

阿里巴巴处在两者之间。但是三个互联网巨头相同的是,它们都在为新零售提供不同程度的互联网基础设施。充分利用这些基础设施对企业在新零售方面的发展有事半功倍的作用,正如自来水管中的水,大部分人不用知道水究竟来自何方,要做的只是打开水龙头就好了。

2)第二阶段:新零售环境催生新物种

在第二个阶段,新型互联网零售企业诞生。早期电商公司提供的业务和产品全部集中在线上虚拟空间中,企业无法为消费者提供产品"体验"功能,经常造成顾客不满意退货的现象。此时,适应新环境的新物种顺势而生:新物种是指以互联网企业或具备互联网基因的企业从线上迭代后向线下拓展的角色。新零售的新物种近年来层出不穷,以盒马、猩便利、网易严选和小米之家等厂商为代表,引领了新零售的新玩法和新模式。

盒马生鲜在用户体验、行业降本增效、技术创新这三个方面持续发力,开创了新零售的先河。对于盒马来说,门店只是为了体验功能,线上销量才是业务主力。这也凸显了新零售环境下新物种的核心理念:线下主打体验,线上主力销售。线下

案例9-22 盒马生鲜的新零售布局

的实体店不仅能够引流线上,更能够升级消费者的购物体验,打造全新的零售环境。

3) 第三阶段：传统零售业内的变革

第三个阶段，传统零售业发生变革。新零售的新物种，犹如"空军"一般，从线上出发延伸到线下，与之相反的是传统零售业的变革升级，从线下向线上发展，永辉超市的超级物种就是很好的例子。

传统零售商融入互联网思维与技术，能够有效降低获客成本。在过去的模式中，顾客在店内完成消费后，商家与顾客的联系便随之终止。通过广告营销、电话销售或其他方式激活沉寂用户的成本相当高且效率低下。相较之下，融入互联网思维与技术后，商家可与顾客产生直接且持续的连接，为精准用户运营打下基础。

案例 9-23　永辉的超级物种

新零售的三个阶段，反映新零售处于进行时的表层现象。仅仅分析表层的商业案例，无法真正为企业在新零售浪潮中提供落地性帮助。因此，我们应再往下深挖一层，洞察商业问题背后真正的逻辑与本质。要将实体经济与虚拟经济相互打通、串联，实现真正意义上的新零售。能够生存下来的，会是一批将互联网思维与技术价值发挥到极致的企业，固执地抗拒互联网只会让企业的创新力与生命力逐渐衰弱，最终被用户与市场淘汰。

 章末本土案例

1. 案例摘要

百联集团，老品牌的时代转身

案例描述了"中国零售航母"百联集团的全渠道转型之路。政府主导重组形成的百联集团是传统零售商代表，其在上海最繁华的商业街南京路上占了一半以上资产，后在电商的冲击下开始踏足线上，现在又向全渠道零售转型。案例以百联的多次转型为主线，回顾了其在不同阶段面临的问题以及作出的决策。全渠道零售要重构"人、货、场"三要素，这需要大数据、各类新技术的支持，到底是深化与阿里的合作还是修炼内功自主创新？这是百联全渠道转型之路上必须面临的选择。

2. 思考题

（1）百联集团早期是多业态、多企业的单渠道零售（实体店），后来是跨渠道零售，现在转向全渠道零售，你认为这三种零售类型的主要不同在哪里？其对百联集团的经营管理要求有何不同？

（2）百联集团转向全渠道零售，而电商企业则开展 O2O，提出新零售，你认为传统零售商开展全渠道和电商的 O2O 两种模式是否有区别？哪种模式更有优势？

（3）百联在和阿里的合作中会获得哪些收益，抑或面临哪些风险？如果你是百联集团的决策者，你认为百联的全渠道之路应该自主完成，还是继续深化与阿里的合作？

（4）百联在未来有向新零售渠道转型的可能性吗？如果有，应该怎么做？

3．案例分析框架

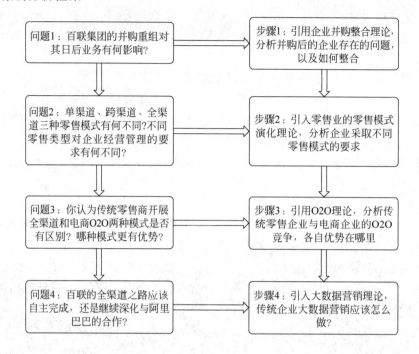

问题1：百联集团的并购重组对其日后业务有何影响？	步骤1：引用企业并购整合理论，分析并购后的企业存在的问题，以及如何整合
问题2：单渠道、跨渠道、全渠道三种零售模式有何不同？不同零售类型对企业经营管理的要求有何不同？	步骤2：引入零售业的零售模式演化理论，分析企业采取不同零售模式的要求
问题3：你认为传统零售商开展全渠道和电商O2O两种模式是否有区别？哪种模式更有优势？	步骤3：引用O2O理论，分析传统零售企业与电商企业的O2O竞争，各自优势在哪里
问题4：百联的全渠道之路应该自主完成，还是继续深化与阿里巴巴的合作？	步骤4：引入大数据营销理论，传统企业大数据营销应该怎么做？

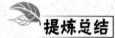 提炼总结

1．本章重难点

（1）了解渠道的变迁历程。

（2）区分直销渠道和分销渠道。

（3）区分五种不同的营销渠道模式。

（4）理解和掌握新零售的概念。

（5）了解新零售的发展历程。

2．核心概念

（1）**渠道**：是一个产品或是服务在生产后经历过一系列途径，从而使产品或服务经过销售到达最终使用者手中。

（2）**直接分销渠道**：指生产者将产品直接供给生活者或用户，没有中间商的介入。

（3）**间接分销渠道**：指生产者利用中间商将商品供应给消费者或用户，中间商介入交换活动。

（4）**单渠道模式**：指通过一条渠道（零售店、网店、社交商店等）完成销售的全部功能。

（5）**多渠道模式**：指通过两条及两条以上独立完整的零售渠道完成销售的全部功能的购物行为，每条渠道完成渠道的全部而非部分功能，一般把实体店加网店的分销视为多渠道。

（6）**跨渠道模式**：是在多种渠道环境下的一种整合战略，是指通过多条零售渠道组合完成销售的全部功能，每条渠道仅完成渠道的部分而非全部功能。

（7）**全渠道模式**：指企业采取尽可能多的零售渠道类型进行组合和整合(跨渠道)销售的行为，以满足顾客购物、娱乐和社交的综合体验需求，这些渠道类型包括有形店铺(实体店铺、服务网点)和无形店铺(上门直销、直邮和目录、电话购物、电视商场、网店、手机商店)，以及信息媒体(网站、呼叫中心、社交媒体、E-mail、微博、微信)等。在今天，几乎一种媒体就是一种零售渠道。

（8）**O2O**：是 online to offline 的缩写，又称离线商务模式，是指线上营销和线上购买带动线下经营和线下消费。

3．分析工具

1) 区分直接分销渠道和间接分销渠道

在9.1节中，讲述了直接渠道与间接渠道的不同。直接渠道，指生产企业不通过中间商环节，直接将产品销售给消费者。直接渠道是工业品分销的主要类型。例如大型设备、专用工具及技术复杂需要提供专门服务的产品，都采用直接分销，消费品中有部分也采用直接分销类型，诸如鲜活商品等。间接渠道，指生产企业通过中间商环节把产品传送到消费者手中。间接分销渠道是消费品分销的主要类型，工业品中有许多产品诸如化妆品等采用间接分销渠道。

2) 如何选择渠道模式

（1）企业的定位。每个企业都有自己的经营策略，都有自己的营销理念。这些分销模式的选择，完全依照企业的发展方向进行。而企业的定位，也是针对产品的客户群、销售的区域、企业的战略进行。合理的定位有助于企业的发展，而此时分销模式也应该以此为依据去选择。

（2）企业的自身实力。在营销方面，不同的渠道会让企业付出不同的成本。针对企业自身实力有效选择分销模式，有助于企业保证营销收益。举个例子，企业在各地区拥有自己专属的分公司，条件已然成熟，那么采取的分销模式就是直销，这类公司并不差钱，因此选择该模式很恰当。但如果公司本身没有太大实力，那么选择间接分销模式也好，打造分销商城，建立网络分销商团队，实现分销裂变，从而取得好的收益。

（3）市场环境。对于不同的产品，有着不同的市场形态，这一点相信大家都很明白。针对市场环境的不同，企业所选择的分销模式也会有所改变，以期能迎合市场的发展。也许大家不太明白，简单说，销售电视与销售苹果，自然需要不同的分销模式，因为这两个商品的市场环境截然不同。

（4）产品状况。企业选择分销模式，也需要看产品状况而定。不同的产品种类，有着不同的特点。例如苹果、蔬菜等这些不易保存的快消品，在选择分销渠道时就需要关注保质期。但如果是牙刷等生活用品，那么其保质期的影响会小得多，企业的经营模式也会改变。

即 测 即 练

第 10 章

促 销 模 式

【本章学习目标】

1. 了解传统时代的促销模式,掌握 AIDA 模式的运作方式。
2. 了解互联网时代的促销模式,掌握 AISAS 模式的运作方式。
3. 了解大数据时代的促销模式,掌握 ACICS 模式的运作方式。

【本章概要】

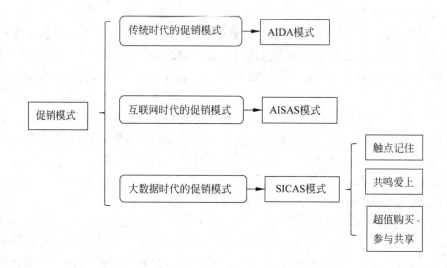

10.1 传统时代的促销模式

【引导案例】

屈臣氏的促销宝典

　　屈臣氏的促销活动每次都能让顾客获得惊喜,在白领丽人的一片"好优惠哟""好得意哟"声中,商品被"洗劫"一空,创下了屈臣氏单店平均年营业额高达 2 000 万元的战绩。在屈臣氏工作过的人应该都知道,屈臣氏的促销活动算得上是零售界最复杂的,不但次数频繁,而且流程复杂、内容繁多,每进行一次促销活动更是需要花很多的时间去策划与准备。策划部门、采购部门、行政部门、配送部门、营运部门都围绕这个主题运作。为超越顾客期望,屈臣氏所有员工都乐此不疲。

2004 年 6 月 16 日,屈臣氏中国区提出"我敢发誓,保证低价"的承诺,并开始以此为主题的促销活动,每 15 天一期。屈臣氏的促销活动发展大致分为三个阶段:第一阶段屈臣氏以节日促销活动为主,屈臣氏非常重视情人节、万圣节、圣诞节、春节等节日,促销主题多式多样;第二阶段是提出"我敢发誓,保证低价"的承诺后,以宣传"逾千件货品每日保证低价"为主题,几个月后,屈臣氏作出了宣言调整,提出"真货真低价",并仍然贯彻执行"买贵了差额双倍还"的方针,屈臣氏的低价策略已经深入人心;第三阶段是屈臣氏延续特有的促销方式并结合低价方针,淡化了"我敢发誓"的角色,并逐步推出大型促销活动如"大奖 POLO 开回家""百事新星大赛",屈臣氏促销战略成功转型。

屈臣氏中国的营收主要依靠开设店铺带来的规模效应,随着 Z 世代进入消费市场,屈臣氏也在传统促销的转型路上。

案例 10-1　屈臣氏的促销宝典

2019 年,屈臣氏中国与国际卡通形象品牌 LINE FRIENDS 旗下 IP 形象 BT21 合作推出多款合作产品。同年,屈臣氏中国还发布了融合 AI 技术的虚拟偶像代言人"屈晨曦 Wilson"。2021 年的屈臣氏,先是靠一首广告曲《热爱 105℃的你》火遍全网,后又官宣"国民妹妹"张子枫成为饮用水品牌代言人,并签约蔡徐坤为全线品牌代言人。

销售模式方面,屈臣氏中国也作出调整。门店端,品牌推出了会员美妆、肤质测试等升级服务。而线上渠道方面,屈臣氏中国在发力手机 App 商城的同时,还在 2020 年 2 月推出"屈臣氏官方云店"小程序,通过小程序,品牌实现了 1 小时闪电送货、在线直播、一对一专属美丽顾问等服务。

每一次的促销活动,屈臣氏都会花很大的精力去策划和准备,往往会超出消费者的预期,五花八门的促销活动对消费者具有很大的吸引力,屈臣氏在促销活动方面的造诣是值得零售连锁企业借鉴的。虽然传统时代的促销模式具备一定的优势和奠基意义,但随着时代的发展,促销模式也在变化。

首先,我们来回顾过去的 100 年里我们的传播工具发生了什么变化(图 10-1)。

图 10-1　传播工具的变化

其次,让我们来梳理一下促销模式发展经历的三个阶段,如图 10-2 所示。

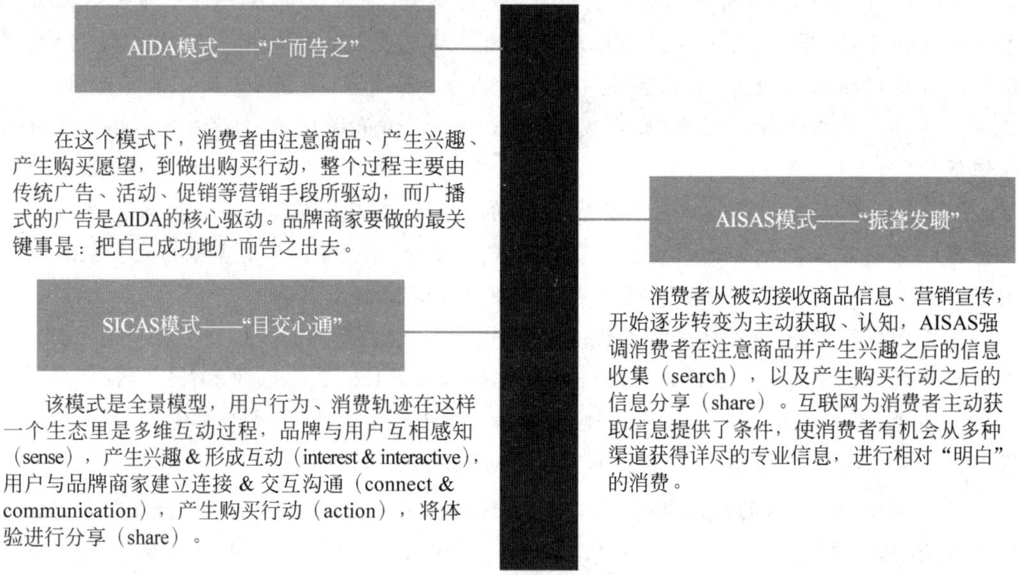

AIDA模式——"广而告之"

在这个模式下,消费者由注意商品、产生兴趣、产生购买愿望,到做出购买行动,整个过程主要由传统广告、活动、促销等营销手段所驱动,而广播式的广告是AIDA的核心驱动。品牌商家要做的最关键事是:把自己成功地广而告之出去。

SICAS模式——"目交心通"

该模式是全景模型,用户行为、消费轨迹在这样一个生态里是多维互动过程,品牌与用户互相感知(sense),产生兴趣 & 形成互动(interest & interactive),用户与品牌商家建立连接 & 交互沟通(connect & communication),产生购买行动(action),将体验进行分享(share)。

AISAS模式——"振聋发聩"

消费者从被动接收商品信息、营销宣传,开始逐步转变为主动获取、认知,AISAS强调消费者在注意商品并产生兴趣之后的信息收集(search),以及产生购买行动之后的信息分享(share)。互联网为消费者主动获取信息提供了条件,使消费者有机会从多种渠道获得详尽的专业信息,进行相对"明白"的消费。

图 10-2　促销模式发展阶段

下面,让我们先来学习传统的促销模式——AIDA 模式。

在学习下面的内容之前,我们先来思考一个问题,如果你是一名销售员,你该怎么把梳子卖给和尚?看完下面的故事也许会对你有一些启发。

销售人员跟寺庙的住持说:"你想不想使你的寺庙在短期内名声大振?你想不想让你的寺庙拥有一个稳定的经济收入?我这里有个办法:你的书法超群,我这里有一批质量上乘的梳子,你在我的梳子上刻上一些吉祥的字句,我们再举办一个盛大的开光仪式,邀请社会名流、信徒和捐赠香油钱的施主参加,在仪式上将这些梳子赠送给他们,以此来扩大你寺庙的声誉,同时也能让那些信徒和施主对你的寺庙产生极大的满意和忠诚。以后我们就在你寺庙的旅游纪念品商店里长期售卖这种开光吉祥梳,保管你挣得盆满钵满!怎么样,是不是和我商讨下长期订购的具体意向啊?"

下面,我们就用 AIDA 模式来分析一下这名销售员的做法。

注意力(A),首先他提到寺庙声誉以及利润等关键信息引起了住持的注意。

兴趣(I),然后他谈到了住持的书法水平、强调了和尚不会用的梳子的质量,这激发了住持的好奇心和兴趣。

欲望(D),接着他设计了吉祥字句、举办开光仪式、邀请社会名流等赋予了其产品独一无二的特点,并勾画了一幅未来盈利的蓝图,极大地勾起了住持的购买欲望。

行动(A),最后他向住持进一步探究长期合作的意向,并获得了成功。

通过以上的分析,你是否对 AIDA 模式有了一定的了解?接下来我们就系统地对 AIDA 模式进行学习。

1958 年,欧洲著名推销专家海因茨·戈德曼(Heinz Goldmann)在《怎样赢得顾客》

（*How to Win Customers*）一书中首次提出 AIDA 模型。该书自问世以来，先后被译为 18 国文字，于世界各地出版，该书凭借 AIDA 模型对推销步骤、推销技巧、消费者心理的准确把控，成为营销学必读书目，AIDA 模型亦成为一条经典营销法则。

由推销过程四步骤首字母依次组合而成的 AIDA 一词，分别指：引起消费者注意力（attention）、诱发其兴趣（interest）、刺激其购买欲望（desire）、促成其消费行为（action）。具体而言，AIDA 可以引导营销者把潜在客户的注意力吸引到商品上，使其逐渐对商品产生兴趣，进而采取技巧刺激顾客购买欲望，最终选择合适时机达成交易。对推销者而言，AIDA 既是循序渐进获取成功的工具，又是随机应变掌握消费者心态的策略。

 人物小传 10-1　海因茨·戈德曼

 知识锦囊 10-1　促销

在这个模式下，消费者由注意商品、产生兴趣、产生购买愿望，到做出购买行动，整个过程主要由传统广告、活动、促销等营销手段所驱动，而广播式的广告是 AIDA 的核心驱动。品牌商家要做的最关键是：把自己成功地广而告之出去。目前该模式被广泛应用于广告领域，因为它能够帮助企业的经营者充分了解消费者的感知和注意力，根据 AIDA 原则，广告设计人员可以对症下药、有的放矢，设计出符合消费者口味和嗜好的广告，从而利用广告有效推进企业营销战略的实施。

基于对 AIDA 模型的基本认知，戈德曼指出：“AIDA 四个阶段的完成时间并不固定，先后顺序也非一成不变。一次完整的 AIDA 实践有时只要几分钟，有时却需几个月。”掌握如何吸引注意、如何引发兴趣、如何刺激欲望、如何促成行动的方法，将有益于指导实践。

1. 吸引顾客注意

注意力作为上述模型之基础，是开启整个 AIDA 行动链的金钥匙，它指的是通过广告、促销等活动使消费者逐渐认识和了解产品、服务或者品牌，通过精心策划的事件（如王老吉为汶川地震的捐款行为），或者是一连串的促销活动（如国美电器和苏宁电器节日期间的促销优惠），来引起目标族群中大多数人的注意。上述有意识的营销推广活动都是强化消费者对产品和服务的认知，在引起注意阶段，企业进行营销主要的诉求是提高产品或服务的吸引力。

2. 引发顾客兴趣

当消费者注意到营销推广所传达的信息之后，是否产生兴趣，是相当重要的问题，以往的营销案例说明消费者在购买某种产品或服务的时候，真正购买的是对自身有利的价值，而并不是该项产品或服务所具备的特色或者特征，即该产品的购买切实提高了消费者的效用价值，因此产品的营销推广必须具备独特销售主张，以引起消费者兴趣是非常重要的。

展示与示范，以其直观、真实、个性化的展演优势，能够引发受众的需求联想，构建身临其境的印象，因此成为 AIDA 第二阶段最常使用的手段。在此阶段，一方面要熟悉自身优势；另一方面要留心受众喜好，在找准自己能给对方带来的核心利益时，利用示范向其证明所推即所需。一般情况下，兴趣的产生通常是由于营销推广提供某种改善生活的利益所致,因此如何让消费者产生兴趣与产品服务及消费者利益本身有重大的相关,而消费者本身对此产品和服务是否关心与重视则是另一个关键。

3. 刺激顾客欲望

消费者对营销推广所提供的利益如果有非常强烈的冲动,就会产生购买该项产品和服务的欲望,也就是一种将产品拥有或消费这项服务的企求。兴趣与欲望有时只是一线之隔,如果掌握消费者产生兴趣的一瞬间,使之转化为内心的渴望,营销推广的目标就事半功倍,即当消费者接收到营销推广的内容之后,可能会产生一定的兴趣,但不一定会产生据为己有的欲望,因此在营销推广的活动中,务必强化消费者对该项产品或服务的购买欲望,使其产生购买的想法是其中的关键所在。

心理动机,作为刺激欲望的主要因素,往往以较为隐蔽的形式存在。例如,一位女性坚持锻炼是为了增加对男性的吸引力,却对旁人说自己爱好运动;一位明星投身公益是为了提升公众形象,却在媒体上强调自己充满爱心。因此在具体情境中,分析对方心理活动,找寻其兴趣产生的根本动机,如求名、求利、求新、求美、求胜等,才能投其所好,激发其迫切欲望。

4. 促成顾客行动

行动指的是在营销推广中促使消费者产生消费行动。行动是整个营销推广中最为重要的一环,潜在消费者对产品或服务,因其受着各种实际因素的牵绊,如文化、环境、经济、时机等,纵使有了注意、兴趣和欲望,但到最后却没有任何消费行动,这对于企业来说就是功败垂成。因此,加速消费者行动的营销推广活动,就是企业营销的临门一脚,企业必须采取有效的措施,鼓励有需求的消费者立刻采取行动。让消费者真正打开自己的腰包,

案例 10-2 运动健身软件 Keep——AIDA 模式的践行者

才是营销推广要追求的最终目的。

通过案例 10-2,你是否对 AIDA 模式有了更进一步的了解? AIDA 模式之所以能够迅速在营销中得到充分推广,主要原因在于它能够准确把握消费者的心理,通过消费者对某种产品或某项服务的口味和嗜好,对症下药,有的放矢,以此促进企业的营销战略实施,在企业的营销战略中有重要的参考价值。

10.2 互联网时代的促销模式

【引导案例】

小红书如何打造爆款?——AISAS 传播示例

小红书,作为曾经捧红了完美日记、谷雨等品牌的流量平台,是社交平台"种草"的进阶版,主打的是生活化"种草"。那么,一款新兴产品是如何在小红书上实现传播、达成购买,最后"破圈"的呢?可以用 AISAS 模型进行阐释。

1. 引起注意

包括小红书在内的大多数"种草"平台,为了引起消费者的注意,最直观的做法就是在打开 App 时的投屏界面上设置广告。

2. 产生兴趣

在小红书这一软件上，"种草"即是产生兴趣的一个过程，品牌方投放商品时会关注的四个渠道分别为达人笔记、素人笔记、商业化广告、直播。

3. 信息搜索

在移动互联网时代多了很多社交媒体，购买之前大家会进行一些搜索，于是小红书就成为一个产品搜索的平台。小红书应运而生了收录笔记和搜索词广告两个维度的功能，前者对同类产品进行整合，后者商家付费在消费者搜索关键词时推出购买界面。这都是对信息搜索能力的一种运用。

4. 购买行为

小红书是怎样将信息搜索转化为购买行为的？有两个方向：一是在达人"种草"的推荐下附上即时购买链接，借由消费者一时起意的兴趣，完成购买行为；二是和譬如淘宝的大型电商进行合作，投放广告链接，也可以做到一触即达。

 案例 10-3 小红书如何打造爆款？——AISAS 传播示例

5. 用户分享

小红书依旧是一个无门槛的分享笔记平台，其优势就在于，在使用后，素人也可以分享自己的使用体验，这又是一次产品流量的增量。小红书打造爆款虽然重点是在于投放 KOL（关键意见领袖），可是素人真实可靠的评价也是判断产品的重要标准之一，借助此，产品在其平台上又完成了一次传播。

相比于 AIDMA 模型，其最大进步在于，消费者从被动接收商品信息和营销宣传开始逐步转变为通过互联网来主动获取和认知，并且在购买行动之后会做信息分享。不过本质上，AISAS 还是基于广告的线性、单向的营销传播及消费过程，品牌商家与用户之间虽然开始互动，但仍只是基于链接的简单的碎片化的反馈。

资料来源：7 大模块，解析新品如何通过 AISAS 模型起盘小红书？，2020

相比传统营销模式，小红书具有覆盖面广、即时性、针对性、传播快的优势。其特性能使完美日记这样一开始默默无闻的国货，以不可思议的势能，借由"种草"的形式，达到"爆款""破圈"的效果。小红书在 AISAS 的传播模型中最重要的两点就是搜索和分享，结合产品特性和目标群体，选择匹配的 KOL，才能实现最佳的营销效果。

在传统媒体营销时代，AIDA 可以很好地解释消费者的行为模式，然而，互联网的飞速发展，特别是社会化媒体的崛起，已经极大地方便了消费者对意向品牌的价格、功能、使用体验等具体信息的反复比较。在这样的背景下，消费者获取商品信息到最终实现购买的决策过程也发生了改变，消费行为模式演变为 AISAS 模型，如图 10-3 所示。

引起注意A ▶ 激发兴趣I ▶ 信息搜索S ▶ 购买行动A ▶ 信息分享S

图 10-3　AISAS 模型

AISAS 模型表明，在互联网时代，消费者在接触到商品或服务的信息，达成购买活动后，还会进行信息分享，从而影响到其他消费者。在 AISAS 行为模式的每一个环节，消费者都有可能产生独特的品牌体验,在扩散分享环节,消费者可以通过网络媒体、口碑传播等方式实现品牌体验的分享。

对比 AIDA 模型,AISAS 模型中添加的自主搜索与分享体验正是 Web 2.0 时代造成消费者行为变化的主要因素,首先,搜索引擎技术赋予人们使用信息的权利,人们可以通过网络主动、精准地获取自己想要的信息。于是,消费者在进行购买决策的过程中,常常会通过互联网搜索产品信息,并与相关产品进行对比,再决定其购买行为,CNNIC(中国互联网络信息中心)历次调查数据显示,"对商品、服务等的信息检索始终是网民对互联网的主要用途之一"。其次,BBS(网络论坛)、博客、SNS(社交网络服务)等技术平台的普及,还赋予了人们发布信息的权利。于是,消费者在进行消费的过程中,还可以作为发布信息的主体,与更多的消费者分享信息,为其他消费者的决策提供依据。社会化媒体中的信息通过互动和讨论的方式快速地传播,其中,影响消费者购买的品牌信息成为企业与消费者之间的关键纽带。这些品牌信息,不管是消费者主动获取,还是消费者主动发布,都会深刻影响消费者行为,企业在营销的过程中应该密切关注。

消费者从被动接收商品信息、营销宣传开始逐步转变为主动获取、认知,AISAS 强调消费者在注意商品并产生兴趣之后的信息收集(search),以及产生购买行动之后的信息分享(share)。互联网为消费者主动获取信息提供了条件,使消费者有机会从多种渠道获得详尽的专业信息,进行相对"明白"的消费。AISAS 模式究其根本,还是以广告产生"注意",线性单向的营销传播过程以及行为消费过程,多于非线性、网状、多点双向、基于感知连接的 SICAS 过程。

总之,由于消费者行为模式的改变,企业的营销战略与营销模式也需要不断调整,通过社会化媒体营销(social media marketing)以获取新的营销竞争力。

案例 10-4　AISAS 模式在凡客诚品的应用

10.3　大数据时代的促销模式

【引导案例】

网易考拉海购如何成为情感收割机

2015 年以来,网易考拉海购已成为国内海淘最"凶猛"的一股力量,而网易考拉海购也被网友戏称为"一家被耽误了的广告公司"。

1. IP 化、借力打力

网易考拉海购品牌逐渐深植人心,这与其在营销传播策略上坚定地绑定头部内容(爆款 IP)不无关系。通过场景化、有代入感的内容营销、事件营销,其广泛触达影响目标人群,提升品牌知名度和好感度。比如《爸爸去哪儿 5》中跨界之作"网易考拉海购洋屋民宿"(图 10-4)等。

除去与热门 IP 绑定,网易考拉海购自造 IP 也达到了出奇制胜的营销效果。针对"黑五"大促,刷屏 H5《入职第一天,网易爸爸教我学做人》上线 2 天点击就破了 500 万次,也

图 10-4　网易考拉海购广告(一)

达到了百万元以上的销售额转化。15 天之后,"双 12"前夕,JULIA 的故事再次上演,于是有了续集《入职半个月,网易爸爸让我怀疑人生》。与以往续集鲜有成功的案例不同,JULIA 2.0 再度刷屏,而且点击量和带来的销售转化更超前作。

众多广告主都已意识到了 IP 对于营销的重要价值,但能够运用成功的并不多。网易考拉海购通过外部 IP 与自造 IP 搭建出了 IP 矩阵,相互借力、相互作用,不断发生化学反应,使"网易考拉海购"这一基本 IP 的声量也在不断被放大、被增强。

案例 10-5　网易考拉海购如何做到情感收割机

2. 社会化、引爆圈层

JULIA 的故事是网易考拉海购打造自有热门 IP 的一个范例,其还有一重要营销价值就是引爆圈层。

对于 2017 年的营销界来说,用户圈层化正成为越来越难以破解的营销难题。未来这种圈层传播将越来越明显:信息在不同圈层里面的传播非常艰难,但在同样的圈层里面传播却能加速。在这种趋势下,品牌和企业都会发现:品牌传播比较容易到达一个圈层,却很难击穿所有圈层。

3. 娱乐化、主打年轻

JULIA 的故事为什么会继续刷屏? JULIA 的"灵魂"来源于网易考拉海购市场团队工作人员自己在工作中的真实任务和同事们在微信群里的"吐槽",这种带着自嘲自黑态度、以 95 后年轻人视角"吐槽"工作的 H5,自传播力非常强。在"猪你丫"人物特性的设定上,网易考拉海购也做到了去努力贴合年轻人当前普遍的共性,以接地气"职场自黑"的形式和戏剧性的情节来俘获这批年轻人的心(图 10-5)。

图 10-5　网易考拉海购广告（二）

2017 年，网易考拉海购营销出色体现在洞察和执行两方面，洞察就是情感的播种，执行就像情感收割机，在这一年收割了无数用户的情绪。从创意到执行、传播、落地，从品牌到 IP、娱乐、情感等，这些都是环环相扣、步步为营的，既善于运用新媒体、新工具，同时又以用户情感为最终归宿，才得以一气呵成，出色地完成一次次整合营销。随着科学技术的进步，促销方式也在不停更新，在大数据时代下，促销方式又发生了怎样的变化呢？

近几年的大数据和云计算互联网企业给我们带来了很大的改变，阿里巴巴、腾讯、京东等互联网企业都在不断地研发移动互联网络的新产品，科技真的在改变世界，改变人们的消费习惯和生活方式。世界正在进入一个数字化的时代，收集、存储信息和处理数据的成本在互联网上大大降低。企业通过互联网收集消费者的偏好信息进行统计分析，节约了企业市场调研的成本，并且以互联网高效的传播速度将企业的产品信息传递给消费者。智能手机的普及使消费者能很好地与企业互动，拉近市场距离，便于企业促销活动的开展。尤其是相对于一些小公司而言，互联网削减企业成本、简化供应链，使企业更好地推广自己的产品和服务。规模较小的生产商可以服务于全国市场，并不是在一个小范围内竞争，小企业借助大市场覆盖面可以迅速地推广自己的产品。在近几年大数据新时代背景下，我们的促销模式由 AISAS 模式转变为 SICAS 模式。

下面，让我们一起进入 SICAS 全新促销模式的世界。

所谓 SICAS 模型，就是指用户行为、消费轨迹在同一个生态里是多维互动过程，而非单向递进过程，该模型是一个全景模型：品牌与用户互相感知（sense），产生兴趣 & 形成互动（interest & interactive），用户与品牌商家建立连接 & 交互沟通（connect & communication），产生购买行动，将体验进行分享。消费者的消费行为受到很多外在因素的影响，从供给创造需求的角度来讲，线上的大型传播以及线下的大规模活动给了消费者很大的购物刺激体验。当一种新的产品在市场上供给时，企业需要花费一定的时间让消费者关注新产品，消费者行为的选择代表着对该品牌产品价值的认可，大众媒体提供了一个很好的传播平台。在物质生活极大丰富的年代，消费者的生活消费不仅仅满足于基本的生活需要，精神上的情感共鸣更能引发新的消费热潮。在这种精神需求的推动下,消费者购买商品主要是为了获得自身的满足感和存在感,并且这种主观的消费体验通过社交媒体在网络上得到大量的传播,网络世界的情感共鸣随之扩散到生活中,影响着消费者的消费行为。接下来让我们来看一下广受欢迎的江小白的SICAS促销吧!

1. 差异化产品

江小白运用社交媒体实现了差异化产品的感知,在产品认知初始阶段——"品牌与用户互相感知"阶段,根据消费者时间碎片化和接收信息量丰富化的特点,表明"抓住消费者的注意力就是抓住机会"。因此,归纳总结案例发现,酒企在实现产品差异化过程中,应当根据消费群体SOLOMOPO的特征,利用具有强互动性的社交媒体,实现品牌拟人化、营销社会化和产品个性化,来吸引消费者的注意。同时,该阶段不是单向的,而是双向的感知。因此,充分的相互"对话"才可能实现精准的需求匹配。这就要求酒企在O2O营销中熟练掌握、利用广告网络、智能语义技术、社交网络、移动互联网LBS等手段,来构建与消费者之间的互动感知网络。

知识锦囊10-3 关键意见领袖

2. 粉丝化顾客

为防止顾客流失,循序渐进地将顾客粉丝化是企业O2O营销努力的方向。因此,在创造与消费者之间的"对话"之后,企业应引导、激发他们的"共鸣—兴趣—互动"的欲望,通过丰富的线上线下活动,实现顾客黏性的增强。但是,这仅是"企业—顾客"的单向沟通,为了实现企业与顾客的强关系,品牌与用户之间的"交互",即构建双方连接和交互沟通路径,显得尤为重要。结合江小白的具体做法,本书将粉丝化顾客的过程称为"两步走战略"。

(1)"一步走"——产生兴趣 & 形成互动。消费者对任何事物的关注都是有限的,因此,在有限的时间,让消费者产生兴趣,进而产生互动的欲望显得尤为重要。通过案例研究,企业O2O可以借鉴下列三个步骤:第一,触发共鸣。以品牌拟人

案例10-6 江小白——基于SICAS模型的O2O营销模式

化等形式,发表自身对时事等消费者关注事件的看法,引导消费者在社交媒体上评论,即发表自己的观点,满足消费者的表现欲。如火爆网络的"江小白语录"及"江小白"卡通人物形象引发消费者情感共鸣与口传。第二,激发兴趣。深入目标顾客生活,将广告植入日常中;创新广告文案、白酒新喝法等,让他们拥有分享的冲动,如江小白投资电影《同桌的你》和《不再说分手》。第三,引导互动。通过线上社交媒体广泛的传播力度发布信息、预热活动,组织多种形式的线下互动。如江小白通过微博进行宣传造势,在线下组织的"同城约酒"等主题活动获得极大的传播效果。

在"共鸣—兴趣—互动"的过程中,企业要将关注点集中在互动的方式、话题、内容和关系上。此时,理解、跟随、响应用户的兴趣和需求是企业整合线上线下渠道的关键,也是社会化网络越来越具消费影响力的风尚、源头的原因。同时,这也说明了该阶段是用户产生或者已经形成与品牌一定程度心理耦合、兴趣共振的时期。

(2)"两步走"——建立连接 & 交互沟通。信息时代最典型的特点就是打破了传统沟通的信息不对称。江小白在微博上发布一年一次的"约酒大会"等活动信息,与会人员

每年呈指数增长。不仅如此,江小白还通过设立微信公众账号,实现了 P2P(点对点)精准营销。因此,传统酒企要适应新时代,就需要掌握互联网时代下的新营销手段,巧妙利用社交媒体,设计吸引消费者注意的信息传播点,成功创建消费者之间的连接,实现品牌与用户之间的交互,建立与用户之间由弱到强的连接。

其实这两步动作,归根结底都是为了实现一个目标——顾客共创价值,顾名思义,就是品牌与顾客携手共同创造价值。

随着互联网流量红利的日益枯竭,人们开始重新反思和认识到顾客终身价值的重要性,这也意味着营销开始向"顾客价值""以人为本"等商业本质回归。

那么"顾客价值"在这里就有两层意思了,一层是顾客给品牌带来的价值;另一层则是品牌带给顾客的价值,品牌也需要有能够留住顾客的品牌价值,才能让顾客死心塌地追随品牌。

而顾客价值配合以人为本,那不就是顾客共创价值的最佳写照吗?在这样一种背景下,粉丝社群兴起了,它是这个时代下的产物,因为它是实现顾客共创价值的最好载体。

3. 全面化渠道

知识锦囊 10-4　铁杆粉丝、品牌粉丝与产品粉丝

根据消费者购买行为模型可知,在用户对品牌产生高度认同时,会产生"交易"行为,而该行为的实现,则依赖于购买渠道;相反,良好的购买渠道也会刺激消费者的购买冲动。因此,酒企可以借鉴江小白的渠道模式,将销售渠道分为三级:经销商、餐馆、网络,前两种属于传统销售渠道。而 O2O 中最为关键的网络渠道,不是简单地将产品搬到网络上进行销售,而是要像江小白一样通过线上渠道和传播达到产品与网络之间的对接、用户与网络间的连接、产品与用户情感间的融合,以实现实体产品、网络与用户之间的三位一体。其具体可按照以下步骤实现:设计个性化官网(设置专门销售页面)、扩大且移动化销售端(微博、微信、App)、利用社交媒体渠道增强顾客黏性(即增强渠道活跃性)等。

同时,江小白采用的是"轻资产>重资产"的模式,而国内大多数传统酒企却恰恰相反,因此,借鉴江小白的网络化销售渠道可以帮助传统酒企向轻资产模式转型,进而为O2O 商业模式变革创造条件。

4. 目标化管理

销售不是消费者与企业之间的终极阶段,反而是客户关系管理的开始。因为在移动互联时代,消费者在购买后习惯于对产品的体验、感受进行反馈和分享(share),这在很大程度上正在成为消费的源头,体验分享关键信息的发现能力,不仅是满足个性化需求的关键,也会成为消费生产力的重要来源。因此,酒企 O2O 营销要注意的是,在体验、分享阶段对消费者进行互动、引导,其营销价值甚至大过于以广告制造最初的注意。企业对粉丝的体验和分享进行目标化管理显然是有必要的。但是,不同类别的粉丝群,如江小白划分的"铁杆粉丝""品牌粉丝"和"产品粉丝",对产品的体验和分享都有各自的侧重点,企业为了获得结构性的需求信息,应当将各自的粉丝分类管理。

知识锦囊 10-5　积极心理学

综上所述,在原有的四大核心范畴构建的基本框架之下,基于互联网传播模型 SICAS 模型的指导,本书将江小白 O2O 商业模式的影响要素总结如图 10-6 所示。

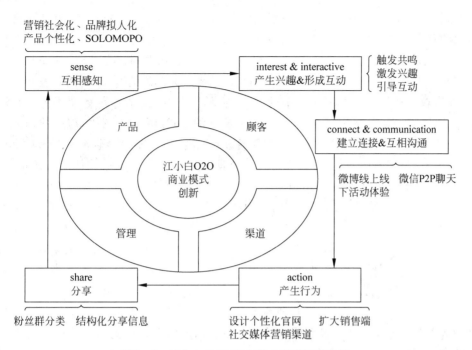

图 10-6　江小白 O2O 商业模式影响要素总结

如图 10-6 所示,每一大范畴对应于 SICAS 模型的不同阶段,借鉴江小白的具体做法,传统酒企 O2O 营销的要点是:企业首先通过个性化的产品及拟人化的品牌形象与移动互联时代下具有 SOLOMOPO 的消费者相互感知,进行社会化营销活动,然后聚焦于通过线上线下多形式、相呼应的活动与顾客形成互动、建立关系,进而基于个性化及多形式的营销渠道产生交易,最后对忠诚顾客(粉丝)进行标签化管理激发分享、反馈,获得长期黏性顾客资源,完成 O2O 营销闭环。

泰·本·沙哈先生在哈佛大学"幸福"公开课中讲的"积极心理学",归纳起来即"3E"——事件(event)、评估(evaluation)、情感(emotion),思想驱动情感,情感产生行动。比如外部发生一件事情,我们首先感知到这个事件;感知之后对这个事件进行思考、进行评估;思考后便唤起了情感,情感决定行动。

3E 思路正好用于解释我们的 SICAS 模型的五个阶段:感知、兴趣互动、交互沟通、购买及分享,将之归纳为:触点记住,共鸣爱上,超值购买、参与共享。

1)触点记住

有研究表明:在互联网环境下,用户投入一则广告上的关注时间平均不超过 2 秒钟,那么,如何在短时间内激发用户迅速"触点记住"呢?

(1)感知,品牌与用户互相感知。这个阶段强调品牌与用户之间的"对话",互联网时代下的对话过程必须无时无刻、随时随地,也就是"多触点""全方位"。关于多触点,既有印象的产生,更有需求响应,通过广告网络、智能语义技术、社交网络、移动互联网 LBS 等手段得以实现,这是互动感知网络的基础。

这个阶段应聚焦于传递产品核心利益与价值,强化用户感知。

有用：描述产品价值。为用户提供有价值的新资讯、新知识、新技能，用户能照着做，跟用户的日常工作、生活、娱乐息息相关。

有料：强化产品核心利益。言之有物，言之有数，进而做到言之有理。

在我们现在所处的时代里，"80后""90后"已经成为主流消费群体，他们追求个性、自由，有发言权。在数字时代，消费者成为主体，企业应该实时关注消费者，借助各种途径（社交网络、地理位置服务、实时的信息等）以他们喜欢的方式（用"80后"、"90后"的语言）与之沟通、交流。下面我们来看看江小白是如何通过互联网社交方式与年轻消费群体互动的。

从江小白的案例中我们看出，在这样一个具备分布式、多触点等特征的品牌商家与用户之间的动态感知网络下，衍生出了一种新型的消费行为，即 SOLOMOPO 消费群行为。

SO 即 social 的简写，代表着"四海之内皆兄弟"的"社交化"：每个消费者都是社交化的消费者。消费者开始自发组织起来，关注、分享、参与甚至主导整个购物过程。社交化

知识锦囊 10-6　触点

彻底打破了过去买家和卖家的信息不对称，消费者开始更多倾向于听取各种社交圈子好友的意见，而不是商家提供的产品广告与信息，市场主权真正回归消费者。

LO 即 local 的简写，代表着"入乡随俗"的"本地化"。每个消费者都是基于本地化产品和服务的消费者。LBS 可以将线上消费者带到线下，将线下消费者带到线上，并提供大量基于本地的产品与服务。借助 LBS 这样的技术，消费者能够准确找到本地位置附近的商家，商家也能够找到周围的消费者，并及时发布最新动态与优惠信息，做到精准营销。

知识锦囊 10-7　互动营销

MO 即 mobile 的简写，代表着"无所不在"的"移动化"。每个消费者都开始成为移动消费者。日益增长的移动消费者对于零售商来说无疑是一个巨大的机会，企业开始进入 O2M 时代。

PO 即 personal 的简写，代表着"标新立异"的"个性化"。消费者成为个性化消费者。企业及时发觉消费者需求并予以满足才是促销的关键。

（2）产生兴趣-互动。这个阶段强调品牌与用户间的"互动"：过去消费者与产品世界是两个世界，即消费者购买一个产品，核心是为了使用，因此"情感联系"相对比较少。但是今天，生活场景和产品场景是融为一体的，产品不再是冰冷的界面，消费者需要与产品对话，需要与产品互动，尤其是在一个数字化和智能化的时代，品牌需要给予消费者更多的意义。人都是热血动物，喜欢和热情的人相处，品牌与用户之间的互动就像人与人之间的相处一样，促销的互动可以给消费者一个良好的印象。通过沟通和相处我们才能了解这个产品，长久的良好关系可以给品牌带来示范效应，这说明很多的企业开展各种促销活动就是为了通过互动，形成广泛的客户资源关系，并且这种关系可以在持续的口碑传播中得到稳固，形成消费者的固定消费习惯。

互动营销（interactive marketing），更加讲究通过与用户产生良性互动，追求为用户带去价值并达到口碑传播的效果。因此，这个阶段应聚焦于情感性、趣味性的表达价值，激发兴趣。

数字化时代，什么样的信息才能是"万花丛中一点绿"，让用户产生兴趣进而引发互动

呢？什么样的信息能雅俗共赏呢？

好的创意需要胆量去尝试，如果"老梗"用得太多、太频繁，就会让人感到油腻；如果太过头，大众则会被引向"粗俗当有趣"的误区。所以任何有趣的创意都是冒着一定风险的，创意应特色鲜明、雅俗共赏。有趣的内容能迎合年轻人的"好玩"心理，年轻人比较容易接纳一些新的观念和有趣而与众不同的事物，所以一般有趣的营销吸引的都是年轻人，顾客受众群体较为狭窄。

2）共鸣爱上

共鸣即受众受品牌感染，产生"情感共鸣"，受众对品牌一见钟情，也就是 SICAS 模型中的建立连接 & 交互沟通。

案例 10-7　小米参与感的三三法则

这个阶段强调品牌与用户间的"交互"，意味着必须基于广告、内容、关系的数据库和业务网络，基于 Open API（应用程序编程接口）、Network、分享、链接，将移动互联网和 PC 互联网结合，将企业运营商务平台和 Web、App 打通，在 COWMALS 的互联网服务架构之下，建立与用户之间由弱到强的连接与交互。有了交互，也就有了促销、传播的力量。我们的社交圈层、粉丝经济都能为企业利润带来指数性的增长。具体方式笔者总结为正向强化与反向激发。

第一，"因为爱所以爱"——正向强化参与感。

为什么小米能"吸粉无数"？我们可以看看案例 10-7。

知识锦囊 10-8
COWMALS

通过案例 10-7 对小米的分析，我们可以了解到，小米的成功由很多因素促成，其中一个重要的原因就在于它通过构建用户的参与感，建立了与用户之间的连接交互。随着这些用户之间的交流越来越频繁，这种交互在"米粉"中产生一种认同感，可以形成一个小团体之间相互连接的纽带。小米消费者已形成一个比较固定的群体，这个群体代表了智能手机的平民化市场，这个阶层之间的互联互通可以形成一个正向的消费集群效应，这个群体里面的认同感很大一部分体现在对小米新潮产品的追逐和体验上。所以当小米有新产品研发出来时，在小米的促销模式下，"米粉"们的互动带来小米好口碑的扩散。

第二，"打是亲，骂是爱"——反向激发"吐槽营销"。

通过正向强化用户的参与感获得情感共鸣与粉丝忠诚是很多企业都能想到的交互方式，但互联网时代下，信息的碎片化与裂变化使得消费者很难静下心来通过长期的参与和交互达到与企业的共振，要在短时间内迅速获得用户的"围观"并保持持续的关注最终转化为"共鸣"，就需要"槽点"。

什么是"槽点"？

先说一下曾火爆朋友圈和微博的《太子妃升职记》。2016 年 1 月，《太子妃升职记》声名远扬，或许你们没有看过，但是一定听过这部剧。很多人都说看这部剧的时候一定要开弹幕，这样才能把内心汹涌澎湃的声音表达出来。同时，大多数用户都是越看越想"吐槽"，越"吐槽"越想看。这部剧的传播过程无论是道具、服装、人物设计还是剧情安排，满满的都是槽点（图 10-7）。

从这里可以看到，"吐槽"自带传播能力，拓展了传播的广度和深度，使用户在"吐槽"的过程中不知不觉地爱上了被"吐槽"对象。扎克伯格曾经说过，在今天的时代中，企业最

图 10-7　"吐槽"营销

可怕的不是"臭名昭著",而是"籍籍无名"。

我们再来看看比较熟悉的脑白金。提起脑白金,大家想到什么?——"今年过节不收礼呀,收礼只收脑白金"的老头老太系列雷人广告。

2015 年,脑白金 TVC 登陆各大卫视,再一次成功达到了洗脑的效果,也再一次创造了广告界的神话。新版的点赞广告不得不说刷新了大众的三观,广告雷人程度也是业内同行无法相比的。有网友调侃"简直天雷滚滚",更多的网友甚至开始有点儿怀念起以前的老头老太系列广告,呼吁脑白金团队"把老头老太请回来"。值得注意的是,脑白金这一次突然推出新广告,从"送礼"向"功效"转变,又以"点赞""吐槽"等年轻人流行的网络语为广告主元素,算得上是这十几年来广告策略上最大的一次突破。毕竟玩了十几年"今年过节不收礼"的"梗",是需要来一点改变了。

综上,太子妃和脑白金的"槽点"在用户的交互中作出了卓越的贡献。

那么,在日常生活中,人们热衷"吐槽"哪些话题呢?

首先,我们会针对一些问题进行"吐槽",男性和女性各有不同。对于女性来说我们关注的可能是情敌、婆媳、小三、男友、前任、老板这些话题。对男性来说那就是经济形势、老板的压力、竞争对手等。我们的日常是什么样的?对"鸡汤"的接受度是有限的,开心的时候还是最喜欢独乐乐,而"吐槽"的时候却能让我们聚在一起。比如我们在网易上看新闻,但实际是可能更多地看跟帖,在那里有可能有跟我们观点类似的激情"吐槽"。所以网易定位自己是"有态度的新闻客户端"。

"吐槽"的内容也从日常的"恶搞"变成了一种情绪的发泄,让用户形成了不同的排列组合,从而形成了群落和归属感。

什么是"槽点"营销?

用户交互的增加来自把人们聚在一起"吐槽"的场景。那么,企业该如何制造"吐槽"场景呢?下面我们来看一下神州专车的案例。

案例 10-8　神州专车的
"打击黑车"宣传

完成一个"槽点"营销,我们会收到很多用户的交互信息,其中很多可能存在很重要的内容,这些内容是下一次传播的源头,也许不适用于这次营销,但是之后说不定就会在哪里爆发,或者在哪里应用。

在互联网时代,企业促销这个阶段所提到的"交互"就是上一个阶段"互动"的深化。

深度互动是鼓励/激励消费者行动,并期待消费者参与后,能进一步作出预期的反应——可能是:加入品牌粉丝社区;和品牌一起"吐槽"怪现象;参与一场线下活动;线上点评、宣传呐喊、号召其他人也参与。

那么,互联网时代下为什么需要用户的深度互动呢?如图 10-8 所示。

图 10-8　深度互动

因为真正的社交传播战役,是通过与用户的深度互动来建立品牌体验,好的体验会深度触动受众,这样才能获得更多免费的媒体报道。换句话说,不光是达到,更重要的是触摸!

3)超值购买、参与分享

(1)产生购买行动。在产生购买行动阶段,强调品牌与用户间的"交易",这是整个营销环节中最能体现产品价值的环节。从表达价值的角度出发,即让用户感受到是一种"超值购买":给的显多,要的就显少。当顾客感知超值＝产品超值＋价格超值＋赠品超值＋心理超值,没理由不一键购买。最终购买行动的实现,需要消费者产生购买的冲动。保证用户感知程度没有差异的情况下,实现自身利益的增长。线上和线下相互配合,给消费者带来最便捷的体验,真正打通消费者的整体购物行为。消费者的消费刺激行为产生于商品的功能质量、外观、价格、商标、服务等。虽然促销活动很重要,但最重要的是做好产品,给消费者一个良好的消费体验。如图 10-9所示。

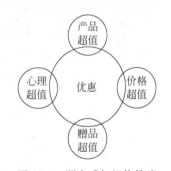

图 10-9　顾客感知超值策略

这部分的策略在之前和大家分享顾客让渡价值时已通过大量案例进行了解析。在互联网时代,"超值"除了强调顾客价值最大化外,还要注重品牌价值的最优化。比如,如何通过"跨界"合作实现"有趣"的购买。

在案例 10-9 中,可口可乐为此次营销共投入 9.9 亿瓶定制版产品,希望借助移动互联的力量,通过商品编码与海量消费者瞬时实现互动,将品牌在线下的零散客户群体吸引到线上留存下来,在培育其对于品牌忠诚度的同时,搭建起一种门槛更低的长期会员式客户体系。9.9 亿瓶产品,在卖货赚钱的同时,更赢取了亿万粉丝,这样的营销效果不能不引起关注和思考。

从企业促销推广策略的发展演化来看,其经历了三个阶段,从原始的促销奖励到互动的激励,而跨界联合的"社交式促销",其营销效果正在日益显现。

1.0式的促销——简单直接,无论是"再来一瓶"还是"集盒换礼",在购买阶段,消费者和企业之间是一次性交易,一拍两散,消费者与品牌之间是纯粹的利益驱动,无法真正形成品牌好感。

案例10-9　瓶盖Pincode,互动营销的又一种可能

2.0式的促销——企业尝试建立专属会员服务平台和积分兑奖网站,常态化的促销奖励让品牌积累了用户,但积累不了价值,消费者与品牌之间难以形成真正的归属感。

3.0式的促销——企业利用一个微信公众号、一个商品编码和一个电商平台,将消费利益和消费乐趣在一个购买体验流程中同时实现,消费者在利益引导和趣味刺激中不知不觉地关注了品牌,实现了用户和品牌价值的双积聚。

(2) 将体验进行分享。消费者购买了企业生产的产品,企业就完成自己的目标吗?答案是否定的。消费者还需要对产品的消费使用情况、产品质量信息进行反馈,这一个环节要求企业有体系完善的售后服务。在互联网时代,每个人都是自媒体,消费者的反馈信息很快就会在好友圈传播。这种程度的分享可以创造新的消费,消费者信息的反馈主要集中在网上商店消费购买后的评价当中,好评可以增加消费者对该产品的信赖和认可度,并且这些信息的分享有助于企业不断完善自己的产品,对于企业和消费者来说是双赢的,所以这个阶段强调品牌与用户间的"分享"。

案例10-10　爱分享,人之天性

也就是说,分享转发本身就是像吃饭一样的本能欲望,是不需要金钱激励就会自动去做的事情。人愿意分享的心理叫"意见参考效应"——我们被别人推荐、跟别人讨论等。更通俗的说法叫作"口碑"——消费者在购买某种商品时,向其他人询问意见,或者用了某种商品,主动推荐给其他朋友。

体验、分享的原始理解在于社会化网络,在微博、微信、QQ空间、Ins、脸书等社交媒体上,我们不仅关注好友的消费信息,也关注明星的消费信息,因为这代表着大众化的消费潮流。传统意义上我们以为分享就是口碑营销,但是实际过程中,互联网的开放分享会实现对用户体验分享碎片的自动分发和动态聚合,且一切远非口碑营销那么简单。这是一个消费者主体、用户主权的时代,因此,体验、分享并非消费的末尾,很大程度上正在成为消费的源头,且体验、分享的关键信息的发现能力,不仅是满足个性化需求的关键,也会成为消费生产力的重要来源。在体验、分享阶段进行互动、引导,其营销价值甚至大过于以广告制造最初的注意。

那么,如何刺激用户分享呢?

比如笔者曾看到这样一个广告:一个做有机食品的企业(有机汇),生产高性价比的有机食品,在分众平台的广告中宣传自己的各种产品有机、健康等,结果推广转化率不高(图10-10)。

类似图10-10这样的推广信息,必然无法激起一个群体内的有效口碑效应。试想一下,假设你看到广告后真正购买了这种有机大米,吃完之后,你有多大可能性分享给自己的朋友呢?很少,因为这个产品推广有以下缺陷。

缺乏新奇性——即使最好吃的大米,带来的感官冲击也不大,至于健康,更是感知不到的了,所以用户几乎不会分享这种不新奇的信息。

缺乏分享必要的知识——即使用户想分享,那么分享什么呢?普通用户能知道有机大米和绿色大米、生态大米等一系列概念的区别吗?如果你自己都不懂,怎么会推荐给其他人?

缺乏分享的话题——宣传中只讲了大米本身,那么只有当用户讨论到大米话题时,可能才会想起有机大米。可用户谈论大米话题的频次太少了,也就很难想起来。

图 10-10 有机汇广告

总之,用户没有感觉到新奇,没有理解产品,更没有讨论相关话题的习惯,自然就不会经常推荐。那怎么办呢?

既然分享本来就是一种基本的需求,那么与其花费巨额资金诱导他们分享,倒不如直接创造他们会分享的内容。

第一,提供(有意义的新奇性)。

企业想激活这种分享推荐机制,一个很重要的原则就是:提高信息的新奇性。

上面有机食品的信息,如最好吃的××、有机的生态的××、健康的××等,早就已经充斥大街,几乎不具备任何分享价值,更何况用户根本不知道"有机"是什么意思、代表着什么。

所以首先要提高信息的新奇性:这个产品的优势特点是什么、与什么存在反差、为什么这种反差是有意义的?

有机产品有几个特点:种植周期长(不能催熟)、土地每次用完要休耕 3 年、复杂的国家认证体系、耗费大量人工来除虫(而不是靠农药)等。

这个与什么存在反差?当然是与当下流行的追求效率速度、工业化、低成本化有反差(而不是与"无机"有反差),如图 10-11 所示。

有机产品的特点　

- 种植周期长(不能催熟)
- 土地每次用完要休耕3年
- 复杂的国家认证体系
- 耗费大量人工来除虫(而不是靠农药)

- 追求效率速度
- 工业化
- 低成本化

图 10-11 反差

所以,我们可以包装"慢"的概念,而不是"有机"的概念,因为前者既更加概括了这类产品的最大特点(生产慢、成本高),又与目标市场一线城市快节奏的生活方式产生反差,还以此暗示高成本支撑高价格。

总之，要想引发群体内的讨论、推荐，必须提供可以被理解的新奇性信息（"有机"既不新奇，也难以被理解），并且想办法打破预期。

什么叫作打破预期？

当用户听到信息的那一秒，就会唤起对这个事物惯性或常规的记忆，瞬间建立预期。

而这种预期一旦被打破，就会产生反差感，用户自然就会提高分享率，主动跟朋友谈起这件事。

比如，阿芙利用博客大人的使用推荐吸引了大部分流量，紧接着当用户在购买时，被分为"重口味""小清新""疯癫组""淑女组"几个小组的客服人员 24 小时无休轮流上班为用户服务；阿芙的送货员穿扮演游戏的衣服，化装成动漫里的角色为消费者送货上门，给消费者带来惊喜的同时也极具话题性。

第二，创造（知识落差）。

什么时候，人们会主动分享知识、信息和商品？

当人们发现就某个问题存在"知识落差"的时候——比如你朋友买了普通大米吃得很开心，而你知道这种大米不够健康，就会产生冲动告诉他可以买有机大米。

这个时候，你的知识（懂各种大米之间的区别）和朋友的知识（他不懂）就产生了落差，这种"知识落差"会刺激你主动分享信息给朋友，也会刺激你的朋友主动向你询问信息。

所以，如果要刺激用户的分享，激发他们的连锁反应，就要想办法创造这种"知识落差"——主动提供给用户必要的知识，让他们为拥有超过别人的知识而产生优越感。

比如小米手机在初期营销的时候，大力宣扬手机行业暴利，说明为什么小米高配低价、秒杀各种高档手机等。

这种宣传就让第一波看到广告的人拥有了超过其他人的知识（比如更懂手机行业），他们会为了优越感等，逐步在各种场合宣扬这种知识——"原来大家都用三星啊，你知道吗？三星 4 000 多元的手机，成本和 1 999 元的小米差不多！手机行业就是……"

没有创造这种"知识落差"，消费者看完了所有海报广告，仍然不会比没看过广告的人更理解有机是什么、对生活有什么意义，自然也就不会分享，该企业也就无法利用市场的杠杆力量。

第三，绑定（分享话题）。

要充分利用市场的杠杆力量，就要回答这样一个问题：消费者什么时候能够讨论到你？

在前面有机大米的广告中，这个问题的答案很简单：只有当消费者讨论到"什么才是更好吃的大米"的时候，才能讨论到。

可是，"大米"是一个消费者热门讨论的话题吗？消费者经常讨论"什么才是最好吃的大米"吗？当然不是。实际上，大米是如此不起眼、所有人都习以为常的食物，消费者几乎很少讨论到这个话题。

那怎么办呢？一般的做法是把产品同更加容易被讨论、参考的话题进行绑定。比如方太油烟机：油烟机也是一个我们不经常讨论的话题，它在家里一直不起眼，而且属于耐用品，好几年才买一次，真正被讨论的频率估计还不如矿泉水。所以方太的广告把油烟机这样一个难以被提起和讨论的产品同护肤话题、母亲生病、眼睛健康等建立联系。

比如"买高端护肤品保养皮肤，但敌不过低质量油烟机的摧残"——油烟机是一个低频话题,但女性护肤是一个高频话题,几乎所有的年轻女性都经常就护肤问题交换意见。把油烟机绑定到护肤问题上,就容易引起讨论,如图 10-12 所示。

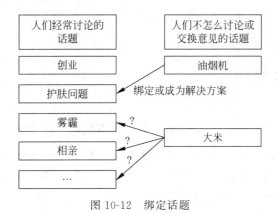

图 10-12　绑定话题

毕竟,只要人们没有就某个问题交换意见,就意味着你无法利用群体中的杠杆力量,无法通过一次性促销刺激连锁反应。

同样,前面的有机大米广告也可以采取这样的思路,跟某个"大家"经常讨论、想要解决的问题绑定。绑定话题是一种捆绑营销策略,它把品牌与一些"元素"合理有效地联系,使品牌在差异度、识别度、关注度、影响力方面形成特定的竞争优势,提升品牌的市场和心理势能。品牌口碑的传播扩散,影响力的增长是必然也是首选的。特别是大中型品牌的区域化传播,事件营销带来的口口相传远胜于铺天盖地的传单与广告。现在是一个消费者主体、用户主权的时代。消费者与企业之间的联系不是在购买过程之后就结束了,还会对产品的体验感觉进行反馈和分享。而体验、分享并非消费的末尾,很大程度上正在成为消费的源头,且体验分享的关键信息的发现能力,不仅是满足个性化需求的关键,也会成为消费生产力的重要来源。

消费者的分享会带来良好的口碑,口碑代表着消费者对这种产品的认可度,口碑可以相传,尤其是在互联网极大普及的情况下,口碑具有滚雪球效应,越滚越大。网上转发和推荐会让消费者产生高度的信赖感,很多消费者倾向于浏览用户体验度和用户评价再作出消费购买的选择,能够被口口相传的牌子才能成为大众追捧的品牌,品牌是一个企业的灵魂,是企业和消费者良性互动的感情纽带。

促销是在消费者与组织之间传递信息,是为了能够唤起消费者需求并激发需求。促销本质上是一种沟通活动,即营销者(信息提供者或发送者)发出作为刺激消费的各种信息,把信息传递到一个或更多的目标对象(即信息接收者,如听众、观众、读者、消费者或用户等),以影响其态度和行为。常用的促销手段有广告、人员推销、网络营销、营业推广和公共关系。以往研究中促销是一种战术,多用 AIDA 模型刺激短期购买。但是现在的社会发生巨大的变革,数字时代、Web 2.0、移动互联网创造了传统媒体乃至传统互联网媒体无法比拟的全新传播、营销生态,新时代下,AISAS 模式和SICAS 模式让消费者主动成为企业的代言人。

知识锦囊 10-9　Web 2.0

互联网、大数据为营销带来了许多独特的便利,如低成本传播资讯与媒体到听众/观众手中。互联网媒体在术语上立即回响与引起回响双方面的互动性本质,皆为网络营销有别于其他种营销方式独一无二的特性。

章末本土案例

1. 案例摘要

旺仔民族风刷屏,谈时下成功促销的三点论

案例描述了旺仔民族风广告刷屏背后的原因。第一是煽动情感,旺仔此次的营销事件中围绕民族这一主题,深化了56个民族是一家的爱国民族情感,而形式上以自身旺仔加上各民族特征的外包装为主题,较为有趣。第二是受众选择,旺仔作为一款适用于低、青年龄层的饮品,其购买权大多还是集中在家长以及青年群体身上。旺仔选择的民族话题适用于各个年龄层,具有很强的普适性。第三是IP互动,值得注意的是真正旺仔实现刷屏的还是后续的二次创作。在旺仔民族风走红之后,很多网友自发地做了一系列的"旺仔＋"表情图,从直接的衣物品牌到各种明星偶像,这些表情的二次传播使得旺仔的形象迅速实现刷屏级影响力。

2. 思考题

(1) 你觉得旺仔的促销最符合哪一种促销模型?具体分析一下。

(2) 你认为章末案例中的旺仔和10.3节中的江小白促销模式有什么相同点?有什么不同点?具体分析一下。

(3) 你认为旺仔的促销模式还需要完善吗?如果需要,如何完善?

3. 案例分析框架

理论视角	阶 段	旺仔的典型做法	对应范畴
S(sense)	互相感知	• 社交化:在微博等社交平台发布宣传文案; • 个性化:专属旺仔的56个民族个性包装	产品
I(interest & interactive)	产生兴趣 产生互动	• 利用民族风广告激发爱国情感; • 鼓励网友对旺仔民族风进行二次创作	顾客
C(connect & communication)	建立连接 互相沟通	• 通过评论与粉丝互动; • 进行产品抽奖	
A(action)	产生购买 行动	• 线上销售平台:旺仔旗舰店…… • 线下实体店抢先体验购买	渠道
S(share)	将体验进 行分享	• 粉丝营销:互动＋需求挖掘	管理

提炼总结

1. 本章重难点

(1) 掌握 AIDA 模式、AISAS 模式和 SICAS 模式。

（2）掌握不同促销模式的使用。

2．核心概念

（1）**促销**：指把产品或服务向目标消费者及对目标消费者的消费行为具有影响的群体进行宣传、说服、诱导、唤起需求并最终促进其采取购买行为的活动。

（2）**AIDA 模式**：AIDA 一词，分别指引起消费者注意力（attention）、诱发其兴趣（interest）、刺激其购买欲望（desire）、促成其消费行为（action）。

（3）**attention**：指消费者通过广告、促销等活动逐渐认识和了解产品、服务或者品牌。

（4）**interest**：指当消费者注意到营销推广所传达的信息之后，产生兴趣。

（5）**desire**：指消费者对营销推广所提供的利益如果有非常强烈的冲动，就会产生购买该项产品和服务的欲望，也就是一种将产品拥有或消费这项服务的企求。

（6）**action**：在营销推广中促使消费者产生消费行动。

（7）**search**：消费者在注意商品并产生兴趣之后的信息收集。

（8）**share**：产生购买行动之后的信息分享。

（9）**sense**：差异化产品的感知，品牌与用户互相感知。

（10）**interest & interactive**：在有限的时间，让消费者产生兴趣，进而产生互动的欲望。

（11）**connect & communication**：实现品牌与用户之间的交互，建立与用户之间由弱到强的连接。

3．分析工具

（1）如何运用 AIDA 模式进行促销？

① 吸引顾客注意。注意力作为上述模型之基础，是开启整个 AIDA 行动链的金钥匙，它指的是消费者通过广告、促销等活动逐渐认识和了解产品、服务或者品牌，通过精心策划的事件（如王老吉为汶川地震的捐款行为），或者是一连串的促销活动（如国美电器和苏宁电器节日期间的促销优惠），从而引起目标族群中大多数人的注意，上述有意识的营销推广活动都是强化消费者对产品和服务的认知，在引起注意阶段，企业进行营销主要的诉求是提高产品或服务的吸引力。

② 引发顾客兴趣。当消费者注意到营销推广所传达的信息之后，是否产生兴趣，是相当重要的问题，以往的营销案例说明消费者在购买某种产品或服务的时候，真正购买的是对自身有利的价值，而并不是该项产品或服务所具备的特色或者特征，即该产品的购买切实提高了消费者的效用价值，因此产品的营销推广必须具备独特销售主张，以引起消费者兴趣是非常重要的。

③ 刺激顾客欲望。兴趣与欲望有时只是一线之隔，如果掌握消费者产生兴趣的一瞬间，使之转化为内心的渴望，营销推广的目标就事半功倍，即当消费者接收到营销推广的内容之后，可能会产生一定的兴趣，但不一定会产生据为己有的欲望，因此在营销推广的活动中，务必强化消费者对该项产品或服务的购买欲望，使其产生购买欲望是其中的关键所在。

④ 促成顾客行动。行动是整个营销推广中最为重要的一环，潜在消费者对产品或服务，因其受着各种实际因素的牵绊，如文化、环境、经济、时机等，纵使有了注意、兴趣和欲望，但到最后却没有任何消费行动，这对于企业来说就是功败垂成。因此，加速消费者行

动的营销推广活动,就是企业营销的临门一脚,企业必须采取有效的措施,鼓励有需求的消费者,立刻采取行动。让消费者真正打开自己的腰包,才是营销推广要追求的最终目的。

(2) 如何运用 AISAS 模式进行促销?

对比 AIDA 模型,AISAS 模型中添加的自主搜索与分享体验,正是 Web 2.0 时代造成消费者行为变化的主要因素,首先,搜索引擎技术赋予人们使用信息的权利,人们可以通过网络主动、精准地获取自己想要的信息。于是,消费者在进行购买决策的过程中,常常会通过互联网搜索产品信息,并与相关产品进行对比,再决定其购买行为。其次,消费者在进行消费的过程中,还可以作为发布信息的主体,与更多的消费者分享信息,为其他消费者的决策提供依据。社会化媒体中的信息通过互动和讨论的方式快速地传播,其中,影响消费者购买的品牌信息成为企业与消费者之间的关键纽带。这些品牌信息,不管是来自消费者主动获取,还是消费者主动发布,都会深刻影响消费者行为,企业在营销的过程中应该密切关注。

消费者从被动接收商品信息、营销宣传,开始逐步转变为主动获取、认知,AISAS 强调消费者在注意商品并产生兴趣之后的信息收集,以及产生购买行动之后的信息分享。互联网为消费者主动获取信息提供了条件,使消费者有机会从多种渠道获得详尽的专业信息,进行相对"明白"的消费。

(3) 如何运用 SICAS 模式进行促销?

① 差异化产品。实现了差异化产品的感知:在产品认知初始阶段——"品牌与用户互相感知"阶段,根据消费者时间碎片化和接收信息量丰富化的特点,表明"抓住消费者的注意力就是抓住机会"。因此,企业在实现产品差异化过程中,应当根据消费群体 SOLOMOPO 的特征,利用具有强互动性的社交媒体,实现品牌拟人化、营销社会化和产品个性化,来吸引消费者的注意。同时,该阶段不是单向的,而是双向的感知。因此,充分的相互"对话"才可能实现精准的需求匹配。这就要求企业在 O2O 营销中熟练掌握、利用广告网络、智能语义技术、社交网络、移动互联网 LBS 等手段,来构建与现今消费者之间的互动感知网络。

② 粉丝化顾客。为防止顾客流失,循序渐进地将顾客粉丝化是企业 O2O 营销努力的方向。因此,在创造与消费者之间的"对话"之后,企业应引导、激发他们"共鸣—兴趣—互动"的欲望,通过丰富的线上线下活动,实现顾客黏性的增强。但是,这仅是"企业—顾客"的单向沟通,为了实现企业与顾客之间的强关系,品牌与用户之间的"交互",即构建双方连接和交互沟通路径,显得尤为重要。

即 测 即 练

营销前沿

【本章学习目标】

1. 理解营销伦理的含义。
2. 掌握企业社会责任的四个层次。
3. 掌握社会化媒体营销的内涵。
4. 掌握大数据营销的含义和特点。
5. 了解共享经济、小众营销的含义。
6. 了解人工智能、神经营销学、元宇宙。

【本章概要】

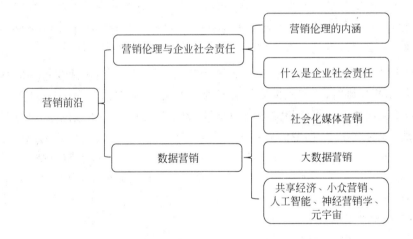

11.1 营销伦理与企业社会责任

【引导案例】

美年大健康的抗疫行动

美年大健康始创于 2004 年,是中国头部健康体检与医疗集团,总部位于上海。2020 年初,突如其来的新冠肺炎疫情,作为医疗卫生行业的一员,美年大健康积极响应国家号召和人民防控需要,积极开展了疫情抗击工作。

疫情发生之初，美年大健康迅速响应驰援武汉。了解到武汉防疫物资、人力短缺后，美年大健康不仅捐赠了9.2万份新冠肺炎试剂驰援武汉，更发出紧急动员令征召300余名医护精锐驰援武汉，并迅速组织下属各地的300多个分公司，抽建了217支医疗队，向各地政府主动请缨抗击疫情。各级医务人员积极参与了当地政府组织的运送抗疫物资、协助卡点检疫、做好社区防控、开展志愿服务、CT（计算机层析成像）协助诊断等各项工作。

除夕夜，义诊助力防疫战。随着新冠肺炎病毒感染人数不断攀升，CT诊断作为新冠肺炎诊断的一个重要环节已无法满足人们对检查的大量需求，急需来自外界的力量支援。为缓解公众恐慌，减少不必要的医院逗留和交叉感染，美年大健康在除夕夜联合大象医生、优健康等平台，汇集呼吸科、全科将近3000位专业医师，帮助了4.8万名市民获得专业的呼吸道疾病、咨询和科学指导，在减少到医院就诊交叉感染概率的同时，还减轻了医院医生负荷。

案例11-1　美年大健康的抗疫行动

新冠肺炎疫情来势汹汹，但比疫情更可怕的是恐慌和焦虑情绪的泛滥，在全国人们精神高度紧张的情况下，更加需要心理疏导服务。美年大健康在开展义诊咨询服务的同时，还开通"抗疫心理援助热线"，心理咨询师、精神科医师在线提供免费情绪压力疏导与心理咨询服务，为老百姓减少焦虑和恐慌提供帮助。

复工开检后，在提供正常体检服务的同时，美年大健康开展了为期一个月的公益体检活动，7家体检分院免费为武汉5000余名社区干部、社区抗疫人员及志愿者做核酸及CT检测。此外，为助力复工复产，美年大健康参与了武汉市全员核酸检测10天大会战，在7个行政区的29个社区采样点累计为15万多名市民提供核酸取样服务。

疫情发生伊始，美年大健康迅速捐赠医疗物资、征集医生驰援武汉；疫情不断蔓延，在国内恐慌不断加剧时，美年大健康及时开通线上义诊，免费为公众答疑；疫情得到有效控制后，美年大健康参与核酸检测会战，积极助力复工复产。美年大健康为"战疫"做出了很大的努力，但分文不取，向我们展示了一个有道德、有社会责任的企业的风采，正是由于医护人员、政府、企业、人民的万众一心，我们才能打赢2020年这场防疫战。我们的社会需要有伦理、有社会责任感的企业，因此我们需要学习什么是营销伦理、企业社会责任，争做优秀企业公民。

1. 营销伦理的内涵

1）营销伦理产生的背景

20世纪50年代，美国、欧洲等发达国家相继出现了许多企业经营活动的丑闻，如受贿、垄断价格、污染环境、欺诈消费者等，包括：美国联合碳化物公司储存物管理不善导致爆炸，造成2000多名人员死亡；数家国际知名企业明显帮助南非政府实施种族隔离政策；华尔街传奇人物伊凡·波斯基（Ivan Boesky）利用内幕交易牟利。20世纪50年代是道德丑闻大量发生与广泛报道的时期，这些丑闻不仅引起了民众对公司不道德行为的关注，更引起了民众对不道德行为的不满，民众强烈呼吁政府对不道德甚至违法行为进行调查，并建立相关制度加强监管。

随后，美国政府颁布了《对企业伦理及相应行动的声明》，同年美国商学院发起了关于开设企业伦理学课程的必要性调查，大多数被调查者均认为企业伦理学应该成为工商管理专业培养人才的重要组成部分。此后,越来越多的学者开始了企业伦理方面的研究与教材开发。1963 年,加瑞特编写了《企业伦理案例》一书,书中描写了大量企业伦理案例,并对案例进行深入的分析;1968 年,沃尔顿撰写了《公司的社会责任》,倡导公司之间的竞争要以遵守道德目的为本;1974 年,美国堪萨斯大学召开了第一届伦理学研讨会,这次会议不仅对企业伦理问题进行深入探讨,也标志着企业伦理学作为学科的正式诞生。1984 年,爱德华·弗里曼(R. Edward Freeman)出版了他的有关利益相关者理论的经典著作《战略管理:利益相关者方法》,在企业社会责任以及企业道德领域产生了重大的影响。

企业和营销伦理的兴起,究其原因是现实世界存在着营销管理实践的伦理问题,西方国家经过多年发展,付出了沉重的代价之后才意识到,发展市场经济必须注重伦理,才能避免不道德行为对社会造成的巨大损失。从 20 世纪企业伦理学的诞生到 21 世纪企业伦理的不断发展,其对现代企业的影响也越来越深远。

2) 学习营销伦理的必要性

企业作为社会、经济发展的重要成员,它的经营活动会对社会产生各种各样的影响。作为社会的一分子,企业对社会有什么责任,要负责到什么程度? 对于这个问题,不同的人有不同的看法。有人认为企业的责任就是在守法的前提下达到利润最大化,如诺贝尔经济学奖得主米尔顿·弗里德曼(Milton Friedman)就认为企业的职责就是盈利,所以企业需要的是法律制度,而不是伦理道德;有人认为讲伦理是发达国家的企业才要做的,而我国目前的经济发展状况还不具备讲伦理、讲道德的条件,谁讲伦理,谁就会在竞争中吃亏;还有人认为只有大企业才需要伦理,只有企业得到了充分的发展之后才需要讲伦理;也有人认为企业讲伦理也只是为了牟利,讲道德只是一种为了利润的伪装而已……上面这些观点乍看都有一定的道理,但它们都存在很大的片面性。

通过学习营销伦理,学习为什么企业单纯追求利润最大化是不够的、为什么企业需要伦理、为什么社会责任也要包括道德责任,将有助于我们正确而全面地认识伦理,形成判断企业行为是否符合伦理的标准体系。现实的企业实践中,消费者、

人物小传 11-1 亚当·斯密

政府、社会团体运用各种手段如抵制游行、制定法律、加强监管等来规范企业行为,伦理是超越这些手段的特殊方式,它不仅能够约束企业行为,也能成为企业提升市场竞争力的一大抓手,学习营销伦理对于企业的经营活动也十分有价值。

(1)营销伦理帮助企业作出正确的决策。企业每天都需要作出大量决策,大到开发新市场等战略决策,小到单个产品的促销策略、价格策略如何制定,做决策是企业管理的一大重要活动。企业做决策时往往会考虑经济上是否合理、技术上是否可行,但大量实践证明只考虑这两个方面远远不够,企业还需要考虑政治上是否可行、法律上是否允许、伦理上是否合适,这五个要素缺一不可。此外,企业作出的各种各样决策不仅对企业获利与发展有影响,更会对利益相关者有很大影响,如果企业的决策对利益相关者有不符合伦理的负面影响,那么该决策就会遭到利益相关者的反对,造成决策失误。

(2)营销伦理帮助企业提高管理效率。对于企业来说,避免因为伦理问题造成决策失误只是第一步,还应追求道德和业绩的相互促进。学习型组织、全面质量管理、人本管理等现代管理理论都认为不道德行为对业绩有损害,都要求企业采取道德行为开展生产

经营活动。现代企业的运营效率之争,是先进的管理方法与落后的管理方法之争,在伦理道德的基础上采用先进的管理方法,能够有效提升企业的管理效率,获得基于企业的伦理道德、文化的竞争优势。

(3) 伦理帮助企业获取持续竞争力。从博弈论的角度分析,如果是单次博弈,企业采取欺诈等不符合伦理的行为能够给企业带来更高的利益,但企业与顾客、员工以及其他利益相关者之间并不是单次博弈的关系,而是重复博弈。在现实社会中,双方无法确认这一次的合作是否最后一次,为了获得整体全部交易而不是单次交易的最大收益,企业需要依靠伦理道德的力量。从企业的内部视角来看,良好的道德有助于吸引、留住人才,有利于调动员工积极性,促进企业的创新和发展;从外部视角来看,良好的道德能够树立良好的企业形象,降低消费者与企业之间的交易成本,提高消费者的忠诚度,也能更好地建立与利益相关者的合作关系。因此,道德伦理是企业获取持续竞争力的来源,更是企业获取卓越业绩的保障。

3) 营销伦理的概念

伦理是什么?"伦理"一词在中国最早见于《礼记·乐记》:乐者,通伦理者也。伦,即人伦,指人、群体、社会、自然之间的利益关系,包括人与他人之间的关系、人与群体的关系、人与社会的关系、人与自然的关系;理,即道理、规则和原理。所谓伦理,就是指人类社会关系中应当遵循的道理和准则,就是处理人、群体、社会、自然之间利益关系的行为规范。与法律通过国家机器强制实施不同,伦理是通过传统习俗、社会舆论、内心信念来发挥作用的。

营销伦理是营销主体在从事营销活动中所应具有的基本行为准则,简单来说就是处理营销过程中各方利益相关者利益关系的准则。营销伦理是判断企业营销活动是否符合消费者及社会的利益、市场营销活动正确与否的道德标准。营销伦理包含企业组织伦理和个人伦理两个层次。从企业总体来看,企业整体的经营、营销战略、处理内外利益相关者关系需要遵循企业伦理的道德规范及行为准则;从员工个人来看,营销人员个人的行为就代表了企业的行为,企业的营销伦理通过员工个人的伦理行为表现出来,顾客及其他利益相关方也通过企业的具体营销行为来判断其是否符合道德伦理要求。

营销伦理是一门建立在营销学、伦理学、经济学、美学等学科之上的交叉学科,主词"伦理"是营销伦理的内涵,修饰语"营销"是营销伦理的外延。狭义的营销伦理是企业营销活动中的伦理关系和伦理准则;广义的营销伦理不仅包括营利性组织,还包括非营利性组织营销活动中必须遵守的伦理准则。营销伦理的本质是营销道德问题,它是企业伦理的一部分,也服从整个社会的伦理。

4) 营销伦理与伦理营销

市场营销活动既是企业的经营管理行为,也是企业的社会行为,每一种营销活动都需遵守道德标准,这些标准的总和就是营销道德。营销道德是用来判断企业营销行为正确与否的道德标准,借助这些标准可以分析企业营销行为是否符合道德。伦理营销是一种战略性营销,是指合乎营销伦理的营销行为,要求企业在满足顾客现时需要的同时考虑到其长远利益需要,也要求企业不仅满足顾客的利益,更满足利益相关者的利益。

在营销管理活动中,尤其是市场竞争日趋激烈、营销活动日益复杂的今天,营销伦理问题随处可见。在实施营销活动的过程中,如何平衡企业利益、顾客利益和社会利益,不仅是营销理论应用的问题,更是营销艺术的问题。根据 4P 分析框架,不符合伦理的营销主要有四个方面,即产品和服务、价格、渠道、促销的伦理问题。

（1）产品策略的伦理问题。产品的问题包含三个方面,即产品设计缺陷、假冒伪劣产品以及虚假认证问题。

产品设计是为了社会需求和用户需求,将产品的设想、构思转化为现实产品。产品设计缺陷往往会导致安全性的问题。产品安全,是指产品在使用过程中,各利益相关者的生命财产利益都不会受到威胁或损失,产品要对环境无污染、对人体无伤害。

丰田汽车是一家总部设在日本的汽车工业制造公司,隶属于日本三井财阀。自 2008 年逐渐取代通用汽车公司,成为全世界排行第一位的汽车生产厂商,其汽车依靠节油耐用等优点风靡全球,凌志、丰田等众多车型都是全球市场热销产品。但 2009 年,对于丰田汽车来说,绝对是大灾之年,丰田汽车的油门脚踏板设计存在缺陷,导致驾驶者刹车不仅没有刹住反而加速,酿成了车祸。消费者将其告上法庭,要求巨额赔偿,丰田不得不在全球召回车辆,这不仅对其国际声誉造成了很大的影响,更严重威胁了消费者的生命财产安全。

现实生活中,我们经常会遇到假冒伪劣产品。假冒产品是指使用不真实的产品标识、产品名称等误导消费者,让消费者以为该产品就是被假冒的产品;伪劣指的是产品质量差,甚至丧失了使用功能。假冒伪劣产品在我国主要集中在烟、酒、化妆品、电子产品等中,售卖假冒伪劣产品轻则给消费者带来经济损失,重则影响消费者身心健康。

产品的第三大道德问题是虚假认证。产品认证是国际上通行的用于产品安全、质量、环保等特性评价、监督、管理的手段。虚假认证则是企业为了达到提高业绩的目的,随意在产品上滥用认证,误导消费者。

（2）价格策略的伦理问题。价格作为企业四大营销组合策略之一,占据着非常重要的地位,价格策略不仅关系到企业能否获利,更关系到企业能否获得持续的发展。价格策略的伦理问题可以分为两大类,一是价格的合理性,二是定价的公平竞争性。价格的不合理性是指经营者利用虚假或令人误解的价格形式,欺骗或诱导消费者与其进行交易的行为,如高低定价。妨碍公平竞争的定价集中在对市场公平竞争的破坏上,如处于垄断地位的少数几家企业结成同盟协商形成的垄断价格;对同一商品的不同买主索要不同价格的歧视性定价;企业为了吓退想要进入该市场的潜在竞争者而降低价格至成本线以下,待对手退出后再提价的掠夺性定价;等等。

（3）分销策略的伦理问题。分销是指产品从生产商到最终消费者的路径。分销的伦理问题主要有违背合同契约、流通假冒伪劣产品、转嫁渠道成本、采用灰色营销手段等。此外,分销的一种形式是直销,即通过人员接触,在家里或其他私人场所进行的产品配销方式。直销的优点是一对一销售,服务效率更高,更有利于维护长期的关系,但由于其销售的性质,给消费者带来了侵犯隐私权、价格欺诈等风险,在我国,直销有演变为传销侵害人们生命财产安全的风险。

（4）促销策略的伦理问题。广告无处不在、无时不在。广告可以帮助公司建立品牌和产品形象,提高公司的知名度。促销策略最容易发生不道德行为的也是广告,在"注意力经济时代",广告主为了争夺人们眼球,不惜采用虚假宣传、恶俗广告、情色广告等不道德的广告形式。不道德广告横行,不仅会阻碍广告行业的正常发展,更会扭曲社会的主流价值观,破坏市场经济的正常运行、降低和谐社会的诚信指数。

【中国智慧 11-1】

基于"义利"的中国伦理观

中国传统文化,是民族文明、风俗、精神的总称。"文化"的定义,往往是"仁者见仁,智者见智",中国传统文化以儒、佛、道三家为主干,三者相互依存、相互渗透、相互影响,构筑中国传统文化的整体。在中国传统文化中,"义"与"利"的相互关系有着重要的地位。

义利关系是中国思想的一个基本关系,也贯穿于一切营销活动之中。所谓"义利关系",就是如何处理义与利之间的矛盾。义,一般指仁义道德;利,则指物质、利益。中国著名的思想家、教育家、政治家孔子曾说,"君子喻于义,小人喻于利",反对只追求物质利益而把伦理道德置之脑后的行为;另一位思想家荀子更明确地提出了"以公义胜私欲"的主张。纵观我国文化思想,均告诉我们不仅要充分重视物质财富的价值,更要在谋取财富的手段上遵守社会伦理和道德规范。义利统一是广泛得到认可的思想境界,当两者发生冲突时,则侧重于重义轻利。这样的传统文化不仅在潜移默化中影响着中国人的行为,更存在于企业营销伦理之中。营销伦理的"义利"观中的义,有着公平竞争、注重安全性、服务于人民利益、履行社会责任等内涵。

2. 什么是企业社会责任

企业作为组成社会的基本"细胞",需要从社会中获取资源,并将产成品供给社会获得收益,这样在作出经济贡献的同时也发展了企业自身。企业是社会的一部分,依托于社会而存在,因此也应该以履行社会责任的良好行为来回报社会。所以,每一个负责任的企业,每一个具有责任心的企业家,不仅在企业营销活动中要注重商业伦理,而且在企业生产、经营、管理的全过程都要注重履行社会责任。

1) 企业社会责任的概念

企业社会责任是指企业应该承担的以利益相关者为对象包含经济责任、法律责任和道德责任的一种综合责任。企业的社会责任自诞生起就引起了社会的广泛关注,在学术界对于企业社会责任有两种代表性的观点。

反对企业有社会责任的代表人物是诺贝尔经济学奖获得者弗里德曼,他认为企业有且只有一种社会责任,即在游戏规则(公开的、自由的、没有诡计与欺诈的竞争)范围内,为增加利润而运用资源,开展活动。需要注意的是,弗里德曼强调遵守游戏规则,即市场经济自由竞争、守法,不能违背伦理要求的规则,他真正反对的是企业做慈善的责任,而非全部的企业社会责任。

支持企业有社会责任的代表人物是卡罗尔,他认为企业社会责任是某一特定时期,社会对企业所寄托的经济、法律、伦理和自由决定(慈善)的期望。这里强调企业的社会责任是四个方面:经济责任、法律责任、伦理责任以及慈善责任,卡罗尔提出了企业社会责任金字塔模型,如图 11-1 所示,需要注意的是,最高层级的慈善责任是企业自由选择的,不做慈善不意味着不履行社会责任。目前,卡罗尔的企业社会责任学说更广泛地被人们接受。

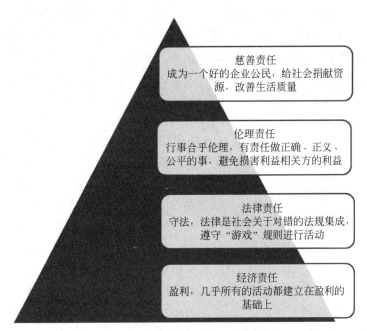

图 11-1　企业社会责任金字塔模型

一谈到企业社会责任，人们的第一反应就是做慈善，其实这是一种对企业社会责任的误解。企业慈善是指为了公共目的的自愿捐赠，慈善不是企业社会责任最重要的部分，更不是企业社会责任的全部。企业的社会责任和做慈善绝对不能画等号。企业的社会责任是社会对企业的期望，必须从社会而不是从单个企业的角度来理解企业社会责任。正如习近平总书记在企业家座谈会所说，"企业既有经济责任、法律责任，也有社会责任、道德责任"。对于企业来说，经济、法律之外的责任不是公益责任，而是道德责任，道德责任是理解企业社会责任内涵的关键。

2）企业社会责任的内涵

要弄清楚企业社会责任，就要回答三个问题：一是企业社会责任的主体是谁，谁来承担责任；二是企业社会责任的客体是谁，对谁承担责任；三是主体承担责任要到什么程度。

企业的社会责任，顾名思义，主体是企业。但企业是由人组成的团体，企业的行为、企业的责任归根到底还是人的行为、人的责任，因此要求企业履行社会责任就是要求企业的所有经营者承担社会责任，所以企业社会责任的主体是企业和所有经营者。

企业社会责任的客体是谁？这个问题的回答见仁见智，利益相关者理论给了我们最受到大家公认的答案。利益相关者包括企业的股东、债权人、雇员、消费者、供应商等交易伙伴，也包括政府部门、本地居民、本地社区、媒体、环保主义等的压力集团，甚至包括自然环境、人类后代等受到企业经营活动直接或间接影响的客体。这些利益相关者与企业的生存和发展密切相关，他们有的分担了企业的经营风险，有的为企业的经营活动付出了代价，有的对企业进行监督和制约，企业的经营决策必须考虑他们的利益或接受他们的约束。从这个意义讲，企业是一种智力和管理专业化投资的制度安排，企业的生存和发展依赖于企业对各利益相关者利益要求的回应的质量,而不仅仅取决于股东。企业无论损害了哪一方利益相关者的利益,都会受到道德的谴责,如虚假广告、欺诈消费者、克扣员工工资、披露虚假信息侵害股东、拖欠供应商货款等。这些行为不仅侵犯了消费者,更对其他利益相关者造成了伤害,都是不负责任的,因此,企业社会责任的客体应该是所有的利益相关者。

在多大程度上履行社会责任,是社会责任最难回答的问题。因为企业在成本与履行责任之间往往会存在利益冲突,如企业社会责任要求企业提供对环境无污染、绿色的产品,但高环境友好往往意味着高成本,那么多大程度的绿色是合适的? 企业需要对员工负责,那么企业应该给员工多少薪酬、多少闲暇才是符合企业社会责任的呢? 对于履行社会责任的程度问题,底线是在遵守国家法律和市场经济规则的前提下,提供达到行业治理标准的服务,但是履行程度没有上限,没有最好,只有更好。

知识锦囊 11-1　科研承担什么责任?

企业要拥有“经济人”和“社会人”的双重视角。1924 年,梅奥在西方电气公司所属的霍桑工厂进行了一项霍桑实验,在此之前以泰勒的科学管理理论为代表的传统管理理论认为,人是为了经济利益而工作的,金钱是刺激工人积极性的唯一动力,因此传统管理理论也被称为“经济人”理论。而霍桑实验表明,经济因素只是第二位的东西,他人认可、归属某一社会群体等社会心理因素才是决定人工作积极性的第一位的因素,由此人们才逐渐意识到人不仅是“经济人”,更是“社会人”。“经济人”与“社会人”理论放在企业社会责任上同样适用,企业社会责任要求企业在作出决策时不仅从“经济人”的视角考虑企业金钱利益的最大化,更要从“社会人”的视角考虑各个利益相关者即社会的整体利益。

11.2　数据营销

【引导案例】

大数据加持,网易云音乐如何刷爆朋友圈?

年度总结近几年突然走进了互联网居民的视野,以网易云音乐为首的各大 App,可以在年末为用户生成一张专属的个人榜单,显示其一年内在应用上的种种使用行为(图 11-2)。每年年末,大家都争先恐后地在社交平台上晒出自己的听歌报告。网易云抓住了哪一点,达成了这样的现象级传播效果?

1. 技术层:大数据助力深层次互动

网易云年度歌单是利用大数据海量收集用户的听歌信息和数据,每个用户哪首歌听得最多、发出了什么评论、听歌时间、听歌习惯等,都会在专属歌单上非常清晰地罗列出来,而且,根据每个用户的听歌喜好,对其心情、性格等进行分析,给出大致的标签,加入更多的个人情感化的内容,让用户体会到定制歌单的细致与走心,从而对其产生好感,进一步将其转发分享,达到传播和刷屏的最终效果。

正是因为大数据才能让网易云与用户形成深层次的创意互动,即时生成专属歌单。

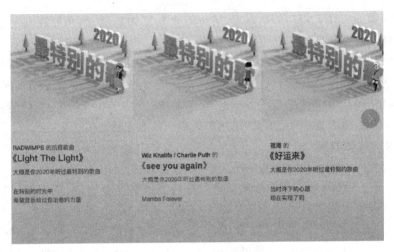

图 11-2　网易云年度歌单

再借助情感角度的切入、走心内容文案引发感动与共鸣,与每一个用户都建立起情感上的联系,从而加强用户对网易云音乐的信任和依赖。

案例 11-2　大数据加持,网易云音乐如何刷爆朋友圈?

2. 操作层:将用户从受众变成内容生产者

年度听歌报告让网民的音乐收听行为具体可感,并促成了分享和音乐意义上的交流,这种符号分享与意义制造使日常生活"审美化"。人们对于音乐的消费不仅指向休闲娱乐,而且指向特定的生活方式和象征性的情感宣泄方式。网易云音乐的年度听歌报告使得可能被忽略的日常生活被审美光晕所笼罩。多网友在朋友圈、QQ空间进行刷屏的转载分享。

日常生活的"审美化"引起刷屏,网易云音乐成功地吸引了用户参与互动,以优质的内容输出,换得用户的主动传播甚至主动输出内容,如有不少用户针对年度听歌报告后的广告《音乐的力量》背后的故事进行深挖、创作,再发表到网易云音乐这个平台上。让用户自发地对广告进行拓展延伸,更加深化了人们对于网易云音乐品牌的认识,赋予品牌更高的定位。

3. 心理层:把握住用户热衷分享的心理

网络用户,尤其是青年网络用户是非常热衷分享的。网易云音乐正是把握住了用户的这一心理,通过输出内容,引起用户共鸣,进而主动分享评论,既能与用户进行互动,同时又达到了自身的传播。在 H5 结束时,用红色按钮突出了"分享给好友",进一步刺激用户去分享传播。而对于音乐,每个人的审美不同,并没有一个泾渭分明的评判标准,所以晒歌单而被指责的可能性非常低,用户就更倾向于分享。

从网易云年度歌单刷屏的案例中我们不难发现,其中最让大众热衷和在意的莫过于年度歌单,其特殊性与专属性让用户有了独一无二的优越感,同时借助年度歌单回顾一年来的心情也触动了很多用户的感情点。总之,在大数据的作用下,年度个人歌单这一类的互动形式才能够实现,才有可能为每一个用户量身定做,达到精细化营销的目的。

资料来源:网易云音乐的年度盘点,为什么能刷屏?唆麻,2018;
网易云音乐年度歌单的现象级传播背后,PHZn,2018.

从网易云音乐到支付宝,为什么各大软件都开始向用户推广年终总结这一玩法?不难看出,这一举动抓住了用户分享心理,转化用户的感知身份,结合互联网大数据进行分析和推送,既拓宽了软件出圈的途径,又挠到了用户的痒点。大数据的发展极大程度上推动了市场推广的玩法。在新时代背景下,企业需要重新审视传统价值链,重新发掘自身优势,重新塑造品牌爽点,打通与市场的联系。本章将对新的营销现实进行梳理,从阐述社会化媒体营销开局,系统性描述了大数据营销、共享经济、小众营销、人工智能和神经营销学五大营销领域,最后提出"元宇宙"这一新兴概念作为延伸。

1. 社会化媒体营销

当今社会,网络使用和网上购物迅猛发展,数字技术快速进步,传统的直复营销也发生了巨大的变化。参与社会化媒体不仅可以进行简单的社会交流、获得荣誉和带来职业发展机会,甚至可以创造收益。社会化媒体加速了各种新的商业模式产生,因而传统商业过程和运营备受挑战。

(1)定义。社会化媒体营销是指使用社会化媒体技术、渠道和软件来创造、沟通、传递和交换能为组织的利益相关者带来价值的产品和服务的活动。传统而言,市场营销是指创造、沟通、传递和交换对顾客、合作者和社会有价值的产品和服务的活动与过程,营销人员普遍采用4P营销组合来实现上述目标,即产品、价格、促销和分销。但社会化媒体正在改变和重塑消费者的生活方式与消费习惯,我们需要引入第 5 个 P——参与(participation)。在个人计算机和智能手机被广泛使用的今天,信息已不再是从大公司或政府到普通大众的单向流动,而是开始在普通大众之间流动。

(2)社会化媒体营销的区域。由于媒介和渠道的庞大数量与新兴的媒介不断地涌现出来,社会化媒体也变得日益复杂。因此,在对社会化媒体营销进行分类时,首先需要对当前的社会化媒体组织进行划分,围绕不同区域,才能正确地开展营销活动。

社会化媒体营销主要包含四大区域,即社会化社区(socialized community)、社会化发布(social release)、社会化商务(social commerce)和社会化娱乐(socialized entertainment)。在每一个社会化媒体区域中,都有其代表性的营销工具,见表 11-1。

表 11-1　社会化媒体区域及其代表性工具[①]

社会化媒体区域	代表性工具
社会化社区	推特 Twitter 脸书 Facebook 领英 LinkedIn 谷歌＋ Google Plus
社会化发布	博客 Blogger,Blogspot,Technorati 媒体网站：YouTube,Flickr,Picasa,SmugMug,SlideShare,Scribe
社会化商务	脸书 Facebook 团购 LivingSocial,Groupin 社会化书签 Snipi 猫途鹰 Tripadvisor 社交电商 Payvment

---

① 塔腾,所罗门.社会化媒体营销[M].李季,宋尚哲,译.北京:中国人民大学出版社,2014.

社会化媒体区域	代表性工具
社会化娱乐	游戏社会化网络平台 Come2Play 第二人生 Second Life 我的空间 Myspace 社交游戏 Zynga 线上游戏 UGame

① 社会化社区。社会化社区是指那些聚焦于关系以及具有相同兴趣或身份的人共同参与活动的社会化媒体渠道。社会化社区可以被视为一个关系区域,在这个区域中的社会化媒体平台将建立和维持关系看得比其他因素都重要得多。因此,在社会化社区中,最重要的渠道是社交网站,交流与合作则是这个区域的主要活动。处于社会化社区区域的渠道包括社交网站(SNS)、留言板、论坛(BBS)和线上协作平台。所有的这些渠道都强调在社区背景下的个体贡献、沟通、交流和合作,具体分类及其应用见表11-2。

表11-2 社会化社区分类

社会化社区	概　念	应　用	举　例
社交网站	这类网站保持了基本的网络结构——相互连接的节点,节点成员之间互相交流、相互连接。 网站上通常有很多志趣相同并互相熟悉的用户群组	作为市场营销人员,可以利用社会化社区进行营销推广,比如利用在社会化社区内植入广告、鼓励消费者进入社会化社区并成为粉丝等方式来实现品牌推广	国外:英国的 Bebo、社交网络鼻祖 Friendster、职业社交领域领导者 LinkedIn,最有名的社交网络是Facebook。 国内:人人网,开心网
论坛	本质上是社区公告栏带有互动性质的线上版本。它是互联网上的一种电子信息服务系统,成员可以像在 SNS 上一样建立个人账号,通过发布相应的帖子参与进来,从而形成讨论链	从时间上而言,可看作"过时"的社交工具。综合性门户网站或者功能性专题网站也都青睐于开设自己的论坛,以促进网友之间的交流,增加互动性和丰富网站的内容	天涯、虎扑、各大高校自有论坛
线上协作平台	使社区成员共同完成一项有用的、可分享的资源	使不同的用户一起写作、编辑、评价和分享不同的内容	维基百科、百度百科等

② 社会化发布。社会化发布网站致力于将内容向受众传播,主要的渠道包括博客、媒体分享网站、微分享网站、新闻网站和社会化书签等。任何人都可以在社会化发布渠道中创造和发布内容,可以是社论、商业广告或者用户生成的内容,可以以不同形式出现,从博文和专题、微博、新闻稿到视频、网络会议、博客和照片等。

市场营销人员可以通过社会化发布进行内容营销,如传播品牌内容,将消费者吸引到品牌网站中。此外,因为消费者使用搜索引擎在网上寻找信息,所以使用搜索引擎优化来提高搜索引擎排名也是一项重要的营销任务。

知识锦囊11-2　众包与众筹

③ 社会化商务。社会化商务是电子商务的一个分支,借助社会化媒体应用程序,线上购物者可以在整个购买过程中进行沟通和协商。消费者可以在网上分享产品信息、更加容易地作出评论、随时随地和朋友及家人讨论购买决策。其在购前阶段、购中阶段和购后阶段都作为重要的决策工具出现。

因此,在社会化商务区域,营销人员需要采用不同的软件和工具影响消费者的决策过程。表 11-3 展示了营销人员将社会化活动和购物结合起来的途径。

案例 11-3 "直播+"经济:战"疫"助农,发展大有可为

表 11-3 购买决策不同阶段的社会化商务工具①

决 策 阶 段	社会化商务工具
识别问题	社交网站上的社会化广告;活动流中朋友分享的产品代言;在社交网站和智能手机上预设的活动提醒;地理位置促销;表明需要升级的社会化游戏
搜寻信息	遍布社会化渠道的评论;社交网站上的评分与评论;可以接触到的产品与价格信息;优惠信息目录;愿望清单、礼物登记
评估备选方案	计算机条码扫描和价格比较;推荐、他人证明、推荐代理、受欢迎程度过滤器、引荐
购买	在社交网站内购物;社会化商店和社会化商场;小额支付工具;社会化礼品卡;电子优惠券
购后行为	在活动流中分享购后行为;在评论网站上进行评分与评论;在社交网站和微博上发表评论;在博客上发表评论与产品体验

④ 社会化娱乐。社会化娱乐包含社会化游戏、启用了社会化功能的视频游戏、替代现实游戏和娱乐性社会化网络。另外,还有一些关注娱乐的包含社会化元素的应用和一些包含社会化元素的既可以在线玩又可以在移动设备上玩的社会化软件服务。社会化游戏可以被定义为一个多玩家的、竞争性的、目标导向的活动,且有确定的参与规则以及整个社区的玩家间的线上连接。品牌可以自己开发专属的广告游戏(advergame),用于传递品牌信息。

案例 11-4 信息时代,如何利用游戏做好趣味营销?

另外一个社会化娱乐的例子是娱乐社区。社交网站曾经的领导者 Myplace 现在将自己定义成社会化娱乐服务。因为它的价值体现在其拥有的音乐家和乐队网络以及他们在网络上发布的音乐。尽管社会化娱乐仍会作为一种渠道不断发展,但我们认为社会化娱乐社区将会围绕诸多传统娱乐方式发展,如电影、艺术和体育等。

2. 大数据营销

(1) 大数据的定义。1980 年,未来学家阿尔文·托夫勒(Alvin Toffler)在其著作《第三次浪潮》中将大数据热情地赞颂为"第三次浪潮的华彩乐章",最早提出了"大数据"。而 META 集团(现为 Gartner)的分析师 Douglas Laney 在研究报告中,就指出数量(volume)、速度(velocity)和种类(variety)的增加可能是未来的一大趋势。虽然这一描述最先并不是用来定义大数据的,但在此后的 10 年间很多企业如 IBM 和微软仍然使用这个"3Vs"模型来描述大数据。2012 年,维克托·迈尔·舍恩伯格(Viktor Mayer-

---

① 塔腾,所罗门.社会化媒体营销[M].李季,宋尚哲,译.北京:中国人民大学出版社,2014.

Schönberger)在其著作《大数据时代》中预见性地提出,大数据带来的信息风暴正在变革我们的生活、工作和思维,大数据开启了一次重大的时代转型。

在此背景下,学者 De Mauro、Greco 和 Grimaldi 对大数据的定义进行了统一:大数据指的是需要新处理模式才能具有更强的决策力、洞察力和流程优化能力的海量、高增长率和多样化的信息资产。

大数据开启企业精准营销时代

大数据营销的发展为在技术、数据和应用领域均具备领先优势的企业提供了广阔发展空间。2015 年 10 月,国内领先的大数据公司百分点集团发布了面向企业客户和广告代理商的大数据营销平台产品"百分点营销管家"(BMM),该产品旨在突破国内市场精准营销的瓶颈,实现基于大数据背景的营销管理,打造全数据生命周期的营销管理平台和服务(图 11-3)。

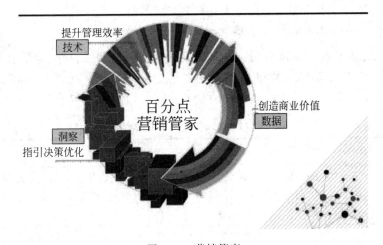

图 11-3　营销管家

"营销管家"基于百分点独特的技术、数据和模型优势,帮助企业挖掘一方数据价值,打通三方数据,获取更全面的消费者洞察。同时,"营销管家"对接多家业内技术领先的渠道合作伙伴及数据提供商,整合展示广告、搜索广告、电子邮件、短信平台等多种媒介资源,为企业客户提供一站式营销解决方案。

 知识锦囊11-3 《大数据时代:生活、工作、思维的大变革》

百分点创始人、董事长苏萌表示,"营销管家"让精准营销不仅拥有雷达来探测市场,也拥有卫星来精准定位。"营销管家"是百分点坚持"大数据赋能者"定位基础上的又一创新成果,其价值在于为企业客户提供精准的受众人群、灵活的投放规则、丰富的渠道选择。通过跨渠道、跨屏的营销组合,更好地接触到目标群体,达到精准营销的效果。

在多屏时代和移动互联网时代,消费者数据高度碎片化,企业难以全面触及和管理。另外,企业一方数据往往较为局限,亟须第三方数据补充。百分点产品副总裁张一帆指出,精准营销是结合大数据技术最广泛的一个应用领域。基于整合三方数据合作伙伴及渠道资源,"营销管家"将数据驱动智能营销的技术能力赋予企业客户和服务商,让他们更好地适应大数据时代的营销模式。

案例 11-5　大数据时代移动营销的十大趋势

璧合科技创始人赵征表示，中国互联网广告发展已经经历了几个不同阶段，当前从上到下整个行业内越来越细分化，并且产业链形成之后，在这个中间任何一部分，包括 DSP（需求方平台）、DMP（数据管理平台）、SSP（供应商平台）等都有产业极度细分化的趋势，但也不代表现在已经是终点。相信再过一两年会有更多公司出现，整个产业会越来越细分。

在北大光华管理学院市场营销系教授沈俏蔚看来，大数据营销、精准营销，是要能够非常准确、及时判断消费者偏好，并且能够把消费者所关心的产品或者广告信息，以非常有效的手段传递到他那里。这里存在两个难点，一是数据和技术的问题，信息收集不仅关注过去的购买行为，还希望得到完整的消费者画像，这就需要连接很多数据，包括购买行为、在网上搜索行为甚至个人微博及朋友圈发布的信息。把这些数据源有效整合起来，本身就是一个挑战。二是模型需要更多改进和更广泛的推广。

资料来源：孙韶华.大数据开启企业精准营销时代[N].经济参考报，2015-10-30.

（2）大数据营销的特点及应用。随着数字生活空间的普及，全球的信息总量正呈现爆炸式增长。基于此趋势，大数据、云计算等新概念和新范式广泛兴起，它们无疑正引领着新一轮的互联网风潮。大数据营销包含如表 11-4 所示的几个特点。

表 11-4　大数据营销的特点

	特　点	概　念
大数据营销	多平台化数据采集	大数据的数据来源通常是多样化的，多平台化的数据采集能使对网民行为的刻画更加全面而准确。多平台采集可包含互联网、移动互联网、广电网、智能电视，未来还有户外智能屏等数据
	强调时效性	在网络时代，网民的消费行为和购买方式极易在短的时间内发生变化。在网民需求点最高时及时进行营销非常重要
	个性化营销	在网络时代，广告主的营销理念已从"媒体导向"向"受众导向"转变。以往的营销活动须以媒体为导向，选择知名度高、浏览量大的媒体进行投放。如今，大数据技术可以做到当不同用户关注同一媒体的相同界面时，广告内容有所不同，大数据营销实现了对网民的个性化营销
	性价比高	和传统广告"一半的广告费被浪费掉"相比，大数据营销在最大程度上让广告主的投放做到有的放矢，并可根据实时性的效果反馈，及时对投放策略进行调整
	关联性	大数据营销的一个重要特点在于网民关注的广告与广告之间的关联性，由于在大数据采集过程中可快速得知目标受众关注的内容，以及可知晓网民身在何处，这些有价信息可让广告的投放过程产生前所未有的关联性，即网民所看到的上一条广告可与下一条广告进行深度互动

（3）大数据的发展趋势。大数据的发展趋势主要从统一行业标准、技术产业链上机会点犹多、多端布局、服务出口更全面和用户体验与运营效率提升这五个方面进行讨论，具体见图 11-4。

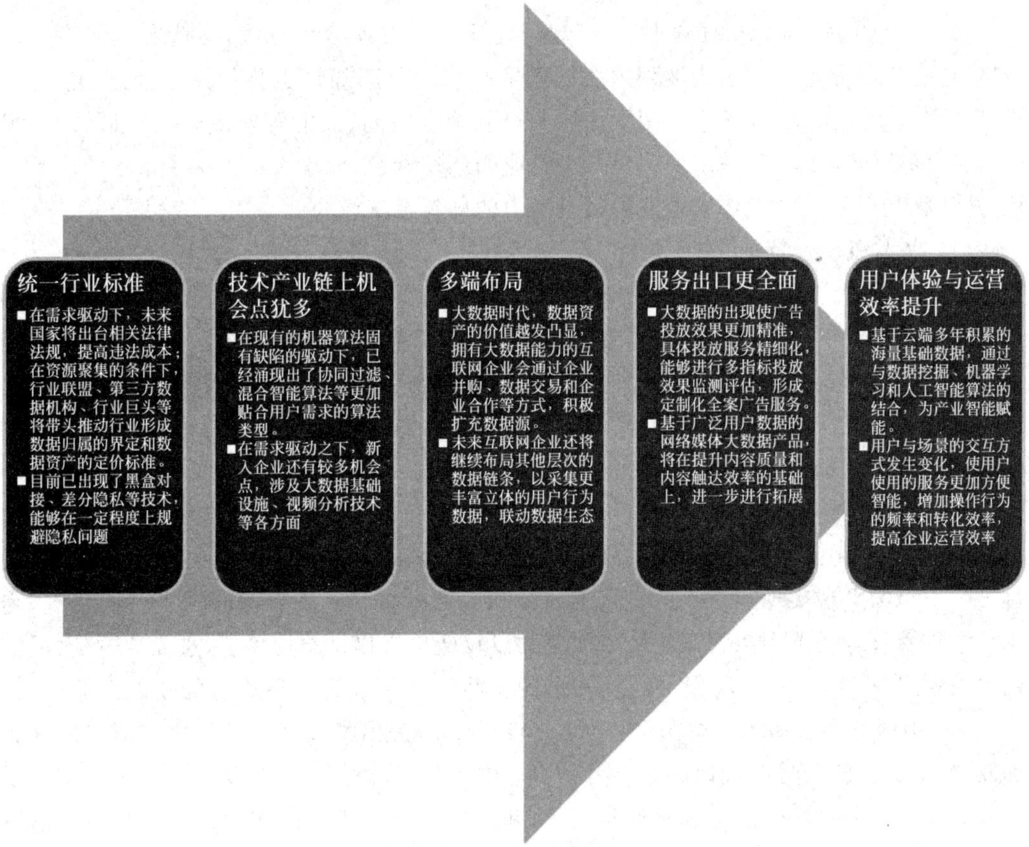

图 11-4　大数据的发展趋势

统一行业标准
- 在需求驱动下，未来国家将出台相关法律法规，提高违法成本；在资源聚集的条件下，行业联盟、第三方数据机构、行业巨头等将牵头推动行业形成数据归属的界定和数据资产的定价标准。
- 目前已出现了黑盒对接、差分隐私等技术，能够在一定程度上规避隐私问题

技术产业链上机会点犹多
- 在现有的机器算法固有缺陷的驱动下，已经涌现出了协同过滤、混合智能算法等更加贴合用户需求的算法类型。
- 在需求驱动之下，新入企业还有较多机会点，涉及大数据基础设施、视频分析技术等各方面

多端布局
- 大数据时代，数据资产的价值越发凸显，拥有大数据能力的互联网企业会通过企业并购、数据交易和企业合作等方式，积极扩充数据源。
- 未来互联网企业还将继续布局其他层次的数据链条，以采集更丰富立体的用户行为数据，联动数据生态

服务出口更全面
- 大数据的出现使广告投放效果更加精准，具体投放服务精细化，能够进行多指标投放效果监测评估，形成定制化全案广告服务。
- 基于广泛用户数据的网络媒体大数据产品，将在提升内容质量和内容触达效率的基础上，进一步进行拓展

用户体验与运营效率提升
- 基于云端多年积累的海量基础数据，通过与数据挖掘、机器学习和人工智能算法的结合，为产业智能赋能。
- 用户与场景的交互方式发生变化，使用户使用的服务更加方便智能，增加操作行为的频率和转化率，提高企业运营效率

【中国智慧 11-2】

赋能新时代的大数据之路

党的十八大以来，随着信息技术的飞速发展和广泛应用，中国的数字化进程已经扩展到政务、民生、实体经济等各个领域，"数字农业""数字校园""数字社区"……数字中国成果遍地开花，共同勾勒出数字中国的宏伟蓝图。

2018 年 4 月 22 日，习近平总书记在向福州召开的首届数字中国建设峰会的贺信中指出："当今世界，信息技术创新日新月异，数字化、网络化、智能化深入发展，在推动经济社会发展、促进国家治理体系和治理能力现代化、满足人民日益增长的美好生活需要方面发挥着越来越重要的作用。"

通过"大数据＋"，全面融合民生、经济和国家层面，实现中国数字化时代的起飞和超越。"加快数字中国建设，就是要适应我国发展新的历史方位，全面贯彻新发展理念，以信息化培育新动能，用新动能推动新发展，以新发展创造新辉煌。"大数据时代拥抱大数据，习近平总书记立足战略视野进行前瞻规划，为网络强国指明方向。

第 11 章　营销前沿

303

3. 共享经济

2015 年 10 月公布的我国"十三五"规划建议提出发展分享经济,支持实施网络强国战略,这意味着分享经济正式被列入我国国家战略。分享经济也称作共享经济,自 2008 年率先兴起于美国,以分享个人闲置房屋、车辆、个人时间、技能等资源为主要形式,在国内市场,随着哈啰单车等一系列明星代表企业的迅速崛起,分享经济吸引了市场的广泛关注,被认为是引领全球经济未来发展最具潜力的创新经济模式。

(1) 基本概念及特征。

① 基本概念。所谓共享(sharing),即"共同拥有"和"共同分担"。现代社会,从电话聊天到线上聊天室、论坛发帖,分享音乐、图书和视频,再到与其他人分享自己的想法和行为,共享无处不在。共享不仅是一种法律行为、法律制度、组织形式或经济社会发展模式,还蕴藏着哲学、法学、社会学、经济学和政治学等学科博大精深的思想内涵。

共享经济的概念最早由美国得克萨斯大学社会学教授马科斯·费尔逊(Marcus Felson)和伊利诺伊大学社会学教授琼·斯潘思(Joe L. Spaeth)共同提出,他们以"协同消费"(collaborative consumption)描述了一种新的生活消费方式,其主要特点是:个体通过第三方市场平台实现点对点的直接的商品和服务的交易。随着互联网平台的出现,利用网络技术整合线下闲散物品或个人服务并以较低价格提供给使用者,进而通过"物尽其用""按需分配"构建一个环保、便捷、和谐的生活方式便成为一种可行的新的商业模式。2010 年,美国学者雷切尔·博茨曼(Rachel Botsman)提出了互联网时代协同消费的理念和发展模式,并将其分为代码共享、生活共享/内容共享、离线资源共享三个阶段。其发展特点为线上的分享协作渗透和延伸至线下,并由此改变了我们的文化、经济、政治和消费世界。

知识锦囊 11-4　共享经济类型及举例

② 特征。共享经济的主要特征包括以下几个方面。

第一,通过信息网络搭建共享平台。通过使用基于公共网络的第三方共享平台,能够便捷、高效地实现供给端、需求端的互联互通,最终形成广泛覆盖的共享网络。例如,房屋出租网络能够同时满足旅游人士和房主双方的需求,用户可通过网络或手机应用程序发布、搜索房屋租赁信息并完成在线预订安排。

第二,本质是暂时转移闲置资源的使用权。共享经济将个体拥有的闲置资源进行社会化利用。更通俗地说,共享经济倡导"租"而不是"买"。物品或服务的需求方通过共享平台暂时获得物品的使用权,在实现使用目的的同时节省了购置成本。

第三,以物品的重复交易和高效利用为表现形式。共享经济的核心是将社会个体闲置资源重复性地转让给其他社会成员使用,实现高效、低成本利用资源,实现个体的福利提升和社会整体的可持续发展。

(2) 国内外共享经济的主要领域。

国内外共享经济的主要领域如表 11-5 所示。

表 11-5 国内外共享经济的主要领域

共享领域	共享网络公司（国内）	共享网络公司（国外）
交通共享	易到用车：高端专车服务 天天用车：一对一、点到点的上下班顺风车体验 哈哈拼车：同区域的拼车服务 PP租车：线上汽车共享平台 一嗨租车：将车辆出租给有需求的租客	Uber：提供私家车搭乘服务 Lyft：提供私家车拼车服务 Sidecar：更纯粹的拼车平台 FlightCar：机场闲置汽车分享 Zipcar：会员制共享闲置汽车 Wheelz：专做大学生P2P租车业务 Getaround：P2P租车平台 NetJets：闲置私人飞机租赁 PROP：闲置游艇租赁
房屋共享	小猪短租：中国版的Airbnb 蚂蚁短租：家庭公寓预订网站 途家网：国内旅游度假公寓预订网站	Airbnb：民宿短租预订 DogVacay：狗狗版的Airbnb EasyNest：分享在旅馆的空床 Divvy：寻找室友、分享房间
饮食共享	爱大厨：中国版的Feastly 爱宴遇：国内的"以吃会友" 好厨师：提供私厨上门服务 私家厨师：对接私家厨师	Eatwith：祖传的美食共享 Plenry：以吃会友 Feastly：家庭自制版大餐共享 SpoonRocket：最方便的订餐服务
服饰共享	魔法衣橱：服装领域共享 美可网：奢侈品包租赁服务（2013年已关闭）	Rent the Runway：精选品牌和新潮的礼服 Poshmark：二手服装交易平台 类似公司：Material World、Tradesy、Le Tote
其他共享	懒人家政：高端家政服务人才 青年菜君：售卖半成品净菜 阿姨帮：快速找到满意钟点工 美道家：上门美容服务 无忧停车网：帮找车位	TaskRabbit：劳动力雇佣平台 Skillshare：共享技能 Handybook：整合家政行业 Instacart：便利店、蔬菜店的跑腿 ClassPass：整合健身房

4. 小众营销

移动互联网时代的消费者越来越追求的不是"大众趋同"，而是"小众自我"，消费文化正从以内容、兴趣、社交为中心，分解出更多的亚文化，这就是新消费文化。这种新的消费文化，既是对大众消费文化的瓦解，也是对大众文化的重新建构。

很多文化是先瓦解再建构，或者边瓦解边建构。例如"90后"塑造了很多新的语言，这些新的语言先是瓦解了其他代际的沟通方式，紧接着这些代际担心自己落伍，开始模仿"90后"，于是"90后"的文化很快就从小众向大众渗透，这也叫"反哺效应"。小众市场的逻辑也大凡如此，小众诞生后，先建立不同以往的区别，然后就有大众人群跟随，成为流行。

在这些小众文化中，消费者的消费行为是不同的，代表着不同的社会心理。在这一趋势驱动下，亚文化就有了价值，小社群就有了价值，垂直消费市场就有了价值，因此未来最有商业价值的不再是大众审美和趣味，而是亚文化和小社群。比如时下流行的网络亚文化，体现得最为明显的人群便是年轻人。他们会给自己创造诸如"剁手党""二次元""非主流"的标签，以此自我调侃并寻求认同。他们显得与"主流文化"格格不入，但却渐渐替代了"主流",成为新一轮主流文化,这便是社会行为周期的迭代过程。洞察这种消费趋势的能力是赢取年轻群体的前提。

5. 人工智能

(1) 概念及应用领域。

① 概念。人工智能是研究、开发用于模拟、延伸和扩展人的智能的理论、方法、技术及应用系统的一门新的技术科学。狭义的人工智能指基于人工智能算法和技术进行研发及拓展应用的产业。广义的人工智能指包括计算、数据资源、人工智能算法和计算研究、应用结构在内的产业。

总的说来,人工智能研究的一个主要目标是使机器能够胜任一些通常需要人类智能才能完成的复杂工作。但不同的时代、不同的人对这种"复杂工作"的理解是不同的。

② 应用领域。人工智能的应用领域非常广泛,包括:机器翻译,智能控制,专家系统,机器人学,语言和图像理解,遗传编程机器人工厂,自动程序设计,航天应用,庞大的信息处理,储存与管理,执行化合生命体无法执行的或复杂或规模庞大的任务等。

案例 11-6　iGenius 技术助力宝马发布会

案例 11-7　人工智能的户外营销应用

(2) 人工智能为营销界带来的改变。

① 全新的用户体验。尽管人工智能目前仍存在许多限制,但具前瞻性目光的品牌主早已不遗余力地完善其用户体验。通过使用虚拟设备,来帮助用户营造出真实的选购空间。

② 新产品发布。在当前,将人工智能嵌入产品的努力在市场行业中屡见不鲜。如何将人工智能的应用从产品本身延伸到产品的前端流程和后端流程成为目前排序靠前的问题。

出于人类谋求安全感的本能,用户除了从品牌提供的文书资料中获得答案外,还会积极提出各式各样的问题,目前已经有很多企业将问题回答者换成人工智能,省去了很多烦琐的人工与细节。

③ 洞察数据。每天都有大规模的数据从各行各业中产出,而这些数据能够非常好地为营销人员优化方案。尽管这些数据非常庞大并已经达到了人类处理不了的程度,但对人工智能来说,却几乎是小菜一碟。

④ 先发制人的营销策略。在数据量足够的情况下,用户行为分析应运而生。在保证其真实性、可靠性等的前提下,不同类型的足量数据被收集并加工后能够为营销人员提供策略建议。在保持对数据快速分析的前提下,可以建立数据模型,这些都远远超过了人类的分析能力,也是人工智能的理想状态。

⑤ 程序化广告。程序化广告发展至今已规模庞大,它可以自动规划、购买并优化,帮助广告主定位具体受众和地理位置,可以用于在线展示广告、移动广告和社交媒体等一系列活动中。

⑥ 内容生产。人工智能可以被应用于广告的自动生成和优化中,所以当然也可以利用人工智能来生产植入广告的内容,这一切都基于对数据的分析和信息的加工。例如,商业信息就有可能通过自动化工具来撰写,这其中包括新闻稿和年度报告等。譬如 Associated Press(AP)的财务模块文章,如果你对如何鉴别人工智能制造的内容感到好奇,那文章结尾处会标明"本文由 Automated Insights 撰写"之类的字眼。

⑦ 网站设计。随着各种网站设计开发框架和工具的涌现,人工智能可以根据用户提交的内容和目标(获取更多粉丝、更多客户抑或提高销售收入)来自动给出设计方案(包括配色、自适应样式等)。

6. 神经营销学

(1) 概念。神经营销,是指运用神经科学方法来研究消费者行为,探求消费者决策的神经层面活动机理,找到消费者行为背后真正的推动力,从而产生恰当的营销策略。

知识锦囊 11-5　中国光谷人工智能大会召开

随着神经科学(neuroscience)的快速发展,神经营销学能做两件事:一件是挖掘消费者行为背后的脑机制,另一件就是发展基于脑科学的营销测量技术。

神经营销学的概念理解可以分为三个层次:与传统调研方法不同之处在于,它甚至可以监测到人们一定程度上潜意识的反应;它结合尖端科技与前沿学科,“读”到消费者大脑对产品、包装、广告和其他营销材料的反应;它将认知脑科学的研究用于商业市场实践。

近几年,“神经营销”这个术语开始在中国流行,或许很多人还不是很了解其中的奥秘。但事实上,国外关于神经营销的研究已经进行很长一段时间了。

国外研究者发现,仅仅靠传统营销研究的方式,在现代市场环境下难以获得全面精准的信息,人类对潜意识的作用机理还不清楚,也没能引起足够的重视。特别是人类无法凭借人类的语言来描述清楚人脑中的潜意识。因此,国外研究者开始试图将神经认知的科学知识应用于营销研究。

1975 年,国外学者 J. Mark. Res. 提出了对传统市场研究的质疑。1990 年,该学者发表了名为《市场营销的联合分析:情感影响在研究和实践中的新发展》的文献。2008 年,马丁·林斯特龙(Martin Lindstrom)的《买》一书,让中国人真正开始接触和了解神经营销这一新兴领域。

(2) 营销学视角下的神经科学。营销学中的消费者行为学往往将个体的心理与行为作为研究的切入点。近 20 年来,心理学与神经科学逐渐区分出个体的情绪系统和认知系统这两个功能上相互联系但结构上却相对分离的系统。盛峰和徐菁系统回顾了近年来神经科学关于人类情绪和认知系统的突破性发现:从情绪系统和认知系统研究,消费者的决策是如何发生变化的。

① 情绪系统。神经科学的研究发现,情绪不仅影响人的决策,甚至可能主导人的决策。源自动物研究的神经科学,将人类大脑的情绪系统区分为加工奖赏性刺激和正面情绪的奖赏敏感区(包括伏隔核、眶额皮层和腹内侧前额叶)以及加工惩罚性刺激和负面情绪的惩罚敏感区。

近年来的脑成像研究逐渐发现,大脑的情绪系统表现出三大特征:社会性体验与心理性体验的同源性;想象体验与真实体验的相似性;自我体验与他人体验的共振性。

因此,人脑会采用类似的神经网络加工社会性和生理性的奖赏或惩罚体验,处理想象和真实的奖赏或惩罚体验,以及理解自己和他人的奖赏或惩罚体验。

② 认知系统。从进化上讲,人类的情绪系统是一个相对保守的组织,其在机构上并未与其他灵长类动物的情绪系统形成根本性的差异。近年来,神经成像研究也日益发现,

人的前额叶在高级认知尤其是社会认知中扮演着至关重要的角色,具体可以从自我认知、他人认知和监控认知三个角度进行全新解读。

第一,人脑的内侧前额叶与自我的加工尤为相关。

第二,个体倾向于以一种以己度人的方式揣度他人。

第三,前侧扣带回负责认知监控,而外侧前额叶负责认知调控。可见,与前文提及的情绪系统不同,认知系统尤其是社会认知系统主要涉及人脑的皮层结构,这正是人脑区别于其他灵长类动物的关键所在。

(3)神经营销的前景。哈佛商学院教授吉罗德·罗特曼(Gerald Zaltman)就曾经直言不讳地指出,消费者只是对自己的感觉忠诚,但是"人们经常不知道自己知道什么——消费者95%的想法来自潜意识"。加利福尼亚技术学院的神经科学家斯蒂文·库沃茨(Steven Quartz)也曾说过:"问卷式的市场调查是建立在人对自己的需求都是自知的假设之上的,然而事实并不尽然,神经营销学的威力就在于它能揭示大脑潜意识当中的需求。"这就是神经营销——走进消费者的潜意识。

知识锦囊 11-6　百事可乐与可口可乐悖论

① 重新定义产品属性。在可口可乐与百事可乐两个品牌长久的争锋中,出现过很多针对口味进行"盲测"的实验,甚至影响到了两个品牌及其各自簇拥者的争锋。2004 年,McClure 的实验却对"口味决定消费"这一观点提出了质疑。

实验结果表明,在没有品牌信息时,消费者对两种可乐的品味没有明显差别。但是当告知品牌时,消费者显著更偏好可口可乐。这个研究表明,消费者对产品特征的感受,是双向的,我们的产品,或许从不是一个冷冰冰的客观物体,而是包括这个物体在内的和产品与品牌有关的一切体验和记忆。

因此,任何一个产品都难以独立于其品牌、文化、广告,甚至售卖环境的氛围都会对消费者的产品偏好产生显著的影响。这些年来,消费者的潜意识对于体验的影响在很大程度上被低估,神经营销学的出现,很大程度上帮助品牌用全新的视角观察消费者。

② 重新规划产品视觉亮点。法国学者 Olivier 认为,人是群体性动物,人的面部表情,尤其是眼睛,传递着大量的微妙但重要的社会信息。而学者进行了数组眼动实验,结果表明消费者对广告包装中的面部高度敏感,且广告人物的视线方向可以引导消费者的注意力。

在实际的广告设计中,营销人员可以测试各类不同的选项,并选出最有视觉吸引力的一个。

③ 为市场细分提供新颖视角。营销人员很早就意识到男女消费者的差别,进而据此设计和营销产品。但是神经科学及实验表明,男女消费者的差异或许还存在于大脑中。女性的灰白质比要略高于男性,但男性灰质要高出女性 6.5 倍。因此,女性的信息联想能力、记忆能力、语言能力等要高于男性,且强调整体,自上而下的机制更强。男性侧重局部计算、细节等。

根据这些差异,可以针对性设计面向不同消费者的包装。女性消费者对语言解读强于男性,且强调整体,目的性更强。那么减肥产品可以采用较为深入的语言暗示,并对其功效进行简单但明显的强调。面向男性的消费品则可能更强调其成分表,强调强功效性。

更长远的是,在现代化营销的背景下,营销需要与时俱进。随着互联网的发展和普及,人类社会的一切都与日俱新。神经营销正是营销与科学结合的产物,通过生物科学技术,加之营销理论,在互联网分析和大数据分享的资源中,制订出适合的营销方案和策略,有针对性地进行营销活动,势必会提高营销的效率和效果,给营销人提供了一个新视野和新平台。

7. 元宇宙

(1) 概念及要素。

① 概念。"metaverse"一词由前缀"meta"(意为超越、元)和词根"verse"[源于universe(宇宙)]组成,直译而来便是"元宇宙"。这一概念最早出自尼尔·斯蒂芬森 1992 年出版的科幻小说《雪崩》(*Snow Crash*),指在一个脱离于物理世界,却始终在线的平行数字世界中,人们能够以虚拟人物角色自由生活。

② 八大要素。元宇宙的特点总结来说包括可靠的经济系统、虚拟身份与资产、强社交性、沉浸式体验、开放内容创作等。现在主要的载体是游戏,"领头羊"为沙盒游戏平台Roblox。

2021 年 3 月 10 日,Roblox 第一个将"元宇宙"概念写进其招股书,按该公司的说法,一个真正的元宇宙产品应该具备八大要素:身份、朋友、沉浸感、低延迟、多元化、随地、经济系统、文明(图 11-5)。

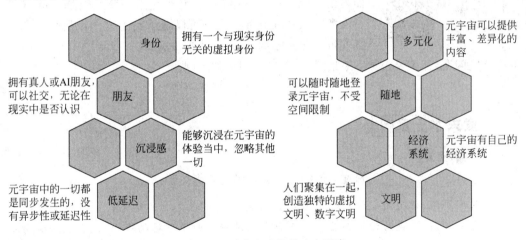

图 11-5　元宇宙产品的八大要素

总而言之,游戏可以算是元宇宙的初级形态。技术方面,两者还有很大差距;哲学和意识形态方面,元宇宙才刚刚起步。

(2) 价值链。根据相关研究报告,2024 年全球 VR/AR 产业市场规模预计达 121.9 亿美元,2022—2024 年复合增长率或突破 36%。(天风证券)

"元宇宙"价值链,包括人们寻求的体验,到能够实现这种体验的科技。其包括七个层面,见图 11-6。

(3) 未来发展趋势。专家认为,随着数字技术的发展,人类未来一定会完成从现实宇宙向元宇宙的数字化迁徙。整个迁徙过程,分为三个阶段,分别是数字孪生、数字原生和虚实相生。

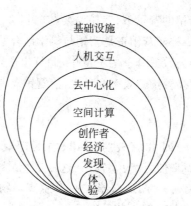

图 11-6　元宇宙七个层面

数字化迁徙之后，数字空间（元宇宙）里面会形成一整套经济和社会体系，产生新的货币市场、资本市场和商品市场。

人类在元宇宙里面的数字分身，将会永生。即便现实中的肉体湮灭，数字世界的你，仍然会在元宇宙中继续生活下去，保留真实世界里你的性格、行为逻辑，甚至记忆。

案例 11-8　"元宇宙"时代四大玩法——零售品牌的积极探索之路

如果真的是这样，元宇宙带来的，就不仅仅是技术问题，而是伦理问题——数字的我，究竟是不是我？他是否能够履行人类的权利和义务？是否可以继承我的财产？是否仍是我真实世界里孩子的父亲、妻子的丈夫？

这些问题，都需要人类不断地思考，制定出对应的准则。

 章末本土案例

1. 案例摘要

马应龙：传统药企如何借力新媒体营销

互联网思维，作为新媒体兴起带来的产物成为当下最火热的词汇；它的到来在成就了许多企业的同时，也给传统企业带来了巨大的冲击。为了迎接挑战，传统企业纷纷向新媒体营销进发，这其中就包括很多医药企业。医药产品的网络营销给医药销售开辟了新渠道，面对激烈的竞争，医药网络营销也成了发展的趋势。在这其中，一个拥有 400 多年历史的国药老字号——马应龙，因为老字号的光环，加上在推广渠道上偏重于传统媒体，其品牌在年轻人中渐渐失去了影响力。为了扭转这种局面，2010 年，公司决定试水网络视频营销；此后，公司又采取了一系列的新媒体营销活动，并取得显著的成效。本案例将全面分析这一过程，回答传统药企为何要利用新媒体营销、医药网络营销有何特点、新媒体营销又将如何落地以形成线上线下闭环等一系列的问题。

2. 思考题

（1）在互联网的冲击下，传统药企是否应该寻求宣传渠道的创新？

（2）若马应龙选择通过新媒体进行产品信息的宣传，应该以什么样的形式作为切入点更易被人接受？

（3）在互联网信息时代,各种新事物的出现使得消费者很难保持对企业和品牌的忠诚度,马应龙该如何强化用户黏性?

（4）当马应龙药业在线上取得了客户关注度之后,该如何实现商业模式的O2O闭环?

（5）当马应龙建成自己的O2O体系之后,未来该如何完善?

3．案例分析框架

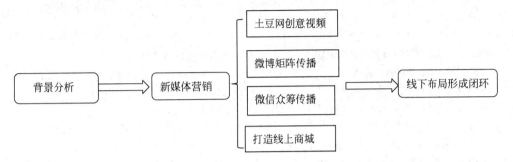

1．本章重难点

（1）企业社会责任的金字塔模型。

（2）社会化媒体营销的方法。

（3）大数据营销的特点。

（4）共享经济的特征。

（5）神经营销学、人工智能、元宇宙与营销学的融合。

2．核心概念

（1）**营销伦理**：是营销主体在从事营销活动中所应具有的基本行为准则,简单来说就是处理营销过程中各方利益相关者利益关系的准则。

（2）**企业社会责任**：是指企业应该承担的以利益相关者为对象包含经济责任、法律责任和道德责任的一种综合责任。

（3）**社会化媒体营销**：是指使用社会化媒体技术、渠道和软件来创造、沟通、传递和交换能为组织的利益相关者带来价值的产品和服务的活动。

3．分析工具

（1）企业社会责任金字塔模型。

（2）3Vs模型。

即 测 即 练

参 考 文 献

[1] 王海忠,胡桂梅,欧阳建颖.时间导向的概念内涵及营销学术研究评析与前瞻[J].外国经济与管理,2017,39(5):3-18,32.

[2] 星亮.营销传播理论演进研究[D].广州:暨南大学,2013.

[3] 周帆.论网络经济时代市场营销策略的转变[J].南方农机,2018,49(8):131.

[4] 李伯特,福克.奥巴马制胜的营销密码[M].北京:中国人民大学出版社,2009.

[5] 库马尔.营销思变:七种创新为营销再造辉煌[M].北京:商务印书馆,2006.

[6] 金,莫博涅.蓝海战略(扩展版)——超越产业竞争,开创全新市场[M].北京:商务印书馆,2016.

[7] 谢伯让.生活中的大脑骗局[M].北京:中信出版社,2016.

[8] 万后芬,杜鹏,樊帅.市场营销教程[M].4版.北京:高等教育出版社,2018.

[9] TANTON S JEFFERSON S,杰斐逊,等.内容营销:有价值的内容才是社会化媒体时代网络营销成功的关键[M].北京:企业管理出版社,2014.

[10] 蒂尔,马斯特斯.从0到1:开启商业与未来的秘密[M].北京:中信出版社,2015.

[11] 科特勒,凯勒.营销管理[M].13版.上海:格致出版社,2009.

[12] 万后芬,应斌,宁昌会.市场营销教学案例[M].2版.北京:高等教育出版社,2007.

[13] 杜鹏.消费心理学[M].上海:上海交通大学出版社,2016.

[14] 曹虎.数字时代的营销战略[M].北京:机械工业出版社,2017.

[15] 施炜.连接:顾客价值时代的营销战略[M].北京:中国人民大学出版社,2018.

[16] 杨飞.流量池[M].北京:中信出版社,2018.

[17] 特劳特,瑞维金.新定位[M].北京:机械工业出版社,2019.

[18] KRUG S.Don't make me think[M].北京:机械工业出版社,2013.

[19] 埃亚尔,胡佛.上瘾让用户养成使用习惯的四大产品逻辑[M].北京:中信出版社,2013.

[20] 梁文玲.市场营销学[M].北京:中国人民大学出版社,2014.

[21] 宋彧.市场营销原理与实务[M].北京:清华大学出版社,2013.

[22] 郭国庆.市场营销学概论[M].北京:高等教育出版社,2008.

[23] 彭石普.市场营销[M].大连:东北财经大学出版社,2011.

[24] 陈阳.市场营销学[M].北京:北京大学出版社,2016.

[25] 周婷.奢侈品客户关系管理[M].北京:对外经济贸易大学出版社,2009.

[26] 考德威尔.价格游戏[M].杭州:浙江大学出版社,2013.

[27] 贝尔奇 G E,贝尔奇 M A.广告与促销:整合营销传播视角[M].北京:中国人民大学出版社,2014.

[28] 王淑芹.市场营销伦理[M].北京:首都师范大学出版社,1999.

[29] 迈尔-舍恩伯格,库克耶,等.大数据时代:生活、工作与思维的大变革[M].杭州:浙江人民出版社,2013.

[30] 林奇.第四次革命[M].北京:科学出版社,2011.

[31] 卡普兰.人工智能时代[M].李盼,译.杭州:浙江人民出版社,2016.

[32] 明斯基.情感机器[M].杭州:浙江人民出版社,2016.

教师服务

感谢您选用清华大学出版社的教材！为了更好地服务教学，我们为授课教师提供本书的教学辅助资源，以及本学科重点教材信息。请您扫码获取。

≫ 教辅获取

本书教辅资源，授课教师扫码获取

≫ 样书赠送

市场营销类重点教材，教师扫码获取样书

 清华大学出版社

E-mail：tupfuwu@163.com
电话：010-83470332 / 83470142
地址：北京市海淀区双清路学研大厦 B 座 509

网址：http://www.tup.com.cn/
传真：8610-83470107
邮编：100084